Edition Literatur- und Kulturgeschichte

Die Reihe »Für die Schule …« stellt wichtige Autorinnen und Autoren vor. Sie macht Vorschläge für deren Behandlung in einem produktiven Literaturunterricht. Im Mittelpunkt stehen solche Werke, die zum ›Kanon‹ der Schullektüre gehören. Anliegen ist es, jugendlichen Leserinnen und Lesern verschiedenartige Zugänge zu erschließen und dafür auch aktuelle Vorschläge der Fachwissenschaft zu nutzen. So wird beim Überblick über die Forschungsliteratur Wert auf fachdidaktische Gesichtspunkte gelegt; bei der Darstellung methodischer Möglichkeiten geht es vor allem darum, ein breites Spektrum an Lese- und Verstehensweisen offenzuhalten.

Über den Autor
Karlheinz Fingerhut, geb. 1939 in Soest, Westf.; 1959/65 Studium der Germanistik, Romanistik und Philosophie in Münster, Besançon und Bonn, 1966/68 in Bonn Staatsexamina und Promotion in Germanistik und Romanistik, seit 1973 Professor für Deutsche Literatur und Literaturdidaktik an der Pädagogischen Hochschule Ludwigsburg; seit 1985 Mitherausgeber der Zeitschrift »Diskussion Deutsch«.
Tierfiguren bei Rilke (1969); *F. Kafka. Offene Erzählgerüste und Figurenspiele* (1970); *H. Heine. Standortbestimmungen* (1971); *Politische Lyrik* (1972, ³1981); *Offene und geschlossene Lehrsysteme* (1973); *Kafka. Klassiker der Moderne* (1981, ²1983, 2 Bde.); *Liebeslyrik* (1983, ³1989); *Heine der Satiriker* (1991); *Heinrich Heine: Deutschland ein Wintermärchen. Grundlagen und Gedanken zum besseren Verständnis* (1992); Aufsätze zu Fragen der Literaturdidaktik, zu Heine und Kafka.

Karlheinz Fingerhut

Kafka für die Schule

Volk und Wissen Verlag

»Für die Schule …«
Herausgegeben von Karlheinz Fingerhut

Die Deutsche Bibliothek – CIP-Einheitsaufnahme

Fingerhut, Karlheinz:
Kafka für die Schule / Karlheinz Fingerhut. – Orig.-Ausg.,
1. Aufl. – Berlin : Volk-und-Wissen-Verl., 1996
(Edition Literatur- und Kulturgeschichte) (Für die Schule …)
ISBN 3-06-102822-6

ISBN 3-06-102822-6

1. Auflage
5 4 3 2 1 / 00 99 98 97 96

Originalausgabe
© Volk und Wissen Verlag GmbH, Berlin 1996
Redaktion   Hannelore Prosche
Umschlaggestaltung   Gerhard Medoch
Typographische Gestaltung   Lisa Neuhalfen
Gesetzt aus der Aldus der Firma Adobe
Satz   Volk und Wissen Verlag GmbH, Berlin
Repro   City Repro GmbH, Berlin
Druck und Binden   Offizin Andersen Nexö GmbH, Leipzig
Redaktionsschluß   23. November 1995
Printed in Germany

Inhalt

I Kafkas Prosa im Unterricht

Kafka ist in der alten Bundesrepublik gleichzeitig mit Bertolt Brecht Ende der sechziger Jahre zum Schulklassiker avanciert; in der DDR lehnte man ihn als bürgerlich, dekadent und perspektivlos weitgehend ab. Lange Zeit wurde dieser ›verdächtige‹ Autor auch nicht gedruckt, und die ersten größeren wissenschaftlichen Arbeiten (Hermsdorf 1961; Richter 1962) fanden erst in den achtziger Jahren Nachfolge. (Vgl. Fingerhut 1985, 289 ff.) Repräsentierte Brecht in beiden deutschen Staaten den Typus des engagierten, politisch denkenden und eingreifenden Schriftstellers, sah man in der Bundesrepublik in Kafka vor allem den philosophisch und psychologisch interessanten Autor, dessen Modernität in der Zurückweisung aller traditionellen Orientierungsmöglichkeiten lag. Seine Prosa stellte Fragen, ohne Antworten geben zu können. Oftmals ließen sich nicht einmal die Fragestellungen befriedigend herausarbeiten.

Daß von seinen Texten eine Beunruhigung ausging, der gegenüber man keine Verhaltensweise bereit hatte, war das Gemeinsame der Kafka-Rezeption in beiden deutschen Staaten. Und gerade in der Schule wurde dies mit einem gewissen Mißtrauen beobachtet. Barg der ›Nihilismus‹ dieses aufrichtig Suchenden nicht eine weltanschauliche Gefährdung der Jugendlichen?

Der Ehrgeiz der in der Bundesrepublik zahlreichen Interpreten bestand vor allem darin, aus dem bewegten und unsicheren Meer der verunsichernden Lektüre an das sichere Ufer der rekonstruierten ›eigentlichen Bedeutung‹ zu gelangen und den Lesern vorzuschlagen, sich in gleicher Weise zu retten.

Das Verfahren der Bedeutungskonstruktion hat sich im Laufe der kurzen, aber intensiven Rezeptionsgeschichte, die Franz Kafkas Werk in der Germanistik durchlaufen hat, wenig geändert. Hinter der inhaltlichen Vielfalt der Interpretationen findet man wenige konstante Muster zu ihrer Erzeugung. Sie bestehen immer darin, das im Werk Erzählte, die vorkommenden Personen und Instanzen, deren Handlungen und Schicksal, auf ein außerhalb des Werkes bestehendes System von Bedeutungen zu beziehen und dem Werk dann die Haltung oder Meinung des Autors/des Werkes zu diesem Referenzbereich als ›Sinn‹ zu entnehmen.

Die wichtigsten Systeme, auf die Kafkas Prosa bezogen worden ist, sind mehr oder weniger deutlich über die Person des Autors zu legitimieren:

Kafka war ein ›Westjude‹, dessen Familie sich in die Lebensumgebung der österreichisch-ungarischen Monarchie einpaßte, der aber mit einer gewissen Faszination das Konzept des um religiöse Eigenständigkeit bemühten Ostjudentums betrachtete. Also kann man den ›Sinn‹ Kafkaschen Erzählens in der Auseinandersetzung mit dem Judentum als theologischer und sozialer Größe zu finden versuchen.

Kafka lebte in Prag, der Stadt mit tschechischer Bevölkerungsmehrheit und einflußreicher deutsch-österreichischer Minderheit. Er erlebte den Zusammenbruch des Habsburgerreiches. Also kommt als soziologischer und historisch-politischer Sinnhorizont einer literatursoziologischen Betrachtung die Spätphase der bürgerlichen Gesellschaft und speziell das Ende der europäischen Nationen-Ordnung im Ersten Weltkrieg in Frage.

Kafka beschäftigte sich mit Psychologie. Ihn interessierte vor allem die Prägung des Kindes durch die frühen Erfahrungen in der Familie, Sexualität und Autonomiebestrebungen des Individuums. Also boten sich seine Erzählungen und Romane für psychologische Deutungen an.

Kafka verstand sich als Schriftsteller, dem sein Schreiben auch autobiographisch außerordentlich wichtig war. Dementsprechend sind seine Texte daraufhin durchzumustern, was sie über Sprach- und Literaturauffassungen aussagen.

Auffällig in der Geschichte der Kafka-Deutungen ist, daß diese jeweils den Sinn-Anschluß an die gerade geläufigen Diskurse der Soziologie, der Psychologie(n) oder Religionswissenschaft/Judaistik oder der Sprachphilosophie mit einem eigensinnigen Wahrheitsanspruch gegenüber konkurrierenden Zuweisungen verteidigten. Den Interpretationen haftet darum auch etwas Dogmatisches an. Hinter dem Geschriebenen des literarischen Textes sucht man das vom Autor ›eigentlich Gemeinte‹ aufzuspüren, und das ist immer ein ›Gemeintes‹ aus dem Bereich, in dem sich der Forscher zu Hause weiß.

Mit dieser Tradition bedeutungsfixierter Interpretation soll hier gebrochen werden. Dies nicht nur, weil entsprechende Modellinterpretationen zu allen in der Schule gelesenen Erzählungen und Romanen Kafkas zahlreich zur Hand sind. Ich möchte Wege aufzeigen, wie man im Unterricht textgenaue Lektüre mit subjektivem Lesen verbinden kann, ohne Kafka auf einen bestimmten ›Sinn‹ festzulegen. Dahinter steht ein didaktisches Konzept, das ich bereits vorgestellt habe[1] und das Lektüre-, Schreib- und Reflexionsaufgaben umfaßt. Es geht um eine Form der Kommentierung, die für Weiterdenken und Weiterphantasieren offen ist.

Spontanreaktionen

Was eigentlich passiert bei der ›naiven‹ Lektüre von Kafkas Erzählungen durch Jugendliche? Lehrer sprechen häufig von einer ›spekulativen‹ Lektüre ihrer Schülerinnen und Schüler. Hermann Kinder und Heinz-Dieter Weber (1975, 229) haben schulübliche Interpretationen zu *Kleine Fabel* untersucht und dabei festgestellt, daß Texte, die »im einzelnen vertraut, im ganzen aber rätselhaft erscheinen«, eine besonders große »Interpretationsvielfalt« erzeugen. Betrachtet man jedoch die aufgeführten Deutungen näher, so entdeckt man, daß von ›Vielfalt‹ eigentlich nicht die Rede sein kann. Die Bedeutungsfülle reduziert sich sehr schnell auf die inhaltliche Variation weniger Muster. – Zuvor der Text:

»Ach«, sagte die Maus, »die Welt wird enger mit jedem Tag. Zuerst war sie so breit, daß ich Angst hatte, ich lief weiter und war glücklich daß ich endlich rechts und links in der Ferne Mauern sah, aber diese langen Mauern eilen so schnell aufeinander zu daß ich schon im letzten Zimmer bin und dort im Winkel steht die Falle, in die ich laufe.« – »Du mußt nur die Laufrichtung ändern«, sagte die Katze und fraß sie. (KAN II 343; E 320)

Katze und Maus stehen für Stark und Schwach, die Geschichte der Maus verweist auf allgemeine Lebenserfahrungen (wir haben falsche Vorstellungen von

Freiheit; das Leben ist eine Kette von Entscheidungen; das Lebenskonzept vieler Menschen basiert auf Selbsttäuschung). Kafka regt zu allgemeinen moralischen Betrachtungen an (man sollte nicht vergangenheits- oder zukunftsorientiert leben, sondern sich auf die Gegenwart konzentrieren). Besonders in der Sekundarstufe I neigen Schülerinnen und Schüler zu einer allegorisch-moralischen Textauslegung: Die Katze stellt den Tod dar oder die Gesellschaft, die Maus den einzelnen Menschen, der Angst hat und mit einem »Schock« begreift, daß er seinem »Schicksal« nicht entgeht.

Schullektüre ist also in der Spontanphase eines offenen Interpretationsgesprächs der Auflösung einer Metapher zu vergleichen: Etwas (ein als Bild gebrauchter Begriff) steht für etwas anderes (das Gemeinte). Unter dem gelesenen wird ein Sub-Text vermutet, zu dem man durch die metaphorische Lektüre vordringt. Analogien entscheiden über das Glücken der Suche nach dem, was der Dichter ›eigentlich‹ hat sagen wollen. Je mehr Text-Elemente in dieses ›Übersetzen‹ einbezogen werden können, desto überzeugender erscheint die Interpretationsleistung.

Will der Lehrer diesen spekulativen Rezeptionsprozeß bewußtmachen, muß er Texte Kafkas anbieten, die sich einer schnellen Sinnzuordnung entziehen. Ein solcher zu *Kleine Fabel* gehöriger Rätsel-Text ist das folgende späte Fragment, in dem das Verhalten der Tierpersonen dem Alltagswissen über sie widerspricht:

Eine Katze hatte eine Maus gefangen. »Was wirst Du nun machen?« fragte die Maus, »Du hast schreckliche Augen.« »Ach«, sagte die Katze, »solche Augen habe ich immer. Du wirst Dich daran gewöhnen.« »Ich werde lieber weggehn«, sagte die Maus, »meine Kinder warten auf mich.« »Deine Kinder warten?« sagte die Katze, »dann geh nur so schnell als möglich. Ich wollte Dich nur etwas fragen.« »Dann frage bitte, es ist wirklich schon sehr spät.« (KAN II 559)

Eine einfache Deutung nach dem Fabelmuster ist also verwehrt. Ein Thema, auf das Kafka möglicherweise abzielt, ergibt sich erst im Kontext ähnlicher anderer Erzählungen, die ebenfalls auf Erwartungstäuschungen aufgebaut sind, vom Typ: »Ein Käfig ging einen Vogel fangen« (KAN II 44). Auch die Struktur des *Prozeß*-Romans kann herangezogen werden: ›Ein Gericht hatte einen Angeklagten gefangen …‹. Kafkas Verletzung der mit Begriffen (Katze/Maus, Käfig/Vogel, Prozeß/Angeklagter) einhergehenden Präsuppositionen [Vorannahmen bezüglich des Inhalts eines Begriffs] wird als solche sichtbar, damit zugleich die Aufforderung an den Leser, aus derart wider-sinnigen Konstellationen durch ein metaphorisches Verständnis sinnvolle Aussagen zu konstruieren.

Zum Abschluß seines Gesprächs mit Josef K. sagt der Kaplan:

»Ich gehöre also zum Gericht«, sagte der Geistliche. »Warum sollte ich also etwas von Dir wollen. Das Gericht will nichts von Dir. Es nimmt Dich auf wenn Du kommst und es entläßt Dich wenn Du gehst.« (KAP 304)

Diese Rede steht im Widerspruch zur Tatsache, daß Josef K. gefangen/verhaftet wurde, befindet sich aber in Korrespondenz mit dem Verhalten der Katze in dem zitierten Fragment. Leserinnen und Leser können diese innertextlichen Korrespondenzen zum Ausgangspunkt eigener Überlegungen machen: Was bedeutet es, wenn Rede und Verhalten in derart paradoxer Beziehung stehen? Daraus könnte eine Schreibaufgabe für den Literaturunterricht entwickelt werden:

– *Beziehen Sie das Fragment Kafkas in das Gespräch zwischen Josef K. und dem Geistlichen ein. Überlegen Sie, wie Josef K. den Dialog zwischen Katze und Maus auf seine eigene Situation ›anwenden‹ könnte.*

Enden beim Allgemeinmenschlichen

Es war vor allem Wilhelm Emrichs (1958) Interpretation, die für den Schulunterricht große Bedeutung erlangte. Sie hat es ermöglicht, hinter den in Kafkas Texten feststellbaren Abweichungen von der wiedererkennbaren Wirklichkeit höhere philosophische ›Wahrheiten‹ zu vermuten. (Nemec 1981, 51 ff.) Existenzphilosophische Begriffe wie das ›wahre Selbst‹ oder das ›wahre Allgemeine‹ dienten dazu, die seltsamen Figuren Kafkas und ihre oftmals noch seltsameren Verhaltensweisen mit tieferem Sinn auszustatten. Die beobachtbare Undurchschaubarkeit der Erzählwelten Kafkas, deren Widersprüchlichkeiten und Paradoxien, die Ungewöhnliches ›normal‹ und Normales ›ungewöhnlich‹ erscheinen lassen, kann auf der Ebene der vom Leser jeweils entdeckten Bedeutung dann in durchaus sinnvolle Aussagen über Sektoren der Wirklichkeit umgewandelt werden.

Späte Nachfahren der existentialistisch-allegorischen Lektüren der frühen sechziger Jahre sind die Deutungen des »verborgenen Hintergrunds« von Kafkas Erzählungen durch Christian Eschweiler (1991, 51 ff.). Es handelt sich um eine didaktisch-kathartische Lesart, die am Fehlverhalten der Kafkaschen Figuren – ex negativo – ›richtiges‹ Verhalten demonstriert. Beispielsweise *Vor dem Gesetz*: Der Mann kommt »vom Lande«, also aus der »gewohnten Zweckmäßigkeit eines naturbezogenen Lebens«. Er »strebt nach dem Gesetz«, um »in dessen Ordnungsgefüge einzudringen«. Der Türhüter »tritt beiseite«, weil er ihm den Zugang keineswegs verstellen will. Ertrüge der Mann seinen Anblick, er könnte »ungehindert eintreten«. Der »Weg« über die »Türhüterhierarchie« sei »dem Mann vom Lande als Aufgabe aufgetragen«, damit er »das Sinngefüge des Ganzen« erfasse. Aus »Bequemlichkeit, Ängstlichkeit, Inkonsequenz« tue der Mann das nicht und verstoße damit gegen Kafkas (!) »Verlangen an ›den Menschen‹, nach der ›Klarheit der Erkenntnis‹ und dem ›ihr gemäße[n] Handeln‹« zu streben. Kafka zeige jedem Menschen den eigenen »individuellen Weg nach Innen«, eine »Antwort auf seine Sinnfrage kann sich der einzelne nur selbst geben«. Und weil der Mann vom Lande seine »individuelle Prägung durch das Gesetz versäumt hat, verschwindet er in der Vordergründigkeit der Masse«.

Kafkas Erzählungen und Romane stecken – nach dieser moralisierenden Schul-Deutung – voll von Urteilen, die Deformationen des modernen Menschen rügen. Der Autor und sein Interpret sitzen gemeinsam zu Gericht über das Fehlverhalten der Figuren in den erfundenen Romanwelten und ziehen aus deren Verurteilung nützliche positive Lehren für das künftige Leben der Schülerinnen und Schüler.

Nach den existentialistischen gewannen in der Schule etwa gleichzeitig in den siebziger Jahren psychologische, religionskritische und literatursoziologische Deutungen an Boden. Das ›Allgemeinmenschliche‹ erscheint in ihnen als Aussage Kafkas über den Menschen als psychisches Wesen, als Gesellschaftswesen, als Homo religiosus, stets aber in die Konflikte des modernen Menschen eingebunden, für den die überkommenen Ordnungen fraglich geworden sind.

In neueren Interpretationen für die Schule wird die in der Kafka-Forschung immer wieder vorgetragene Kritik an den allegorischen Deutungsmethoden (Beicken 1979, 799–809) berücksichtigt. Mit Spekulationen ist man vorsichtiger geworden, hält sich einerseits stark an die Handlung selbst und zitiert die in der Wissenschaft entwickelten Deutungsmöglichkeiten als ein Spektrum von Anregungen für den Unterricht. So enthält die Lektürehilfe zu Kafkas *Prozeß* von Thomas Gräff etwa 60 Seiten Inhalt und thematische Aspekte, 10 Seiten über psychologische und biographische Gesichtspunkte, die für das Verstehen des Textes relevant sein könnten, etwa 10 Seiten zu formalen Eigenarten der Kafkaschen Schreibweise (personales Erzählen, erlebte Rede, hypothetischer Erzählstil), schließlich, unter dem Stichwort ›Rezeption‹, 8 Belege verschiedener Deutungsansätze (religiöse, philosophische, soziologische, biographische, psychologische). Kafkas Roman wird zum »Modell literarischer Offenheit« erklärt, für alle Zugangsweisen geeignet. (Gräff 1990, 117) Der Fachdidaktiker vermeidet eine eigene Deutung, konzentriert sich auf eine Fülle von Einzelbeobachtungen, die er für die Bedeutungsbildung zur Verfügung stellt. Ganz ähnlich geht auch Uwe Jahnke (1990) in seinem literaturdidaktischen Konzept zu *Die Verwandlung* vor. Die Deutung des *Prozeß* von Hans Dieter Zimmermann (1995) enthält immer noch ca. 20 Seiten Referat und Dokumentation zu ›Deutungen‹ und ›Rezeption‹ gegenüber 25 Seiten Entwicklung und Begründung der eigenen formalen und gedanklichen Interpretation. Peter Beickens mehr als 200 Seiten umfassendes Buch zum *Prozeß* (1995) hingegen ist eine Textmonographie mit didaktischer Perspektive: eine detaillierte Textbeschreibung (70 S.), ein gegenüber konkurrierenden Forschungsansätzen offener Deutungsvorschlag (70 S.) sowie Unterrichtshilfen und -materialien (40 S.), die ebenfalls mehrere Erschließungswege ermöglichen.

Hinter der immer wieder beschworenen ›Offenheit‹ verbirgt sich dennoch in aller Regel eine didaktische Einheitlichkeit. Denn Philosophen, Religionswissenschaftler, Psychologen und Soziologen, die zur Deutung Kafkas im Rahmen der jeweiligen ›Methoden‹ als Gewährsleute herangezogen werden, machen ja ihrerseits Aussagen über die Welt und den Menschen in der modernen Gesellschaft, die mit dem Anspruch auf wissenschaftlich fundierte Wahrheit einhergehen. Und so kommen die Lehrenden auf den unterschiedlichen Wegen der Wissenschaft doch immer ans Ziel der didaktisch relevanten Aussagen über die moderne Lebenswelt. Stichworte der so gewonnenen Weltsicht Kafkas sind ›Dissoziation und Entfremdung‹, ›Massenstaat und Bürokratie‹, ›Anonymität‹. Diagnostiziert wird weiterhin zumeist Kulturkritisches, nämlich Verlust von

Individualität und Verantwortungsbereitschaft, Kommunikationsdefizite und Lieblosigkeit in der (klein-)bürgerlichen Familie, Entfremdungserfahrungen in der modernen Arbeitswelt, die Erfahrung undurchdringlicher Hierarchien und Machtapparate. Nur wenige Dennoch-Denker unter den Didaktikern sehen verkannte Seins- und Selbstfindungsangebote (z. B. des Gerichts an Josef K.), unterstellen Kafka also ein dialektisches, letzthin positives Denken.

In einer Glosse, *Kafka, der Lehrer Liebling*, schreibt der Düsseldorfer Lehrer Georg Vitz satirisch über ›offene‹ Kafka-Interpretation:

Seit manchen Jahren erfahre ich die Behandlung des Patienten Kafka durch meine Kollegen und Kolleginnen in Abiturprüfungen: Was das heißt, sei hier am Beispiel einer solchen Prüfung im Mai 1995 illustriert. Aufgabe ist die Interpretation einer Kafka-Erzählung, der Max Brod den Titel *Der Schlag ans Hoftor* gegeben hat. Zur Aufgabenstellung gehört ausdrücklich, ›Deutungsalternativen‹ aufzuzeigen. Und ein solcher Auftrag löst sofort Pawlowsche Reflexe bei einem klugen Prüfling aus: Biographische Kenntnisse sind also gefragt, psychoanalytische, vielleicht auch historische, sozio- oder theologische. Und so bietet denn auch ein Schüler in der Prüfung sofort zwei wohlfeile alternative Deutungsmöglichkeiten an:

1. Eine ›religiöse‹ oder auch ›religionskritische‹: Kafka habe sich zu jener Zeit (um 1917) laut Max Brod sehr mit seinem Judentum und auch mit antisemitischen Schriften beschäftigt. Der ›Hof‹ in der Erzählung ist das ›Allerheiligste‹, das ›religiöse Dogma‹. Gegen dieses Dogma hat die Schwester geschlagen, ›unbewußt dagegen gestoßen oder verstoßen‹. Die Dorfbewohner sind ›Gläubige, die zwar außerhalb des Allerheiligsten stehen, aber die Regeln genau kennen‹. Die Reiter sind ›die Wächter der Moral und ausführende Organe des Glaubens, die bedingungslos das alles akzeptieren, was man ihnen im Hof (dem Allerheiligsten) sagt‹. Das Urteil über den Ich-Erzähler ist ›vorgefertigt‹. »Dieser Mann tut mir leid.« (Zitat Kafka). Die Beschreibung der Bauernstube als Gefängnis verdeutlicht die aussichtslose Lage. Eine Aussicht auf Entlassung besteht nicht, da der Mensch von vornherein ›schuldbeladen‹ (vgl. Erbsünde!) ist. Der wirkliche oder vermeintliche Schlag ans Tor löst diesen Prozeß der Schuldfindung erst aus.

Zwischendurch flicht der Prüfling, gewissermaßen in Parenthese, noch kurz ein, daß der Begriff ›Operationstisch‹ im Text auf ›Sanatorium‹ deute, und macht damit klar, daß ihm der blutspuckende TBC-Kranke Kafka natürlich geläufig ist.

2. Die Deutungsalternative wird aus dem damals herrschenden Geist des Antisemitismus entwickelt; die Spaziergänger sind so ›jüdischer Herkunft‹. Ein kleiner Fehler reicht aus, um sie zu verhaften und ihnen ihre Religion vorzuwerfen. Der Ich-Erzähler fühlt sich als Stadtmensch dem Bauernvolk ›geistig überlegen, hat aber keine Chance gegenüber dieser bäuerlichen Stumpfheit‹. Als Jude wird er ›immer das Problem haben, ins Gefängnis gesteckt zu werden‹.[2]

Kafka-Texte im produktiven Unterricht

Das produktive Umgehen mit literarischen Texten im Deutschunterricht hat – aus dem Blickwinkel literarisch sensibler Leserinnen und Leser geurteilt – etwas ›Barbarisches‹. Jugendliche werden aufgefordert, einen Text, den sie angelesen haben, selbst fortzuspinnen, mit Figuren des Textes schreibend in Kontakt zu treten, in ihre Rollen zu schlüpfen, für ihre Probleme eigene, alternative Lösungen auszuprobieren.

An dieses Verfahren werden mehrere didaktische Hoffnungen geknüpft[3]:

– Die Umwandlung der Leserrolle in die des Schreibers erhöhe zunächst einmal ganz generell das emotionale Engagement. Leser erfahren sich nämlich nicht nur als Adressaten des Autors, sondern als aktiv Eingreifende.
– Es entstehe ein Produkt, in dem sich der schöpferische Leser selbst wiederfinde und das anderen Zeugnis gebe von dessen Auseinandersetzung mit den Gegenständen seiner Lektüre. Insofern sei das Schreiben über die Lektüre ein Medium der Bewußtseinsentwicklung.
– Der eingreifende Leser erlebe die Formulierungsentscheidungen des Autors als Widerstand. Die Arbeit an eigenen Texten erlaube es ihm, tiefer in den fremden Text einzudringen.

Diese Erwartungen gründen in aller Regel auf Überlegungen, die sich auf mitdenkende, mitempfindende Leser beziehen. Problematisch an diesem Konzept ist die Auflösung der im hermeneutischen Verstehensbegriff angelegten Beziehung von Autor und Leser. Diese ist nach dem Modell eines Dialogs gedacht: Der Autor ›spricht‹ durch seinen Erzähler oder durch seine fiktiven Figuren, während der Leser ›hört‹, das heißt intellektuell und emotional nacharbeitet, was da gesagt wurde. Die Rezeptionstheorie unterstellt demgegenüber eine kommunikative Beziehung wie die zwischen Komponist und Klavierspieler: Der Autor liefert eine Textpartitur/ein Textformular, die/das der Leser in seiner Phantasie zum Text ausgestaltet und möglicherweise dabei – in einzelnen Rezeptionshandlungen – auch verändert.[4]

Das hat gerade im Fall Kafkas weitreichende Konsequenzen. Die Auflösung des bisher gültigen Textbegriffs trifft hier nämlich zusammen mit der Tatsache, daß viele der Kafkaschen Prosastücke Fragment und unvollendet geblieben sind. Was also ist im Verstehensprozeß das gedruckt vorliegende Werk? Sind Kafkas Texte authentisch, wenn sie als Ausgaben letzter Hand, geprüft durch das Team der Editoren, vorliegen? Oder gehören auch die vom Autor durchdachten und verworfenen Varianten dazu, also das ursprünglich Vorhandene, dann aber Gestrichene? Welchen Status haben die Veränderungen, die der Text im Laufe seines Bestehens erfuhr, welchen die Zeugnisse der Rezeption, die kontroversen Wertungen? Was ist etwa der vollständige Text des *Prozeß*? Die Fassung als einzelne Kapitel, die Kafka in Doppelblättern ordnete, ohne die Reihenfolge festzulegen, die er dann verbrannt wissen wollte, oder doch die Fassung, die Editoren aus dem hinterlassenen Material als Kafkas Roman *Der Proceß* (mit ›c‹ wie Kafka schrieb, aber mit ›ß‹, wie es die heutige Orthographie verlangt, der Autor schrieb ›ss‹) rekonstruiert haben? Gehören die nur skizzierten Kapitel, die ›Entwürfe‹ dazu, und wenn ja, wohin? Umfaßt ›Text‹ schließlich auch die nicht schriftlich fixierte Phantasiearbeit der Rezipienten, die ihn lesend für sich aktualisieren?

Oftmals wird mit Brecht argumentiert, eine falsche Aura des Kunstwerks müsse aufgebrochen werden im aktiven, eingreifenden Gebrauch, den man von Literatur zu machen lerne. Die Haltung des Kunstverehrers widerspreche der des selbstbewußten schöpferischen Lesers. In anderen Fällen beruft man sich auf Theoriebildungen der Postmoderne, auf den Zerfall des Autor- und Werkbegriffs etwa, um den Unterschied zwischen Schreiber und Leser einzuebnen.[5]

Eggert und Rutschky (1975, 50 ff.; 1978, 72 ff.) haben Schülerinnen und Schüler in der Rolle des Lehrers des Affen Rotpeter Briefe über eigene Erfahrungen des Nutzlos-Seins schreiben lassen; Scholz und Herrmann (1990, 60–98) schlugen ihnen vor, *Die Verwandlung* im Sinne ihrer eigenen (erotischen) Phantasien als Märchen oder Antimärchen zu bearbeiten. In jedem Falle erwächst aus solchen Umarbeitungsvorschlägen das, was Walser (1981, 158) recht global mit »Angesprochensein« bezeichnet, eine subjektive So-auch-ich-Erfahrung, die interessante Gesprächsanlässe bietet. Es geht dabei niemals nur um Kafka allein, sondern auch um den Anteil subjektiver Empfindungen am spontanen Verstehen und an der Schreib-Arbeit. (Schulz 1985, 240 ff.) Das gilt auch dann, wenn in den Schülertexten kaum ein ›eigener Satz‹ vorkommt.

In unserem Deutschunterricht treffen sich Woyzeck und der Mann vom Lande

Es war einmal ein arm Kind und hatte kein Vater und keine Mutter, war alles tot und war niemand mehr auf der Welt. Alles tot, und es ist hingegangen und hat gesucht Tag und Nacht. Und weil auf der Erde niemand mehr war, wollt's in Himmel gehn, und der Mond guckt es so freundlich an; und wie es endlich zum Mond kam, war's ein Stück faul Holz. Und da ist es zur Sonn gangen, und wie es zur Sonn kam, war's ein verwelkt Sonnenblum. Und wie's zu den Sternen kam, waren's kleine goldene Mücken, die waren angesetzt, wie der Neuntöter sie auf die Schlehen steckt und wie's wieder auf die Erde wollt, war die Erde ein umgestürzter Hafen. Und es war ganz allein.

Da hat es zum Gesetz gehen wollen und fragen, ob das recht ist. Vor dem Gesetz hat aber ein Türhüter gestanden, der hat ihm gesagt, daß es nicht eintreten darf, wenigstens jetzt nicht. Da hat's gewartet, Tage und Jahre und ist alt geworden drüber. Und immer wieder hat's gefragt, ob es nicht doch würde eintreten können. Und der Türhüter hat gelacht und gesagt, es soll es nur versuchen, trotz dem Verbot. Da hat sich's nicht getraut. Am End hat's noch wissen wollen, warum denn niemand außer ihm zum Gesetz hat kommen wollen, und hat zur Antwort erhalten, daß der Eingang jetzt geschlossen wird.

Und da hat sich's hingesetzt und geweint, und da sitzt es noch und ist ganz allein.

(Schülerin, LK D Kl. 13. In: Praxis Deutsch 120, S. 16)

Nimmt man den Text als Aussage über die Situation des einzelnen in der Welt, so kann man hier eine Linie der ›Verlorenheit‹ entdecken, die von Büchner zu Kafka reicht, und darin ein Signal des tieferen Verständnisses beider Autoren vermuten. Nimmt man die Überschrift als Distanzierungssignal, so zeigt sich hier eine Schreiberin, die das Prinzip der Intertextualität anwendet, um Deutungsrituale des Deutschunterrichts, in denen die Dichtung von Büchner bis Kafka curricular verplant wird, kritisch zu beleuchten.[6]

Schnelle Anverwandlungen

Zu diesen eher theoretischen Fragen kommen sehr praktische, sobald konkrete Projekte zur produktiven Textarbeit angeboten und die dort entstehenden Produkte im Unterricht besprochen werden sollen. Oft zeigen die Schülertexte statt der erwarteten ästhetischen Sensibilität den Charakter von psychologischen Gebrauchstexten, sie bieten Paraphrasen, die den Text auf eine einzige der denk-

baren Leseweisen festlegen. Außerdem beobachtet man häufig statt der Identi-
fizierung mit den Figuren eine abwehrende Distanzierung durch Verfrem-
dungen unterschiedlicher Art: historisierende Einbettungen, Übertreibungen,
Transformationen ins Komische. Manchmal finden sich auch rein formale Ex-
perimentierspiele mit Zitaten, Stilkopien oder Parodien.[7]

In einem Aufsatz (Fingerhut 1991, 350–371) habe ich solche produktiven
Reaktionen auf Kafka-Lektüren untersucht. Die Schüler erhielten hier Gele-
genheit, die befremdliche literarische Welt Kafkas auf eigene Lebenserfahrungen zu beziehen. Aktualisierungen der *Prozeß*-Legende (*Vor dem Gesetz*) waren
dabei häufig durch den Wunsch nach einer Klärung der Machtverhältnisse geprägt. Dabei war es nicht entscheidend, ob die Lösung für den Mann vom Lande
positiv oder negativ ausfällt, wichtig war allein, daß der entscheidungslose Zustand des Wartens durchbrochen wurde: Nach einem Entscheidungskampf oder
durch eine List erzwingt der Mann den Eintritt in das Gesetz, oder aber er bricht
sein Warten ab und kehrt nach Hause zurück. Damit ist eine Handlungsvariante
ausgearbeitet, die die Lektüre-Vorlage in einen Gebrauchstext für Problemlö-
sungsphantasien in Alltagskonflikten verwandelt.

Folgende Muster habe ich in Erzählversuchen von Schülern der Sekundarstufe II (Grundkurse) und von Studierenden in Proseminaren[8] beobachtet.

Einpassung von Alltagserfahrungen

In einem Grundkurs der Klasse 12, wo Kafkas *Proceß* als ›Ganzschrift‹ behandelt worden war, hieß die Produktionsaufgabe:

– *Nachdem Sie Kafkas* Vor dem Gesetz *gelesen haben, fällt Ihnen vielleicht
eine eigene Variante der Parabel ein.*

Die Ergebnisse zeigen, daß der Handlungsgang selten angetastet wird: Jemand
begehrt etwas (einen Einlaß, ein Zertifikat, einen Ausweis). Dies Begehren wird
aber von einem Repräsentanten einer Instanz (einer Behördenangestellten, einem Polizisten) durch Verzögerungstaktiken verweigert. Die Reaktion des Betroffenen ist entweder Resignation oder Angriff und Untergang. Das erinnert
an das Muster des Märchens: Eine Reihe von Hindernissen sind zu überwinden,
Proben zu bestehen, am Ende hat die Perspektivfigur des Textes Erfolg – sie über-
windet die Hindernisse. Unter Kafkas Einfluß kommt die Möglichkeit eines negativen Schlusses hinzu: Die Perspektivfigur hat keinen Erfolg und unterliegt.

Diese Muster füllen die einzelnen Schreiber mit eigenem Erfahrungsmaterial
auf. Dabei kommen gruppenspezifische Inhalte zum Zuge. Die ausländischen
Studierenden eines Proseminars etwa ließen den Mann vom Lande häufig mit
Sprachschwierigkeiten kämpfen, sie reihten den Türhüter unter die Universi-
tätsbediensteten ein. Kafkas Legende transformiert sich im ›Gebrauch‹ in eine
Klagemauer für alltägliche Pannen des Lebens. Deutsche Studierende neigen
dazu, in seminarbezogenen Schreibsituationen Abstrakta als Zielgrößen des Begehrens und als ›Hindernisse‹ anzunehmen: Vor der Freiheit, vor der Liebe, vor
dem Erfolg, den Erinnerungen, der Zukunft, dem Paradies … steht ein Türhüter:

Vor der Liebe steht ein Türhüter. Zu diesem Türhüter kommt eine junge Frau aus der Kleinstadt und bittet um Eintritt in die Liebe. Aber der Türhüter sagt, daß er ihr jetzt den Eintritt nicht gewähren könne. Die Frau setzt sich auf einen Schemel und wartet. Mit der Zeit wird es ihr langweilig und sie schlendert davon. Da entdeckt sie plötzlich noch ein geöffnetes Tor. Sie kann ohne Probleme hindurchgehen. Es ist das Tor der Leidenschaft. Sie geht hinein und vergnügt sich einige Zeit darin. Nach einigen Jahren entdeckt sie ganz hinten im letzten Eck eine neue Tür, wiederum ohne Türhüter. Es ist das Tor der Vernunft. Sie geht hindurch und lebt auch hier einige Jahre. Sie vergißt ihr eigentliches Vorhaben und stirbt im hohen Alter im Reich der Vernunft. Man sagt, sie hatte ein erfülltes Leben.

(Studentin, 2. Sem.)

Hier ist Kafkas Erzählung nach dem Biographie-Schema bearbeitet. Der geläufigen Deutung vom ›vertanen Leben‹ des Mannes vom Lande wird ein anderes, die naive Geschehensethik befriedigenderes Lebensmodell gegenübergestellt. Statt auf die unerreichbare Liebe zu warten, geht die Heldin in ihrem Leben den Weg der Leidenschaft und der Vernunft und erreicht – entschließt man sich, den Schluß des Textes ernst zu nehmen, unironisch zu lesen –, was sie bei der Liebe vergeblich suchte, ein erfülltes Leben. In der Parabel-Maskierung sprechen Leserinnen und Leser schreibend von sich selbst. Dazu können einzelne Erzählteile erheblich verändert werden. Erhalten bleiben lediglich ihre Funktionen im abstrakten Schema: ein Begehren, ein Hindernis, eine Handlung, die zu dessen Überwindung führt oder zum Scheitern der Perspektivfigur. Paradoxe Formulierungen steuern die Phantasie und verleihen dem Geschehen Bedeutsamkeit:

Ein Mann und eine Frau lieben sich. Sie müssen an einer hohen, dunklen Mauer entlanggehen, auf der linken Seite der Mann, auf der rechten die Frau. Von Zeit zu Zeit ist die Mauer durchbrochen, dunkle Schatten fallen, die Tore werden von etwas bewacht. An einem Tor nimmt die Frau allen Mut zusammen und fragt: »Wie kann einer von uns durch die Mauer gehen?« Sie erhält zur Antwort, daß jeder den eigenen Weg gehen müsse und daß die Mauer ihr Weg sei. Verzweifelt schleppen sie sich gesenkten Hauptes weiter. »Der Weg ist die Mauer?« fragen sie sich. Da plötzlich erkennen sie ihren Weg. Sie steigen von rechts und links auf die Mauer – und die Mauer wird ihnen zum Weg im Licht.

(Student, 1. Sem.)

Kafkas Text wird dabei fast immer als ein erzählerisches Durchdenken existentieller Entscheidungen rezipiert. Lebenswirklichkeit erhält Einzug in die Kafka-Bearbeitung. Der Verfasser des abgedruckten Beispiels erklärte, er habe bei der Niederschrift seines Schlußsatzes an die Fernsehbilder vom 9. November 1989 am Brandenburger Tor gedacht und diese für sich ›lebensphilosophisch‹ gedeutet. Im Kontext eigener Erzählansätze bietet Kafkas Prosa sowohl den Schreibanstoß als auch eine schützende Maskierung, in der Privates phantasievoll zu bearbeiten ist. Auffällig ist aber, daß fast nie Kafkas Widersprüchlichkeit, seine Technik der Verwirrung alltäglicher Orientierungskategorien, seine Infragestellung des Geübten und Gewohnten übernommen wird. Wie bei den Schul-Interpretionen überwiegt auch bei der produktiven Nutzung Kafkas als ›Phantasiepartitur‹ das Hinerzählen auf einen eindeutigen Schluß. Selbst Erzählmodelle der Ausweglosigkeit sind klar und eindeutig als solche zu erkennen.

Aktivierung von allgemeinem Schulwissen

Es gibt auch Schreibende, die den Rückgriff auf subjektive Erfahrungen geradezu scheuen und die es vorziehen, allgemeines Schulwissen zu aktivieren – wie im folgenden Beispiel:

Der Lehnsherr hat ein Schloß. Davor steht eine Wache. Zu dieser Wache kommt ein Bauer vom Lande und bittet um Eintritt in das Schloß. Die Wache jedoch antwortet, sie könne ihn leider im Moment nicht hereinlassen, er müsse sich zuerst ausweisen. Der Bauer gibt der Wache seinen Ausweis, welchen sich diese anschaut und daraufhin an eine andere Wache weitergibt mit der Bemerkung: Wir müssen erst nachsehen, ob du unserem Herrn überhaupt unterstehst.

[…]   (Christian F., Kl. 10, Gymnasium)

Der Erzählversuch transferiert das Geschehen der *Prozeß*-Legende in das feudale Mittelalter. Ansatzpunkte für Analogien sind gegeben. Das Verhältnis zwischen einem bäuerlichen Bittsteller und dem wachehabenden Soldaten am Tor des Schlosses entspricht dem zwischen Türhüter und Mann vom Lande. Zeichen einer subjektiven Beteiligung des Schreibers fehlen, Distanzierungssignale beherrschen den Text: Das Geschehen spielt in der Vergangenheit. Der Text ist eher eine Anekdote als eine Parabel. Die ästhetischen Merkmale der Erzählungen Kafkas, ihre paradoxe Struktur und ihre verunsichernde Mehrdeutigkeit, werden in den Rezeptionshandlungen auf Eindeutigkeit hin bearbeitet.

Es gibt offensichtlich alters- und bildungsspezifische Formen der ›Aktualisierung‹. Eine charakteristische Form der studentischen ›Anwendung‹ Kafkascher Erzählformen ist die Thematisierung der Schreibsituation: »Vor der Literatur steht ein Literatur-Professor. Zu dem kommt ein Student vom Lande und bittet um Eintritt in die Literatur […].« Ein kritischer Unterton ist in diesen Analogien der So-auch-ich-Erfahrungen nie zu überhören, doch politisch akzentuiert – wie in den Adaptationen von Autoren in den sechziger/siebziger Jahren (↗ S. 129–132) – ist diese Kritik nicht.

Übernahme literarischer Schemata

Die Entwürfe von Fortsetzungsgeschichten, die Schüler von Grundkursen in der Klasse 12 nach der Lektüre der ersten Romanseite des *Prozeß* anfertigten, belegen die Bedeutung von medial geprägten Textsortenschemata. Das Wort ›Verhaftung‹ erwies sich als ein Steuersignal in Richtung auf Kriminalerzählung. Josef K. wird stets verhaftet, um dann in irgendeiner Form mit diesem Faktum fertig zu werden. Dabei wechseln die Details der Einfälle nach Maßgabe des Variationsspektrums, das diese Textsorte zur Verfügung stellt: Josef K. wird zum Beispiel von einer politischen Polizei verhaftet – woraufhin sein Schicksal in etwa so verläuft wie das des Egon Erwin Kisch nach seiner Verhaftung in der Nacht, in der der Reichstag brannte.[9] Die Verhaftung konfrontiert ihn mit den Absurditäten eines totalitären Staatsapparats, bis ein glücklicher Zufall seine Befreiung oder aber ein unglücklicher Umstand seine Hinrichtung zur Folge hat:

Eine Stunde später fand sich K. vor dem Richter wieder, doch er wurde überhaupt nicht angehört, nicht einmal seinen Ausweis wollte man sehen. Er wurde in einer zehnminütigen Verhandlung wegen Hochverrat[s] und Spionage für den Feind aufgrund einiger Zeugenaussagen, die ihn als Friedrich S. erkannt hatten, zum Tode verurteilt. Josef K. war nun in rasender Panik und brüllte wie wahnsinnig immer wieder seinen richtigen Namen. Doch es war zu spät, die ›Verhandlung‹ war beendet, er wurde abgeführt, und niemand erkannte die Verwechslung. (Schülerin, Kl. 12, Gymnasium)

Prinzipiell gibt es zahlreiche Variationsmöglichkeiten innerhalb des Genus der Kriminalerzählung. Jedes Erzähldetail der ersten Romanseite kann dabei den Wert eines Bausteins in einer Beweiskette erhalten. So etwa die Nachbarn, die K. vom Fenster aus beobachtet:

Gegen Abend, es dämmerte schon und K. hatte immer noch nichts gegessen, hörte er einen lauten Tumult vor der Tür, und noch ehe er sich Gedanken darüber machen konnte, was dies bedeuten sollte, wurde die Tür aufgestoßen und der Mann, den er am Morgen zuerst gesehen hatte, kam in Begleitung mehrerer mit Mikrophonen und Fotoapparaten bewaffneter Reporter herein. »Das ist der Mann, der für das Verschwinden der Kinder verantwortlich ist.« […] (Schülerin, Kl. 12, Gymnasium)

Hinter dem Rückgriff auf tradierte Erzählmuster lauert die Gefahr der Trivialisierung durch die Herstellung von Eindeutigkeit in besonders hohem Maße. Vor allem wenn aktionsreiche Erzähltypen gewählt werden, entwickeln die Schemata in der Phantasie ein Eigenleben. Sie führen nicht auf Kafkas Erzählungen zurück, sondern von ihnen weg in Reminiszenzen aus Bekanntem. Kafkas paradoxe Dekonstruktion traditioneller Erzählformen kommt so gerade nicht in den Blick.

Heuristisches Schreiben

Die Frage nach den Grenzen der Interpretierbarkeit literarischer Werke stellt sich im Umgang mit Kafka intensiver als anderswo. In der literaturwissenschaftlichen Forschung fragt man nach einer beispiellosen Abfolge von Deutungen und intensiven Methodendiskussionen, ob Kafka seine Prosa nicht geradezu daraufhin angelegt hat, daß die Leserphantasie auf immer neuen Wegen stets erneut mit sich selbst beschäftigt ist. Besonders die publizierten Lektüren von Dekonstruktivisten[10] haben hier stimulierend gewirkt. Nicht nur daß vorhandene Textschemata, über die erwachsene Leser in aller Regel verfügen, von Kafka selbst destruiert werden (Märchenerwartungen durch Antimärchenstrukturen, Romankenntnisse durch die Zurücknahme des Entwicklungs- oder Reiseromans), auch Orientierungen in und an der Begrifflichkeit der Alltagssprache werden erfaßt. Ein »Tor«, das »nur für dich bestimmt« ist, durch das der betreffende aber nie eintreten wird, eine »Verhaftung« ohne juristische Regel und ein »Gericht«, dessen Richter der Angeklagte nie zu Gesicht bekommt, ein »Schloß«, das nie betreten werden kann, aber stets allgegenwärtig ist – sind eben kein Tor, kein Gericht und kein Schloß im Sinne der Denotate, die zu diesen Begriffen gehören. Sie sind aber auch keine identifizierbaren Metaphern für etwas anderes, das mit ›Tor‹, ›Gericht‹ oder ›Schloß‹ eigentlich gemeint sein könnte. So stimulieren Kafkas Erzählungen ständig Deutungsaktivitäten, aber sie befriedigen sie nicht. Diesen beunruhigenden Tatbestand einfach durch das Urteil von der ›ästhetischen Polyvalenz‹ Kafkascher Prosa auf den Parnaß höchster künstlerischer Meisterschaft hinwegzuloben, verbietet sich für den Literaturdidaktiker. Denn er will ja anderes erreichen als eine Anbetungshaltung vor der hohen Dunkelheit des literarischen Kunstwerks und die bescheidene Einsicht in die Notwendigkeit der professionellen Deutung als Vermittlung verborgenen ›Sinns‹.

Will die Literaturdidaktik nicht einfach auf den alten Positionen der Etablierung eines möglichst institutionenkonformen ›Sinns‹ beharren, muß sie Formen der Unterrichtsarbeit vorschlagen, die sich von den überkommenen Deutungsformen freimachen und mit Lektüreweisen umzugehen lehren, die die sprachliche Konstitution der literarischen Texte Kafkas ins Zentrum des Interesses rücken. Das Stichwort heißt ›Autoreferentialität‹. Es meint, daß literarische Texte zuerst einmal auf sich selbst, auf ihre eigene Sprache verweisen und daß Inhalte zur Wiederherstellung der Werke in der Phantasie der Leser dienen.[11] Über die Sprache der Texte, konkret über einzelne Formulierungsentscheidungen des Autors, erarbeiten Leser sich dann ein Verständnis, das ihnen gemäß ist. Wenn es in Kafkas *Prozeß*-Legende heißt: »Vor dem Gesetz steht ein Türhüter«, so impliziert das räumliche Vorstellungen, zumal im Textverlauf dann auch von

»Sälen« die Rede ist. Aber man kann ›vor‹ auch im übertragenen Sinne verstehen: ›vor Gericht stehen‹. Oder man denkt bei ›vor‹ an etwas, das vor dem Urteilen des Gerichts abläuft, ›Vor-Urteile‹ oder Vorausurteile also, vielleicht aber auch an eine Art Präambel zum Gesetzestext selbst. Dann kann sich die Aufmerksamkeit auf Klang und Wortkörper richten. Die Begriffe ›Tor‹ und ›Gesetz‹ sind im jüdischen Kontext verbindbar über das Wort ›Thora‹, das lautlich zu Tor, semantisch zu Gesetz gehört. Schließlich müssen Doppeldeutigkeiten beachtet werden, ›Gericht‹ beispielsweise als das, was man angerichtet hat und nun auslöffeln muß. Von jeder dieser Textbeobachtungen aus lassen sich interessante Bedeutungen konstruieren. (Jantz 1993, 329–332) Die Deuter als Konstrukteure kämpfen um die Plausibilität der von ihnen entdeckten Zusammenhänge, indem sie möglichst viele ihrer Textbeobachtungen miteinander vernetzen.

Das System, das Jugendliche der frühen Adoleszenz zu einer produktiven Auseinandersetzung mit der Lektüre am ehesten einlädt, ist das der eigenen Erfahrung. Die Phantasie des ›So-auch-ich‹ ist indes der heuristischen Arbeit der Phantasie entgegengesetzt. Je mehr eigene Erfahrungen und Ideen nach Kafkas Texten modelliert werden können, desto weniger erfährt der schreibende Leser schreibend über Kafka.

Gemeint ist mit ›heuristischem Schreiben‹ ein experimentierendes Schreiben, das eine gewisse Affinität zum ›ödipalen Lesen‹ aufweist. Dessen Merkmale sind der Wunsch, im Gelesenen Geheimnissen nachzuspüren, und das weiterphantasierende Ausgestalten.[12] Hier beziehen sich beide auf den Gegenstand der Lektüre, den fremden Text in seiner Materialität. Er soll von seiner Wörtlichkeit her besser zu begreifen sein.[13] Die Neugier der Lesenden richtet sich darauf, festzustellen, was sie mehr oder anders verstehen, wenn sie Texteingriffe vornehmen, die Formulierungsalternativen, die dem Autor auch zur Verfügung gestanden hätten, ein Stück weit verfolgen. Es entsteht das Rezeptionsschema des ›Was-wäre-wenn?‹: Was wäre, wenn der Mann nicht vom Lande käme, sondern mit der Lebenserfahrung eines Großstädters ausgestattet wäre, wenn es eine Frau oder wenn es mehrere Personen wären, die Einlaß begehrten, wenn der Türhüter nicht nur die Aufgabe des Verwehrens, sondern auch die des sachgemäßen Informierens wahrnehmen müßte, wenn das Gesetz selbst in Erscheinung träte? Was wäre, wenn in *Vor dem Gesetz* das Thema ›Vorurteil‹ oder das Thema ›Zugänglichkeit‹ erzählerisch überprüft würden?

Mit diesen Worten tritt der Türhüter beiseite und läßt den Mann eintreten. Dieser findet sich in einem großen Saal wieder, der ganz leer ist. Vorsichtig geht er vorwärts. Von der anderen Seite des Saales kommt eine Gestalt auf ihn zu. Der Mann ist jedoch nicht in der Lage, sie zu erkennen. Doch plötzlich fällt es ihm wie Schuppen von den Augen: er geht auf niemand anders zu als auf sein eigenes Spiegelbild. Voll Entsetzen wendet er sich um und flieht eine Wahrheit, die er nicht gesucht hatte. (Studentin, 3. Sem.)

Auch hier endet der neue Text mit einer überraschenden Wendung. Die Ähnlichkeit zu Kafkas Vorlage besteht in der Leserführung. Beide Fälle handeln von Täuschung und Selbsttäuschung und einer Wahrheit, die nicht einfach zu ›haben‹ ist. ›Spiegelsaal‹ und ›Doppelgänger‹ sind zwei konventionelle Bilder, in denen erzählerisch über Täuschung und Tod gehandelt werden kann. Die Leserin experimentiert während ihrer Lektüre, indem sie passende Elemente einfügt und beobachtet, wie sich das Erzählgeschehen dann entwickelt. Ein solches Schreiben rechtfertigt sich einmal dadurch, daß es Lese- und Verstehensvorgänge intensiviert und individualisiert. Es begründet sich andererseits dadurch, daß es den Gegenstand, also den literarischen Text, zum *Zielpunkt* des Schreibens macht. Kreative Rezeptionshandlungen hingegen nehmen den Text lediglich zum Anlaß und *Ausgangspunkt* der Eigenproduktion.

Man kann sich den Unterschied der beiden Schreibkonzepte nach dem Begriffspaar von Akkomodation (Selbst-Anpassung des Schreibenden an den vorgegebenen Text) und Assimilation (Anpassung des Textes an die Bedürfnisse des Schreibenden) denken. Heuristisches Schreiben zielt eher auf Akkomodation als auf Assimilation. Heuristisches Schreiben ist Ausdruck eines suchenden Verstandes; es kann dementsprechend in Überarbeitungsphasen zur Diskussion gestellt werden. Das heuristische Schreiben konzentriert sich auf das Ungeklärte, Widersprüchliche im Text, es sucht nach den Stolpersteinen der Phantasie, nach Auseinandersetzung, es durchdenkt Alternativen, aber es ersetzt nicht einfach interrogative Strukturen durch affirmative.

Das heuristische Schreiben ist eng verbunden mit dekonstruktiven Formen der Textanalyse. Im folgenden seien einige dieser Verbindungspunkte aufgezeigt.

Sinnkonstitution durch die Analyse des Wortgebrauchs

Die didaktischen Rahmen-Vorgaben der Lehrpläne zum Deutschunterricht stehen in der Tradition der Hermeneutik. Sie gehen davon aus, daß Literatur einen ›Sinn‹ hat, Schülerinnen und Schüler daher auch

»[...] zur Reflexion von Erfahrungen, Gefühlen, Selbstbildern, Interessen herausfordert sowie zu spielerisch-experimentellen eigenen Darstellungen anreizt. [...] Die Verstehensfähigkeit der SchülerInnen wird im Sinne einer Progression erweitert, indem u.a. die Distanz literarischer Texte zur Gegenwart bewußtgemacht und aus der geschichtlich gewordenen Sicht literarischer Werke befragbar wird.«[14]

Auch die nunmehr rezeptionstheoretisch fundierte[15] und eher subjektiv akzentuierte Aneignung von Literatur im produktiven Literaturunterricht der neunziger Jahre steht in dieser Tradition. Sie findet ihre pädagogische Legitimation in deren unterstellter gesellschaftlicher Relevanz. Literatur biete »Wert- und Sinnmuster«, ermutige Schülerinnen und Schüler, »Fragen nach dem Sinn der eigenen Existenz zu stellen und ihre persönlichen Vorstellungen ernst zu nehmen«. Sie gehöre zur »kulturellen Tradition«, an der Jugendliche durch den Unterricht »aktiv beteiligt« werden sollen. Der Umgang mit kulturellen Gegenständen (also auch den literarischen Werken) fördert »kritische Rationalität ebenso wie Kreativität, Phantasie, sinnliche Erfahrung und ästhetisches Empfinden«.[16]

Von der Literaturwissenschaft hingegen wird schon seit längerem darauf hingewiesen, daß Kafkas Werke keinen Referenzbezug auf Realität jenseits der Fiktion besitzen. Die ›ästhetische Polyvalenz‹ Kafkascher Prosa beruhe auf den Vernetzungen an der Textoberfläche. Die Beliebigkeit aller Bezüge, die über den Text hinausreichen, zeige sich im Diskurs der Interpreten als eine Fülle von konkurrierenden Meinungen. (Nemec 1981) Anders als die mit dem Werk Bertolt Brechts beschäftigten Interpreten finden sie auch kein exakt benennbares intentionales Konzept des Autors. Im Gegenteil, es wird zunehmend unklarer, ob Kafka – wie Brecht – seinen Lesern überhaupt etwas hat über die Welt ›sagen‹ wollen.

Während die Lehrpläne der allgemeinbildenden Schulen also Literatur als ein Feld definieren, in dem Bedeutungen aufgesucht werden können, deren gesellschaftliche wie subjektive Relevanz außer Zweifel steht, dekonstruiert die moderne Kafka-Forschung eben diese Zuweisungen. (Udoff [Hg.] 1987; Goebel 1992, 70–82; Bogdal [Hg.] 1993) Sie zieht in Zweifel, daß Kafka ›gesellschaftliche Wirklichkeit‹ (soziale Prozesse, z. B. die durch den Ersten Weltkrieg an die Oberfläche des allgemeinen Bewußtseins gelangte ökonomische, ethnische, wissenschaftstheoretische, weltanschauliche Krise) verhandelt; sie zieht in Zweifel, daß er ›psychische Wirklichkeit‹ (individualpsychische Deformationen, Formen defizitärer Familienkommunikation, geschlechtsspezifische traumatische Erfahrungen) thematisiert. Sie stellt fest, daß interessierte Leser all diese Themen anhand von Kafka zur Sprache bringen *können*, daß es sich dabei aber in aller Regel um Attribuierungen [Zuweisungen von Bedeutung] durch die Leser selbst handelt. Kafkas Erzählungen und Romane erscheinen in diesem Lichte als dynamische Leer-Formen, die sehr unterschiedliche Inhalte aufnehmen können, vielleicht *auch* schul-relevante, aber eben keineswegs nur solche, über die dann ihrerseits anhand der Realitätsspuren in der Lektüre geredet werden darf. Und wenn es über die Autoreferentialität hinaus in Kafkas Literatur zu Interferenzen mit anderen kulturellen Diskursen kommt, mit denen über Sexualität, Ökonomie, Strafgesetzgebung oder technisch-industrielle Innovationen, auch über Zirkus und Varieté, Hungerkunst, sprechende Pferde und sozialisierte Affen oder chinesische Foltermethoden, dann finden kritische Interpreten keine positiven Aussagen, sondern subversive, ironisch-destruktive Kommentierungen, Parodien herrschender Denkmuster, Paradoxien, abgeleitet aus der Dekonstruktion geläufiger Urteile, widersprüchliche Anspielungen auf widersprüchliche Diskurspraktiken. (Tröndle 1989; Vogl 1990) In der *Strafkolonie* behandelt weder ein sensibler Autor kritisch das Unrechtssystem eines totalitären (vielleicht faschistischen) Staates noch ein westjüdisch sozialisierter Verehrer des Ostjudentums die miteinander konkurrierenden Entwürfe einer archaischen und einer modern-humanistischen Religion. Vielmehr kommentieren die im Text auffindbaren Spuren des Rechtssystems und der Kriminalistik der Zeit vor dem Ersten Weltkrieg ironisch fragend die spezifischen Formen der »souveränen Mißachtung des Subjekts« durch die moderne technische »Objektivierung« gesellschaftlicher Beziehungen, die zu Beginn des 20. Jahrhunderts mit den modernen maschinellen oder maschinengestützten Verfahren – etwa mit dem Einsatz neuer Verhörmethoden oder von Tonträgern – der

Strafgesetzgebung oder des Strafvollzugs in Europa wirksam wurden. (Müller-Seidel 1986; Kittler 1990, 130–141)

Metaphern, Anspielungen, ›images allusives‹

Die Bezugstheorie der Suche nach Konstruktionsmöglichkeiten für neue Text-bedeutungen, die unter der Oberfläche des Textes versteckt bleiben, geht von dem Grundgedanken aus, daß sprachliche Zeichen in literarischen Texten Be-zugsnetze untereinander bilden, die nicht mit der semantischen Lektüre über-einstimmen. Auch assoziative, auf sprachlichen Ähnlichkeiten beruhende Ver-bindungen stiften ›Bedeutung‹. Wortspiele, Reime, Assonanzen, Minimalpaare, Paronomasien bilden die Ausgangspunkte sekundärer, subversiver Lektüren. Dadurch entstehen einander widersprechende Mehrfachbedeutungen ein und desselben Textes. Hinzu kommen Doppeldenotate von einzelnen Begriffen, die unterschiedliche Sinnpotentiale erschließen. Das Verständnis des *Prozeß*-Romans geht verschiedene Wege, je nach dem, ob ich ›Verhaftung‹ oder ›Ge-fangennahme‹ im Sinne eines juristischen Vorgangs oder im Sinne der zweiten Bedeutung von ›fixiert sein auf oder durch etwas, das noch keinen Namen hat‹, definiere.

Die zweiten, dekonstruktiven Lektüren sind (wort-)genau, analytisch, aber nicht logozentrisch:

»[…] an attempt to interpret as exactly as possible the oscillations in meaning produced by the irreducibly figurative nature of language.«[17]

Eine Aussage wie: »Vor dem Gesetz steht ein Türhüter« kann wortgenau nur metaphorisch verstanden werden, denn ›Gesetz‹ ist kein Gebäude, hat dement-sprechend keine Tür. Wohl aber gibt es Gerichtsgebäude, in denen nach dem Ge-setz Recht gesprochen wird. Durch die Tilgung der Merkmale \geschrieben\, \öffentlich verkündet\, \in Paragraphen aufgeteilt\ usw. kann der Begriff ›Ge-setz‹ nach dem Muster einer Metonymie vom Typ pars pro toto auf das gesamte System gerechten Handelns ausgedehnt werden. Wenn dann aber im Ausle-gungsgespräch zwischen Josef K. und dem Gefängnisgeistlichen das ›Gesetz‹ sich als zur juristischen Rechtspflege ungeeignet erweist, wenn das »Tor zum Gesetz« offensteht und doch den, für den es bestimmt ist, nicht einläßt, verwirrt sich die bei der Übertragung zunächst erzielte Bedeutung wieder. Handelt es sich überhaupt um eine an positives Recht gebundene Instanz, oder ist vielleicht von einem nicht-juristischen ›Recht‹ die Rede? Die Destruktion positiver Allge-meinbegriffe wie ›Wahrheit‹, ›Gerechtigkeit‹, ›Gesetz‹ durch deren Transforma-tion in selbstwidersprüchliche Sprachspiele ist ein wesentliches Charakteri-stikum des Kafkaschen Erzählens. (Jayne 1992, 94–128) Vom Text geht ein »Erregungsanstoß zum analogisierenden Fortspinnen« aus, der immer neue kulturelle Wissensbestände in seinen Strudel zieht.[18]

»Je differenzierter diese spezifische stilistische Kompetenz bei einem Sprachteilnehmer ausgebildet ist, um so sensibler reagiert er auf Belastungen seines sprachlichen Orientie-rungsvermögens.« (Fingerhut 1979 a, 171)

Für den Unterricht ergeben sich mit den Beobachtungen an Kafkas Formulierungsentscheidungen Möglichkeiten, genaues Lesen und die Überprüfung der spontan vorgenommenen Bedeutungskonstituierungen zusammenzuführen. Bevor Allegoresen, Analogiebildungen und Spekulationen gefragt sind, muß untersucht werden, ob Auflösungsanweisungen in dem Sprachgebrauch Kafkas stecken. Die Schrift der Hinrichtungsmaschine in der *Strafkolonie* bekommt beispielsweise die Merkmale \schön\ und \unleserlich\ zugesprochen. Die Maschine schreibt ›Urteile‹ in Körper, und zwar so, wie Schallwellen in Phonoplatten eingeritzt werden. Felice Bauer verkaufte solche Maschinen, Parlographen genannt. Die Merkmale sind auch auf Kafkas eigenes Schreiben zu beziehen. (Kittler 1990, 75–163) Die Frage aber, ob darin Kafkas ›Botschaft‹ bestand, läßt sich nicht beantworten. Der Interpret *kann* die Analogien nachzeichnen, die die Leser-Phantasie zu dieser Deutung (ver-)führen: Er nimmt möglichst viele Einzelheiten der Erzählwelt (die Teile der Maschine, die Stationen der Exekution, die versprochene Erlösung, das Verhalten des Offiziers) als Zeichen, die auf andere Zeichen (das Schreiben als Selbstbestrafung und Erlösung, die erotische Bindung des Schreibenden an die Schreib-Maschinerie) verweisen. Aber die Bedeutung, die er findet, ist seine Konstruktion.

Erzählerische Entfaltung eines ungenauen Begriffsgebrauchs

Der *Prozeß*-Roman beginnt mit dem berühmt gewordenen Satz: »Jemand mußte Josef K. verleumdet haben, denn ohne daß er etwas Böses getan hätte, wurde er eines Morgens verhaftet.«

Es ist unklar, wer diesen Satz zu verantworten hat, ein Erzähler oder die Figur des Josef K. Umformulierungen (›offensichtlich hatte ihn jemand verleumdet‹ oder ›er nahm an, daß ihn jemand verleumdet hatte‹) zeigen, daß der Satz mit unterschiedlichen Lese-Hypothesen rezipiert werden kann. Entweder glaubt der Leser Josef K., dann handelt es sich um eine ungerechtfertigte Aktion, oder er sieht in der Verleumdung eine unzureichende Erklärung, dann ist die Schuldlosigkeit Josef K.s dessen subjektive Meinung. Normalerweise klären sich derartige Mehrdeutigkeiten im Verlauf der Lektüre. Der Klärungsversuch mißlingt hier. ›Verleumdung‹ als Grundlage für ›Verhaftung‹ führt zu ganz unterschiedlichen Hypothesen: a) Josef K. hat wirklich ein Verbrechen begangen, gibt es aber (vor sich selbst) nicht zu; b) es handelt sich um einen »Geburtstagsscherz« zur Überprüfung des Humors des Prokuristen Josef K.; c) Josef K. ist unschuldig, die willkürliche Verhaftung spiegelt das Leben unter einem diktatorischen Regime.

Wenn sich dann herausstellt, daß Josef K. zwar verhaftet ist, aber seinem Beruf wie gewohnt nachgehen kann – also gar nicht ›verhaftet‹ ist, sondern vielleicht nur ›gewarnt‹ –, wenn im Roman die Grenze zwischen ›verhaften‹ und ›hetzen, jagen, fangen‹ gezielt übersprungen wird, die Göttin der Gerechtigkeit sich in die der Jagd verwandelt (KAP 195 f.), so bedeutet das für den Leser eine Irritation. Die handlungstragenden Begriffe in der Erzählwelt haben eine jeweils andere Extension als in seiner Alltagssprache. Konkret: Jemand, dessen

Schuld das Gericht »angezogen« hat, der aber auch wieder »entlassen« wird, wenn er dies wünscht (KAP 304), der dann aber doch ein Jahr lang um seinen Freispruch kämpft, um am Ende umgebracht zu werden, kann der zu Recht als ein ›Verhafteter‹ definiert werden? Oder bedeutet ›verhaftet‹ hier etwas anderes, etwas im Sinne des zweiten Denotats dieses Begriffs: einer Sache (nämlich dem eigenen Lebensprozeß) verhaftet sein, von der Frage nach deren Wahrheit oder Rechtfertigung nicht mehr lassen können?

Die einmal sensibilisierte Sprachphantasie entdeckt überall in Kafkas Texten derartige Begriffsstrategien. Für den Begriffsgebrauch in Kafkas Erzählwelten gilt dasselbe, was Hans Zeller (1986, 276–292) für die Interaktionsregeln festgestellt hat: Es ist schwer oder unmöglich, die Übereinstimmungen und Abweichungen, die Verschiebungen zwischen der Sprache, in der sich der Leser auskennt, und jener, nach der in der Welt des Gerichts oder des Schlosses gehandelt wird, festzustellen. Die Verletzung der pragmatischen Präsuppositionen zu Zentralbegriffen des Textes erstreckt sich auf Konkreta (Schloß, Tor) wie auf Allgemeinbegriffe (Verhaftung, Täuschung, Freiheit), so daß in beiden Fällen indirekte Aussagen vermutet werden müssen. Und diese setzen wieder die erfolglos mäandernden Deutungsaktivitäten in Gang.

Die Falsifizierung des einfachen Kommunikationsmodells (ein Autor sendet in seinem Text einem Leser eine Botschaft über eine außerhalb dieses Textes existierende Wirklichkeit) als Grundlage des Umgangs mit Literatur ist eine wesentliche Aufgabe des kritischen Deutschunterrichts.

Das genaue Prüfen der im Text vorfindlichen Begriffe durch Ersatzproben, durch die Bestimmung von Extension und Intension im Vergleich mit dem Begriffsgebrauch in der Alltagssprache, die exakte Überprüfung des Geltungsanspruchs einzelner Aussagen (Wer verantwortet etwa die Aussage, K. sei ein Landvermesser oder K. sei ein Landstreicher: die beteiligte Figur, ein Erzähler oder eine Instanz zwischen beiden?), das Wiederentdecken verblaßter Metaphern hinter den befremdlichen Handlungszügen der Kafkaschen Prosa – all das sind rationale, lehr- und lernbare Tätigkeiten, die das schnelle Übertragen der Kafkaschen Erzählwelt auf Regeln der Lebenswelt verhindern. Zugleich lernen Schüler hier die Mechanismen ihrer eigenen sprachgeleiteten Phantasie kennen. Sie sehen, wie Analogien funktionieren, wie Assoziationen Dinge miteinander verknüpfen und wie dort, wo keine Bedeutung auf der Hand liegt, durch das Auflösen von ›Rätseln‹ Eindeutigkeit hergestellt wird. Mit den Kafka-Texten stehen zugleich die Wahrnehmungsweisen, die wir ihnen gegenüber entwickeln, zur Diskussion. (Palm 1989, 9–35) Nur eins ist nicht möglich: diese subjektiven Wege in den Kafkaschen Text hinein zu ›Botschaften‹ des Autors zu erklären und so mit einer falschen Autorität zu versehen.

Friedrich Feigl (*1884 Prag, †1966 Großbrit.): Porträt F. K. (1940; Öl auf Pappe,
35 x 25,5 cm; rückseitig Klebezettel: Franz Kafka mein Mitschüler vom Prager Altst.
Gymnasium 1890 [1894] wie ich ihn sah Friedrich Feigl; Museum Ostdeutsche
Galerie Regensburg)

II Lebensprobleme

Über das Leben kaum eines Autors, ausgenommen vielleicht Goethe, wissen wir so genau Bescheid: mit wem er umging, was er tat, las, schrieb, was er vermutlich dachte und wovor er sich ängstigte. Ein ereignisloses Leben insgesamt, auf das indes Kafkas gesamte Literaturproduktion abgestellt war – und das kaum etwas von der Faszination erklärt, die das Werk auf seine Leserinnen und Leser ausübt.

Interpreten, die Kafkas Romane und Erzählungen biographisch untersuchen, entdecken Lebensprobleme des Autors hinter den Problemen, die in den literarischen Werken verhandelt werden. Stellt sich dem durch Familie und Beruf in Prag festgehaltenen Kafka die Frage, ob er sich in Berlin oder anderswo eine unabhängige Lebensbasis würde schaffen können, durchdenkt er im Romanfragment *Der Verschollene (Amerika)* die Möglichkeit der Auswanderung nach Amerika. Anders als zahlreiche Altersgenossen, einige Mitglieder der Kafkaschen Großfamilie eingeschlossen, verwirft Franz Kafka für sich einen solchen Lebensplan; denn sein Erzählexperiment erbringt ihm das Ergebnis, daß er, selbst wenn er naiv und stark wie ein »Roßmann« an die Ausführung heranginge, dennoch sein spurloses Verschwinden irgendwo in den Weiten des unbekannten Kontinents zu erwarten habe. Das ist seine private Lektion, die er aus der Niederschrift des *Verschollenen* lernt.

Da Daten und Fakten in mehreren Biographien (Binder 1979; Pawel 1986; Unseld 1992) ausführlich dargestellt sind, beschränken wir uns hier auf eine tabellarische Übersicht und gehen dann kurz auf drei vor allem durch die *Briefe* und die *Tagebücher* belegte Problemzonen von Kafkas Leben ein, für die er in seinen Erzählungen Lösungen auszuarbeiten suchte.

1883	3. Juli geboren in Prag (erstes Kind)	
1890		Deutschland: Aufhebung der Sozialistengesetze; Österreich: Einführung der Pflichtversicherung
1893/ 1901	Altstädter Gymnasium, von vielen Juden besuchte deutsche Bildungseinrichtung	H. v. Hofmannsthal: *Der Tor und der Tod* (Dr.); K. May: *Winnetou* (R.)
1894		Frankreich: Dreyfuß-Affäre
1895		T. Fontane: *Effi Briest* (R.)
1897		Th. Herzel: *Der Judenstaat* (Abh.); Dezembersturm (antideutsche u. antijüdische Ausschreitungen tschechischer Nationalisten) in Prag
1900		S. Freud: *Die Traumdeutung* (Abh.)
1901/02	Beginn Jurastudium an der deutschen »Karl-Ferdinands-Universität Prag«; Begegnung m. Max Brod	Th. Mann: *Buddenbrooks* (R.); Sozialdemokratie u. Masaryks »Realistenpartei« treten der antisemitischen

	Hetze entgegeg; Rußl.: Pogrome; Ostjuden als Flüchtlinge in Prag
1904/06 Beschreibung eines Kampfes (BA 1936), bearb. 1910/11	Rußland: Revolution (1905)
1906 Promotion zum Dr. juris; danach ›Rechtspraxis‹ (Landgericht, Strafgericht)	R. Musil: Die Verwirrungen des Zöglings Törleß (N.)
1907 ›Aushilfskraft‹ b. d. Prager Dependance d. »Assecurazioni Generali«; Romanfragment Hochzeitsvorbereitungen auf dem Lande (BA 1953)	Erste zionistische Kolonie i. Palästina
1908 Erste Veröff.: Betrachtung (8 Prosastücke) in d. Zs. »Hyperion« Juli: Eintritt in die »Arbeiter-Unfall-Versicherungs-Anstalt« als Aushilfsbeamter (Beförderungen: 1910 Konzipist, 1913 Vizesekretär, 1920 Sekretär, 1922 Obersekretär)	Böhmen stellt vier nationaljüdische Abgeordnete
1909 Zahlreiche Dienstreisen; Reise mit Max Brod nach Riva	
1910 Beginn d. Tagebücher (BA 1937); Kontakte zu in Prag gastierenden ostjüdischen Schauspielern, Freundschaft m. d. jidd. Schauspieler Jizchak Löwy (ab 1911); stiller Teilhaber an der »Ersten Prager Asbestfabrik« d. Schwagers J. Hermann (bereitet bis 1914 permanent Sorgen, mehrfach Selbstmordgedanken); Okt.: m. Brod in Paris	R. M. Rilke: Die Aufzeichnungen des Malte Laurids Brigge (R.)
1911 Dienstreisen zur Einstufung von Betrieben in Unfallklassen; Aug./Sept.: Urlaub in Italien, Reise n. Paris, Reisetagebücher; Beginn d. Arbeit an Der Verschollene (BA 1927 u. d. T. Amerika)	H. v. Hofmannsthal: Jedermann (Dr.)
1912 Juni/Juli: Reise n. Weimar (m. Brod); Erscheinen d. Bandes Betrachtung; 20. 9.: Beginn Briefwechsel m. Felice Bauer (Br. an Felice, BA 1967); 22./23. 9.: Das Urteil (BA 1916, in »Der Jüngste Tag«); Nov./Dez.: Die Verwandlung (BA 1915)	G. Benn: Morgue u. a. Gedichte; Max Brod: Arnold Beer (R.); E. E. Kisch: Aus Prager Gassen und Nächten (Repn.)
1913 Ostern: erster Besuch b. Felice B. in Berlin (dem bis Juli 1914 sechs weitere folgen); Sept.: Reise nach Wien, Venedig, Riva; Der Heizer (Der Verschollene, 1. Kap.) erscheint in d. Reihe »Der Jüngste Tag«	S. Freud: Totem und Tabu (Abh.); G. Benn: Söhne (Ge.); F. Werfel: Wir sind (Ge.)

1914	30. Mai: mit d. Vater Reise nach Berlin zur Verlobungsfeier m. Felice B.; Juli: Entlobung (»Gerichtshof im Hotel« [Askanischer Hof]); ab Aug.: *Der Prozeß* (BA 1925); Okt.: *In der Strafkolonie* (BA 1919)	Kriegsausbruch; ostjüd. Flüchtlinge; Masaryk u. Beneš im Exil; H. Mann: *Der Untertan* (R., e. 1911/14)
1915	Wieder Felice B.; erste eigene Wohnung; Fontanepreis (weitergegeben durch C. Sternheim)	G. Benn: *Gehirne* (N.); M. Brod: *Tycho Brahes Weg zu Gott* (R.; Kafka gewidmet)
1916	Juli: m. Felice in Marienbad; Schreiben in der Alchimistengasse (Ottlas Wohnung)	Verschärfung der Kämpfe in Verdun; Kriegsgerichtsbarkeit; Zensur; G. Kaiser: *Von morgens bis mitternachts* (Dr.); Balfour-Erklärung (Juden in Palästina)
1916/17	Erste *Landarzt*-Novellen (BA 1919); *Der Kübelreiter* (1921; 1953, H)	
1917	Wohnung Palais Schönborn; Juli: zweite Verlobung m. Felice; 9./10. Aug.: Blutsturz; Sept.: Diagnose Lungentuberkulose, danach bei Ottla in Zürau auf d. Lande (bis April 1918); Dez.: erneut Entlobung	Nationalismus der Tschechen; Antisemitismus in Wien; Zionismus bei vielen Juden (Höhepunkt um 1920); Rußland: Oktoberrevolution
1918	*Beim Bau der chinesischen Mauer* (BA 1931); in der Arbeiterunfall-Versicherung werden die deutschen Chefs entlassen, Kafka kann als »Paradejude« bleiben und wird 1920 Bürochef (Anstaltssekretär)	Revolutionen i. Berlin und München; Ende d. Weltkriegs; Zusammenbruch der k. u. k. Monarchie: Republik Österreich, Ungarn, Tschechoslowakische Republik (Masaryk Ministerpräsident); Th. Mann: *Betrachtungen eines Unpolitischen* (Abh.)
1919	März–Nov.: Beziehung zu Julie Wohryzek; *Brief an den Vater* (1953, H)	Vertrag von Versailles; K. Liebknecht und R. Luxemburg i. Berlin ermordet
1920	Krankenurlaub Meran; Beginn Briefwechsel m. Milena Jesenská (*Br. an Milena*, BA 1952); kurze Arbeitsaufnahme in Prag; ab Dez. (bis Aug. 1921) Sanatorium Matliary (Hohe Tatra); Freundschaft zu dem Mediziner Robert Klopstock	Streiks und nationale Kämpfe im neuen Vielvölkerstaat Tschechoslowakei; F. Werfel: *Nicht der Mörder, der Ermordete ist schuldig* (R.); E. Toller: *Masse Mensch* (Dr.)
1921	Ab Herbst wieder Prag; Okt.: K. übergibt Milena J. die Tagebücher	H. v. Hofmannsthal: *Der Schwierige* (Dr.)
1922	Prag; Urlaub in Spindlermühle; Ende d. Beziehung zu Milena; Juni (vorzeitige) Pensionierung; danach (mit Ottla) in Planá a. d. Luschnitz; *Das Schloß* (BA 1926); *Ein Hungerkünstler* (BA 1924)	W. Rathenau ermordet; O. Spengler: *Der Untergang des Abendlandes* (Abh.) Inflation
1923	Palästinapläne; Juli: Müritz (Ostsee), Bekanntschaft mit Dora Diamant; Sept.:	Deutschl.: Hitler-Ludendorff-Putsch (8./9. 11; in Prag nicht beachtet)

Übersiedlung n. Berlin zus. m. Dora D. (zuerst Steglitz, dann Zehlendorf); *Der Bau*
(1931, ChM); *Eine kleine Frau* (1924, Hu)

1924	Febr.: Verschlechterung des Gesundheits-zustands; März: Rückkehr nach Prag; *Jo-sefine, die Sängerin oder Das Volk der Mäuse* (1924, Hu); ab April: zuerst Sana-torium Wiener Wald, Niederösterr., dann zus. m. Dora D. u. Robert K. im Sanato-rium Hoffmann in Kierling b. Kloster-neuburg; Tod am 3. Juni, Beisetzung auf dem jüd. Friedhof in Prag [Strašnice]	Rußland: Tod Lenins, Verbannung Trotzkis; E. F. T. Marinetti: *Futuris-mus und Faschismus* (Manifest); Th. Mann: *Der Zauberberg* (R.)
1925		Deutschland: Fr. Ebert gestorben, Hindenburg Reichspräsident

Auseinandersetzung mit dem Vater: »Brief an den Vater«

Hermann Kafka war ein Aufsteiger, der durch Zähigkeit, Rücksichtslosigkeit gegen sich und andere und durch sehr viel Arbeit seine Familie in der Prager Mittelschicht etablierte. Er gehörte zur ersten Generation der böhmischen Landjuden, die nach der Emanzipation in die großen Städte kamen. Er begann als Bauchladenhändler, bei seinem Tode besaß er ein Haus und ein Ladenge-schäft. Sein Denken kreiste intensiv um das Geldverdienen. Hermann Kafka war – zumindest aus der Sicht des Sohnes – ein großer und starker Mann, er war aber auch nervös und mißtrauisch. Das Auf und Ab des Geschäfts, Konflikte je-der Art setzten seinem Herzen zu. Das wiederum prägte die Stimmung in der Familie. Angestellte nannte Hermann Kafka seine »bezahlten Feinde«. Die Mutter (in späteren Jahren auch Kafkas Schwester Ottla) arbeitete regelmäßig und ganztägig in dem Galanteriewarengeschäft des Vaters, während die Kinder und der Haushalt durch tschechisches Personal versorgt wurden. – In der For-schung wird die These vertreten, daß der Liebesentzug durch die Mutter, den das Kind dadurch erfährt, die Abneigung Kafkas gegen den Vater wenn nicht begründet, so doch befördert habe. Die Mutter ist schwach und liebt – aus der Sicht des Sohnes – den Vater mehr als ihr Kind. Sie unterwirft sich und paktiert in Konflikten immer mit dem Vater. (Zimmermann 1995, 17 ff.)

Durch Investitionen in eine Fabrik, der »Ersten Prager Asbestfabrik«, sollte die Familie reich werden. Schon vor dem Ersten Weltkrieg und der Einberufung des Schwagers Karl Hermann, der sich hauptsächlich um die Fabrik gekümmert hatte, begannen die Schwierigkeiten. Kafka sollte mehr Zeit in diese unterneh-merische Tätigkeit stecken. Es kam zu Zerwürfnissen. Der Vater, hierin unter-stützt von Mutter und Schwester Ottla, wirft dem Sohn vor, er habe ihn finanzi-ell »hineingetanzt« (19.12.1914; KAT 710); Kafka trägt sich in dieser Krisen-situation mit Selbstmordgedanken. Der Streit um die Heiratspläne des Sohnes und die Fabrik bildeten einen Höhepunkt in einem lange schwelenden Konflikt.

Der Vater Hermann Kafka (*1852 Wossek [Osek], Südböhmen, †1931 Prag); Sohn des Fleischhauers
Jakob K. und dessen Ehefrau Franziska, geb. Platowski; seit 1882 Galanteriewarenhändler in Prag
Die Mutter Julie Löwy (*1856 Podiebrad [Poděbrady], Elbe, †1934 Prag); Tochter des Tuchhändlers und
Brauers Jakob L. und dessen Ehefrau Esther, geb. Porias; 1882 Ehe mit Hermann K.

Hermann Kafka liebte und brauchte seine Familie auf seine Weise. Er hatte
Pläne. Sein Sohn sollte den begonnenen sozialen Aufstieg fortsetzen. Deswegen
schickte er ihn auf das deutsche Gymnasium, danach auf die Prager Universität.
Franz Kafka studierte nicht, wie er selbst gewünscht hatte, Philosophie, sondern
Jura. Er schloß mit dem Doktorexamen ab, trat in eine Versicherungsgesellschaft ein, wechselte dann schnell in die Arbeiter-Unfall-Versicherung, die als
halbstaatliche Anstalt günstige Arbeitszeitbedingungen (sogenannte halbe
Frequenz, d. h. sechs Stunden, von 8.00 bis 14.30 Uhr) bot. Im November 1919,
als Kafkas dritter Versuch einer Familiengründung (mit Julie Wohryzek, der
Tochter des Synagogendieners) eigentlich schon vor der Verlobung scheiterte,
unter anderem auch deshalb, weil die Braut dem Vater nicht standesgemäß
schien, verfaßte Kafka den annähernd hundertseitigen *Brief an den Vater*, in
dem er das wechselseitige Verhältnis analysierte. Dieser »Riesenbrief« wurde
nie abgeschickt. Er gibt, so erklärte Kafka später Milena Jesenská, Auskunft darüber, »wie es früher mit mir war«. (BM 73) Kafka beginnt mit Kindheitserinne-
rungen und -eindrücken und versucht, aus ihnen die Auffälligkeiten in der eigenen Lebensführung, die der Vater nicht versteht und nicht gutheißt, wie die
unentschlossene Haltung gegenüber Frauen und der Heirat, die problematische

Einstellung zu der in der Familie üblichen Nahrung (**Vegetariertum**), die komplizierte Lebensführung (Beruf und Schreiben), zu erklären. Das überall sich verfestigende Ergebnis aller im Brief minutiös beschriebenen Szenen ist eine allseitige starke Abhängigkeit des Kindes, des Heranwachsenden und später noch des erwachsenen Sohnes vom Vater. An Milena schreibt Kafka 1920 im Rückblick auf den eben fertiggestellten Brief und das darin geschilderte Verhältnis:

Du kennst den Vaterbrief nicht, das Rütteln der Fliege an der Leimrute, übrigens hat auch das gewiß sein Gutes, einer kämpft eben bei Marathon, der andere im Speisezimmer, der Kriegsgott und die Siegesgöttin sind überall. (BM 165)

Kafka selbst nennt den Brief einen »Advokatenbrief« (BM 85) und »konstruiert« (BM 75), um den Vater von seiner Sicht der Dinge zu überzeugen. Er ist, wie die zitierten Vergleiche zeigen, auch ein Stück weit ein Kampf um die eigene Perspektive und ein Befreiungsversuch.

Der Vater habe, so beginnt der Brief, den Sohn gefragt, warum er sich vor ihm fürchte; aus Furcht habe der Sohn nicht recht zu antworten gewußt und ziehe nun schriftlich Bilanz, um das zu erklären. Schuld gibt Kafka in erster Linie den väterlichen Erziehungsmethoden. Die sind autoritär, spontan und unreflektiert. Das vor lauter Ängstlichkeit überscharf beobachtende Kind erlebt den vitalen, rücksichtslosen, polternden Vater als »Herrscher«, »Regenten«, »Tyrannen«, »König und Gott«. In dieser Hinsicht liest sich der Brief wie eine Anklageschrift. Ausgangspunkte sind Fakten, aber diese werden immer sofort aus der Perspektive des Sohnes gedeutet, so daß sich die ›Bilder im Kopf des Sohnes‹ über sie schieben:

Deine äußerst wirkungsvollen, wenigstens mir gegenüber niemals versagenden rednerischen Mittel bei der Erziehung waren: Schimpfen, Drohen, Ironie, böses Lachen und – merkwürdiger Weise – Selbstbeklagung.

Daß Du mich direkt und mit ausdrücklichen Schimpfwörtern beschimpft hättest, kann ich mich nicht erinnern. Es war auch nicht nötig, Du hattest so viele andere Mittel, auch flogen im Gespräch zuhause und besonders im Geschäft die Schimpfwörter rings um mich in solchen Mengen auf andere nieder, daß ich als kleiner Junge manchmal davon fast betäubt war und keinen Grund hatte, sie nicht auch auf mich zu beziehn, denn die Leute, die Du beschimpftest, waren gewiß nicht schlechter als ich und Du warst gewiß mit ihnen nicht unzufriedener als mit mir. Und auch hier war wieder Deine rätselhafte Unschuld und Unangreifbarkeit, Du schimpftest ohne Dir irgendwelche Bedenken deshalb zu machen, ja Du verurteiltest das Schimpfen bei andern und verbotest es.

Das Schimpfen verstärktest Du mit Drohen und das galt nun auch schon mir. Schrecklich war mir z. B. dieses: ›ich zerreiße dich wie einen Fisch‹, trotzdem ich ja wußte, daß dem nichts Schlimmeres nachfolgte (als kleines Kind wußte ich das allerdings nicht) aber es entsprach fast meinen Vorstellungen von Deiner Macht, daß Du auch das imstande gewesen wärest. Schrecklich war es auch, wenn Du schreiend um den Tisch herumliefst, um einen zu fassen, offenbar gar nicht fassen wolltest, aber doch so tatest und die Mutter einen schließlich scheinbar rettete. Wieder hatte man einmal, so schien es dem Kind, das Leben durch Deine Gnade behalten und trug es als Dein unverdientes Geschenk weiter.

(F. K.: Brief an den Vater. Hg. J. Unseld. Frankfurt a. M.:
Fischer 1994, S. 132; KAN II 160 f.)

Eigentlich hat Hermann Kafka seinem Sohn nichts getan. Ausdrücklich anerkennt der Schreiber, daß der Vater ihn nicht beschimpfte, daß er höchstens verbal drohte, wobei er sicher sein konnte, daß auch das Kind wußte, ihm würde nichts geschehen, daß er manchmal mit dem kleinen Franz um den Küchentisch herum ›Fangen‹ spielte. Aus der Profilierung dieser familialen Nichtigkeiten zu Schrecknissen in der Froschperspektive des beobachtenden Kindes geht hervor, daß die patriarchalische Größe, die der Brief herausstellt, ein Konstrukt ist. Diese Konstruktion hat noch eine zweite Seite. Sie ermöglicht es dem Schreiber, die Beobachtung »kleiner Lächerlichkeiten« im Verhalten des Vaters mit »Mikroskop-Augen« (BM 70) zu beobachten und gezielt einzusetzen, um die »unschuldige« jüdisch-mittelständische Selbstgerechtigkeit des Vaters anzugreifen, um die Hohlheit des im Vater dastehenden Familien-Popanzes zu demonstrieren. Dazu dient etwa die Darstellung des Judentums des Vaters. Es ist nicht einfach die Karikatur einer durch den städtischen Assimilationsprozeß zur Konvention heruntergekommenen Religiosität:

Du giengst an vier Tagen im Jahr in den Tempel, warst dort den Gleichgültigen zumindest näher, als jenen, die es ernst nahmen. (KAN II 186)

Sondern der Schreiber gesteht dem Vater einsichtsvoll Reste der aus der »kleinen ghettoartigen Dorfgemeinde« mitgebrachten »religiöse[n] Bedenken« zu, die, »wenn sie nicht mit gesellschaftlichen Bedenken sich sehr mischten«, auch Beachtung fanden. Hier ist eine ironische Distanzierung im Spiel, denn die ökonomische Ordnung im Kopf des Vaters ist die genaue Umkehrung der frommen jüdischen Denkweise. Der Destruktion folgt der Angriff:

Das war also das Glaubensmaterial, das mir überliefert wurde, dazu kam höchstens noch die ausgestreckte Hand, die auf »die Söhne des Millionärs Fuchs« hinwies, die an den hohen Feiertagen mit ihrem Vater im Tempel waren. Wie man mit diesem Material etwas besseres tun könnte, als es möglichst schnell loszuwerden, verstand ich nicht; gerade dieses Loswerden schien mir die pietätvollste Handlung zu sein. (KAN II 187 f.)

Der Brief baut also Fallen. Er produziert schlechtes Gewissen. Bei der Beschreibung der väterlichen »Erziehung durch Ironie« beispielsweise wird das klassische Muster der Entwertung zitiert: Der Vater redet über den Sohn in dessen Anwesenheit an die Mutter gerichtet in der dritten Person und spricht vom »Herrn Sohn«, dem man dies oder das natürlich nicht zumuten könne. Auch der Brief praktiziert, auf subtilere Weise als der Vater, aber dennoch wirksam, eine Entwertungsstrategie. Diese arbeitet mit der ständigen Wiederholung vergifteter Hochachtung. Zum Beispiel attestiert der Schreiber dem Vater ausdrücklich ein »Erziehungstalent«, schränkt aber sofort ein, daß dieses allerdings eher für Leute seines Schlages nützlich gewesen wäre, die die »Vernunft« seiner Argumente sofort eingesehen hätten, daß es für den sensiblen und durch Angst hellhörig gemachten Sohn Franz hingegen äußerst schädlich gewesen ist. In die gleiche Richtung zielen die ausführlich entfalteten Widersprüche des väterlichen »Unterricht[s] im richtigen Benehmen bei Tisch«: Hermann Kafka nimmt für sich selbst heraus, was er bei den Kindern als falsch sanktioniert. Daraus hätte der Vater als Leser des Briefes nur die Schlußfolgerung ziehen können, daß er, was immer er in seiner unreflektierten, lauten und gedankenlosen Art tat, die Welt um ihn herum zertrampelte. Er hätte wünschen müssen, eine völlig andere Person zu sein, um dem Erziehungsauftrag an seinen Kindern gerecht zu werden; er hätte sich als Person in der Vater-Funktion übermächtig, aber durch die Art, wie er die Macht ausübte, kleinlich, tyrannisch, durch und durch ungeistig erleben müssen. Der Brief verlangt zumindest das Bekenntnis: »Das habe ich nicht gewollt« und damit das Eingeständnis des Scheiterns als Vater.

Heinz Hillmann hat durch eine genauere Analyse nachgewiesen, daß Hermann Kafka nicht die starke Persönlichkeit gewesen sein kann, als die er im Brief dargestellt wird:

> »Er sucht also Bewunderung für sich in der Familie, d. h. er benutzt diese als Mittel der Selbstbestätigung, Selbststeigerung. – Man kann annehmen, daß die beste Möglichkeit der kompensatorischen Selbsterhöhung die Erniedrigung und Unterdrückung der Familienmitglieder darstellt: an der erreichten Ohnmacht der anderen läßt sich für den Unterdrücker die eigene Macht befriedigend ablesen. Die Herrschsucht des Vaters und alle seine Erziehungsmittel stellen also die kompensatorische Selbstbestätigung dar, sind Ausdruck einer tieferliegenden Schwäche.« (Hillmann 1973, 245)

Joachim Unseld, der den Brief als Faksimile herausgegeben und kommentiert hat, begründet aus der Grunderfahrung des Kindes, daß der Vater kein Vertrauen zu ihm hat, ihn gar als »verräterisch« empfindet und im Zorn einen »Verschwörer« nennt, die Formen der Selbstverachtung, die bei Kafka auffallen. Es handle sich dabei um die Übernahme der väterlichen Verurteilungen in das Selbstkonzept des Sohnes.

Sieht man die Niederschrift des Briefes aber als eine der Formen des Widerstands, den der Sohn dem Vater entgegensetzt, so kann man hinter all diesen Urteilen, die eigenes Verschulden anerkennen und dem Vater eine einfachere, direktere und extrovertierte »Natur« zubilligen, auch bemerken, wie gering die Chance dieses Vaters war, mit der Renitenz seiner sich gegen ihn wehrenden Kinder (Franz und Ottla insbesondere) angemessen umgehen zu lernen. Der Familientyrann war im Grunde hilflos, denn er hing ja vollkommen von seinen Opfern ab. Während er selbst laut und schnell Fleisch und Sauce verspeist, bekennt sich der Sohn als Vegetarier, den es vor Fleisch ekelt, nimmt ein wenig Gemüse, kaut es demonstrativ lange nach einer besonderen Gesundheitsmethode. Der Vater verkriecht sich hinter seine Zeitung, um dem nicht zusehen zu müssen. Während der Vater abends Karten spielt, liest der Sohn; während der Vater sich ums Geschäft kümmert, steht im Zentrum der Aufmerksamkeit des Sohnes das literarische Schreiben, ein aus der Sicht der Eltern unnützer Zeitvertreib; während der Vater die Familie »oben erhalten« will, gefährdet der Sohn durch seine Selbstzerstörung in nächtelangem Schreiben den beruflichen Aufstieg in der Versicherungsgesellschaft. Immer wieder müßte der Vater in dem Brief, wenn er ihn denn hätte lesen können, feststellen, daß der Verfasser dieses Briefes ihm wirklich in einem Punkte konsequent nachfolgte: Er wollte in der Tat mit aller Energie der Selbstausbeutung ›aufsteigen‹, etwas Besseres werden, als es der Vater war, nur eben nicht reicher, angesehener, mächtiger wollte er werden, sondern empfindlicher, sauberer, geistiger.

Der Brief geht an seinem Ende sogar so weit, diesen Sachverhalt offen auszusprechen. Kafka nimmt hier die Perspektive des Adressaten vorweg und wendet sich in dessen Rolle gegen sich selbst. Aus der Sicht des gedachten Vaters stellt sich heraus, daß der Schreiber offensichtlich großzügig bereit sei zu verzeihen, weil er alle aufgezeigte Tyrannei als in Unschuld verübt durchschaut habe:

Das könnte Dir jetzt schon genügen, aber es genügt Dir noch nicht. Du hast es Dir nämlich in den Kopf gesetzt, ganz und gar von mir leben zu wollen. Ich gebe es zu, daß wir miteinander kämpfen, aber es gibt zweierlei Kampf. Den ritterlichen Kampf, wo sich die Kräfte selbständiger Gegner messen, jeder bleibt für sich, verliert für sich, siegt für sich. Und den Kampf des Ungeziefers, welches nicht nur sticht, sondern gleich auch zu seiner Lebenserhaltung das Blut saugt. Das ist ja der eigentliche Berufssoldat und das bist Du. Lebensuntüchtig bist Du (KAN II 215).

An diesem Punkt der fingierten Anklage bricht die maschinenschriftliche Reinschrift des Briefes nach 44 Seiten mitten auf dem Blatt ab. Offenbar ist Kafka hier an den allergischen Punkt gekommen. Das imaginierte väterliche ›Urteil‹, hinter dem Anspruch auf größere Sensibilität und Empfindungsfähigkeit des Sohnes stecke »Schmarotzertum«, desavouiert die ganze gegen den Vater vorgebrachte Argumentation. Kafka ist am Ende dieses Briefes soweit ›Advokat‹, daß er als Advocatus diaboli mit einer Umwertung des eigenen Wertesystems gegen sich selbst erfolgreich ist.

In der Forschung ist man sich einig, daß der *Brief an den Vater*, den Kafka nach einer langen Zeit völliger literarischer Stagnation während eines Urlaubs in einem kleinen Ort nahe Prag schrieb, seinen Wiedereinstieg ins Schreiben bedeutete. Er hatte also nicht nur eine beabsichtigte Wirkung hinsichtlich des Adressaten, sondern auch eine Rückwirkung hinsichtlich des Autors. Wie das literarische Schreiben vor und nachher hat er für Kafka die Aufgabe der Bilanzierung, der Suche nach Klarheit. Joachim Unseld (1994, 197 f.) spricht von einer »kathartischen Wirkung der Auseinandersetzung mit dem Mythos ›Vater‹« und verweist auf die zahlreichen diesbezüglichen Begriffe, die den Sinn des Briefes mit »Selbständigkeit«, »Zuversicht«, »Aufatmen«, »Sicherheit«, »Rettung«, »Wahrheit« in Verbindung bringen, Positiv-Begriffe, die Kafka ansonsten für das literarische Schreiben reserviert.

Und der Brief definiert, in der literarischen Sprache der kunst- und gefühlvollen Confessio, auch die Bedeutung, die das Schreiben des Sohnes in diesem nicht nur biographischen Zusammenhang hat:

Richtiger trafst Du mit Deiner Abneigung mein Schreiben und was, Dir unbekannt, damit zusammenhing. Hier war ich tatsächlich ein Stück selbständig von Dir weggekommen, wenn es auch ein wenig an den Wurm erinnerte, der, hinten von einem Fuß niedergetreten, sich mit dem Vorderteil losreißt und zur Seite schleppt. Einigermaßen in Sicherheit war ich, es gab ein Aufatmen; die Abneigung, die Du natürlich auch gleich gegen mein Schreiben hattest, war mir hier ausnahmsweise willkommen. Meine Eitelkeit, mein Ehrgeiz litten zwar unter Deiner für uns berühmt gewordenen Begrüßung meiner Bücher: »Leg's auf den Nachttisch!« (meistens spieltest Du ja Karten, wenn ein Buch kam), aber im Grunde war mir dabei doch wohl, nicht nur aus aufbegehrender Bosheit, nicht nur aus Freude über eine neue Bestätigung meiner Auffassung unseres Verhältnisses, sondern ganz ursprünglich, weil jene Formel mir klang wie etwa: »Jetzt bist Du frei!« Natürlich war es eine Täuschung, ich war nicht oder allergünstigsten Falles noch nicht frei. Mein Schreiben handelte von Dir, ich klagte dort ja nur, was ich an Deiner Brust nicht klagen konnte. Es war ein absichtlich in die Länge gezogener Abschied von Dir, nur daß er zwar von Dir erzwungen war, aber in der von mir bestimmten Richtung verlief.

(F. K.: Brief an den Vater. Hg. J. Unseld. Frankfurt a. M.:Fischer 1994, S. 100; KAN II 192 f.)

Beziehung zu Frauen: »Briefe an Felice«, »Briefe an Milena«

Kafka, der viele seiner Briefe an die Schwester Ottla oder den Freund Max Brod ganz funktional, als Ersatz für das im Augenblick nicht mögliche mündliche Gespräch sah und der dementsprechend auf die äußere Form (Anrede, Schlußwendungen) wenig Wert legte, baut die Briefe, die er an die Verlobte Felice Bauer richtet, und die, die er vier Jahre später an die Geliebte Milena schreibt, zu ganzen Brief-Romanen aus, in denen jedes Detail, auch die Formulierungen der Anrede und der Grußformeln am Schluß, eine eigene Bedeutung hatte. Hier finden sich alle Formen der Brief-Rhetorik, so Topoi der Bescheidenheit, der Erhöhung des Adressaten und der Erniedrigung des Schreibers, der Captatio benevolentiae, der wortereichen Entschuldigung, der eleganten Umwege, auf denen der Schreiber überzeugen oder die Empfindungen der Adressaten beeinflussen will. Auch Dramatisierungen, Übertreibungen und andere Formen der Selbstinszenierung des Schreibers, insbesonders bei der Darstellung seiner diversen Klagen, kommen vor – und das alles in einem Briefton, der einzelne Aussagen und Reflexionen narrativ erweitert und in diesen auch Selbstironie und Humor, Merkmale einer selbstdistanzierten Darstellungsweise, zuläßt.

Ein Beispiel für einen derart rhetorischen Briefschluß sei hier aus *Briefe an Milena* zitiert (Schlußwendung in der Handschrift):

[…] und wenn die gegenwärtigen Vorbedingungen ohne allzugroße Umstürze ein Weilchen aushalten und ich jeden Tag ein Wort von Dir bekomme und Dich darin nicht zu sehr gequält sehe, so reicht wahrscheinlich das allein aus, mich halbwegs

Mit Felice Bauer in Budapest (Juli 1917)

36

gesund zu machen. Und nun bitte Milena quäle Dich nicht mehr und Physik habe ich nie verstanden (höchstens das von der Feuersäule, das ist doch Physik, nicht?) und die vaha svéta verstehe ich auch nicht und sie versteht mich gewiß ebenso wenig (was finge auch eine so ungeheure Waage mit meinen 55 kg Nacktgewicht an, sie merkt es gar nicht und setzt sich deshalb gewiß nicht in Bewegung) und ich bin hier so wie ich in Wien war und Deine Hand ist in meiner so lange Du sie dort läßt.

Das Gedicht von Werfel ist wie ein Porträt das jeden ansieht, auch mich sieht es an, und vor allem den Bösen, der es auch gar noch geschrieben hat. (BM 158)
vaha svéta – Waage der Welt

Das Ziel dieser Briefe ist, verallgemeinernd gesprochen, die Herstellung von Nähe bei gleichzeitigem Ersatz für wirklichen Kontakt. Besonders deutlich läßt sich das an den *Briefen an Felice* erkennen. Zuerst bieten die Briefe eine Möglichkeit, zwischen zwei Menschen, die einander kaum kennen, eine Beziehung überhaupt erst einmal aufzubauen. Sie sind in dieser Eigenschaft lange Zeit Ersatz für Gespräche und Begegnungen. Kafka war überzeugt, daß er viele Dinge besser schriftlich und ohne die in den Situationen der direkten mündlichen Kommunikation lauernden Störungen darstellen konnte.

Täglich schreibt er, täglich empfängt er Briefe. Bleiben sie einmal aus oder ist ein Brief nicht hinreichend mit Erklärungen für das berichtete Verhalten ausgearbeitet, wird er nervös und argwöhnt seelische Entfernung, mangelnde Zuwendung, mangelndes Empfinden für seine Abhängigkeit von gerade diesem Brief. Dann, als die Idee einer gemeinsamen Zukunft an Bedeutung gewinnt, dienen die Briefe der Aushandlung von Geltungsansprüchen. Es geht um das Verständnis, das Felice den Schriftstellerneigungen, dem Bedürfnis nach Alleinsein usw. entgegenbringen soll. Kafka versucht, der Partnerin sein eigenes, kompliziertes Wesen klarzumachen. Felice kann nicht immer alles in seinem Sinne verstanden haben, sie ist deutlich stärker im Leben verankert als Kafka, will ein möglichst normales und an alltäglichen Bedürfnissen orientiertes gemeinsames Dasein.

Diese Biographie in Briefen war für Kafka eine spezifische Lebensform, die neben dem Schreiben von Literatur, den gewohnten Kontakten innerhalb der Familie und mit Freunden und dem ungeliebten Berufsleben die vierte Dimension des Alltags ausmachte (Canetti 1969). Auf Grenzüberschreitungen zwischen diesen Sphären reagierte Kafka mit Angst und Abwehr. Eine solche Vermischung stand zum Beispiel immer dann zu befürchten, wenn Felice oder Milena aus ihrer Rolle als Briefpartnerinnen heraustreten und in die Realität der alltäglichen direkten familialen oder freundschaftsbezogenen Kontakte überwechseln wollten, konkret: wenn sie Kafka treffen und mit ihm zusammensein wollten. Die in den Briefen erschriebene Nähe erwies sich dann als äußerst störanfällig, was wieder neue Briefe hervorbrachte, in denen die mißglückten Zusammentreffen aufgearbeitet werden mußten.

Die Briefe zeigen zugleich das Problem des Schreibers: Störungen in der Fähigkeit, zwischenmenschliche Beziehungen zum anderen Geschlecht aufzubauen und vom Briefeschreiben zu emanzipieren. Die Korrespondenz mit Felice beispielsweise dient über immer längere Strecken immer weniger der Verständigung der beiden Menschen, die doch schließlich heiraten wollen, sie werden mehr und mehr zum Schreiben über das Schreiben und damit – bezogen auf das Ziel des dauerhaften menschlichen Kontakts – »leere, zeitverschwenderische Briefe« (BF 479).

Karin Reschke *Felices Traum*

Berliner Zimmer, 1914, schweres, dunkles Mobiliar. Eßtisch in der Mitte des Zimmers. Nachmittag. Am Eßtisch sitzt Felice Bauer im langen Rock, hochgeschlossene, helle Bluse, Schnürstiefel, mit einem Bildnis ihres Verlobten Franz K., sie dreht und wendet es, zückt ab und zu die Schere, läßt das Bildnis wieder sinken, nimmt Briefe zur Hand. Briefe fliegen umher und vom Tisch. Felice sucht einen bestimmten Brief, hält das Bild gegen das Licht, greift erneut zur Schere.

FELICE Von allem Anfang an. Betrogen. In Briefen schon betrogen. In Briefen geliebt und betrogen. Der Doktor Jus, der nicht weiß, daß er betrügt. Mich aushorcht und betrügt. Er kann nicht anders, das Unglück hetzt ihn, feige treibt das Unglück seine Hatz mit ihm. Wie es ihn gewurmt hat, heute. Wütend saß er da vor Vater, Mutter und Erna. Mutter weinte. Er hat zugelassen, daß Mutter weint, hat alle Schuld auf sich genommen, das ganze Unglück aufgesogen. Und Grete schwieg. Aufgebracht schwieg sie, grenzenlose Enttäuschung auf der Stirn. Kann man einem Menschen trauen, der vom Unglück umgetrieben wird, der im Unglück sein Siechtum sucht? Ich war ihm nah, so nah, näher ihm als mir selbst. Fast habe ich mich aufgegeben für ihn, weil ich es wollte, weil ich ihn wollte.
Pause
Andenken. Papier, Papier, Abbilder. Vor Deinen Bildern erliege ich. Worte. Er bindet sich bloß an seine Worte. Er kann den Schritt nicht tun, der keine Worte braucht, den die Liebe verlangt und der Anstand gebietet. Er muß zurücktreten und sich in Anklagen freisprechen. Frei von mir. Von allen. Auch von Grete, unserem Schutzengel. Was bleibt mir? Das Echo seiner Worte. Ganz anderen Menschen ist er nahe, fühlt sich anderen blutsverwandt, glaubt er an Nähe, die so fern ist, wie das Grab. Die Vögel über den Gräbern. Seine Blutsverwandten. Der Doktor Jus fliegt und flieht vor mir.
Felice schneidet in das Bild ihres Verlobten einen Vogelkopf und schneidet Vögel zu aus den Briefen.
Felice holt einen Vogelkäfig vom Schrank, öffnet den Käfig, setzt die Vögel hinein. Der Käfig steht offen auf dem Eßtisch. Felice läßt den Kopf auf die Tischplatte sinken. Man hört Vogelstimmen. Sie schläft ein, sie wird träumen.

(K. R.: Seelenmaschinen. In: Ursula Krechel/K. R./Gisela von Wysocki:
Tribunal im Askanischen Hof. Berlin: Literaturhaus 1989, S. 25 f.)

Die *Briefe an Milena* hingegen handeln, da diese selbst als Übersetzerin, Journalistin, also Schreibende tätig war, kaum vom Schreiben. Dafür ist für die psychologisch Interessierte das neue Thema ›Angst‹ eingeführt, Angst vor dem Alleinsein, Angst vor dem Zusammensein, Angst vor dem Vater, Angst vor dem

Leben, Unglücklich- und Unwürdigsein. Im Grunde ist das gleiche Muster wie in den Briefen an Felice erkennbar: die Selbstdarstellung eines liebenswerten, schuldbewußten, selbstbezogenen Menschen, der sich in der Beziehung zur Briefpartnerin spiegelt und der es nicht ertragen kann, wenn dieser ›Spiegel‹ Züge einer wirklichen Person annimmt. Kafka hat das in zwei der späten Briefe an Milena selbst so gesehen:

Also nun von mir: Das was Du mir bist Milena mir hinter aller Welt bist in der wir leben, das steht auf den täglichen Fetzen Papier, die ich Dir geschrieben habe, nicht. Diese Briefe, so wie sie sind, helfen zu nichts, als zu quälen und quälen sie nicht, ist es noch schlimmer. Sie helfen zu nichts, als einen Tag Gmünd hervorzubringen, als Mißverständnisse, Schande, fast unvergängliche Schande hervorzubringen. Ich will Dich so fest sehn, wie zum erstenmal auf der Straße, aber die Briefe lenken mehr ab, als die ganze Lerchenfelder Straße mit ihrem Lärm. Aber entscheidend ist das nicht einmal, entscheidend ist meine an den Briefen sich steigernde Ohnmacht, Ohnmacht über die Briefe hinauszukommen. (BM 299)

Alles Unglück meines Lebens – womit ich nicht klagen, sondern eine allgemein belehrende Feststellung machen will – kommt, wenn man will, von Briefen oder von der Möglichkeit des Briefeschreibens her. Menschen haben mich kaum jemals betrogen, aber Briefe immer undzwar auch hier nicht fremde, sondern meine eigenen. Es ist in meinem Fall ein besonderes Unglück, von dem ich nicht weiter reden will, aber gleichzeitig auch ein allgemeines. Die leichte Möglichkeit des Briefeschreibens muß – bloß teoretisch angesehen – eine schreckliche Zerrüttung der Seelen in die Welt gebracht haben. Es ist ja ein Verkehr mit Gespenstern undzwar nicht nur mit dem Gespenst des Adressaten, sondern auch mit dem eigenen Gespenst, das sich einem unter der Hand in dem Brief, den man schreibt, entwickelt oder gar in einer Folge von Briefen, wo ein Brief den andern erhärtet und sich auf ihn als Zeugen berufen kann. Wie kam man nur auf den Gedanken, daß Menschen durch Briefe miteinander verkehren können! Man kann an einen fernen Menschen denken und man kann einen nahen Menschen fassen, alles andere geht über Menschenkraft. Briefe schreiben aber heißt, sich vor den Gespenstern entblößen, worauf sie gierig warten. Geschriebene Küsse kommen nicht an ihren Ort, sondern werden von den Gespenstern auf dem Wege ausgetrunken. (BM 301 f.)

Die Briefe Kafkas an Felice und Milena werden zur Literatur gerechnet. Sie faszinieren ebenso wie Kafkas Romane und Erzählungen. Sie inspirieren Leserinnen und Leser auch zu eigenen poetischen Kommentaren.

Gyözö Csorba   *Franz Kafka. Briefe an Milena*

In die Welt der Ungeheuer
an den jungen Juden der die Welt der Ungeheuer
auf den Knochen-Schultern trug und alt war
alt wie das Alte Testament
und der auf dem Fleisch dem Herzen der Stirne
das Wort ANGST geschrieben trug
kamen die Briefe kamen Milenas Briefe
Und der arme blutspuckende Mann
lernte aus ihnen das Nest kennen die Sonne
die Blume die Kraft des Kindes
Es kamen Milenas Briefe sie kamen

und es gingen Franz Kafkas Briefe sie gingen
gingen und summten
Manchmal rangen sie nach Luft
so viel Freude hatte sich in ihnen gestaut

Wenn er an ›Menschen‹ dachte
mengte er sich in Gedanken schon fast unter sie
und die grauenvollen Merkmale
die KÄFER-Merkmale der VERWANDLUNG
fühlte er allmählich nicht mehr
Wenn er an ›Leben‹ dachte
sah er sogar Schönheit darin
und er begann die BEKLEMMUNG zu ertragen
doch das eine nur
das mit Milenas Briefen

Dann kamen die Briefe spärlicher
und wurden düsterer und kraftloser
verfolgte Vögel in der Abenddämmerung
Franz wußte es immer klarer daß er
NIEMALS EINLASS ERHIELT

dann die BEKLEMMUNG erwachte als Rudel
gieriger Raubtiere zum Leben
und fraß an des Schuldlosen
Fleisch Blut und Nerven
(G. C.: Franz Kafka. Briefe an Milena. A. d. Ungar. v. Eva und Roman Czjzek.
In: Literatur und Kritik [Wien] 1975, H. 102, S. 79)

Der Konflikt zwischen dem Schreiben und dem Büro: »Tagebücher«, »Amtliche Schriften«

Tagebücher und *Amtliche Schriften* Kafkas haben nichts miteinander gemein, außer daß sie beide – auf ganz unterschiedliche Weise selbstverständlich – Zeugnis ablegen von dem Konfliktfeld, das seinen Alltag bestimmte, der Notwendigkeit, im Büro leistungsfähig zu sein, und dem Bedürfnis zu schreiben.

Das Dilemma, in das Kafka mit dem Eintritt ins Berufsleben eines abhängigen leitenden Angestellten einer Versicherungsgesellschaft geriet, war das »schreckliche Doppelleben« der täglichen Büroarbeit und des nächtlichen Schreibens. Seine strikte Tageseinteilung, die er jahrelang beibehielt, verrät etwas davon. An Felice Bauer schreibt er in einem seiner ersten Briefe:

Meine Lebensweise ist nur auf das Schreiben hin eingerichtet und wenn sie Veränderungen erfährt, so nur deshalb, um möglicher Weise dem Schreiben besser zu entsprechen, denn die Zeit ist kurz, die Kräfte sind klein, das Bureau ein Schrecken, die Wohnung ist laut und man muß sich mit Kunststücken durchzuwinden suchen, wenn es mit einem schönen geraden Leben nicht geht. Die Befriedigung über ein derartiges Kunststück, das einem in der Zeiteinteilung gelungen ist, ist allerdings nichts gegenüber dem ewigen Jammer, daß jede

Ermüdung sich in dem Geschriebenen viel besser und klarer aufzeichnet, als das, was man eigentlich aufschreiben wollte. Seit 1 1/2 Monaten ist meine Zeiteinteilung mit einigen in den letzten Tagen infolge unerträglicher Schwäche eingetretenen Störungen die folgende: Von 8 bis 2 oder 2 1/3 Bureau, bis 3 oder 1/2 4 Mittagessen, von da ab Schlafen im Bett (meist nur Versuche, eine Woche lang habe ich in diesem Schlaf nur Montenegriner gesehn mit einer äußerst widerlichen, Kopfschmerzen verursachenden Deutlichkeit jedes Details ihrer komplizierten Kleidung) bis 1/2 8, dann 10 Minuten Turnen, nackt bei offenem Fenster, dann eine Stunde Spazierengehn allein oder mit Max oder mit noch einem andern Freund, dann Nachtmahl innerhalb der Familie (ich habe 3 Schwestern, eine verheiratet, eine verlobt, die ledige ist mir, unbeschadet der Liebe zu den andern, die bei weitem liebste) dann um 1/2 11 (oft wird aber auch sogar 1/2 12) Niedersetzen zum Schreiben und dabeibleiben je nach Kraft, Lust und Glück bis 1, 2, 3 Uhr, einmal auch schon bis 6 Uhr früh. Dann wieder Turnen, wie oben, nur natürlich mit Vermeidung jeder Anstrengung, abwaschen und meist mit leichten Herzschmerzen und zuckender Bauchmuskulatur ins Bett. Dann alle möglichen Versuche einzuschlafen, d. h. Unmögliches zu erreichen, denn man kann nicht schlafen (der Herr verlangt sogar traumlosen Schlaf) und dabei gleichzeitig an seine Arbeiten denken und überdies die mit Bestimmtheit nicht zu entscheidende Frage mit Bestimmtheit lösen wollen, ob den nächsten Tag ein Brief von Ihnen kommen wird und zu welcher Zeit. (BF 66 f.)

Was hier im Brief erläutert wird, ist im Tagebuch zuvor ausführlich hin und her überlegt worden. Tagebücher gelten allgemein als die intimste Textsorte. Das stimmt für Kafka nur bedingt. Der Übergang zu anderen Formen des Schreibens (Briefe und Literatur) ist fließend.

Kafka selbst hatte kein besonderes Vertrauen zum Tagebuch als Medium der Selbstreflexion, wenngleich er sie einige Jahre lang ausführlich betrieb. Er war vielmehr der Meinung, daß das »Aufgeschriebene« das »richtige Gefühl« im Prozeß der Fixierung ersetze (Jan. 1911; KAT 143) und daher, statt der Wahrheit, die »Konstruktion« (Nov. 1913; KAT 594) des einmal Formulierten transportiere. Aber er durchdenkt im Tagebuch seine Situation, insbesondere was deren faktische Abhängigkeit von äußeren Lebensfaktoren angeht. Vor- und Nachteile der Heirat oder des Junggesellentums stehen dort in einem Pro-und-contra-Schema nebeneinander, er notiert Urteile über Personen, so über Felice und deren Freundin (2. 2. 14; KAT 630), er protokolliert Leseeindrücke, Fetzen von Gesprächen, Träume, aktuelle körperliche Befindlichkeiten. (Binder 1979 b, 539–545) Die Tagebuchaufzeichnungen haben keine Systematik, eher den Charakter eines experimentellen Schreibens. Es geht weniger um die Faktizität des Festzuhaltenden, mehr um den Prozeß des Aufschreibens selbst. (Korte 1994, 256) Man hat den Eindruck, daß Tagebuchschreiben eine Möglichkeit für Kafka war, um ins literarische Schreiben hineinzukommen. Zahlreich sind auch die im Tagebuch aufbewahrten ersten, oft schnell abbrechenden, manchmal aber auch erstaunlich umfangreichen Entwürfe zu Prosastücken, die später dann in anderen Oktavheften als Erzählung weiter ausgeführt werden. Max Brod hat viele von ihnen später der unveröffentlichten Prosa *(Hochzeitsvorbereitungen auf dem Lande u. a. Prosa)* zugeordnet.

Die Tagebucheintragungen, nicht Bruchstücke einer Confession, aber sehr wohl Selbstbeobachtungen des Schreibers im Schreiben, thematisieren nicht

Paßfoto (um 1915/16)

nur den »Kampf um die Selbsterhaltung« (KAT 534) des Schriftstellers (Müller-Seidel 1987, 104–121), sondern auch den Konflikt zwischen Schreiben und Bindung in der Ehe, den zwischen Schreiben und Berufsarbeit. Der Tenor der Wertung ist eindeutig. Das Schreiben als »Ansturm gegen die letzten irdischen Grenzen« (KAT 568) verlangt absolute Konzentration, verdrängt alle anderen Lebensbedürfnisse. »Alles, was sich nicht auf Literatur bezieht, hasse ich« (KAT 569), heißt es programmatisch. Die Tagebücher sprechen hier die gleiche Sprache wie die Briefe an Felice. Sie haben wie diese dabei einen beschwörenden Ton. Über die Welt der Arbeit hingegen kommen ausschließlich Negativurteile zu Papier. Der Tagebucheintrag, in dem Kafka sein Gespräch mit Rudolf Steiner festhält, resümiert bereits im Jahre 1911, also noch bevor auch nur *Das Urteil* geschrieben ist, das Problem des belastenden »Doppellebens« mit erstaunlichem Selbstbewußtsein so:

Mein Glück, meine Fähigkeiten und jede Möglichkeit irgendwie zu nützen liegen seit jeher im Literarischen. Und hier habe ich allerdings Zustände erlebt (nicht viele) die meiner Meinung nach den von Ihnen Herr Doktor beschriebenen hellseherischen Zuständen sehr nahestehen, in welchen ich ganz und gar in jedem Einfall wohnte, aber jeden Einfall auch erfüllte und in welchen ich mich nicht nur an meinen Grenzen fühlte, sondern an den Grenzen des Menschlichen überhaupt. […] Diesem Literarischen kann ich mich nun nicht vollständig hingeben, wie es sein müßte, undzwar aus verschiedenen Gründen nicht. Abgesehen von meinen Familienverhältnissen könnte ich von der Literatur schon infolge des langsamen Entstehens meiner Arbeiten und ihres besonderen Charakters nicht leben; überdies hindert mich auch meine Gesundheit und mein Charakter daran, mich einem im günstigsten Falle ungewissen Leben hinzugeben. Ich bin daher Beamter in einer socialen Versicherungsanstalt geworden. Nun können diese zwei Berufe einander niemals ertragen und ein gemeinsames Glück zulassen. Das kleinste Glück in einem wird ein großes Unglück im zweiten. Habe ich an einem Abend gutes geschrieben, brenne ich am nächsten Tag im Bureau und kann nichts fertig bringen. Dieses Hinundher wird immer ärger. Im Bureau genüge ich äußerlich meinen Pflichten, meinen innern Pflichten aber nicht, und jede nichterfüllte innere Pflicht wird zu einem Unglück, das sich aus mir nicht mehr rührt.

(26. 3. 1911; KAT 34 f.)

Bis an die Grenze des stilistisch Erträglichen ist hier von dem Sich-»Hingeben« an die Literatur einerseits, an das Leben andererseits die Rede, dann vom »gemeinsamen Glück« der beiden konträren Aktivitäten, schließlich von »inneren und äußeren Pflichten« gegenüber Schreiben und Beruf. Es ist die gleiche erotische Ausdrucksweise, die auch bei der Beschreibung des Doppellebens zwischen dem Schreiben und der Beziehung zu Felice vorkam. Offensichtlich ist der aufgebrochene Konflikt zwischen literarischer und beruflicher Tätigkeit nach dem Muster des gleichzeitig anhebenden Streits zwischen Ehe und Junggesellentum modelliert.

Dabei bleibt durchaus unklar, welcher Form des Lebendigseins in Kafkas Wertesystem der größere Wahrheitsgehalt zukommt. Die Urteile schwanken. Immerhin gehören Leben, Beruf, Heirat auf die eine, Schreiben, Junggesellendasein, Einsamkeit auf die andere Seite der Waagschale. Als »unruhig und giftig« empfindet Kafka sich, wenn er die »große Bewegung«, die er in sich spürte, aus Berufsrücksichten unterdrückt hat. Beim Diktieren im Büro, notiert er im Oktober 1911, sei er in einem Brief an eine Bezirkshauptmannschaft »steckengeblieben«. Als er endlich das Wort »brandmarken« findet, hat er ein Ekelgefühl im Mund, als müßte er ein Stück seines eigenes Fleisches essen, weil er merkt, daß in ihm »alles zu einer dichterischen Arbeit bereit« wäre und daß eine »solche Arbeit eine himmliche Auflösung und ein wirkliches Lebendigwerden« sein würde, während er sich hier die Worte für »ein so elendes Aktenstück« aus dem Fleisch schneiden muß.

Die Bildlichkeit ist drastisch, der Konflikt dramatisch ausagiert. Das Tagebuch dient als Ort der Selbststilisierung im Unglücklichsein. Zwar wird das Selbstbewußtsein des Jahres 1911 nicht immer anhalten, aber generell kann man die Perspektive des Kafkaschen Tagebuchs als eine aufs Grundsätzliche angelegte Strategie zur Verteidigung des Schreibens gegenüber den anderen Anforderungen des Lebens sehen.

Ein im *Tagebuch* festgehaltener Briefentwurf an den Vorgesetzten Eugen Pfohl, in dem Kafka sein Fehlen im Büro entschuldigt, weil er wegen Überarbeitung »einfach zusammengeklappt« sei, wertet den gleichen Sachverhalt anders. Dort ist die Klage über das »schreckliche Doppelleben, aus dem es wahrscheinlich nur den Irrsinn als Ausweg gibt«, als »Geschwätz« abgetan und von den »klarsten und berechtigsten Forderungen des Bureaus« gegen den Schreiber die Rede. Klaus Hermsdorf, der Herausgeber der *Amtlichen Schriften*, ist zudem der Meinung, daß die literarische Tätigkeit Kafka im Büro keineswegs übelgenommen wurde, daß ihm im Gegenteil wegen seiner diesbezüglichen Fähigkeiten häufig die Abfassung wichtiger Berichte und Schriftsätze, in denen die Anstalt sich selbst darstellte, anvertraut wurden. (Hermsdorf, AS 23) Diese Berichte verlangten, da sie die Auseinandersetzungen zwischen Betrieben, Arbeiterschaft und staatlichem Versicherungswesen thematisierten – es ging beispielsweise um die Einstufung der Betriebe in Gefahrenklassen, die Verletzungsgefahr durch verschiedene Maschinentypen, die Überlegungen, die die Versicherung zur Entwicklung der Unfallverhütung in der holzverarbeitenden Industrie, in Steinbrüchen oder beim Hochbau anstellte –, ausgewogene Sachverhaltsdarstellungen und eine Berücksichtigung unterschiedlicher Perspektiven. Kafkas Urteile waren geprägt von der Erfahrung der Interessengegensätze zwischen Behörden, Arbeitgebern und Arbeitnehmern. Er mußte immer wieder feststellen, daß seine Bemühungen um Interessenausgleich durch eine differenzierte und sachangemessene juristische Betrachtung durch einfache Interventionen der Beteiligten unterlaufen wurden. Hermsdorf (AS 28) entdeckt hier, daß Kafkas Stil der »Erwägung diffuser Tatbestände in [...] geradezu ausschweifend entfalteter Prosa« nicht nur das Ergebnis von Talmudlektüre ist, sondern auch ein Ergebnis der zwischen den »Fronten von sozialen Auseinandersetzungen« gewonnenen Berufserfahrungen sowie der dabei notwendigerweise gebrauchten juristischen »Fachprosa«. Diese Arbeiten zeigen, daß Kafka keineswegs ein beruflicher Versager war, der sich ins Schreiben flüchtete. Es hieß von ihm: »Seine Erledigungen waren in juristischer Hinsicht ein Vorbild für andere.« (Höcherl 1995, 833) An Felice schreibt er mit dem für ihn charakteristischen Understatement, daß er sich als einen »durchaus nicht musterhaften, aber zu manchen Sachen gut brauchbaren Beamten« (BF 152) sah. Das war am Anfang eines Briefwechsels, der dann sogleich voll ist von Klagen über den riesigen, überladenen Schreibtisch, auf dem Unerledigtes wartet und den Schreiber zu erdrücken droht. (Dez. 1912; BF 187) Aber die Klagen, so haben wir oben gesehen, sind auch Briefschreiber-Taktik. Sie sollen Felice davon überzeugen, daß Kafka nicht daran denken kann, die ausgemachten zwei Tage, die sie gemeinsam verbringen könnten, als Urlaub zu beantragen. »Ich habe andauernd sehr viel zu tun« kann eben übersetzt werden in ein ausdrücklich gemeintes: ›Ich werde von der Arbeit so ganz am Leben gehindert‹, aber auch in ein nicht explizit formuliertes: ›Da ich nicht kommen will, klage ich über so unendlich viel Arbeit, daß ich verständlicherweise nicht kommen kann.‹

III Die Erzählungen der Jahre 1912/14

Den ›Durchbruch‹ zu einem Schreiben, das er selbst als gelungen ansah, erreichte Kafka in der Nacht 22./23. September 1912 (KAT 460 f.), der Nacht nach dem jüdischen Versöhnungsfest, mit der Erzählung *Das Urteil*. Es war ein spontanes, inspiriertes Schreiben, offenbar ohne vorgefaßten Plan. Die Geschichte sollte sich – einer späteren Äußerung Kafkas zufolge – ganz anders entwickeln, als sie es dann tat. (BF 2.6.1913; 394) Dennoch verschaffte dies unbeherrschbare Schreiben Kafka ein ihn überraschendes Glücksgefühl und Selbstbewußtsein. Er las *Das Urteil* sogleich den Schwestern und auch Freunden vor. Nach der Niederschrift notierte er im Tagebuch, daß »nur so« geschrieben werden könne, »nur in einem solchen Zusammenhang, mit solcher vollständige[n] Öffnung des Leibes und der Seele«. (KAT 461) Der Zusammenhang, aus dem das Schreiben erwuchs, war eine äußerst konfliktuöse biographische Lage. Die ungeliebte »jammervolle [Asbest-] Fabrik« verlangte, da sie finanziell nicht gut dastand, von ihm erhöhte Aufmerksamkeit, Arbeit über die schon deprimierende Büroarbeit hinaus. Die seit einem halben Jahr andauernden Schreibversuche an dem Auswanderer-Roman *Der Verschollene* stagnierten. Das eben erst brieflich aufgenommene Verhältnis zu Felice Bauer war von Anfang an durch seine ständigen Klagen gekennzeichnet:

Was für Launen halten mich, Fräulein! Ein Regen von Nervositäten geht ununterbrochen auf mich herunter. Was ich jetzt will, will ich nächstens nicht. (BF 45)

Die Familie, insbesondere der Vater, stand dem nächtlichen Schreiben, den literarischen Freunden, dem wachsenden nervösen Mißbehagen des Sohnes gegenüber Lebensbereichen wie Geschäft, Fabrik, Büro mit Unverständnis und ablehnend gegenüber. Kafkas Heiratspläne waren weniger von Liebe und Zuneigung zu Felice als Person, mehr durch das Bedürfnis geprägt, aus dem Herrschaftsbereich des Vaters wegzukommen, Selbständigkeit zu gewinnen. Neben den Momenten eines augenblicksweise befriedigenden und befreienden Schreibens und neben den Heiratsplänen gab es in den Jahren vor und während des Ersten Weltkriegs immer wieder Verzweiflung und Selbstmordgedanken.

Eine extreme psychische Abhängigkeit Kafkas vom Gelingen oder Mißlingen des Schreibens wird sichtbar. Solange die euphorische Phase nach dem Glücken des *Urteils* dauert, schreibt Kafka täglich mehrere Stunden. Im *Tagebuch* heißt es: » Vom Schreiben mich mit Gewalt zurückgehalten.« (KAT 463). Er denkt auch an die Publikation des Entstandenen, bestimmt *Das Urteil* für die Zeitschrift »Arkadia« des Freundes Max Brod und verfaßt in sechs Wochen sechs Kapitel des *Verschollenen*. Dann aber wird nach zwei Monaten das Schreiben am Roman »unsicher« (Br 111), es wird zugunsten einer »kleinen Geschichte« (BF 116) zurückgestellt. Diese Geschichte wächst sich in etwa 14 Tagen zu *Die Verwandlung* aus. Wieder geht es um einen Sohn, diesmal um einen, der sich aus dem Erwerbsleben ganz zurückzieht und in seinem Zimmer verkriecht. An Felice berichtet er jeden Tag über den Fortschritt dieser Geschichte, allerdings ohne ihr zu erläutern, welche Beziehungen zur Familie, zu Vater, Mutter und

Schwester, und welche zur Verlobten er dort verhandelt. Die Briefe an Felice dieser Periode lesen sich wie Bemühungen um eine erste, dem literarischen Leben fremd gegenüberstehende Leserin.

Äußere Störungen, etwa eine Dienstreise, die eine Unterbrechung des Schreibens erzwingt, findet Kafka in die *Die Verwandlung* eingezeichnet, insbesondere über den Schluß urteilt er negativ. Wenn der Inspirationsstrom nachläßt, ist er unglücklich, er kann ihn nicht erzwingen. Nachdem er in den drei Monaten von Ende September bis Ende Dezember täglich durchschnittlich zehn Seiten schrieb, klagt er im Weihnachtsbrief an Felice:

Liebste, wie wird es nun sein, wenn ich nicht mehr werde schreiben können? Der Zeitpunkt scheint gekommen; seit einer Woche und mehr bringe ich nichts zustande (BF 204).

Es bleibt neben den brieflichen Klagen über das Ausbleiben der Schreib-Schübe und neben außerordentlich zahlreichen Erzählanfängen in den *Tagebüchern*, aus denen hervorgeht, wie oft Kafka neu ansetzt und abbricht, die publizistische Auswertung des Ende 1912 Geschriebenen. Kafka nimmt Kontakt zu Kurt Wolff auf, dem er zunächst den *Heizer* für die Reihe »Der Jüngste Tag« anbietet. Dann liest er sorgfältig die Korrektur des *Urteils* und betreibt, wenn auch letztlich erfolglos, die Publikation der Erzählungen unter dem Titel *Söhne* (zusammen mit *Die Verwandlung*), später (unter Einschluß der *Strafkolonie*) unter dem Titel *Strafen*.

In dieser Periode muß Kafka geglaubt haben, eine auf das Schreiben konsequent Rücksicht nehmende Ehe könnte dieses durchaus beflügeln. Vorher hatte er immer in dem Gegensatz Schreiben (es fordert Alleinsein, Konzentration, ist asozial) und Ehe (sie fordert soziale Tugenden,

Rücksichtnahme auf andere, das Aushalten von Nähe, die Übernahme von Verantwortung) gedacht. Aber die Konsolidierungsversuche des Schreibens durch die Ehe mißlingen, noch ehe sie in der Praxis erprobt werden konnten. Die zu Pfingsten 1914 geschlossene Verlobung wird bereits im Juli wieder gelöst. Die Trennung im »Askanischen Hof« in Berlin hat traumatische Züge. Kafka erlebt sie als einen »Prozeß«, in dem er der Angeklagte und Verurteilte ist. Mit dem wiederhergestellten alten Junggesellenstatus gelingt dann aber das Schreiben wieder. Es entstehen – als Auseinandersetzung mit dem aus der gescheiterten Verlobung erwachsenen Schuldkomplex – *Der Prozeß* und, als dieser in die Krise gerät, die Erzählung *In der Strafkolonie*. Beide Texte bleiben indes Fragmente, und das, obwohl Kafka, wie die neueren Forschungen von Malcolm Pasley zur Handschrift ergeben haben, den Tod seines Helden Josef K. von Anfang an als Zielpunkt des Schreibens festgelegt hatte. Diese Abweichung vom Prinzip des heuristischen Schreibens, das nicht weiß, wohin es den Autor treiben wird, hängt möglicherweise mit der Erfahrung zusammen, daß Großformen wie Roman und Novelle nicht in einem Durchgang hingeschrieben werden können.[19] Indem Kafka also gleich nach dem ersten das letzte Kapitel des geplanten Romans fertigstellte, hoffte er, die Anforderung der Form mit den spezifischen Bedingungen seiner Schaffensweise zu vereinen. Dieser Plan scheiterte – wie auch später bei dem Roman *Das Schloß* –, aber keineswegs zum Schaden der entstandenen Werke; denn ohne deren Status als Fragment wären zahlreiche spekulative Lektüren, die sich auf die unausgeführten Lücken in Kafkas Prosa stützen, nicht möglich. Wenn es stimmt, daß Kafkas literarische Texte ihre besondere Qualität dadurch gewinnen, daß sie aufgrund ihrer ästhetischen Polyvalenz intensive Deutungsbemühungen seitens der Leser stimulieren und immer wieder falsifizieren, so ist das von Kafka intensiv empfundene Mißglücken der Schlüsse (BF 9./10. 12. 1912; 170) ein Glück für die Vielfalt einer produktiven Rezeption.

»Der Heizer« (»Der Verschollene [Amerika]«)

Hätten *Das Urteil* und *Die Verwandlung* zusammen mit *Der Heizer* den Sammelband *Söhne* ergeben, den Kafka plante, wäre den Erzählungen ein lebhaftes Interesse des expressionistischen Publikums sicher gewesen. Betont man aber nicht das Gemeinsame, sondern das Spezifische der Erzählung *Der Heizer*, das erste Kapitel aus *Der Verschollene (Amerika)*, so wird die Frage nach dem für Kafkas Biographie überraschenden Lebensentwurf des Auswanderns interessant. Wie auch die Personenkonstellation des *Urteils* zeigt, ist ›Auswandern‹ oder ›Zu-Haus-Bleiben‹ für Kafka zu dieser Zeit eine ernsthaft erwogene Alternative. Innerhalb der jüdischen Großfamilie der Kafkas gab es fünf Vettern, die nach Amerika auswanderten. Kafka selbst hat überlegt, ob er – wie der erfolgreiche Vetter Otto – an der Wiener Exportakademie studieren sollte. Das Schicksal seines Helden Karl Roßmann ähnelt in Details den Lebensumständen seines Vetters Franz, der im Alter von 16 Jahren auswanderte und als Kommis im Geschäft seines Verwandten Otto Kafka unterkam. Zudem hatte Kafka viel über Amerika gelesen, so Arthur Holitschers Reisebericht *Amerika, heute und morgen*, der 1911 und 1912 kapitelweise in der »Neuen Rundschau« erschienen war. (Fingerhut 1989, 337–355) Kurt Tucholsky, der sowohl Holitschers als auch Kafkas Amerika-Darstellungen im Abstand von fünfzehn Jahren rezensierte (Kafkas Roman blieb Fragment und wurde erst 1927 von Max Brod aus dem Nachlaß publiziert)[20], erfaßt sehr genau die Unterschiede. Er lobt Holitschers »Fotografieraugen«, mit denen der aus hundert kleinen »Momentbildern« den chaotisch-komplexen Begriff ›Amerika‹ zusammensehe. An Kafka aber hebt er die innere »Wahrheit des Geschilderten« hervor. Ein Amerika-Buch, das eigentlich gar keines sei, sondern eher ein visionäres Bild entwerfe, stelle die Frage, wie hart sich in einem Wehrlosen der unendliche Apparat des amerikanischen Lebens niederschlage.

Beide, Holitscher wie Kafka, hatten die Absicht, »das allermodernste New York«[21] zu geben. Der Unterschied in den Methoden, mit denen sie das jeweils taten, kann genutzt werden, die Spezifik Kafkascher Prosa vergleichend herauszuarbeiten. Für beide Autoren existierten im Vorfeld Amerika-Stereotypen, die sich in der Auswandererliteratur des 19. Jahrhunderts gebildet hatten: Amerika, das Land der Lebensmöglichkeiten, für die in Europa kein Platz mehr ist. Seit 1848 dominiert daneben die Zwischendeck-Perspektive, das »Elend auf der Flucht vor dem Elend«[22]. Unterdrückung wandelt sich nicht automatisch in Freiheit, Armut nicht in Reichtum. Holitscher, der Kosmopolit, geprägt von sozialem Gefühl, demontiert den Traum vom Neuanfang und den Slogan »Jeder wird gebraucht, jeder ist willkommen«[23], den auch Kafka bei seiner Beschreibung des Werbeplakats für das Theater von Oklahoma wiederverwendet: »›Jeder war willkommen‹ hieß es. Jeder, also auch Karl.« (KAA 388) Ellis-Eiland, die Insel, über die die Einwandererströme geleitet wurden, ein Ort, an dem Angst und Willkür der Behördenvertreter herrschten, ist für ihn symbolisch, ganz wie später für Kafkas Landsmann Egon Erwin Kisch[24].

Arthur Holitscher   *Ellis Eiland*

Den Kern des Eilands bildet eine große, mit einer Galerie versehene Halle im Mittelpunkt des Zentralgebäudes. Sie ist weiß getüncht; der einzige Farbenfleck in ihr ist das Sternenbanner, das von der Galeriebrüstung herunterhängt und dem Menschenkinde, das aus den Ärztehallen heraufkommend die Halle betritt, sogleich ins Auge springen soll.

Reihen von Bänken empfangen den Ankömmling, hohe eiserne Gitter umgeben diese Reihen. Kein Entkommen. Vor dem Ausgang der Reihen stehen Beamte hinter Pulten, jeder aus den Reihen muß sie passieren. Muß einem dieser Beamten, die alle Sprachen der Erde sprechen, Rede und Antwort stehen, ihm seine Papiere vorzeigen; dies ist seine erste Behörde. Wer sie glücklich passiert hat, marschiert rechts über eine Treppe hinunter, zur Fähre nach Manhattan – er ist schon so gut wie Amerikaner.

Die aber eine gelbe Karte in die Hand gedrückt erhielten, gelangen links ins Fegefeuer, wenn nicht in die Hölle. Sie kommen wieder in Räume mit hohen Gittern um sie herum, in Hallen, endlose Gänge, Gitterkorridore, die mich augenblicklich an die Schleusen in den Chicagoer Schlachthäusern erinnern, durch die die Viehherden zur Schlachtbank gejagt werden. Keiner von diesen Korridoren führt nach Amerika. Viele führen ins Labyrinth des Wahnsinns, der Verzweiflung, des Selbstmords, viele an Amerika vorbei, ins alte Land zurück, in die bleierne, endgültige Hoffnungslosigkeit. In all diesen Gitterräumen wohnt das Unglück. Dies ist Ellis Eiland, die Insel der Pein, des Gerichtes, der mißbrauchten Geduld, des nackten Schicksals, des ungerechten Rächers: kein Blake vermöchte den Racheengel zu zeichnen, zu singen, der über Ellis in einer Wolke von Angst, Wimmern, Folter und Gotteslästerung thront all diese Tage, die wir im freien Land verleben.

(A. H.: Amerika, heute und morgen. Berlin: S. Fischer 1912, S. 352 f.)

Egon Erwin Kisch beschreibt – in ähnlich kritischer Absicht und in ähnlich distanziertem Chronistenstil wie Holitscher – ein amerikanisches nächtliches Schnellgericht.

Egon Erwin Kisch   *Nächtliches Gericht*

»Mir scheint, Sie sind noch jetzt betrunken.«
    »Ich trinke niemals, Sir.«
    »Sagen Sie: Konstantinopel.«
    »Kolstantip – Konstaltinkopel.«
    »Sind Sie vorbestraft?«
    »Nein, Sir.«
    »Ich spreche Sie schuldig.«

– – – – – – –

»Ich habe in der Lexington Avenue gestanden, da kommt der Polizist da mit dieser Dame und führt mich ab.«
    »Bitte, er verfolgt ein Mädchen aus unserem Geschäft mit seinen Liebesanträgen. Den ganzen Tag hängt er herum vor dem Laden, wir haben Damenkonfektion, bitte, und lugt ins Schaufenster. Unsere Kundschaften sind dadurch geniert.«

»Wenn Sie sich noch einmal vor dem Geschäft blicken lassen, bekommen Sie dreißig Tage.«

– – – – – –

»Hab' den Mann arretiert, weil er auf Madison Square immerfort die Passanten angerempelt hat.«

»Sind Sie schon vorbestraft?«

»Nein, Euer Ehren.«

»Ich spreche Sie schuldig.«

– – – – – –

»Ich habe einen Bäckerladen in Walker Street. Heute um fünf Uhr nachmittags fliegen zwei Steine gegen meine beiden Ladenfenster und zertrümmern sie. Ich stürze hinaus und sehe Burschen, die davonlaufen. Der eine – dieser da – bleibt stehen und geht mir ruhig entgegen. Ich hab ihn festgehalten, und meine Frau hat den Polizisten geholt.«

»Wie alt bist du?«

»Sechzehn Jahre.«

»Warum hast du die Scheibe eingeschlagen?«

»Hab' mit der Sache gar nichts zu tun, kenn' die Jungs gar nicht, was da an mir vorübergerannt sind. Wollt' für mein' Vater Pfeifentabak holen.«

»Willst du Zeugenschaft für dich ablegen?«

»Ja, Herr.«

»Stell' dich herauf, heb' die Hand und sprich mir den Schwur nach.«

»… so help me God.«

»Ist dein Vater hier?«

»Ich, Euer Ehren. Es ist so, wie mein Sohn sagt.«

»Hören Sie, wenn der Junge das nächste Mal auch nur in den Verdacht kommt, eine Scheibe eingeschlagen zu haben, kommt er auf drei Jahre in die Fürsorge. (Zum Angeklagten:) Ich spreche dich frei.«

– – – – – –

»Hat Spielzeug verkauft auf dem Grand Central-Bahnhof. Hab' ihn nach der Lizenz gefragt, sagt er, Weihnachten braucht man keine Lizenz.«

»Ich spreche Sie schuldig […]«

So und in diesem Tempo, guilty, not guilty, geht es die ganze Nacht, fünfzig bis dreihundert Fälle, am Sonnabend noch mehr, größte Ziffer: 495 in einer Nacht, 33 000 Fälle im Jahr. Wer schuldig gesprochen wird, muß in die daktyloskopische Abteilung, wo man nach der Kartothek feststellt, ob und wie oft er vorbestraft ist. Dann führt man ihn wieder dem Richter vor, der ihm nunmehr die Strafdauer zumißt.

Draußen, in einem mächtigen Käfig, warten die Verhafteten, noch erregt von dem Delikt und schon erregt wegen Verhandlung und Verurteilung, während die Zeugen mit nervösen Gesichtern im Zuschauerraum sitzen.

(E. E. K.: Paradies Amerika. Berlin: Reiss 1930, S. 169 ff.)

Beide Reportagen können mit Szenen aus Kafkas *Heizer* verglichen werden, Holitschers *Ellis Eiland* mit dem ersten Abschnitt der Erzählung, der die Einfahrt in den New Yorker Hafen schildert, Kischs Gerichtsreportage mit der Verhörszene auf dem Deck des Dampfers, bei der Karl vergeblich versucht, für den Heizer eine günstige Verhandlungssituation zu erreichen.

Heinz Hillmann (1977, 119–169) hat die frühen Erzählungen Kafkas als literarisches Probehandeln interpretiert, als Formen der Selbsterforschung, in denen Kafka sich fragt, welche Lebensmöglichkeiten sich ihm bieten. Im *Urteil* durchdenkt er produktiv die Frage, wie sein Leben aussähe, wenn er so würde wie der Vater und dessen Geschäft übernähme; in der *Verwandlung* spielt er das Aussteigerspiel durch, den Rückzug aus dem Erwerbsleben ins Zimmer aufs Kanapee. Das Auswandererspiel des *Verschollenen* erbringt ebenfalls eine Enttäuschung: Wenn ich das tue und wenn ich mich mit den besten Eigenschaften, die ich in mir finde, ausrüste (Arbeitseifer, Aufstiegswille, Bereitschaft, Rückschläge zu ertragen – dazu Güte, Gerechtigkeitsbedürfnis, Liebesfähigkeit) – was passiert dann? Dies sind offenbar die sich zwingend aus den beiden Versuchen *Urteil* und *Verwandlung* ergebenden Ausgangsfragen an eine Alternative, die im Prinzip schon früher einmal gedacht wurde:

»Einmal hatte ich'« – schreibt Kafka im Januar 1911, also noch vor dem *Urteil* – »einen Roman vor, in dem zwei Brüder gegeneinander kämpften, von denen einer nach Amerika fuhr, während der andere in einem europäischen Gefängnis blieb.« (KAT 146)

Gesteuert ist die Erzählphantasie von einer positiven Ich-Annahme. Der Vergleich der Amerika-Reportagen mit dem ersten Kapitel von Kafkas Amerika-Roman *Der Verschollene* zeigt, welche Chance der Autor in diesem Entwurf sah. Natürlich ist klar, daß Karl Roßmann, trotz seiner robusten Natur, einen nicht aufzuholenden sozialen Abstieg erlebt. Auf dem Weg vom Osten in den Westen Amerikas sinkt er von der Oberschicht zum Diener in einem Hurenhaus und zu einem überall Ausgegrenzten herab (Binder 1976 a, 59, 67), der, nimmt man den von ihm zum Schluß angenommenen Namen »Negro« (KAA 402) ernst, in Oklahoma gelyncht werden wird, ganz so, wie es ein Foto in Holitschers Reportage zeigt. Um diese Entwicklung mit dem Motiv der Justitia, mit Verschulden und Rechtfertigung zu verknüpfen, deutet Kafka die Freiheitsstatue im New Yorker Hafen um.

Arthur Holitscher sieht bei seiner Einfahrt in den New Yorker Hafen die Freiheitsstatue als »eine menschliche Gestalt von ungeheuren Proportionen, Sonne in den grünen Falten ihres Gewandes«. (Binder 1976 a, 85) Sowohl diese Beschreibung als auch die Fotografie, die Kafka 1912 auf der ersten Seite von *Amerika, heute und morgen* sehen konnte, geben eindeutig Auskunft darüber, daß die Göttin eine Fackel in der Hand hochhält. Kafka macht daraus ein Schwert. Das ist nicht als Versehen zu werten. Es hat Leserinnen und Leser vielmehr zu immer neuen Deutungen ermuntert. Ist es das Schwert des Engels, der den Eintritt ins Paradies verwehrt, oder das Schwert der Justitia, die es allerdings schwingt wie eine Siegesgöttin, statt es – gleich wie die Waage – als Zeichen potentiell gebrauchbarer Macht nach unten geneigt zu halten? Die Göttin der Freiheit kann über derart allegorische Auslegungen schnell zu einer Göttin der Unterdrückung, der Ausgrenzung und der Jagd (wie dies im *Prozeß*-Roman geschieht) umgedeutet werden. Für die angemessene Beschreibung von Kafkas Text reicht es, die Überführung eines eindeutigen in ein mehrdeutiges Bildzeichen als eine permanente Leser-Irritation zu konstatieren. In einer von Kafka später gestrichenen Variante heißt es von Karl hinsichtlich dieser Statue: »er sah zu ihr auf und verwarf das über sie Gelernte.« (KAA 2 123) Das ist deutlich genug, um zu schlußfolgern: Kafka will ›Amerika‹ als eine Welt zeigen, in der die sozialen Regeln, mit denen Karl Roßmann in Europa groß geworden ist, ganz oder teilweise außer Kraft gesetzt worden sind, so daß er immer wieder Gelerntes verwerfen und ersetzen muß. Das fällt ihm nicht leicht, denn er hat keine Lehrer, keine Freunde, keine Helfer.

Karl Roßmann ist, wie die Helden in Kafkas frühen Erzählungen und auch die Helden seiner Romane, ein Vereinzelter. Er findet sich in einer ihm fremd gegenüberstehenden Welt wieder, so wie Josef K. gegenüber der Welt des Prozesses oder K. der Welt des Schlosses und des Dorfes. Vom begrenzten, aber vielleicht auch geborgenen Leben in einer sozialen Gruppe ist er getrennt. Der Vater hat ihn vertrieben, weil er gegen eine soziale Konvention verstoßen hat. Häufig haben die Verfehlung und die Verstoßungen Kafkascher Helden etwas mit Sexualität zu tun. Im *Heizer* ist es die Verführung des minderjährigen Karl durch das Dienstmädchen mit dem sprechenden Namen »Brummer«. So erscheint seine Vereinzelung wie eine Schuld. Die Mythen des Sündenfalls und der Vertreibung aus dem Paradies stehen im Hintergrund und ermuntern Interpreten immer wieder, entsprechende Parallelen auszuzeichnen. Die als grundsätzlich und anthropologisch gedachten Muster sind in Kafkas Erzählwelten – so auch im *Verschollenen* – immer in Aktionen bürgerlicher Väter gegenüber ihren Söhnen umgedacht. So dreht sich das Karussell von Autorität, Versuchung, Verletzung und Strafe durch Ausweisung an genau umrissenen Orten mehrfach im Verlauf des Romans: in Europa und auf dem Schiff um Karl und den Vater (bzw. deren Spiegelfiguren Heizer und Kapitän), dann im Bürohaus in New York und der Villa des Herrn Pollunder um den Onkel Jakob und die Beziehung zu dem Mädchen Klara, später um den Oberkellner, die Köchin und die junge Terese im Hotel Occidental. Immer wiederholen sich die gleichen Figurenkonstellationen der Kleinfamilie: Verbote aussprechende Väter, schützende, aber ihnen machtlos ergebene weibliche Figuren, zur Negierung der väterlichen Autorität verlockende Sirenen. Karl tut immer wieder die gleichen Schritte und erleidet wiederholt das Schicksal der Vertreibung. Insofern ist die Struktur des Romans nicht linear, sondern zirkulär.

In einzelnen Szenen des Textes wird dieses Bauprinzip dann zur Destruktion von Orientierungskategorien eingesetzt, die Karl gelernt hat und die ihm in der ›Neuen Welt‹ schaden. Solche Regeln sind: ›Für empfangene Wohltaten ist man dankbar‹, ›Kameradschaft fordert gegenseitige Hilfe‹, ›ein freundlich aussehender und gewinnend redender Mann ist wahrscheinlich auch ein guter Mensch‹, ›wenn man Ordnung schafft, kann man Zusammenhänge besser durchschauen‹. Eine Alltagsregel nach der anderen geht Karl im Umgang mit dem Onkel Jakob, später mit Klara, Herrn Pollunder, mit Robinson, Delamarche und Brunelda verloren.

Karls Selbst- und Situationseinschätzung ist durch und durch naiv. Er glaubt, durch seine mutige Rede im Dienste der Gerechtigkeit den Heizer retten zu können. Dabei fehlt es ihm in erster Linie an Übersicht. Trotz seiner intensiven Beobachtungen von Gesten, Körperbotschaften oder Intonation gelingt es ihm niemals, das wahrhaft Gemeinte einer Rede herauszufinden, aus dem Verhalten

»Der Heizer« – Unterrichtsaufbau zur Texterschließung

I. Karls Geschichte (Abschiebung nach Amerika) und des Heizers Geschichte (Unterdrückung im Arbeitsprozeß) als zwei komplementäre Elendsgeschichten
II. Die Berichtsperspektive (Figurenperspektive Karls): Abhängigkeit des Leserurteils von der Perspektive der Hauptfigur. Überlegungen zur Verläßlichkeit der Informationen (Bild des Heizers, des Kapitäns, des Onkels)

III. Karl und der Heizer, Karls Vorgeschichte: zwischenmenschliche/erotische Beziehungen	IV. Karl und die Welt der Autoritäten: Herrschafts- und Durchsetzungsbeziehungen
1. Beginn einer ›Reisegeschichte‹?	1. Verstoßung durch den Vater
2. Das Versehen mit dem Koffer – Vorzeichen kommender Verluste? Schiffslabyrinth – Orientierungsverlust	2. Ein ›starker Junge‹ (Merkmale: Naivität, guter Wille) will für Gerechtigkeit kämpfen
3. Begegnung mit dem Heizer Schutzbedürfnis, Unbehagen, paradoxes Geborgenheitsgefühl	3. Begegnung mit der Hierarchie des funktionierenden Apparats Enttäuschte Hoffnung auf die ›Gerechtigkeit‹ der Chefs
4. Beziehungen zu Frauen Frauen als Verführerinnen (Heizer – Lina; Karl – Johanna), Fürsorgerinnen (Karl – Johanna), Verräterinnen (Heizer – Mädchen a. d. Küche) Erotische Beziehungen als Objekt-Beziehungen ← →	4. Rückblende: Beziehungen zu den Eltern Mangel an emotionaler Bindung Kind – Eltern
5. Karls Kalkül: Freunde und Helfer gewinnen	5. Karls Kalkül: Genaue Beobachtung der Machtverhältnisse eröffnet Möglichkeiten des Aufstiegs
	6. Paradoxien in den Anweisungen des Onkels (Herstellung neuer Abhängigkeit)
Ergebnis: unbegriffene Entfremdung	Ergebnis: Sich-Festlaufen der Selbständigkeitsbemühungen des jungen Auswanderers

V. ›Lösung‹: Karls Schicksal ist das eines Märchenhelden: Weil er ›fromm und gut ist‹, bekommt er für den Verlust des Koffers (Heimat) einen Onkel (neuer Vater). Der Heizer erleidet das komplementäre Schicksal: Selbst wenn es ihm gelingt, Klage zu führen, ist er der Verlierer.

der jeweiligen Gegenüber auf deren Intentionen zu schließen, Gefahren vorherzusehen, Wohlwollen von Mißgunst zu unterscheiden, vorsichtig und umsichtig zu sein. Er hat kein Gespür für Machtverhältnisse, Hierarchien, Abhängigkeiten, den Kampf aller gegen alle, die Unordnung, die dadurch entsteht, daß die Sprecher sich selbst nicht an die Regeln halten, die sie von anderen einfordern. Die Menschen, die ihm helfen wollen, haben es deshalb schwerer mit ihm als die, die ihm schaden.

Karl Roßmann besitzt den Ehrgeiz eines europäischen Mittelschülers, er möchte in die höheren Klassen »hinaufklettern« oder sich in sie »hineinschwindeln«. Als er befürchtet, daß man ihm auf dem Schiff seinen Koffer gestohlen hat, den er ohne Aufsicht zurückließ, denkt er »zur Entschuldigung«, daß man, wenn andere Koffer stehlen, auch »hie und da lügen« kann. (KAA 28) Später, im Oklahoma-Kapitel, wird er sich als »Ingenieur« einschreiben lassen, der er einmal hatte werden wollen. (KAA 399) Im Umgang mit Mächtigen verwendet er seinen ganzen Scharfsinn darauf, »die Schwächen, die Launen der einzelnen Herren« (KAA 32) ausfindig zu machen. Bis zur »Starrköpfigkeit« hält er an Freundschaften fest, denn er weiß, daß man nur mit Freunden »arbeiten und vorwärtskommen« kann; er ist besonders diensteifrig, um möglichst bald »in natürlicher Folge eine höhere Arbeit übernehmen« zu können. (KAA 184) Der Jude aus Prag sucht instinktiv nach einer »Kaste«, wie Holitscher sich ausdrückt, aus der heraus er den »mit dem kurzen Römerschwert ausgeführten Kampf um das materielle Dasein«[25] bestehen kann. Aber gerade das findet Karl in Amerika noch weniger als in Europa.

Es bleibt eine offene Frage, was die Einzeichnung der Informationen über das reale Amerika, die Kafka seinen Quellen entnehmen konnte, in die reduzierte Perspektive des jugendlichen Einwanderers aus Europa für das Gesamtverständnis der Erzählung bedeutet. Immer wieder haben es die Interpreten unternommen, Kohärenz zwischen widersprüchlichen Einzelinformationen herzustellen und ›Gesamtbilder‹ des Geschehens dadurch zu entwerfen, daß sie ›Amerika‹ als Metapher für eine unbekannte, aber lebensnotwendig zu erwerbende Qualifikation einsetzten. Die einfachste und sicherlich textkonforme Deutung ist, hinter Karl Roßmann eine Ich-Figur des Autors zu sehen, an der dieser sein soziales Erzählexperiment durchführt. Die erste sich ergebende Antwort lautet: Die in Europa, speziell in Böhmen und Prag, in der jüdischen Mittelschicht erworbenen Sozialverhaltensformen taugen nicht für die Neue Welt. Die erlernten Techniken, sich in Europa »hinaufzudrängen« oder »hinaufzuschwindeln«, verfangen hier nicht. Deswegen sind die Klischees vom Amerikaner, der erfolgreich nach Europa zurückkehrt, Wunschträume von Gescheiterten.

Im Roman spielt Kafka diese Einsicht konsequent durch. Im ersten Kapitel, das er als *Der Heizer. Ein Fragment* 1912 separat veröffentlichte, deutet er sie allerdings nur an. Durch das Auftauchen des rettenden Onkels scheint die zu erwartende Katastrophe der erneuten Marginalisierung noch märchenhaft abgewendet. Unwillig hörte Hermann Kafka, der den erfolgreichen Vetter als ein Vorbild ansah, bei der Vorlesung des Werkes in der Familie, daß die Figur, die sein Sohn Franz erfand, in Amerika immer mehr an den Rand der Gesellschaft gerät. Dabei konstruierte Kafka die Erzählwelt Amerika streckenweise wie eine Wunscherfüllung Karls. Welcher Einwanderer träumt nicht von dem rettenden reichen Onkel – Karl Roßmann erhält ihn sozusagen von seinem Autor geschenkt. Das Erzähl-Experiment aber zeigt, daß Karl mit diesem Geschenk nichts anzufangen weiß. Was der »Onkel Jakob« im ersten Kapitel, ist das »Naturtheater von Oklahoma« für den gesamten Roman, ein ins Märchenhafte übergehender Schluß, der notdürftig versteckt, was an bitterer sozialer Konsequenz sich abzeichnet.

»Das Urteil«

Wie eine »Geburt« sei die Erzählung aus ihm herausgekommen, schreibt Kafka im *Tagebuch*. (KAT 491) Die Handschrift zeigt wenige Varianten, eine an der Stelle, an der Georg seine Braut als aus »wohlhabender Familie« stammend (E 56) vorstellt. Das belegt ein gewisses Unbehagen Kafkas gegenüber der Zugehörigkeit zum Mittelstand, denn er spürt von Anfang an das Konfliktpotential zwischen einem ganz der Literatur hingegebenen Leben und der mit der Heirat angestrebten bürgerlichen Erwerbs- und Familienbiographie. Dennoch ist ihm der diagnostische Wert des Textes zunächst dunkel. Erst im folgenden Februar notiert er den bekannten Deutungsversuch (KAT 491 f.), aus dem hervorgeht, wie sehr er seine literarische Produktion als das Entwickeln von Erzählmodellen ansah, in denen er seine jeweils vorherrschende biographische Krise beschreiben konnte.

Die biographische Situation der lebenslangen Auseinandersetzung mit dem Vater hat dazu veranlaßt, auch in der Zentralfigur Georg eine Ich-Figur des Autors zu sehen. Kafkas Schuldkomplex (wegen des unerlaubten Hasses auf des Vaters lautes, ungerechtes und autoritäres Wesen) habe sich zu einer Selbstverurteilung verdichtet, die vom Vater ausgesprochen und vom Sohn an sich selbst vollzogen werde. Neuere Untersuchungen – insbesondere zur Erzählperspektive – stellen diese eindeutige Zuweisung in Frage. In der Tat ist nirgendwo im Text erkennbar, weshalb der Vater den Sohn zum Tode verurteilt und warum dieser das Urteil annimmt und selbst vollzieht. Es sind vielmehr die Rezipienten, die Kohärenz nach dem Muster einer wie auch immer gearteten ›poetischen Gerechtigkeit‹ herstellen. Aus dem Wunsch nach einem logischen Zusammenhang heraus neigen die meisten Deuter dazu, die Autorität des doch zunächst eindeutig unzurechnungsfähigen Vaters zu akzeptieren. Dabei ist dessen Argumentation durchaus angreifbar. Er macht dem Sohn allerlei unspezifische Vorwürfe, »unschöne Dinge« seien seit dem Tod der Mutter vorgekommen, die Verlobung, das Verhältnis zum Freund. Dann behauptet er, Georg habe, indem er ihn fürsorglich zudeckte, eigentlich einen Todeswunsch in Gestik umgesetzt. Wer aber kontrolliert, ob die Rede des Vaters, der mit der Doppelbedeutung des Begriffs ›zudecken‹ spielt, der Wahrheit des Sohnes entspricht? Es läßt sich im Text keine konkrete Stelle finden, die die Annahme rechtfertigte, daß Georg wirklich derartige Hintergedanken hegte. Aus dem Selbstvorwurf Georgs, den Vater ver-

Marta Kremer (*1941 Krakau [Kraków], lebt in den USA): Das Urteil (1967; Kafka-Zyklus, 6 Radierungen; 18/18,3 x 12,5 cm, Blattgröße 33 x 26 cm; Probedruck)

nachlässigt, und der Tatsache, das Geschäft erfolgreich übernommen zu haben, lassen sich jedenfalls derartig weitgehende Schlüsse nur im Rahmen einer psychologisierenden Deutung ableiten, die hinter dem manifest Gesagten einen jeweils gegenläufigen verschwiegenen Sinn entdeckt: Gesten der kindlichen Liebe sind dann per se Ausdruck des Verdrängungskampfs der Generationen.

Woher aber kommt es, daß zahlreiche Interpreten auf unterschiedlichen Wegen doch dieses Ergebnis des *Urteils* als ›Sinn‹ der Geschichte ausgeben? Rosmarie Zeller (1975, 174–182) sieht den Grund in der spezifischen Rezeptionssteuerung durch die Textstruktur. Diese sei gekennzeichnet durch eine Serie von Erwartungstäuschungen: Zuerst scheint es sich um eine realistische, vielleicht sogar idyllische Erzählung in der Tradition des 19. Jahrhunderts zu handeln, dann um einen der frühexpressionistischen Vater-Sohn-Konflikte im kleinbürgerlichen Milieu, schließlich um einen Schrecktraum. Wie ein Traum auf den Träumenden ist die Erzählperspektive auf Georg fokussiert. Trotzdem erfahren wir als Leser wenig von Georgs wirklichen Gedanken. Daher bleibt offen, warum er das Urteil des Vaters akzeptiert, nachdem er dessen mangelnde Urteilskompetenz doch deutlich hatte feststellen können. Das Geschehen ist ebenso inkohärent wie die Reflexionen Georgs. Erzählte Oberfläche und Tiefenstruktur treten auseinander. Es fehlt die ›Landkarte‹ (mental map), nach der hier erzählt wird. (Palm 1989, 36–66) Soll aus der Alltäglichkeit das Schreckliche erwachsen? Soll dem scheinbar Unschuldigen die zweifellose Schuld erzählerisch nachgewiesen werden? Vom Ende des *Urteils* her gesehen stiftet das Erzählschema der ›sich wie von selbst durchsetzenden Gerechtigkeit‹ die größte Kohärenz. Also werden die einzelnen Erzählzüge diesem Muster entsprechend wahrgenommen. Denn als Leseergebnis nichts weiter festzuhalten, als daß Kafka unsere Rezeptionskategorien verwirrt, indem er sich nicht an die Regeln des Erzählens hält, ist weniger befriedigend als Überlegungen zum schrecklichen Ende des Protagonisten. Indes ist es das Ergebnis, das sich in der Kafka-Forschung in den letzten Jahren mehr und mehr – gerade auch als Folge der empirisch feststellbaren Unendlichkeit des Deutens – durchsetzt. (Zeller 1986, 180 ff.)

Diese formale Feststellung ist natürlich didaktisch nicht eben ergiebig. Waren früher die Unterrichtsziele durch die lebensgeschichtlich bedeutsamen Konstruktionen wie ›Auseinandersetzung zwischen den Generationen‹, ›Kommunikationstragien als Herrschaftsstrategien‹, ›Gerechtigkeit‹ oder ›Aufdeckung des Verdrängten‹ scheinbar unterrichts-, text- und lebensnah vorgegeben, so wird man sich angesichts des Analyseergebnisses ›Rezeptionssteuerung durch stereotype Erzählschemata und Verletzung von deren Kohärenzbedingungen‹ fragen müssen, ob der Verbleib eines solchen Verwirrspiels mit dem Leser im Kanon der Schullektüre gerechtfertigt ist.

Ich halte die eben skizzierte didaktische Argumentation für kurzschlüssig. Wenn ein Text keine pädagogisch befriedigenden Lösungen oder zumindest keine nachvollziehbaren (abstrakt formulierbaren) Problemstellungen aufweist, ist er damit noch lange nicht didaktisch uninteressant geworden; denn er thematisiert indirekt die Art, in der wir gelernt haben, mit Informationen umzugehen, wie wir Erzähltem das für uns Wichtige entnehmen, wie wir Zusammenhänge da konstruieren, wo sie sich nicht wie von selbst ergeben. Und das ist ein neues, spannendes Thema des Literaturunterrichts. Ihm soll im folgenden in vier Schritten nachgegangen werden.

Die Fallen in der Familienkommunikation

Konfliktuöse Auseinandersetzungen zwischen Vater und Sohn hat Kafka in der Zeit der Entstehung des *Urteils* häufiger niedergeschrieben. (Fingerhut 1981, 44–86) Ein von ihm selbst als Vorform angesehenes Erzählfragment (*Die städtische Welt*; KAT 151–158) zeigt einen Vater in einer ähnlichen Auseinandersetzung mit dem anscheinend mißratenen Sohn. Auch er entwertet den Sohn, als dieser ihm etwas Wichtiges mitteilen möchte, durch seine Rede: »Aber es kann auch meine Schuld sein, denn ich bin aus der Übung gekommen, dich überhaupt anzusehen«. Er hält das Anliegen des Sohnes »eher für Geschwätz«, er hat »gar kein Vertrauen mehr« zum Sohn usw. Die gesamte Auseinandersetzung bleibt in einer alltäglichen, wiedererkennbaren, kleinen, gemeinen Welt. Die Spannung ist ganz hinter die scheinbar rücksichtsvolle Ausdrucksweise, mit der Enttäuschung und Feindschaft geäußert werden, zurückgenommen. Offensichtlich hat Kafka zunächst mit einer naturalistischen Erzähleinbettung des Familienkonflikts experimentiert. Erst die verfremdend traumhafte Überformung der wiedererkennbaren Alltagsrealität brachte ihm den ›Durchbruch‹. Sie hat es ihm ermöglicht, hinter den wiederkehrenden Familienauseinandersetzungen das Muster eines unschuldig-teuflischen Verdrängungswettbewerbs zu entfalten, der das Erschreckende des *Urteils* ausmacht. Durch das traumhafte Überformen der Realität zeigt er deren versteckte und verdrängte Regeln.

Den sozialdarwinistischen Konkurrenzegoismus der ersten Generation der in die Stadt eingewanderten Ostjuden hat Christoph Stölzl (1979, 519–539) beschrieben: Das »böhmische Landjudentum der ersten Generation nach der Emanzipation« suchte durch sozialen Aufstieg die eigene Ausgrenzung aus der tschechisch-deutschen Gesellschaft zu kompensieren. In solchen Familien bestimmte der berufliche Erfolg das Denken und Trachten aller Mitglieder. Die Atmosphäre wird von Stölzl als »Schlachtfeld von Willkür und Machtkämpfen« gewertet. Der Lebensentwurf ›Georg‹ muß also notwendigerweise zu dem Versuch führen, den Vater auszubooten, allein schon, um sich des Vaters würdig zu erweisen.

Was hier als Familienspezifik des aufstiegsorientierten jüdisch-böhmischen Stadtkleinbürgertums entworfen wird, kann sehr wohl verallgemeinernd auf bürgerliche Familienstrukturen übertragen werden, wenn die Muster der Kommunikation, die Georg in seinem Brief gegenüber dem Freund und die der Vater gegenüber seinem Sohn anwendet, ins Zentrum der Analyse gerückt werden.

Georgs Nachdenken über seine Beziehung zum Freund hat die Struktur einer Verdrängung. Eine logische Prüfung der Argumentation bringt das an den Tag. Georg argumentiert mit sich selbst:

These: Man kann dem Freund nicht helfen, man kann ihn nur bedauern.

Argument 1: Der Rat, er solle zurückkommen, muß ihm als kränkender Hinweis auf seinen Mißerfolg erscheinen.	Schluß 1: Also wird er verbitterter als bisher in der Fremde bleiben, wird auch die Freundschaft bezweifeln.
Argument 2: Er kennt sich auch zu Hause nicht mehr aus, wird also sowieso nicht kommen.	Schluß 2: Deswegen soll man ihn lassen, wo er ist.

Der vernünftige Rat eines Freundes, ein unglückliches Unternehmen aufzugeben, wird so lange hin- und hergewendet, bis der Handlungsimpuls verdrängt ist. Offensichtlich will Georg gar nicht, daß der Freund zurückkehrt. Und um das zu erreichen, definiert er ›Hilfsangebot‹ zu ›Erniedrigung‹ um. Eine solche Verschiebung funktioniert nur in einem Denksystem, das durch Angst um Prestige, Zwang zum Erfolg gekennzeichnet ist. Ein Wertbegriff wie ›Freundschaft‹ kann in ihm nicht überdauern. (Fingerhut 1981, Lb 30 f.)

Die Verdrängung geschieht durch eine Rationalisierung. Bei Rationalisierungen gehen wir so vor, daß wir nachträgliche Begründungen für bereits zuvor gefaßte Entscheidungen als vernünftige Erwägungen präsentieren, deren Ergebnis noch offen ist. Georg möchte dem Freund nichts über das Geschäft und die Verlobung schreiben, also rationalisiert er diesen Wunsch mit der Versicherung, daß er den Freund dadurch nur kränken würde. Zur Prüfung solcher Pseudoargumente fragen wir nach deren Haltbarkeit und Relevanz. Haltbar ist ein Argument, wenn sein Eintreffen weitgehend vorhersehbar ist. Aber ist es vorhersehbar, daß der Freund so reagiert, wie Georg sich das denkt? Vielleicht wäre er froh, ein Rückkehrangebot zu erhalten. Relevant ist ein Argument, wenn als wünschenswert gilt, daß es zutrifft. Aber ist es wünschenswert, daß die Erfolgsmitteilung eines Freundes einen Freund so deprimiert? Die Antworten auf beide Fragen sind klar: Die Argumentation Georgs ist weder haltbar noch relevant.

Auch die Prüfung der inhaltlichen Angemessenheit (der Stützungen einer Argumentation) kann zur kritischen Überprüfung des von Georg Geäußerten herangezogen werden. Georg tut so, als sei die wesentliche Bedingung von Freundschaft das Einander-nicht-Verletzen. Das ist aber keineswegs eine hinreichende Bedingung. Wenn ich einen Kollegen im Büro – zum Beispiel weil er mir völlig gleichgültig ist – nicht korrigiere, nicht zur Rede stelle, ihn also nicht verletze, bin ich keineswegs schon sein Freund. Freundschaft verlangt Aktivität, nämlich gerade Kritik, Korrektur, Auseinandersetzung. Georg arbeitet bei seiner Rationalisierung mit der Ausblendung dieses aktiven Teils von Freundschaft. Er nimmt einen Teil (das Verletzungs-Verbot) für das Ganze und unterschlägt das Gebot der aktiven Ausgestaltung der Beziehung.

Die Kontrolle des Begriffsgebrauchs, die Prüfung der Argumentation sind zwei analytische Tätigkeiten, welche Schülerinnen und Schüler im Umgang mit den Reden und Gegenreden Kafkascher Figuren lernen können. Sie zeigt ihnen, daß in dieser Geschichte auch nahezu kein einziges wahres (logisch haltbar und begrifflich sauber argumentierendes) Wort gesprochen wird.

Besonders die Diskussion zwischen Vater und Sohn um den Freund ist ein interessantes Beispiel für eine solche Untersuchung (Sautermeister 1975, 195 ff.):

»Der Vater bezweifelt die Existenz eines Freundes in Petersburg. Georg verhält sich, als hätte die Frage gelautet: Hast du einen Freund – oder hast du einen Vater? Er signalisiert nämlich sofort die Irrelevanz des Freundes (›Lassen wir meinen Freund sein‹) und Fürsorge für den Vater (der Vater brauche ›Ruhe‹ und solle sich ›ins Bett‹ legen). Während er die Existenz des Freundes rechtfertigt, entkleidet er den Vater, macht ihn gestisch zu einem Kind.

Der Vater spielt das Spiel mit (spielt als Kind an der Uhrkette) und konstruiert so eine Beziehungsfalle. Gestisch kommuniziert er, daß er ein Kind sei und Hilfe brauche. Symbolisch zeigt er, daß seine Zeit abgelaufen ist (Symbolik der Uhr). Als sich Georg auf diese Information eingestellt hat, bringt er hingegen durch Verhalten und Rede die Gegenthese auf: Ich bin noch immer ein Riese, ich durchschaue deine Fürsorge als Tötungswunsch, ich verstehe deine Verlobung als Verdrängung von Mutter, Freund und Vater. Deine Sicht der Dinge ist naiv-egoistisch und kindlich, zugleich teuflisch.

Die doppelte Botschaft des Vaters lautet: Da du dich selbst liebst, verdrängst du die anderen (Vater und Freund) aus dem Leben. Da du das aber nicht wollen darfst, ist für dich selbst kein Platz mehr im Leben.

Georg müßte diese Schein-Alternative hinterfragen und zurückweisen können. Daran hindert ihn aber sowohl die Autorität des Vaters wie seine eigene Kommunikationsstruktur. Die Beziehungsfalle lautet, für Georg als Paradox formuliert: ›Liebe dich und liebe deinen Vater. Und das unter der Bedingung, daß du nicht beides zugleich tun kannst.‹ Georg kann nicht denken, daß diese ›Bedingung der Ausschließlichkeit‹ nicht notwendig zum Begriff ›Selbst- und Kindesliebe‹ gehört. Bevor er aber anerkennt, daß die Kommunikationsbasis, von der aus er mit Freund, Verlobter und Vater umgeht, humane Defizite aufweist, akzeptiert er das absurde Urteil des Vaters. Seine Haltung ist die eines ertappten Sünders, der lieber untergeht als zuzugeben, daß er am Verdrängungswettbewerb der Generationen Anteil hat und daß seine Liebe zu den Eltern, derer er in seinem letzten Satz gedenkt, keine ist.«

Als Kommentar zu diesem Schluß des *Urteils* könnte ein Satz aus dem Schluß-Abschnitt des *Prozeß* zitiert werden:

Die Logik ist zwar unerschütterlich, aber einem Menschen der leben will, widersteht sie nicht. (KAP 312)

Der Satz wäre zu falsifizieren. Denn es gibt im *Urteil* auch logische Defizite in diesem scheinbar unerschütterlichen lebensfeindlichen Kalkül des Generationenkampfs um Macht und Geschäft, und es gibt die Schwächung des Lebenswillens, gerade dann, wenn diese Logik angeblich nicht mehr als erschütterbar gedacht werden kann.

Das Durchdenken sozialpsychologischer Abhängigkeiten, das hier am Beispiel der Kafkaschen Figuren praktiziert wird, berücksichtigt, daß der Mensch eine ›psychologische soziale Einheit‹ ist, also nur verstanden werden kann, wenn man ihn als Teil der ›sich historisch verändernden menschlichen Gesellschaft‹ sieht. Das aber heißt, wenn ›Georg‹ oder auch wir als Leser seiner Geschichte etwas denkt/denken, die Verhältnisse, in denen er/wir zu denken gelernt hat/haben, ›mitdenken‹. Ohne genauere Kenntnisse der jeweiligen ›Umwelt‹ eines Menschen können dessen Seele, sein Wünschen, Träumen, seine Ängste und Hoffnungen nicht verstanden werden.[26]

Der Hinweis auf soziale Konflikte, die durch Ausgrenzung und Aufstiegswillen entstehen, erklärt in gewisser Weise das Vorkommen von Verdrängung, Rationalisierung und Abhängigkeitsgefühlen, erklärt aber immer noch nicht hinreichend das brutale Ende des Helden durch das Urteil des Vaters. In produktiven Aufgaben wird sichtbar, daß sich Schülerinnen und Schüler massiv gegen das von Kafka erzählte Ende der Geschichte wehren. Viele ihrer Texteingriffe zielen auf eine andere Lösung des Konflikts: Georg nimmt die Rede des alten Mannes, der beansprucht, sein Vater zu sein, nicht ernst; er verlangt nach einer Urteilsbegründung und fordert das Recht auf Verteidigung; das Geschehen wird als Alptraum rationalisiert usw. Deswegen wird dann in den spezifischen Lebensumständen des Autors nach möglichen anderen Gründen gesucht. Der Versuch zu verstehen, was aus dem erzählten Geschehen eine sinnvolle Mitteilung machen könnte, dominiert durchgehend die Lektüre.

Kafka hatte zwei jüngere Brüder, die starben, als er vier und fünf Jahre alt war. Der Tod von zwei Kindern in zwei Jahren muß in der jungen Familie, auch beim ältesten Kind, traumatisch nachgewirkt haben. »Es ist nicht gut vorstellbar, daß der Kummer der Eltern, die, kaum über den Tod des einen Sohnes hinweggekommen, vom Tod des zweiten getroffen wurden, dem Fünfjährigen, der plötzlich wieder zum Einzelkind geworden war, entgangen sein soll.« (Pawel 1986, 23) Der eine Bruder hieß Georg. Es ist psychologisch verständlich, daß der überlebende Sohn Schuldgefühle entwickelte, die er verdrängen mußte. Ein Teil der Strafphantasie ist die Vorstellung, daß der gestorbene Bruder, würde er am Leben geblieben sein, sicher mehr nach dem Sinne des Vaters gewesen wäre als der Sohn Franz (der also eigentlich ungerechtfertigterweise überlebt hat). Wenn nun dieser Georg – so könnte Kafka in der oben beschriebenen Konfliktsituation des September 1912 gedacht haben – an seiner Stelle wirklich überlebt hätte, wenn er tatsächlich die vom Vater geschätzten Eigenschaften des erfolgreichen Kaufmanns entwickelt hätte, was wäre sein Schicksal gewesen? Wie hätte er zwischen dem Vater, der Familiengründung und dem Wunsch nach Auswandern, Literaturschreiben oder anderen unbürgerlichen Existenzweisen sein Leben eingerichtet? Die Erzählung bietet dem Schreiber die Möglichkeit, in der Erzähl-Fiktion wie in der Glaskugel der Wahrsagerin vorherzusehen, was passieren müßte: Es würde zu einer grundsätzlichen Auseinandersetzung der beiden ähnlichen Charaktere um die Vorherrschaft im Geschäft kommen – und der noch immer riesige Vater würde den emporstrebenden Sohn mit seinen ungerechten Vorwürfen verfolgen und am Ende vernichten.

Sich selbst (genauer: seine familienfeindlichen Neigungen) hätte Kafka dann in dem Freund porträtiert, diesem Auswanderer, der nach Amerika oder Rußland fortging, um in der Kälte und in einer Welt von Revolutionen fern von Freunden und Vätern sein wenig durchsichtiges Geschäft zu betreiben. Wir wissen, daß Kafka in anderen Prosastücken eine symbolische Lektüre der Begriffe ›Schnee‹ und ›Wüste‹ oder ›Kälte‹ (vgl. *Ein Landarzt* oder *Der Kübelreiter*) anbietet, um die Welt der Literatur und des Schreibens zu kennzeichnen. Nehmen wir hinzu, daß Junggesellentum und gesundheitszerstörerisches Alleinbleiben ebenfalls dazugehören, können wir leicht konstruieren, daß Kafka in der Erzählung die in seinem Bruder Georg angelegte Lebensvariante erzählerisch verwirft, ohne die eigene positiv hervorzuheben. Das ›Als-ob-Spiel‹ erbringt ein unbefriedigendes Ergebnis: Weder der Lebensentwurf des geschäftüchtigen, vaterähnlichen Georg noch der des literatursüchtigen Franz sind lebbar. Vielleicht ist das den Georg der Erzählung verletzende Urteil des erfundenen Vaters, der »Freund« habe ihm immer näher gestanden als Georg, wie eine letzte, leicht wegzuwischende Hoffnung des realen Sohnes Franz zu lesen, der reale Vater Hermann möge von seinem Schriftstellerdasein am Ende doch etwas mehr begreifen und billigen, als er in Wirklichkeit zeigte.

Eine wichtige Rolle beim Aufbau der narrativen Versuchskonstellation spielen Bild- und Erzählkomplexe, die Kafka in irgendeiner Form als Vorformen oder als Modelle nahm, an denen sich die eigene Phantasie orientieren konnte. Hartmut Binder hat in seinen Kommentaren zu Erzählungen und Romanen auf die Übernahme zahlreicher Erzählanregungen aus der Weltliteratur, dem jiddischen Theater oder aus Erzählungen, Märchen, Legenden der Chassidim hingewiesen. Für *Das Urteil* scheint mir von besonderer Bedeutung ein Roman des Freundes Max Brod zu sein, in gewisser Weise das Gegenmodell zu Kafkas Erzählung. Die Tatsache, daß er Max Brods Zeitschrift »Arkadia« als Ort ihres Erscheinens bestimmte, mag implizit ebenfalls auf die Verwandtschaft hinweisen. *Arnold Beer,* ein Entwicklungsroman, der den Wandel eines intelligenten, aber sprunghaften Westjuden zum Zionisten schildert, war 1912 erschienen. An dem Abend, an dem Kafka bei Brod Felice kennenlernte, sprach man darüber.

Arnold Beer hat einen Jugendfreund, der ausgewandert ist, in der Fremde Mißerfolge erlebt. Dem Helden gelingt es nicht, im Geschäft seines Vaters Fuß zu fassen, weil der Alte ihm keine Verantwortung übertragen will. Er schreibt – als Kompensation – Briefe an Freunde, in denen er – unter der Maske des besorgten Erfolgreichen – dem fernen Freund Unproduktivität unterstellt. Nicht der Inhalt, wohl aber die betrügerische Maskerade stimmen genau mit Georgs Briefschreiben überein. Selbst die spielerische Zufriedenheit beim Schließen des Briefes ist eine wiederkehrende Geste. Der Freund in Brods Roman kommt zurück, aber anders als Beer gedacht hatte: selbstbewußt, voller Vitalität. Die Freunde tun sich zu einem windigen Geschäft mit der Fliegerei zusammen, ein Motiv, das Brods und Kafkas Erlebnisse des Flugtages in Brescia aus dem Jahre 1909 spiegelt. Beer lernt ein Mädchen kennen, eine »große, auffallende Blondine«, eine »Fernwirkung« mit grobem Gesicht. Die Beschreibung erinnert an diejenige, die Kafka in bezug auf Felice vornimmt: »knochiges, leeres Gesicht« und »kam mir wie ein Dienstmädchen vor«. Dem realen Kafka ähnlich bilanziert Beer im Tagebuch Aktiva und Passiva einer Heirat. Er empfindet, ähnlich wie dieser, Scheu vor körperlichen Berührungen. Die Beziehung macht ihn eher »unruhig und niedergeschlagen« als glücklich. Weitere Einzelheiten, die hinter der Figur des Beer Züge Kafkas vermuten lassen, sind dessen Körperbeschreibung (mager, schmal, blaß) und Kontaktscheu. Bald fühlt sich Beer von Freund und Freundin bedrängt, in seiner Handlungsfreiheit eingeschränkt. Er will, um beide mit einem Mal loszuwerden, nach Berlin gehen und Journalist werden, wie dies auch Kafka erstrebte.

Die Entsprechungen der Romankonstellation bei Brod müssen Kafka als Diagnose und Prophetie zugleich erschienen sein. Offenbar handelt es sich nicht nur um Motivanleihen, sondern um eine tiefergehende Auseinandersetzung, wenn er seinen Georg Bendemann dem Vater gegenüberstellt. Denn auch bei Brod kommt es zu einer vergleichbaren Konfrontation des jungen Mannes mit einer Figur, die das alte Judentum der ersten Einwanderergeneration repräsentiert: Arnold Beer reist zur Großmutter, die im Sterben liegt. Dieser Großmutter werden jüdische Eigenschaften nachgesagt: hartnäckiges Festhalten am Geschäft, Härte gegen sich und andere, Bewertung der Menschen nach ihrem Nutzen. Sie lebt in einer dunklen, schmutzigen Hinterhauswohnung. Beim Eintritt in das dunkle Zimmer bietet sich Beer ein Elendsbild. Seine Gefühle sind denen Georgs ähnlich, eine Mischung aus Ekel und Schuldbewußtsein. Dann aber gewinnt in einem plötzlichen Umschwung die Großmutter Züge einer Urmutter. Beer hört sie leise Prophezeiungen murmeln, verliert in ihrer Gegenwart seine klare Überlegungskraft. Er empfindet eine »Lust, sich ins Leben zu stürzen, aus dem er mit vorschneller Erfahrung schon hatte entweichen wollen«. Die Begegnung mit der Alten zerschmettert ihn, er flieht auf die Straße, »das Bild der alten Frau im Bett, zu Riesengröße anwachsend, stellte sich wie ein Schatten hin, vor jedes Haus. [...] Er hätte für sie sterben mögen, so begeistert war er.«[27]

Die Motivparallelen dieser Begegnung mit der zwischen Vater und Sohn Bendemann fallen ins Auge. Die Konfrontation mit den lange vernachlässigten Eltern oder Großeltern verändert das Leben der Nachkommen. Um so bedeutender sind die Punkt für Punkt ausgeführten Antithesen in den Erzählungen der beiden Prager Freunde. Brods Held gewinnt durch die Begegnung Lebenswille und Durchsetzungskraft. Er fühlt sich wieder als Teil des Raubtiervolkes, das wie der »leibliche Zorn Gottes« aus der Wüste »sich über den Jordan schüttet und die Städte unbekannter Stämme mit der Schärfe des Schwertes austilgt«. Kafkas Perspektivfigur erlebt die Verurteilung seines bisherigen Lebens und vollzieht an sich die Todesstrafe. Statt sich in den Strom des Lebens (Berlin) zu stürzen, stürzt er sich in den Fluß und ertrinkt. Die Mischung aus ungebrochener Kindlichkeit und Teuflischem, die in Beers Schlußüberlegungen vorherrschen, sind bei Kafka die Auslöser der Verurteilung.

Es ist angesichts dieser Strukturparallelen und -oppositionen nicht voreilig, von dem *Urteil* als einem ›Anti-*Beer*‹ zu sprechen, wenn man sich vor Augen hält, daß Kafka Brods Weg in den Zionismus 1912 noch sehr skeptisch bewertete. Kafka selbst hat diese Dimension seiner Geschichte in seinen Tagebüchern und Briefen nicht erwähnt.

Der unendliche Deutungszwang

Die Begriffe ›existenzerhellendes Figurenspiel‹ oder ›erzählerisches Probehandeln‹ dürfen keineswegs auf die Ästhetik eines rationalen Experimentierens mit Erzählelementen reduziert werden. Denn Kafkas eigene Kommentierungen seines Schreibens weisen eher auf eine stark intuitive Komponente hin. Die entstehenden Erzählmodelle sind weder von der im Text agierenden Perspektivfigur noch von dem wie in einem dunklen Tunnel schreibenden Autor im einzelnen begriffen. Die verfremdeten Situationen setzen zwar Reflexionen in Gang, aber es sind keine diskursiven, zielgerichteten Überlegungen. Vielleicht liegt hier auch einer der Gründe, warum gerade die Schlußteile der Texte den Autor nur selten zufriedenstellen. Die Reflexionen sind punktuell, durchsetzt mit Abwehr und Verdrängung. Sie sind unzusammenhängend und können daher leicht wieder ihrerseits zum Ausgangspunkt neuer und weiterführender Spekulationen gemacht werden. Die Deutungsspirale wird durch Deutungen im Text (durch die handelnden Figuren) und am Text (durch den spekulierenden Leser) nicht gebremst, weil Kafkas Erzähltext selbst ihnen aufgrund seiner

Offenheit, Mehrwertigkeit und seiner zahlreichen Irritationspunkte nicht widerspricht.

Was man nicht verstehen kann, das sieht man als Metapher an. Nach dieser allgemeinen Regel verhalten wir uns in Kommunikationssituationen, in denen wir mit dem wörtlichen Verstehen des Geäußerten nicht weiterkommen. Beobachtet man als Leser etwa die widersprüchlichen Aussagen des Textes über den Vater, der zum Kind und dann wieder zum Riesen wird, der das Urteil spricht, so kann eine symbolische Lektüre der Geste ›mit der Uhr spielen‹ auf die Zeitstruktur des Geschehens aufmerksam machen: Wird implizit erzählt, daß des alten Bendemann Lebensuhr abläuft oder daß der Vater mit dem Leben seines Sohnes spielt? Läuft die Uhr einer göttlichen Gerechtigkeit? Ist die Uhr eine Spiel-Uhr, die das Lied vom Tod bereits kennt?

Mit dem Ausscheren aus der zur realistischen Erzählhaltung gehörenden einfachen symbolischen Lektüre (das Spiel mit der Uhr ist ein Zeichen der Senilität des Vaters, denn Kinder spielen so mit Ketten und Anhängern) schwindet für den Leser der verläßliche Halt zur Bewertung des Geschehens. Er muß ständig neue, im einzelnen nicht zu Ende zu denkende Korrespondenzen im Text suchen; die Desorientierung seiner gewohnten Rezeptionsmuster verführt ihn zu einem detektivischen Nachdenken, zu ständig scheiternden Versuchen, erklärende Deutungshypothesen zu verfolgen. Das Lesen geht aus dem Dekodieren in ein unablässiges Konstruieren von Bedeutung über. Die Konstruktionen, die sich bei germanistisch gebildeten Leserinnen und Lesern am ehesten einstellen, sind geistes- oder sozialgeschichtlicher Natur. Sie erfolgen dabei nicht zeitunabhängig, sondern sie sind Teil des allgemeinen kulturellen Diskurses.

Die geläufigen Erklärungsmuster, die Literatur auf das Leben beziehen, wandeln sich. Dieses läßt sich gerade an Deutungen des *Urteils* idealtypisch verfolgen. In der Phase existentialistischen Denkens in den fünfziger und frühen sechziger Jahren bot es sich an, in Kafkas Texten die Krise des modernen Menschen zu suchen. Georg ist durch das Urteil des Vaters ein auf sich selbst Zurückgeworfener. Es folgte in den frühen siebziger Jahren der literatursoziologische Diskurs, der in Kafka den Seismographen des orientierungslos zwischen den Klassen stehenden Intellektuellen der Vorkriegsära sah. Im *Urteil* demaskiert er Beziehungs- und Kommunikationsdefizite der bürgerlichen Familie. Daneben wurden die gleichen Texte in Spezialdiskurse integriert. Der theologisch interessierte Christ entdeckte in Kafkas Schreiben die negative Theologie, so daß Georg zu einer negativen Christusfigur wird, erkannt allein von der ihm entgegensteigenden Aufwartefrau, der sich der Schreckruf »Jesus« entringt. Der Jude diagnostizierte den Glaubensverlust des assimilierten Westjuden, der sich mit den Resten des überkommenen Glaubens der Väter herumschlägt, der Psychologe fand die Deformationen des bürgerlichen Individuums wieder, die er aus seiner Analytikerpraxis kannte: Neurosen, Psychosen und andere Formen der Dissoziation des Individuums wurden an Kafkas Helden diagnostiziert.

Weitere Impulse für eine Generalisierung der Textbefunde gehen aus von der Anschließbarkeit der offenen Textstrukturen an unterschiedliche kulturelle Kontexte. Der Vater-Sohn-Konflikt schlägt eine Brücke zum Expressionismus,

I.   Der realistische Erzähleingang – Idylle
     (Protokoll der entstehenden Stimmung; Spekulationen über erwartbaren Fortgang
     der Erzählung; Zusammenfassung des ›ersten Eindrucks‹)

II. Georg und der Freund

1. Das Leben des Freundes aus der
   Sicht Georgs

   Beurteilung Georgs durch den
   Leser
   a) Aussagen Georgs über sich selbst
   b) Verhalten gegenüber dem Freund
   c) Formen der Argumentation

   Gibt es eine ›Wende‹ im Verhältnis
   der Freunde?

2. Die Verlobte

   Probleme bei der Mitteilung
   einfacher Fakten

   Georgs Verhalten:
   Unaufrichtigkeit

3. Ergebnis:
   ›Logik der Verdrängung‹. Das
   ›Dreiecksverhältnis‹ zwischen
   Georg, Verlobter und Freund ist
   durch Kalkül und Selbstrechtferti-
   gungen belastet.

$\leftarrow \rightarrow$

III. Georg und der Vater

1. Der erste Eindruck vom Vater:
   »[…] noch immer ein Riese«

   Georgs Beobachtungen: Hinfällig-
   keit, Verwahrlosung

   Korrespondierendes Verhalten des
   Greises: Hilflosigkeit, Klage, Kritik

2. Wende im (Macht-)Verhältnis

   Beschützer- und Entmündigungs-
   Haltung des Sohnes gegenüber
   dem Vater

   Die doppelte Semantik des
   Begriffs ›zudecken‹
   (Fürsorge und Todeswunsch)

   Wandlung des Vaters zum Richter
   (Perspektive-Sprung in Georgs
   Optik oder Verstellung des Vaters
   oder Ans-Licht-Holen von Ver-
   borgenem?)

3. Ergebnis:
   Die Personenkonstellation als Bild
   der Machtverhältnisse:
   Vater – Mutter \\ / der Freund / der
   Georg –)(Sohn in Peters-
   Verlobte / \\ burg

IV. Die Verurteilung des Sohnes: teuflisch – in aller Unschuld: Versuch der Klärung der
     ›Urteilsbegründung‹; Tod durch Ertrinken: Versuch der Erklärung der Todesart

V.   Selbst-Exekution des Sohnes: Annahme des Urteils als Form der Selbsterkenntnis?
     »Liebe Eltern, ich habe euch doch immer geliebt« – abschließende [Selbst-]Täu-
     schung? Der unendliche Verkehr über die Brücke – Befreiung der Welt oder Ironie?

desgleichen die Symbolhandlung der Verurteilung; die ambivalente Beziehung Georgs zu seiner Braut und zu seinem Freund paßt eher in die psychologische Literatur der Wiener Jahrhundertwende. In beiden Kontexten steigt in der Erzählung Verdrängtes an die Oberfläche: die Beziehung zu einer Frau als Verbesserung der eigenen Position in einem Machtkampf zwischen Vater und Sohn, die Mißachtung der im Freunde anwesenden Schicht der eigenen Persönlichkeit, die in scheinbar unbeachteten, aber irritierenden Formulierungen greifbar werden. Warum zum Beispiel stellt die Verlobte fest, daß ein junger Mann, der »solche Freunde hat«, sich nicht verloben und nicht heiraten solle? Warum qualifiziert Georg sein Verhältnis zum Freund gegenüber der Braut als ein »besonderes Korrespondenzverhältnis«, wobei der Erzähler offenläßt, ob er lediglich den Briefkontakt oder aber die zweite Bedeutung des Begriffs, nämlich eine besondere Form von ›Entsprechung‹ zwischen den Freunden meint? Wäre letzteres der Fall, so würde der Freund eben die abgespaltene und verdrängte Seite von Georgs Ich bedeuten, die den Preis für seinen geschäftlichen und gesellschaftlichen Erfolg darstellt. Die Oppositionsbildung zwischen dem Verlobten und geschäftlich Aufstrebenden und dem in der Fremde als Junggeselle kontaktarm Dahinvegetierenden macht auf diese Sinn-Schicht aufmerksam. Im Gefolge einer poetisch hergestellten Gerechtigkeit würde Georg dann dafür bestraft, daß er sich zu einem derartig rücksichtslos erfolgsorientierten Menschen hat deformieren lassen.[28]

Der Text ist scheinbar eindeutig. Es wird die Geschichte einer Auseinandersetzung zwischen Vater und Sohn erzählt. Durch die symbolische Lektüre können aber völlig andere Themen in die erzählten Ereignisse hineingesehen und verhandelt werden. Fast immer läuft es auf ein Psychogramm des Helden hinaus: Georg, der Egozentriker, der zu Menschen keine menschlichen, sondern nur noch Objektbeziehungen aufbauen kann und der dadurch sein eigenes Selbst zerstört; Georg, der im Rede-Duell mit dem Vater die Deformationen des bürgerlichen Familiensystems als Machtapparat an den Tag bringt.[29]

Besonders Abstrakta wie ›Sühne‹, ›Strafe‹, ›Gerechtigkeit‹, ›Mitleid‹, ›Freundschaft‹ lenken, wenn sie im Text selbst vorkommen oder zusammenfassend auf ihn anwendbar sind, die sozialpsychologisch spekulative Reflexion in eine neue Richtung. Sie bieten Rahmen an, in denen erfolgreich nach einem weiteren Sinn gesucht werden kann. Wenn beispielsweise ›Sühne‹, ›Strafe‹ und ›Gerechtigkeit‹ mit ›jüdisch‹ und ›Familie‹ zusammengedacht wird, ist das Ergebnis der patriarchalischen Organisation dessen, was als ›Gerechtigkeit‹ zu erwarten ist, bereits festgelegt: Es ist die Gerechtigkeit, die an den Söhnen die Sünden der Väter heimsucht. Offen bleibt allerdings, welches denn nun genau die Sünden der Väter sind: die der Familiensysteme, die der bürgerlichen Machtverhältnisse, die der Sprache, der Rede oder der symbolischen Herrschaft ganz allgemein.

In die so entstandenen Rahmen fügen sich die symbolisch aufgewerteten Details jeweils bestätigend ein. Wenn der nahezu bewußtlos ausgeführte Lauf des jungen Bendemann zur Brücke, von der er sich stürzen wird, durch die ihm entgegenkommende Bedienstete mit »Jesus« kommentiert wird, so kann das symbolisch sowohl als Aufruf interpretiert (in dieser Situation kann [dem

Juden] nur noch »Jesus« helfen) als auch als Ausdruck plötzlich sich ereignenden Verstehens gewertet werden (der da läuft, den Willen seines Vaters an sich selbst zu vollstrecken, ist eine Christus-Figur). Zahlreiche Deutungen von Kafkas Erzählungen spreizen sich mit derartigen ›Beweisführungen‹. Die Aufgabe des Unterrichts ist klarzulegen, wie sie funktionieren, woher sie ihre scheinbare ›Plausibilität‹ beziehen und auf welchen Ausblendungen gegenläufiger oder ebenso möglicher Deutungen sie beruhen.

Annäherung über Schreibaufgaben

Angesichts der Unübersichtlichkeit der analytisch vorgehenden spekulativ deutenden Sinnsuche der germanistischen Interpreten in Hochschule und Schule haben Didaktiker darauf zurückgegriffen, Schülerinnen und Schülern explizit eine spekulative Freiheit zuzugestehen und sie mit eigenen Schreibversuchen nach einem für sie vertretbaren Sinn dieser Erzählungen suchen zu lassen. Wir haben eingangs bereits ausgeführt, daß produktive Aufgabenstellungen ihre Eigendynamik besitzen und nicht immer in den fremden Text hineinführen, sondern manchmal auch den Zugang zu ihm verstellen. Deswegen ist bei Erzählungen wie *Das Urteil*, in denen es offensichtlich auch um familiale Konfliktkonstellationen geht, vor allem darauf zu achten, wie der Realitätsbezug des Schreibens jeweils in Fiktion und Lebenswelt verankert ist. Sollen die Schülerinnen und Schüler schreibend in Kafkas Erzählung eingreifen und einen neuen Schluß erfinden? Sollen sie alles als einen Traum darstellen, aus dem es ein Erwachen gibt? Werden sie durch den Anschluß des Geschehens an wiedererkennbaren Alltag (die Reintegration der Erzählung in das in ihr zerstörte realistische Muster) etwas über Kafka oder etwas über die eigenen Ängste und Hoffnungen erfahren?

Elisabeth Katharina Paefgen hat in einer umfangreichen Versuchsreihe unterschiedliche Gruppen von Jugendlichen *Das Urteil* produktiv bearbeiten lassen und deren Schreibtätigkeit beobachtet. Sie unterscheidet kommentierendes, imitierendes und heuristisches Schreiben.[30]

Weiterschreiben

Die systematische Verzögerung der Lektüre soll zu deren Intensivierung dienen. Durch eine Unterbrechung und die Aufgabe, den Fortgang des Geschehens auszuphantasieren, befinden sich Schreibende in der Lage des Autors, für den die Geschichte ebenfalls noch nicht festgelegt ist. Durch den Vergleich der so entstehenden Fassungen der Erzählung soll eine Reflexion der Entscheidungen des Autors über das Schicksal seiner Figuren möglich werden.

Die Erzählversuche einer 11. Klasse zum *Urteil* gehen in zwei Richtungen. Entweder wird eine harmonisierende Konfliktlösung zwischen Georg und der Braut, dem Freund und dem Vater gesucht – oder nach einem ›Knall‹, also einer wie auch immer angelegten Katastrophe, gefahndet; denn nur eine solche mache die so harmlose Ausgangssituation eines geschriebenen Briefs erzählenswert.

Der Nachteil dieser frühen und ungelenkten Phantasieaktivierung ist, daß der

Rückbezug auf den Erzähltext Kafkas sehr punktuell bleibt, daß auch das Bedürfnis gering ist, den Text selbst genau auf die in ihm angelegten Handlungspfade hin zu untersuchen. Die ›eigene‹ Erzählung löst sich schnell von ihrem Ursprung, nimmt Verlaufsstereotypen aus bekannten Textsorten auf. (Scholz/Herrmann 1990, 23 ff.)

Die sehr häufig zu beobachtende Schreibarbeit, die mit dem Impuls ›Weiterschreiben‹ einhergeht, ist die Alternativ-Erzählung. In ihr wird die im Text angebotene Entwicklung zwischen den beteiligten Personen negiert und ›verbessert‹. Schülertexte zeigen dann häufig Konfliktlösungen, die dem eigenen Harmoniebedürfnis stärker entsprechen als das Original: Vater und Sohn versöhnen sich nach einer Aussprache; Georg lädt den Freund ein, und dieser vermittelt zwischen Vater und Sohn; die Verlobte übernimmt eine aktive Rolle und führt die am Machtspiel Beteiligten zusammen. Es entstehen psychologische Gebrauchstexte, in denen befriedigende Lösungen für Alltagsprobleme gesucht werden. Die in der Literatur entwickelten ›Extreme‹, die es ermöglichen, verborgene Muster und Regelhaftigkeiten der sozialen oder der psychischen Systeme zu studieren, werden hingegen vermieden.

Das heißt für die Unterrichtspraxis, daß von Aufgabenstellungen dieser Art abzuraten ist. Sie verfestigen vorhandene Vorstellungen und verhindern das Verstehen von Befremdlichem, das heißt die Entfaltung des interrogativen Werts von Literatur.

Regelgeleitetes Schreiben
Nach der Lektüre des gesamten Textes und nach der Erarbeitung wichtiger Erzählformen Kafkas lautet die detaillierte Aufgabe:

– *Erzählen Sie – unter Beachtung der Einheit von Raum und Zeit, einer beschränkten Anzahl von Figuren und ohne Berücksichtigung von Gefühlen – aus der Perspektive einer der handelnden Personen eine Entscheidungssituation, die der des* Urteils *gleicht.*

Dieses minutiöse Reglement gibt eine Orientierung, steigert die Bewußtheit der Produktion, entwickelt aber ebenfalls soviel Eigendynamik, daß von Kafkas Erzählung selbst wenig mehr bleibt als ein Muster.

Es entstehen gedankenschwere Erzähltexte, die innere Monologe, Reflexionen eines Ich-Erzählers in einer existentiellen Entscheidungssituation, enthalten. Im folgenden Beispiel durchdenkt eine Erzählerin ihre Situation nach dem plötzlichen (Unfall?-)Tod ihres Mannes. Der motivliche Bezug zu Kafkas *Urteil* ist kaum noch vorhanden. Dafür bleibt als Brücke zwischen dem Text der Lektüre und dem eigenen Schreiben die Frage nach dem Grund des eigenen Daseins. Desorientierung und Suizidüberlegungen bilden das ›tertium comparationis‹:

Von den Jahren war nichts zurückgeblieben. Ein Kreis schloß sich, und man befand sich, wo man einst losgegangen war. Keine Souvenirs, keine Photos. Das Geschäft mit der Zeit war Betrug. Sie heilte weder Wunden, noch lehrte sie einen irgend etwas, aus dem man einen Nutzen hätte ziehen können. Ingrids Blicke streifen durch den Raum [...][31]

Die den Leseprozeß begleitenden allgemeinen Reflexionen: das Verhältnis der Generationen, die Frage nach dem Sinn der innerfamilialen Auseinandersetzungen, die Rechtfertigung oder die Anklage des Verhaltens, für das Georg zum Tode verurteilt wird, die Unverhältnismäßigkeit der Strafe, das Ausgeliefertsein einer Person an urteilende Instanzen im Hintergrund – zahlreiche der in der Kafka-Lektüre vorkommenden Problemstellungen – können so thematisiert werden; allerdings in Erzählversuchen, die ihre Inhalte aus der Lebenswelt der Rezipienten nehmen. Die Regeln ihrer epischen Behandlung hingegen – paradoxe Wendungen des Geschehens, Überzeichnungen, unerklärliche Verhaltenswidersprüche der Personen – entsprechen der Kafkaschen Fiktion.

Diese Regelanpassung in den Erzählversuchen sollte ihrerseits kommentiert werden. Es gilt etwa zu klären, welche Berechtigung die Verletzungen des mimetischen Erzählens bei Kafka haben. Bezogen auf das *Urteil* lauten die Fragen etwa: Was treibt Georg dazu, das Urteil des Vaters an sich zu vollziehen? Hat er nicht hinreichend erkennen können, daß der Vater senil, seine Rede also ohne Bedeutung für ihn ist? Wieweit sind wir als Leser geneigt, die Geschichte in unserer Phantasie vom Ende her aufzuziehen, indem wir zu der erfolgten und angenommenen Verurteilung den Schuldigen suchen? (Zeller 1986, 179)

Literarische Kommentierung

Die literarische Kommentierung soll Gelesenes in einem neuen Kontext neu formulieren, wobei die Leseerfahrungen in den neuen Kontext transferiert werden. Einzelne Motive des *Urteils* dienen als Auslöser: ›Ein Brief‹, ›Zwei Freunde‹, ›Am Fluß‹, ›Der Auftrag‹. Die Atmosphäre der Kafkaschen Erzählung durchdringt dann die analog angelegten Szenen, da Stilkopien, etwa die Reduktion einer einmal gemachten Aussage, das Aussteuern einer paradoxen oder zumindest widersprüchlichen Wendung, sie fast notwendig erzeugen.

Der Sommer war schon fast vorbei, es war ein herrlicher Tag. Gregor Weinstock, ein nun beinahe dynamisch wirkender Angestellter der großen Firma P., wagte es, die Tür seines Büros mit einem hörbaren Knall zuzuschlagen. Nun stand er unsicher in der schlechten Luft seines kleinen Zimmers. Im formalen Sinn ist Büro sicherlich ein treffender Ausdruck, aber eigentlich war es nur die an ein richtiges Büro üblicherweise angrenzende Kammer, die der dort arbeitende Angestellte nicht zu nutzen verstand und die deshalb vor ziemlich genau fünf Wochen vom Büroleiter mit einer durchaus großherzigen Geste dem Gregor überlassen wurde, welcher bis dato in einer allerdings geräumigen Nische im Nebenflur des Hauptgangs hatte arbeiten müssen.[32]

Dieser dynamische Angestellte wird wie Georg demontiert. Sein Büro ist keins, sondern eine Besenkammer, sein Aufstieg ist zweifelhaft, er hat eigentlich noch nie einen angemessenen Auftrag zur Bearbeitung erhalten. Nicht einmal ein Angestellter im eigentlichen Sinne ist er. Kafkas Erzählprinzip ist über die Wiederanwendung erkennbar geworden. Anleihen aus anderen Kafka-Texten können dieser Stilkopie einmontiert werden, so daß insgesamt eine bedrückende Atmosphäre als Ergebnis einer überschaubaren Anzahl von Schreibregeln erscheint.

Anwendung von Kafkas Schreibstil

Die möglichst konsequente Kopie von Kafkas Schreibstil kann sehr wohl mit Umkehrungen im Handlungsgerüst einhergehen. Die einander nicht begegnenden Freunde können sich treffen, der erfolgreiche Kaufmann kann vom Freund in den Fluß geschickt werden, es muß nicht der Tod, sondern es kann ein neues Leben dabei das Ziel sein. Aber dennoch bleibt die Kafkasche Inkohärenz zwischen den einzelnen Handlungszügen, bleibt die Ungewißheit für den Schreibenden, welche der Möglichkeiten er auserzählen will.

Ohne besondere Anteilnahme hatte Georg dem Freund seine Verlobung nach Petersburg angezeigt. Die Antwort überraschte ihn. Offenbar war es dem Freund nicht gleichgültig, wie sich sein Leben in Prag entwickelte. Im Büro erreichte ihn schon am nächsten Morgen ein Telegramm. »Bin erstaunt über Deine Mitteilung. Komme binnen drei Tagen.« Wie konnte er, dessen Geschäfte so schleppend gingen, sich zu einem solchen Wagnis entschließen? Georg vermied es, seiner Braut von dem Telegramm zu erzählen. Sicher würde sie das Auftauchen eines Fremden beunruhigen. Unter einem Vorwand machte er sich im Büro frei und holte den Freund vom Bahnhof ab. Sie gingen am Fluß entlang. Georg sprach vom Geschäft und seinen Plänen, der Freund schwieg. Was er wohl wirklich in Prag will, wenn er so beharrlich schweigt, fragte sich Georg und sah den Freund von der Seite an. Das wilde, bärtige, gelbe Gesicht des Freundes erschreckte ihn, während dessen weit ausgreifende Schritte ihn nahezu zum Laufen zwangen. Er ist noch immer ein Riese, dachte er, ganz anders als er sich in seinen Briefen zeigt. »Du hast mir von Deinem Vater geschrieben, aber nichts darüber gesagt, ob er Deine Heiratsabsichten billigt«, sagte endlich der Freund, indem er abrupt stehenblieb, »wie, wenn er bereits Anstalten getroffen hätte, Dich aus dem Geschäft zu entfernen. Glaubst Du wirklich, daß er nicht merkt, wie Du sein Vertrauen gröblich mißbrauchst?«[33]

Der Konflikt zwischen den Freunden eskaliert. Der Freund zerstört Georgs falsche Hoffnung auf Ausgleich mit dem Vater, Verlobung und Geschäftsübernahme. Der Fluß wird zum Symbol eines Neuanfangs. Georg erkennt, daß er mit seinen Versuchen, Einfluß im Geschäft und die Zuneigung seiner Braut zu erschleichen, scheitern würde. Er taucht im Fluß unter und geht mit dem Freund nach Rußland. Entscheidend ist, daß die Hauptfigur in dieser Gegengeschichte die Netze, in denen sich Kafkas Erzählung fängt, zerreißt. Gerade dadurch aber werden die Kommunikationsregeln sichtbar, nach denen bei Kafka die Entwertung der vom Helden eingenommenen Position erfolgt.

Urteilendes Schreiben, Rezension

Die Rezension ist als produktive Schreibhandlung der traditionellen Interpretation am nächsten. Es geht darum, eine mögliche Schreibabsicht des Autors hinter dem Text auszumachen. Biographische Zusatzinformationen spielen eine Rolle, sind aber nicht entscheidend, wenn es um die spontane Themabestimmung geht. Diese ist eine Konstruktion des Lesers, geprägt von dem Bedürfnis, einen Sinn in dem Geschehen zu finden. Dazu ist deutendes Spekulieren nötig, das an Irritationsstellen der Kafkaschen Erzählung ansetzt. Wie, wenn Kafka nicht sein Verhältnis zum Vater, sondern das zu dem Freund in Petersburg erörterte, der für das Leben unter den Bedingungen der das Jahrhundert verändernden Revolution steht? Wie, wenn der Vater mit diesem gesellschaftlichen Umbruch sympathisierte? Wie, wenn nur das Lebenskonzept des ehrgeizigen und aufstrebenden Geschäftsmanns verurteilt würde, nicht aber Georg als Person? Weist nicht sein Name geradezu darauf hin, daß er zum Ritter und Retter, nicht aber zum Drachen, der Geld hütet, bestimmt ist? Wäre der Sprung in den Fluß dann nicht als die Taufe des heiligen Georg zu lesen?

Natürlich erhalten derart fragende Texterörterungen starke spekulative Elemente. Aber sie bringen an die Oberfläche des Schreibens, was sich an Lektürephantasien während der Rezeption ansammelt:

Bisher war er immer davon überzeugt gewesen, daß sein Vater es gewesen war, der ihn zwang, Kaufmann zu werden, im Geldverdienen den wichtigsten Sinn des Lebens zu sehen. Sein Ehrgeiz hatte den Sohn bestimmt, Jura zu studieren, in die Bank einzutreten und um den Posten des Direktor-Stellvertreters mit dem bisherigen Inhaber der Stelle zu konkurrieren. Georg war sich sicher, daß es seinem Vater gefallen würde, wenn er siegte. Auch wenn er viel lieber in seinem Zimmer auf dem alten Divan liegen geblieben, nachts Geschichten geschrieben hätte und dann irgendwann nach Berlin gegangen und Schriftsteller geworden wäre. Jetzt erkannte er, daß der Vater sein Leben als Bankkaufmann verurteilte, ihn in den Fluß schickte, ihn ertrinken lassen wollte. Wäre er ein Insekt, auf den Rücken gefallen, dessen strampelnde Beinchen in der Luft zappeln, er hätte nicht hilfloser sein können in diesem Augenblick der Erkenntnis.[34]

Einzelne Widersprüche des *Urteils* werden in der Kommentar-Phantasie eindeutig gemacht: Der Sohn erkennt wie Kafkas Perspektivfigur, daß er den Vater falsch eingeschätzt hat, aber der Vater ist nicht der Mörder des Sohnes. Seine Verurteilung bedeutet für Georg eine Lebenswende, nicht das Lebensende. Damit wird Kafkas Text ein Stück weit entschärft. Die Parallelgeschichte enthält mit ihrer Eindeutigkeit zugleich eine Glättung des Konfliktpotentials.

Im Unterrichtsgespräch kann herausgearbeitet werden, weshalb die Kommentar-Geschichte als ›befriedigender‹ empfunden wird als die Kafkas. Wegen des positiveren Endes, wegen der größeren Eindeutigkeit, wegen der Erfüllung der Rollenerwartungen durch Vater und Sohn?

Die Nähe dieser Diskussion zur Aufarbeitung von Alltagskonflikten, die aus den unterschiedlichen Lebensplänen der Generationen erwachsen, liegt auf der Hand. Sie geht in die gleiche Richtung, in die auch schon andere literarische Anknüpfungen an Kafkas *Urteil* gegangen sind:

Hans-Curt Flemming *trilogie mit nachsatz*

I. teil: die verhandlung

[…]
der angeklagte
hat das wort
was ich zu
sagen habe
spricht

gegen mich
sogar
mein schweigen (warum schweige ich dann
weiter?)

II. teil: das urteil

im namen
der enttäuschten betrogenen verärgerten
gereizten familienöffentlichkeit
ergeht einstimmig
folgendes urteil:

tod durch
ständiges herunterspringen
von einer hohen
brücke
ersatzweise ist auch
ein turm gestattet

die bestattung
übernimmt die obengenannte
öffentlichkeit
von kränzen bitten wir
abzusehen spenden
für das mütterhilfswerk oder
die stahlbeton ag erbeten

begründung:
erregung von ärgernis
verweigerung von unterwerfungen
anzweifeln der gerechten ordnung
untergraben derselben
(schon der versuch ist strafbar)
undankbarkeit
widerworte aller art sogar schriftlich
verschärfte tatbestände von
kritik
republikflucht

erschwerend tritt hinzu: der angeklagte
hat sich nicht genügend zusammengenommen
(die im angeklagten installierten einrichtungen zur erhaltung der gerechten ordnung
werden beauftragt für die vollstreckung des
urteils sorge zu tragen wir setzen unser voll-
stes vertrauen in diese von uns eingesetzten
und autorisierten stellen)

III. teil: die vollstreckung

bericht des
vertrauensarztes
der verurteilte ist an einem
sonntag von einer hohen brücke gesprungen
die im verurteilten installierten
einrichtungen zur erhaltung der gerechten
ordnung
hatten sich zu einer großen grauenvollen
schwärze vereinigt und ihre gesamte trieb-
kraft
auf das überwinden des
brückengeländers konzentriert
der tod muß
schnell eingetreten sein und die
brücke war hoch genug um
letzte gedanken zu ermöglichen
die strafverschärfend gedacht waren
[…]

Der Autor verarbeitet schreibend biographische Konflikte, Auseinandersetzungen zwischen dem einzelnen und der Familie. Der Ausgangspunkt ist leicht zu
rekonstruieren: Der junge Mann hat seine Familie verlassen und damit gegen die
Normen, nach denen seine Eltern und Verwandten leben, verstoßen. Die Ähnlichkeit zu Kafka ist auffällig. Über einen, der sich nicht an die Regeln hält, wird
Gericht gehalten. Das Familienkollektiv ›verurteilt‹. Die verlangte Todesart ist
unschwer als Zitat zu erkennen. Deswegen bietet sich ein Vergleich an. Der wichtigste Unterschied besteht darin, daß die von Kafka gewählte Distanzierung zwischen dem Ich des Erzählers und der fiktiven Figur, die die Verurteilung ereilt,
aufgegeben ist und die Anknüpfung des Erzählten an das Erlebte direkt erfolgt.
Insofern ist Flemmings *trilogie* mehr ein Erfahrungsbericht als Kafkas Erzählung. Hinzu kommt der *nachsatz* mit einer anderen Konfliktlösung. Diese steht
den Lösungen näher, die Schülerinnen und Schüler in Kafkas Erzählung hineinkonstruieren, wenn sie den unterbrochenen Text weitererzählen. Die gelingende
Opposition des einzelnen gegen das Familienkollektiv ist geschehensethisch be-

friedigender als die Unterwerfung. Flemming steht deutlich in der Tradition der Söhne-Literatur, die vom Expressionismus bis in die Gegenwart reicht:

nachsatz

[...]
freunde die auf der andern seite
des grabes hinter der hecke
getrauert haben sind wenig überrascht
heben den deckel vollends
fügen zusammen was zerbrochen ist
es ist überraschend wenig
für solch tiefen sturz

der aus dem sarg
richtet sich auf
wischt sich das blut von
den augen und sieht

das ganze hohe gericht
und das niedrige
die onkel und tanten geschworenen
samt zeremonienmeistern
zu grabsteinen verarbeitet
wacht haltend an den
eigenen gräbern damit sich

der vorfall nicht
wiederhole.
(H.-C. F: annäherung. 4., erw. Aufl. Stuttgart:
Eigenverlag 1981, S. 137–141)

»Die Verwandlung«

Exemplarisch für das Frühwerk soll der am häufigsten in der Schule gelesene umfangreichere Text Kafkas ausführlicher behandelt werden. Die Interpretation ist so angelegt, daß zugleich die unterschiedlichen wissenschaftlichen Zugriffsweisen (›Methoden‹) zur Diskussion stehen.

Die »innere Wahrheit« einer Geschichte, schreibt Kafka an Felice, lasse sich niemals allgemein feststellen, sondern müsse »immer wieder von jedem Leser oder Hörer von neuem zugegeben oder geleugnet werden«. (BF 156)

Natürlich versucht die hermeneutisch vorgehende Literaturwissenschaft, genau dieses Unmögliche zu tun. Sie will ›allgemein feststellen‹, wo und wie die ›innere Wahrheit‹ im Text auffindbar ist, und dabei zugleich inhaltlich definieren, was das sei, die ›innere Wahrheit‹ eines literarischen Textes. Dadurch unterscheidet sie sich vom Leser, der zufrieden ist, auf subjektiver Ebene etwas von ihr zugegeben oder geleugnet zu haben. Der Autor Kafka will durch das Schreiben für sich etwas herausfinden, zugleich hat er Leser im Visier. In einem anderen Brief erklärt er Felice diese Doppelfunktion:

Die Abende, an denen er schreibt, sagt er, dienen seiner »Befreiung«. Seine Texte liest er »höllisch gern vor«. In »vorbereitete und aufmerksame Ohren der Zuhörer zu brüllen, tut dem armen Herzen so wohl«. (BF 155)

Die ersten Sätze einer Erzählung müssen diese Doppelaufgabe in besonderem Maße leisten. Sie sollen »Befreiung« für den Schreibenden sein und zugleich die Phantasie der Lesenden »kommandieren«. Auch der erste Satz der Verwandlung gehört zu diesen befreienden und fesselnden Sätzen:

Als Gregor Samsa eines Morgens aus unruhigen Träumen erwachte, fand er sich in seinem Bett zu einem ungeheueren Ungeziefer verwandelt. (E 56)

– *Kafka wollte nicht, daß man das Insekt zeichne. Künstler haben es dennoch getan. Nehmen Sie Stellung zu den nachstehenden ›Lösungen‹ und zur Frage, ob diese Illustrationen zum Verständnis der Erzählung beitragen.*

Rolf Escher (*1936 Hagen, Westf., lebt in Essen): Die Verwandlung (1974; Mappe, 7 Radierungen, 18 x 11 cm, Blattgröße 42 x 31 cm; © VG Bild-Kunst, Bonn)

Alexander Camaro (*1901 Breslau [Wrocław], † 1992 Berlin): Die Verwandlung (Federzeichnung, Maße nicht bekannt)

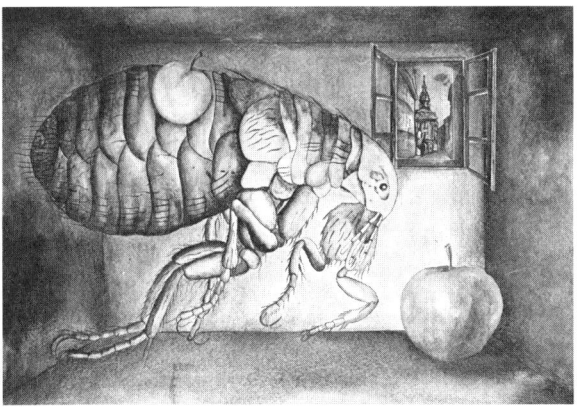

Adam Hoffmeister (*1953, lebt in Prag): Die Verwandlung (1974; Mischtechnik [Aquarell u. Tempera], 43 x 63 cm)

Der Satz provoziert Streit über seine Reichweite. Ist die Verwandlung als wirklich zu denken, oder ist sie nur vorgestellt? Die Formulierung »fand sich […] verwandelt« läßt die Frage offen. Hätte Kafka eindeutig sein wollen, hätte er leicht ›war verwandelt‹ oder aber ›fühlte/glaubte sich verwandelt‹ schreiben können. Für beide Positionen lassen sich Argumente anführen. Ein wichtiges Kriterium ist die Wahrscheinlichkeit. Sie spricht dafür, daß hier jemand einen schweren Traum hatte, aufwacht und in seiner Halbschlaf-Verwirrung sich selbst als einen Verwandelten erlebt. Nur in diesem einschränkenden Verständnis ist die Aussage des Satzes mit unserer Wirklichkeitserfahrung vereinbar. Vor allem psychologisch deutende Interpreten gehen gern von der Hypothese aus, daß die Verwandlung eine bloße Bewußtseinstatsache des Helden sei. Deswegen habe Kafka es auch abgelehnt, das Insekt zeichnen zu lassen, während er dessen physische Besonderheiten ausführlich beschreibe. Eine verbale Beschreibung nämlich setze Phantasietätigkeit frei, die visuelle Umsetzung hingegen lege die Imagination fest. Und da Kafka konsequent aus der Perspektive des Helden erzähle, bleibe Leserinnen und Lesern gar nichts anderes übrig, als diese Bewußtseinstatsache – wie der Held selbst – für ›wirklich‹ zu nehmen, wenngleich sie es natürlich in Wirklichkeit nicht sei.

Auf der anderen Seite argumentieren Literaturwissenschaftler mit literarischen Traditionen, in denen Verwandlungen schon immer zum geläufigen Motivarsenal gehören: Märchen, Mythen, Phantasiegeschichten, lehrhafte Parabeln. Auch von Kafka werde eine Metamorphose erzählt und in ihren Konsequenzen studiert. Lediglich die befremdliche Implantation in eine kleinbürgerliche Familienszenerie sei schockierend. Nichts aber autorisiere die Leser, Kafkas deutliche Aussagen in Zweifel zu ziehen. Gregor Samsa sei körperlich ein Insekt, während er geistig und emotional durchaus weiterhin Mensch bleibe. (Fingerhut 1979 b, 274 f.; Henel, 1984, 67–85) Gerade dies aber verbinde ihn mit dem verwandelten Helden eines Märchens.

Dadurch, daß der Text Kafkas von einer Verwandlung erzählt, die möglicherweise gar nicht exakt unter diesen Begriff fällt, verwirrt sich der Referenzrahmen der Aussagen. Damit aber ist in Kafkas Erzählwelt eine Instanz maßgeblicher Orientierung aufgegeben, nämlich die konventionell festgelegte Beziehung zwischen Begriff, Bedeutung und Welt. In der Semiotik nennt man diesen Vorgang ›overcoding‹. Er besagt, daß die Begriffe der Erzählsprache mehrere Bedeutungen innnerhalb unterschiedlicher Codes erhalten können. (Winner 1984, 669 f.) Das Signal des ersten Satzes erinnert im gesamten Erzähltext immer wieder daran, daß hier Wirklichkeit nicht abgebildet, sondern konstruiert wurde, und zwar in deutlicher Abweichung von selbstverständlicher und unauffälliger Wiedererkennbarkeit.

Durch diese Verwirrung am Anfang der »kleinen Geschichte« drängt Kafka seine Leser in die Rolle von Deutern. Sie antworten auf die Dekonstruktion ihres Sprach- und Wirklichkeitsmodells, in dem Verwandlungen nur als bloße Bewußtseinstatsachen (also irrige Vorstellungen) oder als Motive fiktiver Texte (Mythen, Märchen, Phantasiegeschichten) vorkommen, mit massiven Rekonstruktionen. Sie müssen nach einem Verfahren suchen, das es erlaubt, das Phantastische der Tiermetamorphose mit dem wiedererkennbar Wirklichen einer Prager Kleinbürgerexistenz zusammenzusehen. Die Sprache selbst bietet ein solches an: Ein Zeichen, das nicht Abbildung ist, muß Metapher sein. Das bedeutet, Leser als Deuter versuchen, das erzählte phantastische Ereignis irgendwie metaphorisch zu nehmen, um es so in ein sinnvolles, heißt: in das eigene Wirklichkeitsmodell integrierbares, ›eigentlich Gemeintes‹ übersetzen zu können.

Als Bereiche, aus denen Sinn in die Strukturen der Erzählung geleitet werden kann, bieten sich Sektoren der Alltagswelt an, die ihrerseits bereits durch eine ihnen zugehörige Sprache strukturiert sind. Man kann sie als ›scripts‹ [sprachlich vorstrukturierte Wahrnehmungsmuster] bezeichnen, insofern sie keine diffusen, sondern bereits ›vertextete‹ Felder sind: die zentralen sind das der *Familie*, deren Ernährer seine soziale Rolle aufgeben muß und dafür ausgegrenzt wird, und die *bürgerliche Erwerbswelt*, aus der jemand auszusteigen träumt und dafür mit dem Leben bezahlt.

Identitätskrise

»Der erste Satz«, sagt Martin Walser (1981, 155), »entsteht aus nichts als aus problematisch gewordenem Selbstbewußtsein.« Geringfügige Abweichungen von standardsprachlich erwartbaren Formulierungen sind als Indizien dafür zu sehen. Es heißt nicht nur, Samsa »*fand sich*« verwandelt, sondern »*zu* einem ungeheueren Ungeziefer« – nicht ›*in* ein‹ gräßliches, überdimensionales, nicht Käfer, Wanze, Tausendfüßler. Die über Alliteration und Wiederholung des Negationspartikels verbundenen Qualifizierungen des neuen Status (»*ungeheueres Ungeziefer*«) transportieren den Affektwert eines persönlichen Erschreckens. Aber das Ungeheuerliche erwächst offensichtlich aus »*unruhigen Träumen*«. Diese Aussage verknüpft das unerklärliche Geschehen mit einer Vor-Geschichte, die vielleicht später erkennbar wird. Der erste Satz läßt jede Aussage über die Verwandlung, die von einem anderen als dem Helden zu verantworten wäre, im Ungewissen.

In der Regel klären sich derartige Schwebezustände durch die Fortsetzung der Lektüre auf. Das ist hier nicht der Fall. Die ersten Abschnitte erzählen von Gregors Reaktion auf seine Selbstbeobachtung. Er sucht und findet Rationalisierungen: 1. Die Verwandlung scheint zwar »kein Traum« zu sein, aber auch kein Faktum, das ihm die Normalität zu sprengen scheint. Ganz deutlich sieht er die Details seiner neuen Physiognomie, ebenso deutlich aber auch die unveränderte Zimmereinrichtung, das Bild der Dame mit der Pelzboa, das er kürzlich ausgeschnitten und eingerahmt hat. 2. Er probiert die neue Physiognomie aus, die ihm die Käferhaftigkeit seines neuen Zustands bestätigt: Käfer können sich schwer vom Rücken auf die Füße drehen. 3. Er stellt Überlegungen über seinen anstrengenden Beruf als Reisender an, dem er Schuld an seinem jetzigen überreizten Zustand gibt: »Dies frühzeitige Aufstehen, dachte er, macht einen ganz blödsinnig.« (E 57) Überhaupt beschäftigt die Behinderung der Berufsausübung seine Gedanken mehr als die Metamorphose.

Der Leser, der den Verwandelten seinerseits mit Interesse beobachtet, stellt sofort Hypothesen auf, die er aus seinem Alltagswissen nimmt und die er im Laufe der Lektüre dann verifizieren oder falsifizieren kann. Sie beziehen sich – kausal – auf die möglichen *Ursachen* und – final – auf die möglichen *Konsequenzen* der Metamorphose, und zwar in zwei Varianten: zum einen für den Fall, daß die Verwandlung als wirklich, zum anderen, daß sie als nur vorgestellt gedacht wird. Im Zentrum des ersten Komplexes steht Gregors Beruf, im Zentrum des zweiten Gregors Familie. Die Fokussierung beansprucht keine Ausschließlichkeit, das heißt, das Thema ›Beruf, Arbeitswelt‹ reicht in die Familie, das Thema ›familiale Beziehungsstrukturen‹ in die Selbstdefinition Gregors als ›Arbeitstier‹ hinein.

Die Tatsache, daß Kafka sich mit Sigmund Freud befaßt hatte, wenngleich durchaus kritisch in seinem Urteil, konnte als Legitimation dafür dienen, den Figuren der Kafkaschen Erzählwelt die Rollen innerpsychischer Größen zuzuschreiben. Das Freudsche Schema von Ich, Es, Über-Ich, die ödipale Konstellation, die Lacansche Mutter-Kind-Dyade wiederholen sich dann angeblich in der Personenkonstellation der Erzählungen, wobei die Zuordnungen im einzelnen selbst durchaus strittig bleiben können. Sind die »unirdischen Pferde« aus *Ein Landarzt* als Träger des Pflicht-Appells Chiffren des Über-Ichs oder, als Komplizen des Pferdeknechts und auftauchend aus dem Schweinestall, solche des Es? Die Prinzipien der Traumarbeit (Verdrängung, Verdichtung, Verschiebung) werden als literarische Techniken des Erzählers Kafka wiedererkannt. (Seidler 1971, 174–190) Die Formen produktiver und eingreifender Lektüre bieten Möglichkeiten, wie Martin Walser (1981, 156) sagt, durch »nacherzählendes Abtasten des Hauptverlaufs« einer Erzählung die Auswirkungen des Alltags auf die seelische Konstitution des einzelnen zu entdecken:

Da wacht am Morgen ein Handlungsreisender auf, merkt, daß er seinen Zug versäumt hat, gerät in Panik: sieht sich sofort als Ungeziefer. Als Parasit. Er ist sich ekelhaft. Diese Geschichte hat offensichtlich eine Vorgeschichte. Denn sonst könnte der erste Satz nicht zu diesem Ergebnis führen. Es wäre, glaube ich, ein Fehler, anzunehmen, die Verwandlung sei damit abgeschlossen. Sonst könnte die Geschichte mit diesem ersten Satz aufhören. Gregor Samsa wehrt sich. Er fängt sofort an zu räsonieren, wenn er merkt, daß er plötzlich dieses Käferhafte hat und auch noch auf dem Rücken liegt, was für einen Käfer nicht die beste Lage ist. Narrheiten, sagt er, das kommt wahrscheinlich von dem »frühen Aufstehen«, »das macht einen ganz blödsinnig«. »Der Mensch muß seinen Schlaf haben.« Sie werden zugeben, daß Käfer so nicht zu räsonieren pflegen am Morgen, das ist menschliche Identität; wenn auch eine bedrohte. Er ist unfähig, auf seine Dienstreise, auf seine Vertreterreise zu gehen. Er ist ein Vertreter, der seinen Beruf immer besonders ernst genommen hat. Er vergleicht seine Kollegen mit Haremsdamen, die so durch die Gegend reisen und in den Cafés herumsitzen, während er ununterbrochen auf Achse ist; er hat nämlich eine Schuld abzuzahlen. [...]
(M. W.: Selbstbewußtsein und Ironie. Frankfurter Vorlesungen. Frankfurt a. M.: Suhrkamp 1981, S. 158 f.)

Hier sind in scheinbarer Plausibilität die sozialen Muster der Entfremdung in eine Wiedergabe der Erzählung eingearbeitet. Gregor Samsas psychische Misere wird ganz aus seiner Berufsrolle als Handelsvertreter entwickelt, und die

»Verwandlung« erscheint als ein unbegriffener Faktor im seelischen Haushalt eines in seinem Selbstwertgefühl verletzten Menschen. Ziel solcher Nachgestaltungen Kafkascher Erzählungen ist es, das eigene Verständnis erzählerisch zu bearbeiten und damit der (Selbst-)Reflexion zugänglich zu machen.[35]

Autorinnen und Autoren haben weitere produktive Möglichkeiten ersonnen, ihre Kafka-Lektüren mit Selbsterfahrenem zu durchsetzen. Ein Beispiel ist Gabriele Wohmanns Gedicht *Ich bin kein Insekt*. Hier spielt die Sprecherin auf die zentrale Metapher der *Verwandlung* an. Die hilflose Lage, in der Gregor Samsa sich vorfindet, überträgt sie auf die Situation einer Frau, die sich als Objekt des Begehrens der Männer empfindet. Der implizite Rückverweis auf Kafkas Erzählung hat in erster Linie den Sinn, das Eigene (die Selbsterfahrung der Sprecherin) auf der Folie des Fremden (der Gregor Samsas) zu profilieren. Die erste Zeile ist als Protest gegen das Kafka-Muster zu lesen: Ich will nicht den von außen verfügten ›Verwandlungen‹ und Erniedrigungen ausgesetzt sein wie jener Gregor Samsa:

Gabriele Wohmann

Ich bin kein Insekt	Jemand dessen Spiel ich verdarb
Aber insektenmäßig	Legt mich ganz freundlich zurück
Bin ich auf den Rücken gefallen	Das Spiel hat experimentellen Charakter
Meine Beine	Ich bin wieder auf dem Rücken
Suchen in der Luft	So bin ich brauchbar
Ich habe Glück	In Rückenlage bin ich einige Beobachtungen
Ich kippe mich seitlich um	wert
Ich befinde mich auf meinen Füßen	Sofern ich mich in mein Pech schicke
Ich mache Gehversuche	Ich bin Lehrstoff
Es geht Ich gehe	Ich diene dem Fortschritt
Aber jemand erinnert sich an sein Spiel	Mit mir kann man etwas beweisen
Jemandem nützen meine Gehversuche	
überhaupt nichts	

(In: Dt. Gedichte von 1900 bis zur Gegenwart. Hg. Fritz Pratz. Frankfurt a. M.: Fischer 1979, S. 199)

Die eine Metamorphose und die vielen Verwandlungen

Mit einiger Vergröberung ist der Aufbau von Kafkas Erzählung *Die Verwandlung* dem eines Stationendramas vergleichbar. Relativ in sich geschlossene szenische Erzähl-Einheiten folgen einander. Sie sind durch Reprisen, variierende Wiederaufnahmen von Motiven und die an ihnen ablesbare Entwicklung des Helden aufeinander bezogen. (Binder 1985, 2–64; Walser 1981, 158–175)[36]

Der *erste Teil* behandelt das Ereignis der über Gregor Samsa hereinbrechenden Metamorphose. Dann folgen die daraus sich ergebenden familialen Konfliktkonstellationen: Die Familie verstärkt durch ihr Verhalten die Selbstbeurteilung des Verwandelten, ein »ungeheuere[s] Ungeziefer« (E 56) zu sein. Der Auftritt des Prokuristen bestätigt Gregor den hohen Grad an Entfremdung, der sich in seinem Berufsleben herausgebildet hat. Dabei gibt es – sozusagen als retardierende Momente – immer wieder Reflexionen des Verwandelten darüber, wie seine Lage durch die Solidarität der Beteiligten erträglicher zu gestalten wäre. Auch Körperwahrnehmungen können als retardierende Momente verstanden werden, so etwa Gregors Nachsinnen darüber, wie seine neue Physis funktioniert:

[Gregor] wollte zum Prokuristen hingehen, der sich schon am Geländer des Vorplatzes lächerlicherweise mit beiden Händen festhielt; fiel aber sofort, nach einem Halt suchend, mit einem kleinen Schrei auf seine vielen Beinchen nieder. Kaum war das geschehen, fühlte er zum erstenmal an diesem Morgen ein körperliches Wohlbehagen; die Beinchen hatten festen Boden unter sich; sie gehorchten vollkommen, wie er zu seiner Freude merkte; strebten sogar darnach, ihn fortzutragen, wohin er wollte; und schon glaubte er, die endgültige Besserung alles Leidens stehe unmittelbar bevor. (E 68)

Gregor denkt zunächst, die Verwandlung sei zu behandeln wie eine vorübergehende Unpäßlichkeit. An den Reaktionen der anderen will er seine Selbstbeobachtungen prüfen:

Würden sie erschrecken, dann hatte Gregor keine Verantwortung mehr und konnte ruhig sein. Würden sie aber alles ruhig hinnehmen, dann hatte auch er keinen Grund sich aufzuregen, und konnte, wenn er sich beeilte, um acht Uhr tatsächlich auf dem Bahnhof sein. (E 64)

Dieses Kalkül ist naiv und listig zugleich. Es entlastet in jedem Fall: Entweder ist Gregor verwandelt, also krank, also nicht verantwortlich für sein Verschlafen, oder er ist in den Augen der anderen normal geblieben. Dann ist er zumindest kein Tier und braucht sich über keine Metamorphose Gedanken zu machen. Aber es delegiert die Definition des eigenen Status auch an die jeweils anderen und macht das eigene Handeln von den Urteilen der Außenwelt abhängig.

Der Held überschaut die ihn betreffende Konstellation nicht. Noch in dem Augenblick, als er die Tür öffnet, ist Gregor von seiner Menschengestalt überzeugt, er denkt daran, »zum Prokuristen hin[zu]*gehen*«, wird jedoch durch seine neue Körperlichkeit belehrt: Er »fiel aber sofort, nach einem Halt suchend, mit einem kleinen Schrei auf seine vielen Beinchen nieder«. Anstatt nun darauf wie auf eine schwere Verlusterfahrung mit Schrecken oder Panik zu reagieren, fühlt sich Gregor gut. Zumindest ein Teil seiner Persönlichkeit scheint sich in einer uneingestandenen Komplizenschaft mit der neuen Situation zu befinden.

Der *zweite Teil* beginnt mit dem Abend des ersten Tages nach der Metamorphose. Die Entfremdung hat zugenommen. Gregor wird gefüttert wie ein Tier. Da er frische Speisen nicht anrührt, gibt ihm die Schwester Abfälle. Die Familienmitglieder rechnen nicht damit, daß der Käfer sie verstehen kann. Gregor versucht nicht, ihre Mißverständnisse aufzuklären. Ihm genügen sentimentale Rückblicke auf die Leistungen, die er für die Familie erbracht hat:

»Was für ein stilles Leben die Familie doch führte«, sagte sich Gregor und fühlte, während er starr vor sich ins Dunkle sah, einen großen Stolz darüber, daß er seinen Eltern und seiner Schwester ein solches Leben in einer so schönen Wohnung hatte verschaffen können. (E 71)

Dann sind es Sorge, Angst und Scham, die Gregor bestimmen, als er von seinem Zimmer aus die Überlegungen der Familie zur aktuellen finanziellen Situation mit anhören muß. In diesen Überlegungen ist der Käfer ganz Mensch. Aber gerade hier macht der Erzähler – sozusagen unter Umgehung des Helden – klar, daß Gregor von einer falschen Voraussetzung ausgegangen war: Der Vater hatte aus seinem Bankrott mehr Geld gerettet, als er seinem Sohn jemals gesagt hatte. Daraus folgt, daß man all die Jahre Gregor in der Fron des Gläubigers sich abarbeiten ließ. Wo Gregor menschlich empfindet, beruht das auf Täuschung. Der Leser entdeckt hinter scheinbar Selbstverständlichem menschliche Kälte:

Man hatte sich eben daran gewöhnt, sowohl die Familie, als auch Gregor, man nahm das Geld dankbar an, er lieferte es gern ab, aber eine besondere Wärme wollte sich nicht mehr ergeben. (E 75)

Vater und Mutter überlassen die Pflege des Untiers der Tochter. Diese kümmert sich nach Meinung Gregors rührend um den verwandelten Bruder. Doch sprechen ihre Handlungen und Gesten eine andere Sprache. Die Diskrepanz führt zu ausgesprochen humoristischen Formulierungen:

Außerdem stellte sie zu dem allen noch den wahrscheinlich ein für allemal für Gregor bestimmten Napf, in den sie Wasser gegossen hatte. Und aus Zartgefühl, da sie wußte, daß Gregor vor ihr nicht essen würde, entfernte sie sich eiligst und drehte sogar den Schlüssel um, damit nur Gregor merken könne, daß er es sich so behaglich machen dürfe, wie er wolle. (E 72)

Der Erzähler läßt offen, aus welchen Gründen Gregor einen eigenen Napf bekommt, die Schwester das Zimmer eiligst verläßt, es abschließt, später die Speisereste mit einem Besen zusammenfegt und »hastig in einen Kübel schüttet« (E 73), durch das Zimmer läuft, »ohne sich Zeit zu nehmen, die Türe zu schließen«, und nach dem Eintreten sofort das Fenster aufreißt, »als ersticke sie fast« (E 77). Aber durch die Summierung der Einzelheiten läßt er den Leser zu einem anderen Urteil kommen als den nachsichtigen Gregor. Während dieser glaubt, die Familie, wenigstens aber die Schwester, sähe in ihm noch eins ihrer Mitglieder, ist der Ausgrenzungsprozeß schon in vollem Gange. Dazu muß Gregor als Tier empfunden werden, und darum wehrt sich Gregor auch konsequent dagegen, die Wahrheit der zunehmenden Ablehnung zu erkennen.

Eine wichtige Station auf diesem Wege ist das Ausräumen des Zimmers. Motiviert wird die Aktion von der Schwester mit Gregors Bewegungsdrang. Die Mutter ahnt den wahren Zusammenhang und macht entsprechende Einwände: Das »Vergessen seiner menschlichen Vergangenheit« (E 80) werde durch den Verlust der Möbel beschleunigt. Gregor empfindet schließlich so, wie die Mutter vermutet, aber mehr als das Bild, auf das er sich setzt, kann er nicht retten. Im Gegenteil, gegenüber dem Vater, der in den Streit eingreift, muß er um sein Leben fürchten. Hätte sich nicht die Mutter zwischen die beiden geworfen, hätte möglicherweise der wiedererstarkte Vater den Sohn getötet. So erspäht dieser, wie die Mutter den Vater »in gänzlicher Vereinigung mit ihm« um »Schonung von Gregors Leben« (E 85) bittet. Sexualität ist in doppelter Weise in dieser

Szene im Spiel. Einmal nimmt Gregor die Dame mit der Pelzboa mit einer sexuellen Geste in Besitz:

kroch eilends hinauf und preßte sich an das Glas, das ihn festhielt und seinem heißen Bauch wohltat (E 81 f.);

zum anderen erinnert das Bild von Vater und Mutter in ihrer Vereinigung an die ödipale Urszene:

[...] wie dann die Mutter auf den Vater zulief und ihr auf dem Weg die aufgebundenen Röcke einer nach dem anderen zu Boden glitten, und wie sie stolpernd über die Röcke auf den Vater eindrang und ihn umarmend, in gänzlicher Vereinigung mit ihm – nun versagte aber Gregors Sehkraft schon – die Hände an des Vaters Hinterkopf um Schonung von Gregors Leben bat. (E 85)

Die Metamorphose hat den kaufmännischen Angestellten Gregor Samsa in seiner sozialen Identität als Familienernährer beschädigt. Seine Entfaltungsmöglichkeiten schrumpfen, seine Kontakte zu den anderen Familienmitgliedern schrumpfen, er selbst verliert an Bewegungskraft, am Ende vertrocknet er. Die anderen Familienmitglieder machen komplementäre Verwandlungen durch. Der Vater entwickelt sich aus einem senilen Greis, der »müde im Bett vergraben« (E 83) oder hinter seiner Zeitung dahindämmerte, in einen lebenskräftigen und berufstätigen Patriarchen, der »wütend und froh« gegen den Sohn als einen Eindringling zu Felde zieht. Er wächst dabei derart, daß der Sohn »über die Riesengröße seiner Stiefelsohlen« (E 84) staunt. Die Mutter verändert sich mehrfach, und zwar von einer bemühten, aber hilflosen Person in eine, die Gregor offenbar versteht, und schließlich in eine, die sich von ihm abwendet. Sie verrät Gregor selbst noch in der Gestik des Schützens. Denn sie läuft, ihre Röcke verlierend, auf den Vater zu, der sich gegen Gregor gewendet hat.

Am deutlichsten ist die Verwandlung der Schwester zu beobachten. Sie entwickelt sich von einer Verbündeten Gregors zu seiner entschiedensten Gegnerin. Sie ist es, die zuerst fordert, eine deutliche Trennung zwischen dem Gedächtnis an den Bruder und dem Ungeziefer im Nebenraum zu machen. Sie führt die Sprachregelung ein, von Gregor nur noch als dem »Es« zu sprechen. Erst als Gregor tot ist, wird sie ihn im Blick auf den ausgetrockneten Leichnam wieder mit »er« bezeichnen.

Eine spezifische Verwandlung, die mit Gregor selbst vor sich geht, ist die Veränderung seines Verantwortungsbewußtseins. Nachdem klargeworden ist, daß er sich umsonst in der Fürsorge für die Familie geschunden hat, befreit er sich von der Vorstellung, das Wohl der Familie hänge allein von ihm ab. Er kann als Käfer beim Herumkrabbeln an den Wänden und an der Decke bisher nicht gekannte Augenblicke der Selbstvergessenheit erleben. Wäre nicht die stigmatisierende Verwundung durch den Apfelwurf des Vaters, er hätte so etwas wie Glück empfinden können.

Der *dritte Teil* der Erzählung setzt mit der Invalidisierung Gregors ein. Auch die Familie hat sich auf die neue Bedürftigkeit eingestellt. Die Dienstboten sind entlassen, drei Zimmerherren aufgenommen, Vater und Tochter arbeiten als

Angestellte, die Mutter übernimmt die Hausarbeit. Gregor wird von einer groben, durch nichts zu erschütternden Bedienerin versorgt. Niemand säubert sein Zimmer. Die Mutter bleibt von der Versorgung Gregors systematisch ausgeschlossen. Es sieht so aus, als ob die Verwandlung damit zu einem Stillstand am negativen Punkt der Entwicklung gekommen wäre.

Das ist aber nicht der Fall. Die Zimmerherren werden von Gregor nämlich als Rivalen um die Zuneigung der Schwester verstanden. Wieder – wie schon einmal im ersten und einmal im zweiten Teil – verläßt er sein Zimmer, um sich einzumischen. Diesmal wird er angelockt vom Geigenspiel seiner Schwester. Dessen Inszenierung zeigt, daß die Eltern ihre Hoffnung nun auf die Tochter setzen. Sie präsentieren sie den Herren (zunächst) als Violinistin. Gregor ist von ihrem Spiel fasziniert:

War er ein Tier, da ihn Musik so ergriff? Ihm war, als zeige sich ihm der Weg zu der ersehnten unbekannten Nahrung. (E 92)

In seinem Vorleben als Vertreter hatte er keine Musiksensibilität entwickeln können, wohl aber hatte er die Idee gehabt, die Schwester aufs Konservatorium zu schicken. Jetzt verbindet er eine neue Empfindungsfähigkeit für die Kunst mit dem Wunsch, daß die Schwester von Zuhörern bewundert wird. Dadurch erwacht erneut die Idee, »die Angelegenheiten der Familie ganz so wie früher wieder in die Hand zu nehmen«. Es sind Allmachtsphantasien in der Gestalt von Erinnerungen an sein vergangenes Leben:

[…] in seinen Gedanken erschienen wieder nach langer Zeit der Chef und der Prokurist, die Kommis und die Lehrjungen, der so begriffsstützige Hausknecht, zwei, drei Freunde aus anderen Geschäften, ein Stubenmädchen aus einem Hotel in der Provinz, eine liebe, flüchtige Erinnerung […]. (E 87)

Aus ihnen schält sich unterdrücktes erotisches Begehren heraus, das sich auf die Schwester richtet. Gregor ist

entschlossen, bis zur Schwester vorzudringen, sie am Rock zu zupfen und ihr dadurch anzudeuten, sie möge doch mit ihrer Violine in sein Zimmer kommen, denn niemand lohnte hier das Spiel so, wie er es lohnen wollte. Er wollte sie nicht mehr aus dem Zimmer lassen, wenigstens nicht, solange er lebte; seine Schreckgestalt sollte ihm zum erstenmal nützlich werden; an allen Türen seines Zimmers wollte er gleichzeitig sein und den Angreifern entgegenfauchen; die Schwester aber sollte nicht gezwungen, sondern freiwillig bei ihm bleiben; sie sollte neben ihm auf dem Kanapee sitzen, das Ohr zu ihm herunterneigen, und er wollte ihr dann anvertrauen, daß er die feste Absicht gehabt habe, sie auf das Konservatorium zu schicken […]. (E 92)

Tiersein und Menschsein sind hier am engsten vermischt. Die Träume des Verwandelten negieren seine Tierheit. Aber wie kann er beispielsweise der Schwester seine früheren, nicht ausgeführten Gedanken »anvertrauen«, wo er doch nicht einmal die einfachsten Dinge über sein Befinden mitteilen kann? Andererseits hat man Musiksensibilität als deutliches Indiz für eine menschliche Identität angesehen. Mit dem Wunsch wiederum, Grete ganz in seine Behausung zu ziehen, porträtiert Gregor sich nach dem Muster des Drachen, der die

Jungfrau in seiner Höhle gefangenhält in der Hoffnung, daß sie ihn liebe. Martin Walser sieht in dieser widersprüchlichen Konstruktion zwischen Mensch und Untier den Gipfel der Ironie. Ein Mensch, der seine menschliche Identität durch Nützlichkeit im Arbeitsprozeß erwiesen hat, erfährt jetzt, in der Tiergestalt und im Status der Nutzlosigkeit, etwas von einem ihm bisher unbekannten Menschsein, für das die Musik und die Sehnsucht nach unbekannter Nahrung als Bildzeichen stehen. Zugleich meldet sich sein Begehren als »tierischer« Wunsch nach erotischer Gewalt über andere. »War er ein Tier«? kann also als rhetorische und als echte Frage zugleich aufgefaßt werden. Hinzu kommt, daß denkbar wäre, Kafka habe Musikalität und ein positiv zu verstehendes Tiersein aufeinander beziehen wollen. Hat er nicht auch dem hungernden Forscherhund und dem Volk der Mäuse eine musikalisch differenzierte Sensibilität für Töne zugestanden? Gregor ist im Verlaufe der »Verwandlung« immer mehr vertiert, er lebt zum Beispiel immer intensiver nach den Bedürfnissen seiner Körperempfindungen. Die Ironie dient der Entwicklung einer satirischen Perspektive: Was muß das für eine Welt sein, in der jemand erst ein Tier werden muß, um das zu erfahren, was der traditionellen Auffassung zufolge den Menschen vom Tier unterscheidet? (Rudloff 1988, 321–337) Und daß Gregor mit »Rührung« an seine Familie zurückdenkt, könnte mit der buchstäblichen Anhänglichkeit eines Haushundes an seine Familie in Verbindung gebracht werden.

Ironie ist auch im Spiel bei der Komposition dieser Szene nach dem Vorbild eines tragischen Umschwungs. Die auf die Schwester gerichteten erotischen Phantasien Gregors erreichen ihren Höhepunkt, zugleich setzt die Abwendung der Schwester massiv ein: »Ich will vor diesem Untier nicht den Namen meines Bruders aussprechen« (E 94). Während Gregor sich also erkennbar als Mensch oder vielleicht auch – nach dem Muster von Charles Perraults *La belle et la bête* – als Tierbräutigam versteht, wird er von der Schwester ebenso klar als Untier definiert.

Gregors Tod bildet die abschließende Szene. Der Erzähler gesteht Gregor menschliche Gefühle zu (»Rührung«). Zugleich macht er noch durch die Wahl des Worts »Nüstern« (E 96) für Gregors Atmungsorgane – es müßten eigentlich Tracheen sein – darauf aufmerksam, daß hier ein Tier stirbt. Die Paradoxie, daß auch Tierheit die Grundlage einer emotional intakten Personalität sein kann, ist offensichtlich das Ziel des Erzählens. Nach dem Verfahren der Kontrastierung schließt sich unmittelbar an diese Apotheose des Tierseins die Beseitigung des Kadavers an. Der Erzähler verläßt seinen Erzählstandpunkt neben Gregor und sieht das Geschehen von außen. Die Bedienerin stellt fest, »es ist krepiert« (E 96), der Vater und die Mutter verwandeln sich in das »Ehepaar Samsa«, und die Schwester ist nun wieder in der Lage, in dem toten Tier den verschwundenen Bruder zu betrauern: »Seht nur, wie mager er war« (E 97). Die schwarze Ironie des Erzählers am Schluß dieses Familiendramas besteht nicht darin, Gregor seinen Tod als Befreiung der Familie erleben zu lassen, sondern darin, daß die Tierheit Gregors die Voraussetzung dafür ist, daß ein in der Welt der Geschäfte Gefangener sich selbst als gefühlsfähiges Wesen kennenlernt, daß die Vertierung aber mit seiner Ausgrenzung aus der menschlichen Gesellschaft und mit dem Verlust des Lebens bezahlt werden muß.

Gegenüber diesem Ende ist der *Epilog*, der die Verwandlung der Familie auf ihrer Ausfahrt ins Grüne schildert, besonders das Aufblühen der Schwester, die »ihren jungen Körper dehnte« (E 99), ein zweiter, angehängter, bis in die Erzählperspektive hinein unironisch-satirischer Schluß. Über seine Notwendigkeit sind die Meinungen geteilt. Kafka selbst war mit ihm nicht zufrieden. Am 19. Januar 1914 notiert er im Tagebuch:

Angst im Bureau abwechselnd mit Selbstbewußtsein. Sonst zuversichtlicher. Großer Widerwillen vor »Verwandlung«. Unlesbares Ende. Unvollkommen fast bis in den Grund. Es wäre viel besser geworden, wenn ich damals nicht durch die Geschäftsreise gestört worden wäre. (KAT 624)

Dies Kapitel ähnelt dem Ende des *Hungerkünstlers*, wo in den Zirkuskäfig ein schwarzer Panther gegeben wird. Beide Schlüsse haben miteinander gemeinsam, daß sie wie masochistische Lobgesänge auf ein rein vitales Leben klingen, das weder dem verwandelten Gregor noch dem Hungerkünstler zur Verfügung stand. Man muß Kafka dann unterstellen, er distanziere sich von seinen ›Helden‹, seine Erzählabsicht sei eine beißende Satire auf den Lebenshunger der geliebten Frau bzw. des breiten Publikums (also der »Welt«, die man nicht um ihren Sieg betrügen darf; KAN II 58). Offensichtlich hat sich Kafka selbst nicht entscheiden können, welcher der beiden Sichtweisen er den Vorzug einräumen sollte, und hat möglicherweise das als Schwäche des Schlusses empfunden.

Durchdenken der biographischen Konfliktsituation

Daß Kafka in der Verwandlung des reisenden Angestellten Gregor Samsa in ein schmarotzendes Ungeziefer eigene Regressionsträume bearbeitet, ist in der Forschung herausgestellt worden. Besonders Hartmut Binder (1983 b, 136–186) hat die Familiensituation, aus der die Erzählung erwächst – und auf die sie produktiv reagiert – rekonstruiert.

In Kafkas eigenem Kommentar zur Erzählung *Das Urteil* kann man Operationen der Freudschen Traumanalyse wiederfinden. Im Tagebuch heißt es unter dem 11. Februar 1913:

Georg hat soviel Buchstaben wie Franz. In Bendemann ist »mann« nur eine für alle noch unbekannten Möglichkeiten der Geschichte vorgenommene Verstärkung von »Bende«. Bende aber hat ebensoviele Buchstaben wie Kafka und der Vokal e wiederholt sich an den gleichen Stellen wie der Vokal a in Kafka.

Frieda hat ebensoviel Buchstaben wie Felice und den gleichen Anfangsbuchstaben, Brandenfeld hat den gleichen Anfangsbuchstaben wie Bauer und durch das Wort »Feld« auch in der Bedeutung eine gewisse Beziehung. Vielleicht ist sogar der Gedanke an Berlin nicht ohne Einfluß gewesen und die Erinnerung an die Mark Brandenburg hat vielleicht eingewirkt. (KAT 492)

Kafka hatte Mitte September 1912 Felice bei Max Brod kennengelernt. Die Korrespondenz begann am 20. September. Drei Tage später schrieb er in einer Nacht

Mit der Schwester Ottilie (Ottla) vor dem ›Oppelthaus‹ am Altstädter Ring (Wohnung d. Familie seit 1913), li. v. Eingangsportal (um 1914)

die Erzählung *Das Urteil* nieder. Die Briefe an Felice drehen sich um die Bedeutung des Schreibens. Das Vorlesen der Ungeziefer-Geschichte sollte Felice offensichtlich in die narrativen Selbstreflexionen einbeziehen:

Ja, das wäre schön, diese Geschichte Dir vorzulesen und dabei gezwungen zu sein, Deine Hand zu halten, denn die Geschichte ist ein wenig fürchterlich. Sie heißt »Verwandlung«, sie würde Dir tüchtig Angst machen und Du würdest vielleicht für die ganze Geschichte danken, denn Angst ist es ja, die ich Dir mit meinen Briefen leider täglich machen muß. (BF 116)

Über das Erzählexperiment selbst hatte Kafka zunächst keine klaren Vorstellungen. Dachte er in den ersten zwei Tagen der Niederschrift noch an eine eingliedrige Erzählung in der Art des *Urteils*, dann an eine zweiteilige, in zweimal zehn Stunden niederzuschreibende, so entschied er Ende November, daß noch ein dritter Abschnitt hinzukommen sollte. Jeder Teil wird eingeleitet durch einen Ausbruchsversuch Gregors und endet in einer gesteigerten Erfahrung der Ausgrenzung und Zurückweisung durch die Familie. Daß dabei die triadischen Gliederungsformen des Märchens eine Rolle spielen, liegt nahe, wenn man als

Muster bekannte Verwandlungsmärchen der Brüder Grimm unterstellt. Damit kommt der Gedanke der Erlösung ins Spiel. Die Erlösung des Bruders oder der Brüder durch die Schwester[37] ist ein geläufiges Märchenmotiv. Den Märchenaufbau – Vorgeschichte, Verwandlung, Erlösung – hat Kafka verändert. Es fallen Vorgeschichte und Erlösung weg. Die Verwandlung ereignet sich dafür in einer wiedererkennbaren Alltagswelt, in der Wunder (mit Ausnahme des die Geschichte auslösenden) nicht vorkommen. Insofern wird die Märchen-Hoffnung einer Realitätsprobe unterzogen.

Kafka hatte kurz zuvor, Anfang Oktober 1912, die Erfahrung gemacht, daß seine Lieblingsschwester Ottla, die sonst immer gegen den Vater zu ihm gehalten hatte, sich auf die Seite der Familie schlug. Es ging um die unternehmerische Betreuung der Asbestfabrik, die Kafka mit seinem Schwager Karl Hermann betrieb und für die er von seinem Vater Geld geliehen hatte. Ottlas ›Verrat‹, die Aufforderung an den Bruder, sich mehr um das Familienunternehmen zu kümmern, ließ ihn an Selbstmord denken. Im Augenblick der ersten Niederschrift fühlte Kafka sich auch von Felice verlassen, denn zwei Tage schon waren ihre Briefe ausgeblieben. Schwester und Geliebte verschmelzen zu einer begehrten, aber Verrat begehenden weiblichen Figur.

Kafka kannte Verwandlungsmärchen und die *Metamorphosen* Ovids. Er hatte auch die *Exotischen Novellen* und *Neue Mythen und Jagden* des dänischen Schriftstellers Johannes V. Jensen gelesen, in denen Verwandlungen in und von Tieren eine zentrale Rolle spielen. Eine heißt *Das Ungeziefer* und behandelt die Begegnung mit Wanzen. Eine andere Erzählung beschreibt eine Menscheneidechse, eine Art verspäteten Dinosaurier, der in der falschen Epoche lebt und daher sich selbst als ein nirgendwo zugehöriges Wesen erfährt. Zahlreiche Parallelen in Erzähldetails und in der entwickelten Erzählperspektive zwischen diesen möglichen Anregungen und Kafkas *Die Verwandlung* lassen sich finden. (Binder 1983 b, 156–159) Man kann deshalb davon ausgehen, daß das Bild des aus der familialen Gemeinschaft ausgestoßenen Insekts für Kafka eine kulturell vorgeprägte Metapher war, in der er vielfältige Isolationserfahrungen gespiegelt fand.

Bezieht man Heinz Hillmanns Konzept des Schreibens als emotional besetztes Probehandeln mit geringeren Energiequanten (Hillmann 1977, 153–155) auf *Die Verwandlung*, so kann man die Erzählung als eine Entfaltung von Kafkas Aussteigerphantasie begreifen. (Fingerhut 1981, 87–126) Gregor liebt sein durch den Beruf erzwungenes Reisen nicht. Auch Kafka ist beruflich zu Reisen gezwungen, die seinen Lebensrhythmus stören. Sein Schreiben findet statt, wenn er sich in seinem Zimmer von der Familie abschließt. Er ist nervös und lärmempfindlich. Am liebsten würde er sich abkapseln, den Brotberuf aufgeben und nur dem Schreiben leben. Gegenüber Felice urteilt er über sein Schreiben an der *Verwandlung*:

Durch dieses Schreiben, das ich ja in diesem regelmäßigen Zusammenhang noch gar nicht so lange betreibe, bin ich aus einem durchaus nicht musterhaften, aber zu manchen Sachen gut brauchbaren Beamten (mein vorläufiger Titel ist Konzipist) zu einem Schrecken meines Chefs geworden. Mein Schreibtisch im Bureau war gewiß nie ordentlich, jetzt aber ist er von einem wüsten Haufen von Papieren und Akten hoch bedeckt, ich kenne beiläufig nur das, was obenauf liegt, unten ahne ich bloß Fürchterliches. Manchmal glaube ich fast zu hören, wie ich von dem Schreiben auf der einen Seite und von dem Bureau auf der andern geradezu zerrieben werde. Dann kommen ja wieder auch Zeiten, wo ich beides verhältnismäßig ausbalanciere, besonders wenn ich zuhause schlecht geschrieben habe, aber diese Fähigkeit (nicht die des schlechten Schreibens) geht mir – fürchte ich – allmählich verloren. (BF 153)

Die Metamorphose enthebt Gregor der Berufsverpflichtung. Zugleich ist sie ein Bildzeichen der Ausgrenzung durch die Familie. Es werden also gleichzeitig zwei voneinander relativ unabhängige Konstellationen überprüfbar: die als positives Angebot erfahrene Freisetzung von beruflichen Verpflichtungen und die als negative Sanktion erfahrene Isolation in der Familie. Über Künstler-Freunde hatte Hermann Kafka das abwertende Ungeziefer-Urteil ausgesprochen. Die erzählerisch zu durchdenkende Frage lautete also: Was wäre, wenn der Sohn sich zum Schreiben so zurückzöge, daß seine Unfähigkeit für das Berufsleben sofort einleuchtete? Wie würden die Eltern reagieren, wie die Frauen (die Mutter, Ottla und Felice), auf die es ihm ankam? Das Erzählexperiment erbringt als Ergebnis, daß die Isolationserfahrung die stärkere sein würde. Die selbstquälerische Übernahme des Familien-Urteils durch den Protagonisten bestätigt, daß das eigene Verschwinden und Vertrocknen die Konsequenz des Rückzugsversuchs sein müßte. Die Erzählung sagt, daß Kafka, wollte er weiterleben, nicht den Rückzug aufs Schreiben, sondern den ausbalancierenden Kompromiß zwischen Büro, Felice, Familie und Schreiben brauchte, den er dann auch tatsächlich in seinem Leben zu konstruieren suchte.

Kritik und Utopie in Gregors Tierleben

Für den Schulunterricht interessant wurden Kommunikations-, Identitäts- und Familienpsychologie. Insbesondere die Affinität zwischen den Kommunikationsregeln, die Kafkas Figuren befolgen, und den von Watzlawick[38] festgestellten Störungen in der Alltagskommunikation reizte zu entsprechenden Deutungen. (Sautermeister 1975, 179–222; ders. 1974, 99–109) Jetzt war es möglich, hinter den familialen Konstellationen besonders der frühen Erzählungen Kafkas (Das Urteil, Die Verwandlung) und hinter den Redestrategien von Kafkas Romanhelden Störungen der Alltagsrhetorik wiederzuentdecken. (Oblau 1983, 383–405) Kafka wird auf diese Weise zum Kritiker alltäglicher Kommunikations- und Herrschaftsstrategien gemacht.

Gregor Samsas Familie verfügt über zwei Dienstboten, eine große Wohnung, kann es sich leisten, daß die heranwachsende Tochter nicht arbeitet, sondern das Geigenspiel erlernt. Durch die Verwandlung des Geldbeschaffers ist der errungene Status der Familie bedroht. Im Laufe der Geschichte arrangiert man sich nach zähem Widerstand mit der neuen Situation. Man bezieht eine kleinere Wohnung, fängt nach einem Rückschlag neu an. Der Verwandelte selbst »reflektiert und durchlebt im Stadium seiner erniedrigenden Metamorphose zur Tiergestalt das bislang vor-bewußte Abhängigkeitsverhältnis seiner menschlichen Lebensgeschichte«. (Rudloff 1988, 322)

Die Tatsache der Verwandlung selbst nimmt Gregor gelassen. Nicht gelassen hingegen reagiert er auf die Verspätung, die seine Reisepläne durcheinanderwirft. Das verschafft Einblicke in die Ängste eines abhängigen Angestellten, der seinen Beruf nicht liebt, aber sehr ernst nimmt:

> Wenn ich mich nicht wegen meiner Eltern zurückhielte, ich hätte längst gekündigt, ich wäre vor den Chef hin getreten und hätte ihm meine Meinung von Grund des Herzens aus gesagt. Vom Pult hätte er fallen müssen! (E 57)

Die Familie hingegen genießt ohne besondere Dankbarkeit, was er für sie leistet. Der Erzähler enthält sich jeden Kommentars, um so eher urteilt der Leser an seiner Stelle. Der Prozeß der Identifikation und des Mitfühlens mit dem in gutwilligen Fehlinterpretationen Befangenen ist eingeleitet. Die Abweichungen vom erwartbaren Märchenschema läßt den Leser aber früh an der Möglichkeit einer erlösenden Rückverwandlung zweifeln.[39]

Damit wendet sich der Blick kritisch auf die Regeln der erzählten Welt selbst. Sie ist bestimmt durch die Rationalität des Geschäfts. Nicht nur der Prokurist weist Gregor in seiner aggressiven Rede vor der Tür darauf hin, daß das Geschäftemachen keine Jahreszeiten kennt, ständigen Einsatz verlangt und jeden ausstößt, der nicht Erfolg hat. Auch die Zimmerherren denken geschäftsmäßig. Als sie die »in dieser Wohnung und Familie herrschenden widerlichen Verhältnisse« bemerken, ziehen sie daraus sofort den Vorteil, ihre Miete nicht zu bezahlen. Ein Ausscheren aus diesem Denkmuster ist auch der Familie nicht möglich. Sie steckt in ökonomischen Zwängen. Weil die Zimmerherren kündigen, fordert die Schwester klar und deutlich: »Wir müssen versuchen, es [Gregor] loszuwerden« und später noch einmal bekräftigend: »weg muß es« (E 94).

Der Vater, der in diesem dritten Teil wesentlich milder agiert, scheint Gregors Identität nicht in Zweifel zu ziehen. Er benutzt noch immer das Pronomen »er«, wenn Tochter und Bedienerin schon längst zum »Es« übergegangen sind, und denkt an eine Art Übereinkunft:

> Wenn er uns verstünde, [...] dann wäre vielleicht ein Übereinkommen mit ihm möglich. Aber so – (E 94)

Kommunikation zwischen dem Verwandelten und seinen potentiellen Erlösern gehört zur Märchen-Erwartung. Doch hier läßt sich niemand auf sie ein, so daß man von einer Verfremdung der implizit zitierten Märchen-Muster durch Kafka sprechen kann. (Fingerhut 1979 b, 306–308)

Ist die Dekonstruktion von Märchenzügen konstitutiv für Kafkas *Verwandlung*, so ist zu fragen, warum der Autor auf diese Tradition zurückgreift. Holger Rudloff (1988, 329) nimmt Walter Benjamins Begriff von Kafkas Erzählungen als »Märchen für Dialektiker« auf und bestimmt die Spannung zwischen einer »märchenspezifischen Glückserwartung und der eintretenden Vernichtung Gregor Samsas« als Dialektik zwischen Degradierung und emanzipatorischer Hoffnung auf die Möglichkeit menschlicher Selbstvergewisserung. Die Verwandlung ist dann nicht nur Ergebnis des deformierenden Berufslebens, sondern ein – unkenntlich gemachtes – Angebot, das zerstörte Selbstbewußtsein wieder herzustellen. Diese Deutung ist sicher extrem positiv. Denn von einer »geistigen Freiheit der Kritik«, die Rudloff (1988, 331) an Gregor bemerkt, scheint der Erzähler nichts zu wissen. Er tritt beiseite und läßt Gregor – vielleicht wegen seiner rührend naiven Gedanken an seine Familie, die sich so ganz anders verhält, als er es wahrhaben will – als ein Tier krepieren. Die vor allem von Martin Walser festgestellten ironischen Distanzierungen vertragen sich schlecht mit dem Kafka unterstellten utopischen Potential eines wie auch immer verfremdeten und reduzierten Märchens.

Die Idee einer Dialektik von Destruktion und Utopie verbindet sich leicht mit theologischen Denkmustern von Verschulden und Sühne, die man in der Kafka-Forschung immer wieder gegen konsequente psychologische und sozialpsychologische Interpretationen ins Feld führt. (Henel 1984, 71) Diese Deutungen – Gregor wird für den verwerflichen Wunsch, nicht mehr verantwortlicher Familienernährer sein zu wollen, bestraft und akzeptiert seine Verwandlung wie ein Sünder in Dantes Hölle sein Verhängnis – zielen stets auf eine finale Aussöhnung des Lesers mit der Geschichte. Zwar kündigt sich keine »Apotheose des Helden« an, wohl aber Versöhnung. »Mit dem Tod ist die Schuld abgetragen, und die Strafe hat ihr Ende erreicht.« (Henel 1984, 83; Eschweiler 1991, 135–143)

An die Stelle dieser theologischen Reminiszenz setzt Rudloff das märchenhafte Glück der kritischen Erkenntnis gegenüber einer instrumentellen Vernunft, die im Geschäftsleben wie in der kleinbürgerlichen Familie regiert:

> »Einzig der Käfer macht sich frei von den materiellen Zwängen, um unentdeckte, unterschwellige oder bislang verdrängte Bedürfnisse wahrzunehmen und zu artikulieren. Im Bereich des Schönen, in der Musik, deutet sich ihm die Möglichkeit an, die entfremdenden Mächte zu überwinden. Das Kunsterlebnis vermittelt den Vor-Schein eines positiv rettenden Sinns.« (Rudloff 1988, 332)

Ob Gregor Samsa am Ende seiner Verwandlung, wie Rudloff meint, »die Kunst als eine Möglichkeit der Versöhnung mit den Widersprüchen der Realität« erfährt oder die Versöhnung als Entsühnung von Schuld (Henel 1984, 83) erlebt oder ob er einfach nicht begreift, was mit ihm geschehen ist, hängt davon ab, was der Rezipient an ›innerer Wahrheit‹ in Kafkas Erzählung sucht. Schlägt er die Brücke zur Kunsttheorie Adornos, kommt er zur ersten, rekurriert er auf ein moralisches Weltmodell zur zweiten, beobachtet er lediglich die Oberfläche des Textes und die einzelnen Erzählzüge des Autors, kommt er zur dritten Interpretation.

Aus der Einsicht, daß Bedeutung in Leseoperationen erarbeitet wird und nicht im Text selbst eingefroren immerwährend vorhanden ist, resultiert für eine Textanalyse die Aufgabe, die konstituierende Metapher, die Metamorphose nämlich und die aus ihr entspringenden mehrfachen Verwandlungen, näher zu untersuchen.

Die Verwandlung der Metapher

Schon früh hat Günter Anders (1951, 40 f.) die in der Verwandlung des Gregor Samsa versteckte alltagssprachliche Schimpfmetapher entdeckt. Kafkas Vater bezeichnete den Freund Löwy, der als jiddischer Schauspieler für Franz Kafkas Entwicklung als Künstler und Schreibender von großer Bedeutung, für Hermann Kafka aus den gleichen Gründen aber ein äußerst suspekter Mensch war, als ein »Ungeziefer«. (Fingerhut 1969, 212–218) Die Idee zu der Geschichte kam Kafka, als er – wegen ausbleibender Briefe Felices – das Bett nicht verlassen mochte. Die »kleine Geschichte« »bedrängt« ihn »innerlichst« (BF 101 f.). Er erwarte nicht, bekennt er Felice, durch das Schreiben »klug zu werden«, wohl aber, eine »Ahnung des Glücks zu bekommen«. Ahnung des Glücks kann sich als Ausstieg aus Belastendem (Familie, Heirat, Brotberuf), aber auch als das Glück des Schreibens selbst ereignen. Beides ist in *Die Verwandlung* angelegt.

Hinter der erzählerischen Entfaltung der Ungeziefer-Metapher verbergen sich allerdings eine Reihe ästhetischer Probleme, die es aufzuklären gilt. Als erster hat sich Walter H. Sokel damit beschäftigt. Gregor Samsas Gestalt lasse Rückschlüsse auf die seelische Disposition zu, die die Verwandlung herbeigeführt habe: Dessen parasitäre Wünsche und abstoßende Phantasien seien in der Ungeziefergestalt verkörpert, die Erzählung selbst könne als eine Rückverwandlung der Ungeziefer-Metapher in fiktive Wirklichkeit gelesen werden. (Sokel 1976, 90 ff.) Probleme macht bei einer solchen Auflösung das Theorem vom erzählerischen Wörtlichnehmen der Metapher. Denn immerhin hat Kafka selbst mehrfach bekundet, daß es die Metaphern sind, die ihn beim Schreiben zur Verzweiflung bringen, (KAT 875) weil sie ungeeignet seien, innere Zustände ins Bild zu rücken. Schon früh stellt seine Sprachskepsis die »Zufälligkeit« allen sprachlichen Benennens heraus. Ob man eine im Winde schwankende Pappel »Turm von Babel« nenne oder »Noah, als er betrunken war« (KAN I, 89 f.), sei im Grunde Symptom der gleichen »Seekrankheit auf festem Lande«, der Unfähigkeit nämlich, den Dingen die ihnen zukommenden Namen zu geben. Verdeckt werde vor allem die Kluft zwischen »tatsächliche[m] Gefühl und vergleichende[r] Beschreibung« (KAT 326). Von daher ist anzunehmen, daß Kafka auch bei seiner »kleinen Geschichte« gefragt hat, inwieweit die erzählerisch entfaltete Metapher vom Menschen als »ungeheuere[m] Ungeziefer« auf eine begrifflich auflösbare, vergleichende Beschreibung hinauslaufen würde und inwieweit er sie zu einer lediglich andeutend angelegten Erzählung entwickeln könnte. Der Unterschied nämlich zwischen »vergleichsweisem« (also metaphorischem) und »andeutendem« (also nicht einfach übersetzbarem) Gebrauch der Sprache hält er für entscheidend, wenn es um die Darstellung innerer Vorgänge geht.[40]

Die »Zweifellosigkeit« einer Geschichte erweist sich für Kafka, wenn er selbst beim Vorlesen durch sie erneut gerührt wird.[41] Rührung basiert auf Identifikation. Wenn man nun unterstellt, Kafka selbst habe den in ein Ungeziefer verwandelten Gregor Samsa als Anspielung auf sich, dessen freies, Spuren hinterlassendes Herumkrabbeln an den Wänden und an der Decke des Zimmers als verrätselte Anspielung auf Schreibbewegungen auf dem Papier verstanden, so wiese seine Rührung auf eine emotionale Unterwerfung unter die im Sprachsystem bereits angelegte väterliche Verurteilung als »Ungeziefer« hin. Der Wunsch, sich im Schreiben zu »verkriechen«, würde bildhaft konkretisiert in dem sich im Zimmer und unter dem Kanapee verkriechenden Käfer. Die Schimpfmetapher »Ungeziefer« muß für ihn in diesem Kontext die Qualität einer Dramatis persona erhalten haben, die leidensfähig ist. Und in der Tat erzählt *Die Verwandlung* von einem Leidensprozeß des Insekts. Als das verwundet, verhungert und vertrocknet stirbt, fordert Kafka die Verlobte auf, den Helden seiner Geschichte zu beweinen. In der nach der Metamorphose einsetzenden Verwandlung Gregors zu einem »Es«, von dem alle abfallen und das als Abfall weggeworfen wird, während es doch das Mitleid der Leser gewonnen hat, liegt die erzählerisch sorgfältig ausgearbeitete Provokation des Erzählexperiments.

Nicht also die Tatsache, daß ein Mensch sich morgens im Bett als ein Käfer wiederfindet, sondern die sich daraus ergebende Randexistenz des in seiner Familie Vergrabenen verdient den Titel *Die Verwandlung*. Sie behandelt auch »andeutungsweise« das literarische Schreiben. (Koch 1992, 90; Kremer 1992, 188–194) Denn ›auf dem Kanapee liegen und nachdenken‹ und ›auf einer weißen Fläche herumkrabbeln und dabei Spuren hinterlassen‹ kann als Andeutungshinweis auf das Schreiben verstanden werden. In einem frühen Brief an Felice, in dem Kafka bekennt, daß seine »Lebensweise nur auf das Schreiben hin eingerichtet« sei, heißt es zudem:

Schrieb ich aber nicht, dann lag ich auch schon auf dem Boden, wert, hinausgekehrt zu werden. (BF 65 f.)

In der Erzählung materialisiert sich Kafkas ständige Angst vor dem Versiegen der Inspiration[42] als das Vertrocknen des Insekts. Diese angstbesetzte Analogie korreliert mit einer metaphorischen Aussage, nämlich dem Abmagern und Schrumpfen des Lebenshorizonts bei Franz Kafka durch das Schreiben, bei Gregor Samsa dem durch die Metamorphose erzwungenen Verzicht auf die Familie:

Von der Literatur aus gesehen ist mein Schicksal sehr einfach. Der Sinn für die Darstellung meines traumhaften innern Lebens hat alles andere ins Nebensächliche gerückt und es ist in einer schrecklichen Weise verkümmert und hört nicht auf zu verkümmern. Nichts anderes kann mich jemals zufrieden stellen. Nun ist aber meine Kraft für jene Darstellung ganz unberechenbar, vielleicht ist sie schon für immer verschwunden, vielleicht kommt sie doch noch einmal über mich, meine Lebensumstände sind ihr allerdings nicht günstig. So schwanke ich also, fliege unaufhörlich zur Spitze des Berges, kann mich aber kaum einen Augenblick oben erhalten. (KAT 546)

Indem Kafka beim Schreiben seiner Geschichte ständig zwischen der Ebene der Körperlichkeit des Insekts (also der ›Substanz‹, mit der er die Bildhälfte seiner Metapher ausstattet) und der Spiritualität, also den Reflexionen und Empfindungen Gregor Samsas (der »andeutungsweise« erfaßten Bedeutung), hin- und herschaltet, verflüssigt er die Grenzziehungen zwischen Signifikant und Signifikat, die ein sprachliches Zeichen ausmachen. Empfindungen des Rezipienten pflegen sich auf die sprachlich übermittelten Gehalte zu richten, nicht auf die

Zeichenkörper. Hier hingegen ist es umgekehrt. Die Schimpfmetapher ist – als sich verwandelnde Person erlebt – Gegenstand des Mitleids. Der besondere Kunstgriff Kafkas besteht dabei darin, daß ein Insekt – aufgrund seiner großen biologischen Entfernung zum Menschen – eigentlich denkbar ungeeignet ist, intensive Empfindungen des Mitleids aufzunehmen. Personen, die in Märchen Metamorphosen erleiden, werden Vögel, Rehe, Bären, eventuell indefinite ›Ungeheuer‹ oder Drachen, aber sie bleiben Mitglieder des Tierreichs, während Gregor Samsa eine von der Menschen- und Tierwelt geschiedene (und gleichzeitig beiden Welten zugehörige) Kunstfigur wird.

Als Erzählung über die Verwandlung einer Verwandlungsmetapher enthält *Die Verwandlung* eine eigene Faszination, die sich an der Geschichte der Deutungen ablesen läßt. Stanley Corngold (1988, 47–89), der mehr als 120 Interpretationen untersucht hat, unterscheidet symbolische von allegorischen. Die symbolischen sehen in Gregor Samsa – trotz seiner Verwandlung in ein »ungeheueres Ungeziefer« – den unglücklichen Menschen. Gregors Erfahrungen eines vom Leben Beiseitegeschobenen sind verallgemeinerbar. Letzthin hat hier die Verwandlung immer einen Sinn: Sie verweist auf unbegriffenes Leiden, die Deformation durch die Berufswelt, die Defizite im Familiensystem, aber auch auf die Aspekte einer möglichen spirituellen Selbstfindung oder Erlösung durch die Annahme des Schicksals. Die psychologischen Deutungen gehören zu den symbolischen. Sie zeigen den psychisch Kranken, der die Regeneration seiner Familie erlebt und dabei lernt, sich selbst und die Struktur seiner Familie zu akzeptieren. (Michel 1991, 69–92)

Die allegorische Leseweise ist der symbolischen entgegengesetzt. Sie nimmt die Metamorphose real, sucht nicht nach einem Tertium comparationis zwischen dem Erzählten und einer ›Bedeutung‹, sondern läßt die Fremdheit zwischen dem Erzählten und dem ihm zugewiesenen Sinn bestehen. Gregor Samsa *ist* ein ungeheueres Ungeziefer, geschaffen aus Sprache und entworfen, um die Existenz des Schreibenden zu durchleuchten. Er hört als solches das Geigenspiel der Schwester und versteht es als Chiffre unbekannter Nahrung, stirbt – wie schon zuvor Georg Bendemann – versöhnt mit der Familie. Kafka als Erzähler behält Abstand zu ihm. Aus der Erzählung *Das Urteil* weiß er: Als Nachfolger des Vaters (erfolgreich im Geschäft und Gründer einer Familie) ist er schon tot, ertrunken. Er lebt jetzt verwandelt, beurteilt seine Aussteigerwünsche gegenüber dem Büro und der Familie als parasitär. Er weiß, daß das die Übernahme eines Urteils aus der Sprache des Vaters ist. Die neue Geschichte erzählt also erneut eine Verurteilung des Sohnes durch den Vater. Sie stellt das Vertrocknen des Parasiten nach einer Verletzung durch den Vater fest. So überlebt der Schreiber seinen ›Ich-Helden‹ und kann den »ausnehmend ekligen« Selbsterfahrungsbericht dem Mitleid seiner beiden ersten Leserinnen (Ottla und Felice) empfehlen.

Kafka sieht für sich selbst, wie er Jahre später im Tagebuch bekennt, den Trost des Schreibens im »Hinausspringen aus der Totschlägerreihe« des Lebens und in der »Tat-Beobachtung«. (KAT 892) Er ist also nicht mit dem beobachteten Gregor Samsa, sondern allenfalls mit dem Erzähler gleichzusetzen. Er erfindet Kontexte (hier die Geschichte vom beruflich ausgebeuteten Handlungsreisen-

»Die Verwandlung« – Unterrichtsaufbau zur Texterschließung

I. Sorgen: Verwandlung/Berufssorgen/Sorgen um die Familie/die Schwester/den Vater
II. Figurenperspektive des Erzählers: unterschiedliche Bewertungen von Vater und Schwester
III. Gregor und die Arbeitswelt: Arbeitsleid und Entfremdung/Aggressions- und Fluchtgedanken

IV. Gregor und die weiblichen Figuren	V. Gregor und die männlichen Figuren
1. Gregors Sicht der Schwester: Fürsorge – die Schwester aus der Sicht des Lesers: (lästige) Pflichterfüllung	1. Gregor und die Chefs (Chef/Prokurist) Unterdrückung und Aufbegehren
2. Selbsttäuschungen des Helden über die Rollen in der Familie	2. Gregors Vater – Gregors Sicht des Vaters – Abhängigkeit von Gregors Arbeitskraft – Gregor genießt seine Rolle als alleiniger Familienernährer (Stolz)
3. Die ›Verwandlung‹ der Schwester von der Helferin zur Gegnerin Gregors – Entfernung der Möbel – Bezeichnung als ›Es‹	3. Die ›Verwandlung‹ des Vaters – Verjüngung durch Wiedereintritt ins Berufsleben – Autoritätsgewinn (Uniform) – Wiederanerkennung als Familienoberhaupt
4. Verhältnis Gregors zur Mutter enge Verbindung der Mutter zum Vater; Fürbitterrolle Insgesamt: kraftlose Liebe ← →	4. Verhaltensformen des Vaters gegenüber Gregor Vertreiben Gregors (in das Zimmer zurücktreiben = in die Schranken verweisen)
5. Das Bild der Dame mit der Pelz-Boa Gregors verdinglichte Sexualbedürfnisse	5. Die drei Zimmerherren: als potentielle Sexualpartner der Schwester Konkurrenten für Gregor Der Vater als Verbündeter der Zimmerherren
6. Das Verhalten der Aufwartefrau: Gregor als Gerümpel, dem weder Aggression noch Zuwendung zukommt Ergebnis: Herausfallen Gregors aus den Bindungen an menschliche Figuren	6. Ausweisung der Zimmerherren nach Gregors Tod Autarkie des regenerierten ›Familientieres‹ Ergebnis: Herausfallen Gregors aus dem Erwerbsleben und den daraus abzuleitenden Macht- und Konkurrenzkämpfen der Männer

VI. Gregors letzter Tag und sein Tod: abschließende Reflexion über Familie; Tod und das Bedürfnis nach ›unbekannter Nahrung‹ – Fortsetzung der Selbsttäuschungen oder Gewinn einer metaphysischen Dimension?
VII. Das Wiederaufleben der Familie nach Gregors Tod

den und seiner Familie), die zu immer neuen symbolischen Lektüren der Verwandlung als erzähltem Faktum anregen. Vielleicht tut er das, um die Wirkung seiner erzählten Texte lustvoll – als Äußerung seines Lebens als Beobachter – beobachten zu können. Dabei ›verwandelt‹ die Leserintelligenz das über ein ›menschliches Ungeziefer‹ Erzählte deutend ständig neu in immer komplexere Bedeutungen, und der Autor schaut dabei zu, wie Kafkas Sancho Pansa seinem Herrn Don Quichote zuschaut:

> Sancho Pansa, ein freier Mann, folgte gleichmütig, vielleicht aus einem gewissen Verantwortlichkeitsgefühl, dem Don Quichote auf seinen Zügen und hatte davon eine große und nützliche Unterhaltung bis an sein Ende. (KAN II 38; E 304)

»In der Strafkolonie«

Die Erzählung entsteht, als Kafka schöpferisch in der Selbstquälerei, im Herbsturlaub des Jahres 1914 die Arbeit am *Prozeß* stagnieren fühlt (KAT 675 ff.) und der nach der Entlobung unterbrochene Briefkontakt zu Felice wieder auflebt. Wie der Offizier die Urteile schreibende Hinrichtungs- und Erlösungsmaschine dem Forschungsreisenden, so präsentiert Kafka ausführlich und um Anerkennung bemüht (BF 618) Felice sein Alleinsein und sein neuerliches Schreiben. Der Bezug zwischen Erzählung und Biographie wird sofort sichtbar, wenn man bedenkt, daß Felice diesem Leben und dieser Maschinerie ebenso fremd gegenüberstand wie der Forschungsreisende, der aus Europa in eine der Strafkolonien auf der anderen Seite des Erdballs kommt. *In der Strafkolonie* könnte also durchaus als eine den kritisch gewordenen Schreibprozeß des Romans durchdenkende Erzählung verstanden werden. Kafka selbst sah, wie er in einem Brief an den Verleger Kurt Wolff schrieb, in ihr die persönliche und die allgemeine »Peinlichkeit« des Zeitalters gleichermaßen verkörpert. (Br 150) Zeitgenossen und auch spätere Leser verstanden den Text zumeist unmetaphorisch, als gesellschaftskritische Auseinandersetzung eines Juristen mit der Strafgesetzgebung und der kriminalistischen Praxis der europäischen Staaten. (Wagenbach 1975; Müller-Seidel 1986; Kittler 1990, 76–163) Diese Beziehung der Erzählung auf eindeutig historisch identifizierbare Tatbestände in Strafkolonien wie Neu Caledonien (deportatio ad insulam als Form der Bestrafung, die in Frankreich etwa gegenüber dem ›Landesverräter‹ Dreyfuß angewendet worden war) basiert auf Analogien, so der Analogie zwischen den Praktiken, einem Delinquenten seine Schuld zur Strafe an seinem Körper zu manifestieren (Einbrennen, Amputieren von Gliedern als ›Zeichen‹ bestimmter Vergehen) oder zwischen dem Strafapparat und den in den Kolonien in Gebrauch befindlichen Guillotinen. Deswegen wurde auch die Publikation der Geschichte, die Kafka – übrigens im Beisein Felices – 1916 in München öffentlich vortrug, verzögert, sie erschien erst nach dem Krieg in einer bibliophilen Ausgabe des Kurt Wolff-Verlags in Leipzig. Kurt Tucholsky nannte die Erzählung in einer Rezension 1920 einen »unerbittlich hart[en], grausam objektiv[en] und kristallklar[en] Traum«, eine »Meisterleistung«, die ihn mit ihrer scheinbaren Unterdrückung der Anteilnahme bei gleichzeitiger

»Durchblutung durch den Autor« an Heinrich von Kleists *Michael Kohlhaas* erinnere. Er lehnte es ausdrücklich ab, die Erzählung als eine Allegorie der Militärgerichtsbarkeit zu lesen. Es gehe um »etwas viel Schlimmeres«, nämlich um die völlig durchgeführte Identifikation von Gerechtigkeit und Macht. Tucholsky hatte offensichtlich ein feines Gespür für die Wirkung Kafkascher Texte *vor* deren Entschärfung durch übersetzende Kommentare. Er resümiert:

> »Ihr müßt nicht fragen, was das soll. Das soll garnichts. Das bedeutet garnichts. Das Buch [...] ist ganz unbedenklich. Unbedenklich wie Kleist.«[43]

Gegenüber den soziologischen Deutungen müßte man vor allem darauf hinweisen, daß eine ganze Reihe von Erzählzügen ohne den geforderten Wirklichkeitsbezug bleiben. Welches wäre etwa die Bedeutung der Tatsache, daß sich die Maschine selbst zerstört, nachdem ihre Legitimität in Zweifel gezogen worden ist? Tucholskys Votum sollte ernst genommen werden. Auf der Ebene der »Militärgerichtsbarkeit« bedeutet das Erzählte in der Tat »garnichts«.

Die Hinrichtungsmaschine und das richtige Verhalten

Gleich der erste Satz stellt die Hinrichtungsmaschine in den Mittelpunkt. Ein Widerspruch entsteht zwischen der minutiösen technischen Beschreibung des Apparats durch den Offizier und der Absurdität des gesamten Hinrichtungsvorgangs:

> »Es ist ein eigentümlicher Apparat«, sagte der Offizier zu dem Forschungsreisenden und überblickte mit einem gewissermaßen bewundernden Blick den ihm doch wohlbekannten Apparat. Der Reisende schien nur aus Höflichkeit der Einladung des Kommandanten gefolgt zu sein, der ihn aufgefordert hatte, der Exekution eines Soldaten beizuwohnen, der wegen Ungehorsam und Beleidigung des Vorgesetzten verurteilt worden war. (E 100)

Zwar gehört exotische Grausamkeit zu den Erzählelementen der Reiseliteratur über ferne, vermutlich ostasiatische Länder. Kafka selbst hat aus dieser Literatur geschöpft. Aber seine Beschreibung zielt nicht auf Exotik, sondern auf Alltäglichkeit. Das kann man leicht an einem kurzen Textvergleich demonstrieren. Octave Mirbeaus *Jardin des supplices* gehört nachweislich zu den wichtigsten Quellen der Erzählung. Der liberale Journalist und ›Dreyfusard‹ Mirbeau beschreibt fernöstliche Folterer, die Exekutionen vornehmen und ihre Werke als Kunstwerke der Grausamkeit ansehen:

> Überall in den Vertiefungen der Palisaden, die wie Säle aus Laubwerk und Fußböden aus Blumen schienen, mit bronzenen Ketten und Halsschlössern bestückt, sah man eiserne Foltertische in Kreuzform, Richtblöcke, Brennroste, Galgen, Vierteilungsmaschinen, mit Eisenspitzen garnierte Messerbetten und Räder; Gießpfannen und Wannen über erloschenen Feuern; das ganze Handwerkszeug der Opferung und der Folterung, mit Blut getränkt, das hier eingetrocknet und schwärzlich war, dort klebrig und rot. Blutlachen füllten die Rillen, lange Tränen geronnenen Blutes hingen an den auseinandergenommenen Geräten. Und rund um diese Apparaturen sog der Boden Blut.
> (O. M.: Der Garten der Foltern. Zit. nach: Franz Kafka: In der Strafkolonie. Eine Geschichte aus dem Jahre 1914. Hg. K. Wagenbach. Berlin: Wagenbach 1975, S. 81)

Die Beschreibung der Gerätschaften ist geprägt von Schauder und Schrecken, aber auch von einer perversen Faszination. Besonders die noch sichtbaren Spuren des Gebrauchs an ihnen mischen Sentimentales (»lange Tränen geronnenen Blutes«) und Pathetisches (»sog der Boden Blut«). Bei Kafka geschieht die Beschreibung eher beiläufig, sie ist Teil des Vortrags, den der Offizier hält. Das Perverse steckt ganz in der Rede dieses Funktionärs der Macht und in der Reaktion des Forschungsreisenden:

> »Dieser Apparat«, sagte er und faßte eine Kurbelstange, auf die er sich stützte, »ist eine Erfindung unseres früheren Kommandanten. [...] Aber«, unterbrach sich der Offizier, »ich schwätze, und sein Apparat steht hier vor uns. Er besteht, wie Sie sehen, aus drei Teilen. Es haben sich im Laufe der Zeit für jeden dieser Teile gewissermaßen volkstümliche Bezeichnungen ausgebildet. Der untere heißt das Bett, der obere heißt der Zeichner, und hier der mittlere, schwebende Teil heißt die Egge.« »Die Egge?« fragte der Reisende. Er hatte nicht ganz aufmerksam zugehört, die Sonne verfing sich allzustark in dem schattenlosen Tal, man konnte schwer seine Gedanken sammeln. Um so bewundernswerter erschien ihm der Offizier, der im engen, parademäßigen, mit Epauletten beschwerten, mit Schnüren behängten Waffenrock so eifrig seine Sache erklärte und außerdem, während er sprach, mit einem Schraubendreher noch hier und da an einer Schraube sich zu schaffen machte. (E 101)

Die Nennung der »volkstümlichen« und anschaulichen Bezeichnungen der technischen Einzelheiten des Folterapparats verwirren den Reisenden. Er glaubt, nicht richtig zugehört zu haben, schiebt alles auf die brennende Sonne und die eigene Zerstreutheit. In diese mischt er Bewunderung für den Offizier, den er doch verabscheuen müßte. Die Verwunderung des Lesers richtet sich auf die Euphemismen »Bett« oder »Egge« und die auch sonst zutagetretende naive Faszination des Offiziers durch die Technik der Maschine. Sie richtet sich auch auf den Reisenden, der die aufgeklärte »Humanität« europäischer Kultur verkörpert und der doch am Offizier eher dessen Uniform und dessen »Eifer« als dessen gedankenlose Grausamkeit wahrnimmt. Kafka bewirkt diese Steuerung der Aufmerksamkeit durch ein Auseinandertreten von Sprache und Gegenstand: Der Offizier spricht wie ein Museumsführer, nicht wie jemand, der gleich eine Exekution durchführen wird.

Kafka hat mit der naiven Technikfaszination und der Bewunderung von Haltung und Uniform, die beim Reisenden die erwartete Abscheu vor eigens zu Folter und Qual konstruierten Maschinen so leicht überwuchert, zwei europäische Einstellungen porträtiert: eine in Barbarei abrutschende Technikbegeisterung und eine nur verbal als diplomatisches Manifest oder als zurückhaltende Erklärung vorhandene blasse Humanität. Die inneren Vorbehalte, die der Leser dabei entwickelt, sind als pragmatische Merkmale in den Text einbezogen. Denn wenn der Erzähler aus der Sicht des Reisenden scheinbar ohne jede moralische Wertung berichtet, so entwickelt sich dagegen Widerstand in der Phantasie des Lesers. Der Wunsch einzugreifen entsteht gerade dadurch, daß der Reisende es nicht tut, sowohl den Beginn der Folter als auch den Tod des Offiziers untätig beobachtet. Damit ist der Grundstein für eine kritische Lektüre gelegt:

»Kafka hat hier die doppelte Wurzel der staatlichen Verbrechen unseres Jahrhunderts dargestellt: es sind nicht nur die Täter, die zur systematischen Vernichtung schreiten, sondern es sind auch die Untätigen, die aus falscher Rücksichtnahme auf sich und andere nichts unternehmen; beide gemeinsam sind zur Durchführung der Verbrechen nötig.« (Zimmermann 1994, 161)

Behandelt eine Interpretation das perverse Gerechtigkeitssystem der Strafkolonie, so stößt sie überall auf den Zynismus der Macht, die sich als eine höhere Gerechtigkeit ausgibt, und auf den Zynismus des Abseitsstehens, der sich diplomatisch und humanistisch drapiert. Der Offizier schildert als Funktionär des Systems das lächerliche Vergehen des Delinquenten wie ein Kapitalverbrechen, seine sofortige Verurteilung, das allen Rechtsprinzipien widersprechende Verfahren, als Befolgung der üblichen Regelung. Man hat das mit der Analyse des modernen Beamtentums, die Kafkas Doktorvater Alfred Weber 1910 vorgelegt hatte, in Verbindung gebracht. (Lange-Kirchheim 1977, 202–221) »Das Unerhörte ist alltäglich geworden« wird später einmal Ingeborg Bachmann diesen Sachverhalt in ihrem Gedicht *Alle Tage*[44] zusammenfassen. Der Reisende überlegt noch immer und trägt Bedenken, in die fremden Verhältnisse einzugreifen (E 109). Er macht sich so weit zum Komplizen, daß der Offizier glaubt, ihn für seine Maschine und das System des alten Kommandanten gewinnen zu können. Fast widerwillig und nur unter dem Druck seiner »von Anfang an zweifellosen« europäisch-humanistischen Grundüberzeugung sagt der Reisende »Nein«. Aber ein sehr energisches Nein ist es nicht. Im Understatement des Diplomaten resümiert er für sich selbst: »Die Mitteilungen über das Gerichtsverfahren hatten ihn nicht befriedigt« (E 105). Später meint er anerkennend zum Offizier: »Ihre ehrliche Überzeugung geht mir nahe, wenn sie mich auch nicht beirren kann.« (E 116) So könnte jemand auch die Vernichtungsmaschinerie eines Konzentrationslagers aufgrund der »ehrlichen Überzeugung« der Täter kommentieren. Der Reisende, an den Rändern der europäischen Kultur mit deren Negation und der Fassadenhaftigkeit des eigenen Humanismus konfrontiert, entflieht, um sich nicht eindeutiger erklären zu müssen.

Das Datum der Entstehung der Geschichte wird für diese Deutung besonders wichtig. Noch nicht ein halbes Jahr ist der Erste Weltkrieg alt, als Kafka sie schreibt. Die bürokratische Dimension alltäglicher Verbrechen wird in der Realität des Krieges sichtbar. Die Erzählung war nur eine konzentrierte und vorwegnehmende Darstellung.

Zwei Weltsysteme

Einen zweiten wichtigen Ansatzpunkt für eine Deutung haben andere Interpreten in der Gegenüberstellung der beiden Kommandanten der Kolonie gefunden. Die Kommandanten repräsentieren zwei gegensätzliche Herrschaftssysteme und die damit verbundenen gegensätzlichen Konzepte von Gerechtigkeit, der »alte Kommandant« und der Offizier das archaische, der »neue Kommandant« und der Reisende das moderne. Inhaltlich hat Kafka beide unterschiedlich konkretisiert und mit weltanschaulichen Elementen durchsetzt. Der alte Kommandant, so die Ausleger, vertrete das jüdisch-patriarchalische System, das auf grausame Weise Schuld und Strafe ineinander übergehen lasse, dafür aber auch Erlösung durch das Erkennen und Annehmen der Schuld verheiße. Besonders das Recht- (besser: Schuldig-)Sprechungs-Prinzip des Offiziers: die Schuld sei für ihn »immer zweifellos« (E 118), korrespondiere mit Vorstellungen der Erbsünde. Es sei zugleich dasselbe Prinzip, von dem auch das Gericht nach Auskunft des Geistlichen im *Prozeß*-Roman auszugehen scheine.

Kafka hätte in der Strafkolonie des alten Kommandanten dann das jüdisch-christliche Schuld-Strafe-Erlösungssystem porträtiert. Ingeborg Henel diskutiert sogar Ähnlichkeiten zwischen dem Tod des Delinquenten und der Passion Christi. Der neue Kommandant hingegen vertrete einen neuen, aufgeklärten, ›fortschrittlichen‹ gesellschaftlichen Zustand, in dem aber auch die Möglichkeit der Erlösung durch Strafannahme nicht mehr gegeben sei. Offen bleibt, was für das Verständnis von zentraler Bedeutung ist, ob nämlich Kafka diese Porträts gegensätzlicher weltanschaulicher Modelle ernsthaft, satirisch oder parodistisch betrieb. (Henel 1973, 486 f.)

Die Interpreten teilen sich in zwei Lager, je nachdem ob sie dem theologisch fundierten grausamen patriarchalischen Erlösungssystem oder dem permissiv agierenden humanistischen der Aufklärung letztlich den Vorzug geben. (Hiebel 1983, 137 ff.) Dementsprechend werden die Aussagen des Offiziers, auf dem Gesicht des Gemarterten zeige sich nach Stunden der Qual ein »Ausdruck der Verklärung«, ernst genommen oder – unter Hinweis auf die Beobachtung des Reisenden, dieses »Zeichen der Erlösung« sei gerade auf dem Gesicht des getöteten Offiziers nicht zu bemerken (E 121) – als vom Autor ironisch gebrochene Wertung relativiert.

Die Stellungnahme zu den Kommandanten bestimmt auch das Urteil über den Forschungsreisenden. Die Mehrzahl der Deuter verurteilt sein Verhalten. Sie hätten sich ein energischeres Eintreten für die Ideale seiner eigenen Gesellschaft gewünscht. Walter H. Sokel (1976, 152) wirft ihm »traurig-schäbige Resignation« vor, Martin Beckmann (1989, 390) wertet ihn sogar gegenüber dem Offizier als einen immerhin opferbereiten Gesinnungstäter ab, und Hans Dieter Zimmermann (1994, 165–168) kritisiert in ihm den untätigen, diplomatisierenden Zauderer. Lediglich Carsten Schlingmann (1995, 95) rechtfertigt, daß Kafka seinen Reisenden nicht eingreifen läßt, denn er habe vorhergesehen, daß sich die Verhältnisse weder in der Strafkolonie noch in Europa, in das der Reisende gerade zum Beginn des Weltkriegs zurückkehrt, durch die Aktionen eines einzelnen würden ändern lassen.

Richard Jayne (1992, 94–128) hat diesen Streit als unlösbar erwiesen. Begriffe wie ›Wahrheit‹, ›Gerechtigkeit‹, ›Gesetz‹ und ›Legitimität der Macht‹ seien in der Erzählung – wie auch im *Prozeß*-Roman – als offene Verweiskomplexe strukturiert, die keine eindeutigen Referenzbezüge zur Wirklichkeit besitzen. Der Hinrichtungs- und Straf-Apparat könne schon als quasi-allegorisches Bild einer archaischen »Sumpfwelt« (Benjamin) verstanden werden, in dem Kafka eine drohende und vernichtende Macht am Werke sehe. Aber diese mit einem »deus absconditus« oder einem jüdischen Gott, der Opfer verlange, oder einfach mit anonymen Formen der geistigen Grausamkeit in Verbindung zu bringen sei unzulässig. Kafka habe diese Bedeutungssysteme lediglich als Bildspender benutzt. Ebenso verständlich sei es, statt Begriffe wie ›Schuld‹ oder ›Erlösung‹ ins Zentrum zu rücken, ›Bett‹, ›den im Mund »aufzunehmenden« »kleine[n] Filzstumpf«‹, ›Spiel‹ und ›Nacktheit‹ zu akzentuieren und sexuelle Bedeutungen zu erwarten. In beiden Deutungssystemen sei es aber schwer, die technischen Details des Apparats, etwa die »Nadeln« oder das »Räderwerk« und die »elektrische Batterie«, als entsprechende Metaphern mit einschlägigem Sinn aufzuladen.

Strafphantasien und literarisches Probehandeln

Psychologisch interessierte Interpreten verweisen in erster Linie auf Kafkas private Konfliktsituation, in der die Erzählung entstand und auf die sie reagiert. Strafphantasien quälten den Autor schon lange vor der Niederschrift der *Strafkolonie*. Das Tagebuch enthält Bilder und Vergleiche, die mit dem Strafapparat verwandt zu sein scheinen:

4. Mai 1913. Immerfort die Vorstellung eines breiten Selchermessers das eiligst und mit mechanischer Regelmäßigkeit von der Seite in mich hineinfährt und ganz dünne Querschnitte losschneidet, die bei der schnellen Arbeit fast eingerollt davonfliegen. (KAT 560)

In einem Brief an Milena entwirft Kafka auch später noch einmal einen Folterapparat, um seine innere Situation bildhaft darzustellen:

Damit du etwas von meinen »Beschäftigungen« siehst, lege ich eine Zeichnung bei. Es sind 4 Pfähle, durch die zwei mittleren werden Stangen geschoben an denen die Hände des »Delinquenten« befestigt werden; durch die zwei äußern schiebt man Stangen für die Füße. Ist der Mann so befestigt, werden die Stangen langsam weiter hinausgeschoben, bis der Mann in der Mitte zerreißt. An der Säule lehnt der Erfinder und tut mit übereinandergeschlagenen Beinen sehr groß, so als ob das Ganze eine Originalerfindung wäre, während er es doch nur dem Fleischhauer abgeschaut hat, der das ausgeweidete Schwein vor seinem Laden ausspannt. (BM 271 f.)

Strafphantasien und das Bedürfnis, sich selbst schreibend zu beobachten, um Klarheit über sich und die eigene Situation zu gewinnen, widersprechen einander nicht. Im Gegenteil. Kafkas Erzählung kann als ein Versuch verstanden werden, seine subjektiven Strafphantasien (Zerstörung des eigenen Körpers) unter Benutzung theologischer und soziologischer Denkmuster zu verallgemeinern. Der Schriftsteller Klaus Hoffer (1986, 79) meint denn auch:

»Ich halte die ›Strafkolonie‹ für eine Metapher des Lebens. Der Exekutionsoffizier vertritt in meinen Augen in seiner Eigenschaft als Ankläger und Richter in einem […] die über dem Menschen und dessen Lebensführung zu Gericht sitzende Welt. Ihr Richtspruch wird als Matrix der Exekutionsmaschine eingegeben, die das Urteil am Angeklagten vollstreckt, und die Vollstreckung ist die Lektion, die das Leben dem Individuum für sein Leben erteilt.«

Das Leben erscheint in diesem Deutungsentwurf als eine Macht, die Menschen ohne Rücksicht auf ethische Prinzipien wie Gerechtigkeit prägt. Da man bei Kafka aber derartigen blinden Vitalismus nicht findet, ist es schwer, das negativ besetzte Strafsystem der Kolonie mit dem Amor fati [Bejahung des vom Leben verhängten Schicksals] Nietzsches zu bejahen und die Exekutionsmaschinerie als technizistische Metapher eines biologischen Prozesses anzunehmen. Hier greift die theologische Deutung ein. Sie attestiert Kafka eine tiefgehende Sensibilität für Denk- und Wertungsmuster des Chassidismus (Grözinger 1992), dessen dualistische Weltsicht auch für die Täter und Untätigen des technischen Zeitalters weiter Gültigkeit habe. Der Forschungsreisende, der sich so schwer entscheiden kann, ob er den Wertmaßstäben, mit denen er hergekommen ist, treubleiben oder ob er sich auf die Wertmaßstäbe des Offiziers, der ihn beeindruckt, einlassen soll, gleicht dem Autor Kafka, der sich 1914 in Auseinandersetzungen mit seinem Freund Max Brod nicht entscheiden mag, ob er als assimilierter Westjude die Wiederkunft des alten Kommandanten fürchten oder ob er sie als zionistischer oder zumindest gläubig ostjüdisch empfindender Mensch erwarten und erhoffen soll.

Die Faszination, die von der Maschine auf den Offizier und auf den Reisenden ausgeht (»Der Reisende war schon ein wenig für den Apparat gewonnen«; E 102), hat auch viele Leser ergriffen. Sie entschärfen den Tötungsapparat daher zu einer Allegorie. Kafka habe mit ihm sein ›Urteile‹ unter die Haut gehen lassendes literarisches Schreiben gemeint. Sein auf die Literatur hin ausgerichtetes Leben, das mit dem Abbruch am *Prozeß* in eine Krise gekommen sei, habe ihn gefoltert wie die Maschine den Delinquenten. Die Texte, die geschrieben werden, sind dem, dem sie eingeritzt werden, zunächst unverständlich. Er entziffert sie in einem langen Leidensprozeß mit dem ganzen gequälten Körper. »Deutlich«, wenn auch nicht »für Schulkinder« seien die Zeichen, meint der Offizier, »kunstvoll«, aber nicht zu lesen, der Forschungsreisende. (Mladek 1994, 115–142)

Deswegen ist es sowohl denkbar, das erzählte Geschehen als Qual des Schreibens wie als Mühsal des Lesens zu deuten: Eine nicht zu entziffernde Vorlage (das Blatt des Zeichners) ist Matrix eines undurchschaubaren Textes, der sich einem Rezipienten über den Apparat schmerzlich einprägt. (Jayne 1992, 96) Kafka selbst habe von Büchern verlangt, daß sie »beißen und stechen« (Br 27), und dabei auf das allgemeine kulturelle Bild zurückgegriffen, daß das, was gelernt und behalten werden soll, dem Menschen eingebleut oder eingebrannt werden müsse. Lernen, Erinnern und eine Strafe als ›Text‹ entspricht der Straf-Liturgie, von der Michel Foucault handelt.[45] Das Rituelle der Bestrafung und die Öffentlichkeit des Verfahrens würden eine Foucaultsche Leseweise stützen. Aber die Konstruktion der Maschine allein für die Tötung kann nicht das Ziel dieser schwarzen Pädagogik sein. Das markierte Opfer sollte als Zeichen und Zeuge, als Exempel für andere dienen. Dafür müßten Geschehen und Urteil bekannt und verstehbar sein (wie etwa das mittelalterliche System der Körperstrafen). ›Unentzifferbarkeit‹ für alle, die nicht getötet werden, und ›Liturgie der peinlichen Körperstrafen‹ passen nicht zueinander.

Denkbar wäre auch eine ›Anwendung‹ des Erzählten auf das Verhältnis von Über-Ich und Ich, wie Sigmund Freud es in seiner Studie *Das Ich und das Es*[46] beschreibt. Das Über-Ich hat die Rolle des Urteile schreibenden Strafers inne, es

»wütet mit schonungsloser Heftigkeit« gegen das Ich, wenn dieses sich unterwirft. Insofern Kafkas sado-masochistische Szenerie der seelischen Kräftekonstellation in einer melancholischen und selbstzerstörerischen Psyche entspricht, kann der psychologische Interpret in dem Prager Schriftsteller einen Vorläufer der eigenen Analyse eines menschlichen Charakters bewundern. (Hiebel 1983, 135 ff.) Er muß nur übersehen, daß das masochistische Ich bei Freud sich der Strafprozedur durch die charismatische Macht mit selbstdestruktiver Lust unterwirft, was aber in dem von Kafka berichteten Exekutionsfall weder bei der Beschreibung des Verurteilten noch der des Offiziers irgendeine Erwähnung findet. Im Erzähltext ist es vielmehr der am Strafgeschehen unbeteiligte Forschungsreisende, der – allerdings nur zeitweilig – einer Faszination durch den Apparat und den Offizier unterliegt. Was besagte diese Textbeobachtung, wenn man Kafkas Erzählung konsequent als Metapher der Freudschen Analyse läse? An die Stelle der Gewißheit des Deutenden träten neue Fragen des Hermeneuten.

Das Ergebnis aller derartigen allegorischen Interpretationen ist also immer das Staunen über einige überraschende Parallelen zwischen Textsystem und dem vom Interpreten jeweils herangezogenen Referenzsystem. Aber das Staunen ist gleichzeitig immer auch davon abhängig, daß gegenläufige Beobachtungen nicht aufgenommen und behandelt werden. Ebensogut wie ein öffentliches Strafsystem könnte auch ein privates gemeint gewesen sein, das den Autor Kafka mit seinem Schreiben und dem Wiederlesen der eigenen Schriften, mit seinen ganz subjektiven Ideen von Schreiben, Schuld und Strafe erfaßt. Zahlreich sind die Briefstellen Kafkas, in denen Selbstverurteilungen vorkommen, Selbstqual in juristische Bilder von Urteil und Strafe gefaßt werden. Da die Begriffe ›Gesetz‹, ›Schuld‹ oder ›Strafe‹ sowohl dem juristischen wie dem theologischen als auch dem psychologischen Diskurs angehören, können sie als Brücken vom einen zum anderen leiten. Sogar das Strafschreiben mittels eines Apparats kann in diese Deutung einbezogen werden, denn auch ›Schrift‹ kann ›heilige Schrift‹, ›literarischer Text‹, ›Script‹ und ›Gesetzestext‹ bedeuten.

Besonders gestützt wird die biographisch-literarische Leseweise durch die Tatsache, daß die 1914 entwickelten Parlographen und Dupliziermaschinen, die die Berliner Firma vertrieb, in der Felice Bauer arbeitete, zahlreiche technische Übereinstimmungen mit Kafkas Strafmaschine aufweisen. Wolf Kittler (1990, 122) nennt die Technik des Einritzens der Schallwellen gesprochener Worte in die Platten durch »Stichel« und des Ausspülens der entstandenen Rillen und Schnitte durch »Tropfer«. Außerdem weist er auf die Bedeutung nichtdigitaler Kommunikation zwischen Schreiber und Platte einerseits, zwischen dem des Lesens unkundigen Verurteilten und dem Exekutionsapparat andererseits hin. Durch die Möglichkeit der Tonaufzeichnung in Material sei auch die Bedeutung der Schrift für das Rechtssystem eine andere geworden. Mechanisch und ohne in Zeichen übersetzt zu sein, kann Bedeutung durch Tonträger direkt und ohne Alphabet übermittelt werden. Der Buchstaben-Anteil des kulturellen Systems, die ›Schrift‹, die sowohl ›aufgeschriebenes Recht‹ als auch ›Literatur‹ besagt (die beiden Bereiche, in denen Kafka sich sein ganzes Leben lang bewegte), sei dadurch in seinem Alleinanspruch fraglich geworden. Daher sei es nötig gewesen, die Funktionen des Schreibens und die Schrift für die Entwicklung der Kultur neu zu bestimmen. ›Schrift‹ sei als ›Heilige‹ Teil eines jüdisch zu denkenden grausamen, aber auch Erlösung verheißenden Testaments gewesen, eines Systems, das in seinem Sinn dem in ihm Lebenden undurchschaubar war: die Thora. In einer Zeit aber, in der ein säkularisiertes System der Menschenrechte die mit dem archaischen System zugleich gegebene Erlösung verhindere, sei auch das Schreiben als private Erforschung der eigenen – ebenfalls unlesbaren – inneren Inschriften ein vergebliches »Hinuntersteigen zu dunklen Mächten«.

Die Zulässigkeit solcher Analogiebildungen ist in der Forschung inzwischen durchaus bezweifelt worden. Sie gehören aber zu der hermeneutischen Grundausstattung literarisch Gebildeter, die das, was sie in einem Text nicht als ›Mimesis‹ von bekannter Realität erkennen, mit einer metaphorischen Bedeutung ausstatten. Lesende möchten wissen, was den Schreibenden umtrieb, als dieser den Text, der auch sie fasziniert, komponierte. Jayne (1992, 117) erklärt, daß es diese Grundausstattung ist, die von Kafka auf die Probe und damit in Frage gestellt wird. Indem die einzelnen Kernbegriffe des Erzähltextes in unterschiedlichen Diskursen ihren Platz haben und deshalb jeweils mehrdeutig bleiben, entsteht eine »dissemination of textual meaning« in dem Sinn, daß sich die psychologischen, theologischen und philosophischen Deutungen jeweils gegenseitig dekonstruieren und neutralisieren. Klaus Mladek (1994, 117) spricht von einem »kalkulierten Sinnzersetzungsprozeß«, in den der Autor Kafka vor allem die Begriffe der Rechtssprache hineinziehe. ›Erlösung‹ (theologischer, vielleicht aber auch psychologischer Begriff) verschafft die als Rechtsmaschine (›Gerechtigkeit‹ herstellend, ›Urteile‹ ausführend) folternde Schrift-Maschinerie (metaphorischer Begriff des literarischen Diskurses) dem ihr dienenden ›Funktionär‹ (politischer Diskurs, metaphorisch übertragen auf ›Schriftsteller‹) nicht mehr, aber sie tötet ihn (konstruierte ›Aussage‹; das, was Kafka ›eigentlich‹ hat sagen wollen). Denn der Reisende kommentiert: »[…] das war ja keine Folter, wie sie der Offizier erreichen wollte, das war unmittelbarer Mord.« (E 121)

Damit ist nahegelegt, daß Kafka durch die Rede des Reisenden am System der Maschine Kritik übt. Sie hält nicht, was von ihr versprochen wurde. Aber der Inhalt der Kritik bleibt offen. Zudem könnte der Autor mit der Rede des Reisenden auch lediglich ein stereotypes Urteil westlicher Kulturkritik zitiert haben. Wird hier tatsächlich über Willkür, über Täuschung oder über Betrug verhandelt wie im gleichzeitig entstandenen Prozeß? Geht es um theologische, um psychologische oder um existentielle Aussagen? Der Leser muß sich aus den Textelementen seine eigene Bedeutung zusammensetzen. Innerhalb dieser Konstruktion kommt er zu Wertungen, die vielleicht die des Autors sind, vielleicht aber auch nicht. Kafka rechnet hier offensichtlich mit Diskrepanzen. Das belegt die Selbstaussage, daß er besonders bei jenen Stellen, an denen er seine Figuren sterben lasse und die Phantasie des Lesers ganz auf dieses Sterben konzentriere, selbst »bei klarerem Verstande« sei als jener, insofern er sich freue, »in dem Sterbenden zu sterben«, während der Leser nur »gerührt« sei. (KAT 708 f.) Auch hier verrät der Blick des Getöteten, daß Kafka in der Ich-Figur des Offiziers den selbstzerstörerischen und gegen den Gang der Welt wie gegen den Gang der Maschine gerichteten Fanatismus »Sei gerecht« des Schreib-Maschinen-Bedieners doch nicht so ganz verwirft, wie es viele seiner Interpreten gern von ihm lesen würden:

Hiebei sah er [der Reisende] fast gegen Willen das Gesicht der Leiche. Es war, wie es im Leben gewesen war; (kein Zeichen der Erlösung war zu entdecken;) was alle anderen in der Maschine gefunden hatten, der Offizier fand es nicht; die Lippen waren fest zusammen-gedrückt, die Augen waren offen, hatten den Ausdruck des Lebens, der Blick war ruhig und überzeugt, durch die Stirn ging die Spitze des großen eisernen Stachels. (E 121)

»In der Strafkolonie« – Allegorische Deutung

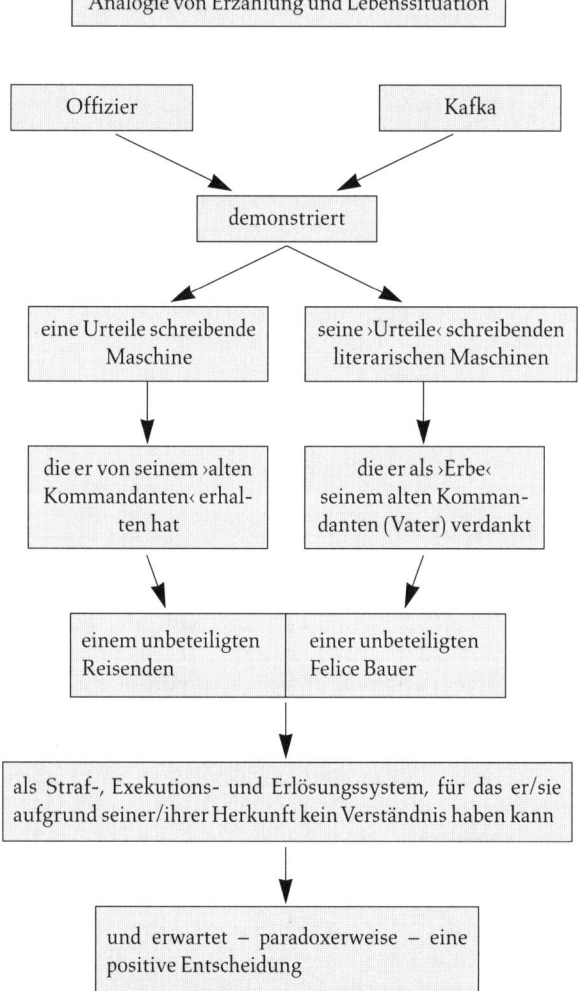

»In der Strafkolonie« – Unterrichtsaufbau zur Texterschließung

I. Eine Sonderwelt (Voreinstellungen zum Titel)

II. Die Folter-Apparatur, präsentiert von einem Befürworter vor einem Forschungsreisenden

III. Die Argumentation des Offiziers	IV. Argumente und Beobachtungen des Forschungsreisenden
1. Detailurteile über Schuld-Straf-Systeme	1. Prinzipien der Rechtsstaatlichkeit
2. Umkehrung von ›Folter‹ in ›Straferlösung‹-Versprechen	2. Abweisung der Rechtfertigung des alten Strafsystems
3. Die apologetische Sicht des Offiziers	3. Taktisches Kalkül (diplomatische Rücksichten) im Rahmen humanistischer Grundüberzeugungen
4. Plan zur Wiedererrichtung des alten Strafsystems (Wiederkunftshoffnung)	4. Faszination und Abwehr

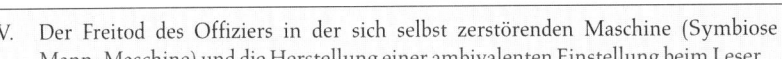

V. Der Freitod des Offiziers in der sich selbst zerstörenden Maschine (Symbiose Mann–Maschine) und die Herstellung einer ambivalenten Einstellung beim Leser

VI. Gegenüberstellung von ›alter Kommandant‹ und ›neuer Kommandant‹ als Opposition von zwei Weltmodellen (alttestamentliches Judentum vs. humanistisches Denken; Straf-Erlösungs-Einheit vs. Naturrechte; Erbsündengedanke vs. Autonomiegedanke)

VII. Die Wertung der beiden konkurrierenden Systeme durch den Autor

- Argumente zur Rechtfertigung des ›humanen‹ Systems (im Vorwissen des Lesers) stehen gegen Abwertungen dieses Systems (Damenherrschaft, Korruption)

- Argumente zur Verteidigung des Straf-Erlösungs-Konzepts sind falsifiziert durch die nicht stattfindende Erlösung des Offiziers

- Unentschiedenheit und Fluchtbedürfnis des ›Richters‹ (Forschungsreisenden) als hergestellte Ambivalenz des Textes

Die erste Seite des Romans »Der Process«

IV »Der Prozeß« (1914/15)

Das für die Lektüre dieses Romans[47] bedeutendste Problem ist heute die Vieldeutigkeit, genauer gesagt: die Nicht-Abschließbarkeit von Deutungen. Schon im Roman selbst läßt Kafka den Gefängniskaplan, bezogen auf die Texte, die über das Gericht Auskunft geben könnten, feststellen, daß »die Schrift« des Gesetzes selbst »unveränderlich« sei, während die einander widersprechenden »Meinungen« der Kommentatoren und Exegeten nur ein »Ausdruck der Verzweiflung darüber« (KAP 298) seien. Bezieht man diese Aussage auf das Verhältnis der Leser zum Roman, so könnte man meinen, der Autor habe es darauf angelegt, mit seiner Roman-›Schrift‹ immer neue Deutungsanstrengungen hervorzurufen. Es gibt allerdings keine direkten Aussagen, die belegen, daß Kafka tatsächlich so gedacht hat. Vielmehr ist es wahrscheinlich, daß ein Teil der Vieldeutigkeit auf den Fragmentcharakter des Werkes, ein anderer auf die offene Erzählweise, ein dritter auf unsere Lese-Gewohnheit zurückzuführen ist, nicht-mimetisch Erzähltes, also alle Erzählteile, die nicht unmittelbar die wiedererkennbare Wirklichkeit treffen, als Metapher zu rezipieren.

Fragmentcharakter und Autoreferentialität

Der hinterlassene Roman ist ein Fragment, das Kafka so nicht zur Publikation bestimmt hat. Max Brod, der Nachlaßverwalter und Herausgeber, hat die ›vollendeten‹ Kapitel hintereinandergestellt und ›Unfertiges‹ ausgeschieden. Der Streit um die richtige Kapitelfolge und den Grad der Vollendung einzelner Kapitel muß hier nicht interessieren. Wichtig aber ist in diesem Zusammenhang die Einschätzung im Schlußkapitel, dem Kafka den Titel *Ende* gab. Untersuchungen an den Handschriften (Pasley 1990) haben ergeben, daß Kafka es in unmittelbarer Nähe zum ersten Kapitel *Verhaftung* geschrieben hat. Der Grund mag gewesen sein, daß er die Erfahrung, die er mit dem *Verschollenen (Amerika)* gemacht hatte, nicht wiederholen wollte. Dort hatte er von Kapitel zu Kapitel fortschreitend geschrieben, mit einem ›open end‹ vor sich. Auch bei der *Verwandlung* hatte er festgestellt, daß ihm besonders das Zuendebringen der Geschichte Mühe machte. Diesmal nun wollte er das Ende festlegen, auf das hin er zu-erzählen mußte. Daher finden sich zahlreiche strukturelle und motivliche Parallelen oder einfache Umkehrungen: In beiden treffen die Gerichtsinstanzen auf Josef K., der in seinem Zimmer im Bett oder auf dem Bett sitzt, einmal unangezogen, einmal angezogen, einmal das Gericht als Überraschung erlebend, einmal es erwartend usw. (Fingerhut 1982, 143–176) Aber ob damit die Entwicklung des Romans ›folgerichtig‹ auf Josef K.s Hinrichtung hin angelegt war, ist keineswegs sicher. (Müller 1993, 106 ff.) Denkbar wäre auch, daß Kafka *Ende* nur als ein vorläufiges Ende konzipierte. Vielleicht hätte er aus dem Kapitelentwurf später einen Traum gemacht, vergleichbar dem fragmentarischen *Ein*

Traum (E 145–147), in dem Josef K. sich in sein offenes Grab legt, der irgendwo in den Gang der Handlung einzufügen gewesen wäre, wie das die französischen Psychologen Deleuze und Guattari (1976, 61) vermuten.

Daß der *Prozeß* unvollendet blieb und wir den Roman erst heute, am ehesten vergleichbar mit Büchners *Woyzeck,* als ein aus Bruchstücken nachträglich unterschiedlich zusammensetzbares Fragment verstehen müssen, liegt an der unterschiedlichen Bedeutung, die das Schreiben für Kafka und für Brod hatte. Kafka, der den Text unmittelbar nach der Auflösung seiner Verlobung mit Felice Bauer niederzuschreiben begann, um so seinem als »irrsinnig« empfundenen »junggesellenmäßigen Leben« eine Basis zu geben (KAT 548), suchte im Schreiben Halt und Klarheit für sich selbst. In gewisser Weise ist das Romanschreiben seine ›Verteidigungsschrift‹, vergleichbar jener, die Josef K. im Roman nicht fertigstellen kann. Das zuletzt entworfene Kapitel, *Im Dom,* das in die Exegese der *Prozeß*-Legende (*Vor dem Gesetz*) ausläuft, enthält auch die Erklärung des Geistlichen, daß Josef K. in seinem Prozeß zuviel fremde Hilfe suche, vor allem bei Frauen, und daß er lernen müsse, weiter als zwei Schritte vorauszusehen. In ihm zeichnet sich ein Scheitern der Selbstrechtfertigung Josef K.s ab.

Das ist der Zeitpunkt, an dem Kafka auch den Kontakt zu Felice wieder aufnimmt, ein erneuter Beweis dafür, daß Lebensumstände und Schreibexperiment für ihn engstens verbunden waren. Das eine scheitert, wenn das andere zu glücken scheint. Wäre dem so, könnte man getrost unterstellen, daß es Kafka nicht mehr wichtig war, ob Josef K. wirklich oder nur in einer seiner Angstvisionen hingerichtet wird. Sein eigener Lebensprozeß würde zunächst einmal anders verlaufen.

Brod hingegen stellte die Idee des ›Werkes‹ heraus. Er präsentierte der literarischen Öffentlichkeit des Jahres 1925 das hinterlassene Manuskript Kafkas als den annähernd fertigen Roman, dessen Ende als Kritik am Lebensentwurf des Helden Josef K. zu lesen sei. Entsprechend hat er das, was er vorfand, ediert und kommentiert. Die Leserschaft ist ihm vierzig Jahre – bis zur Offenlegung der Entstehungsgeschichte im Zusammenhang mit der Kritischen Ausgabe der Werke Kafkas – gefolgt. Die Entscheidungen des neuen Herausgebers Pasley sind ihrerseits diskussionsbedürftig. Sie unterstützen – im Gegenzug zu Brod – den Fragmentcharakter.

Das Wissen um die faktische Unfertigkeit des Romans hat die Interpreten nicht daran gehindert, einen im Text selbst vom Autor ausgeführten, vom Leser interpretierend nachvollziehbaren Sinn anzunehmen, der aus der Personenkonstellation und der Abfolge der Handlung zu ergründen ist. Dazu war allerdings die Versicherung hilfreich, daß der Romantext, wenn auch nicht in allen Einzelkapiteln fertiggestellt, so doch im wesentlichen in der Gestalt vorliege, die Kafka beim Schreiben vorschwebte. Diese Auffassung hatte Max Brod von Anfang an dezidiert vertreten:

»Die vollendeten Kapitel, mit dem abrundenden Schlußkapitel zusammengenommen, lassen […] sowohl den Sinn wie die Gestalt des Werkes mit einleuchtender Klarheit hervortreten.«[48]

Es erhebt sich natürlich die simple Frage, warum Kafka die Arbeit abgebrochen hat, wenn doch eigentlich schon alles fast fertig war.

Auffällig bleibt bei einer Revision der unterschiedlichen Meinungen, daß es immer das Gesamtverständnis des Interpreten ist, welches dieser gegenüber dem Werk Kafkas entwickelt, das Lektüre und Verständnis des *Prozeß*-Romans aussteuert. Max Brod, der Zionist, deutete den Roman als Satire auf den Prozeß der jüdischen Assimilation. Josef K. gilt ihm als ein exemplarischer Vertreter des Westjudentums, das seinen Frieden mit der umgebenden christlichen Kultur gemacht hat. Ein unterdrücktes Schuldbewußtsein steigt auf, reißt den Westjuden aus seiner alltäglichen Berufswelt, verunsichert ihn und führt seine (Selbst-) Verurteilung herbei. Der Existentialist entdeckt eine ›Analyse des Daseins‹, wie sie Heidegger durchgeführt hat, der Psychologe Genese und Entwicklung eines Verfolgungswahns, der Theologe den sich schuldig wissenden modernen Menschen in einer gottfernen Welt. Politisch wache Leser sahen in dem Roman eine Vorwegnahme der Konzentrationslager, der anonymen Bespitzelung, der Herrschaft von Apparaten, wobei sie sich ebenfalls auf eine frühe Deutung Max Brods beziehen konnten. (Müller 1993, 103 f.) Andere politisch interessierte Leser, so der Schriftsteller Peter Weiss in seiner ersten Dramatisierung des Romans, sahen in Josef K. den leitenden Angestellten. In jeder dieser Deutungen stellt der Interpret eine ihn selbst betreffende Eindeutigkeit her. An die Stelle des mehrdeutigen ›Gesagten‹ tritt im Kommentar das vom Autor angeblich ›wirklich Gemeinte‹. – Natürlich bleibt auch hier eine Frage, nämlich die, warum Kafka, wenn er derartig klare Aussagen machen wollte, solche Versteckspiele inszeniert.

Eine besonders aktuelle ›List‹ von Interpretinnen oder Interpreten besteht nun darin, daß sie, angesichts der vielen konkurrierenden Sinngebungen, die ›Offenheit des literarischen Textes‹, die ›semantische Polyvalenz‹ zum heimlichen Thema des Romans befördern und sagen, Kafka habe gerade den Beweis erbringen wollen, daß es unmöglich sei, mit Hilfe des »ruhig einteilenden Verstandes« (KAP 308), jener Eigenschaft, die Josef K. sich bis zu seiner Hinrichtung zu bewahren trachtet, zu einer allseits befriedigenden Deutung zu kommen. (Elm 1979, 420–441) Diese Feststellung hindert sie im übrigen nicht daran, am Ende dennoch Deutungen vorzuschlagen. So versichert etwa Monique Moser-Verrey (1987, 341–353) in ihrer Untersuchung der Bewegungen Kafkascher Figuren, daß die Bilder des Textes, unabhängig von der Fülle der Deutungen, ihre Gültigkeit als Teile der fiktiven Handlung voll und ganz behalten, daß kein »voretablierter Sinn« vorhanden sei, um dann doch ganz konkret festzustellen, daß die Bilder, die Josef K. im Dom betrachtet, »kunstvoll gestaltete Wahrheiten« über ihn mitteilen: sein »unmögliches Frauenbild«, seine Lieblosigkeit, seinen überheblichen Narzißmus, seinen nahen Tod.

Mit der These der ästhetischen Poyvalenz eng verbunden ist die in der Literaturwissenschaft augenblicklich mit großer Verve vertretene These der Autoreferentialität aller Literatur, besonders aber der Kafkaschen. In beiden Fällen geht es darum, die Thematisierung all dessen zu behaupten, was Leser als Konstruktion in den literarischen Texten auffinden. Im Fall der ›Offenheit‹ ist es das besondere Qualitätsmerkmal der Literatur, daß sie keine eigenen Meinungen vertritt, sondern nur die von Leserin und Leser in sie hineingedachten verstärkt; im Fall der ›Autoreferentialität‹ ist es die Annahme, daß der Text sich letztlich um nichts als um sich selbst dreht. Beide Leseweisen passen besonders gut in den Übergang von der Moderne in die Postmoderne Mitte der achtziger Jahre.

Die These von der Selbstbezüglichkeit Kafkaschen Schreibens ist überall durch die im Roman selbst deutlich wiedererkennbaren autobiographischen Konfliktkonstellationen zu stützen. Die ›Urteile‹ in den Körper einritzende Hinrichtungsmaschinerie in der *Strafkolonie* kann, wie wir sahen, als ein Zerrbild der Schreibmaschinerie, der sich der Autor Kafka unterworfen sieht, gelesen werden. Die latent in der Hinrichtungsszene vorhandene Erotik bildet dann die des Schreibens ab. (Kremer 1989, 106–116) Ebenso finden sich auch im *Prozeß*-Roman viele Stellen, die sich als verschlüsselte Darstellungen und erzählerische Reflexionen des Schreib-Prozesses deuten lassen. Schon die Verhaftung kann als bildhafte Umsetzung der Abhängigkeit eines Schriftstellers von seiner Inspiration gelten. Josef K. wird wie sein Autor in einen Prozeß (des Schreiben-Müssens, des Sich-rechtfertigen-Müssens) hineingezogen, aus dem er sich nicht mehr befreien kann, dem er nachgehen muß, ohne zu wissen, was sich ergeben wird, und der ihn mehr und mehr berufsunfähig macht. Entsprechende Indizienbeweise werden in der Forschung geführt. Sie lesen sich spannend, denn sie verlassen immer die Ebene dessen, was manifest erzählt wird, und suchen ein darunter liegendes, latentes Gemeintes auf. Michael Müller (1993, 114 ff.) verweist in seiner Interpretation auf folgende Beobachtungen zur Stützung der Autoreferentialität des Kafkaschen Romanschreibens: Kafka bringt immer wieder seine eigene Person, und zwar in ihrer problematischen Zwitterstellung als Angestellter und als Schriftsteller, in den Text ein; das Lebensexperiment, dem er seinen Helden unterwirft (Rechtfertigung der eigenen Existenz durch eine Rechtfertigungsschrift), ist sein eigenes; sogar einzelne Überlegungen Josef K.s sind auf die des Schriftstellers Kafka zurückzuführen, zum Beispiel die, daß ein längerer Urlaub ihm für die Abfassung der »Eingabe« dienlich wäre, eine Planung, die Kafka gerade in bezug auf die Arbeit an seinem Roman in dem Augenblick durchdachte, in dem er sie Josef K. im Romantext denken läßt.

Um starke Argumente für die Autoreferentialität des Romans zu gewinnen, begibt sich der Interpret von der Ebene der Figurenkonstellation und der Handlungsentwicklung auf die Ebene der häufig wiederkehrenden Bilder. Sie schlagen die Brücke zwischen den Romanereignissen und dem Thema des Schreibvorgangs. Um diese Brücke zu begehen, muß der Interpret quer zum Textverlauf lesen und den vom Autor angelegten Bild-Isotopien nachspüren. Immer wieder findet er zum Beispiel die Figuren des Romans in dunklen Räumen, auf langen, stickigen Korridoren, die Luft ist schwer atembar. Sind das die Innenräume, in denen sich der Autor Kafka beim Schreiben bewegt? Dann werfen Kafkas Helden lange Blicke aus Fenstern, treten zögend an Fenster heran, sehen andere Leute in Fenstern stehn und hinausschauen. Ihre Gesten wiederholen sich. Sind diese Gesten des Schauens aus Fenstern oder in Fenster hinein Bildzeichen, die

Postkarte an die Schwester Ottla (Ende 1918)

etwas über den Schreibenden als einen verraten, der zwischen zwei Räumen steht? Bei wiederholtem und immer neu abgewandeltem Auftauchen der gleichen Motive entstehen aus den Bildketten Bildfelder oder -netze. Und was auffällig wiederkehrt, muß – so sagt der Psychologe, der vom manifesten zu latentem Sinn vorstoßen will – etwas anderes bedeuten als das, was es oberflächlich im Verlauf der Erzählung besagt. Wenn die Beobachtung stimmt, daß Kafka zunehmend reflektierende Passagen in gestische übersetzt, so ist es die Aufgabe des Lesers, aus den Gesten wieder Gedankliches, also ›Bedeutung‹, zu machen.

Ein Beispiel: Auffällig ist die zentrale Rolle, die Kanapees, Sofas und Betten in Kafkas Erzählwelten haben. Der Weg von diesem Bild-Netz der Betten zum thematischen Fokus ›Schreiben‹ geht über Analogien oder allegorische Lektüren. (Koch 1992, 85–94) Schreiben und Schlafzimmer haben das Merkmal \intim\ gemeinsam. Kafka schreibt vorwiegend nachts in dem Zimmer, in dem er auch schläft. Gedanken gehen ihm durch den Kopf, wenn er auf dem Kanapee liegt – und die wichtigen Ereignisse des Romans finden nachts und im Dunkeln und auf Betten oder unmittelbar neben Betten statt. Die mit dem Gericht verbundenen Figuren, wie der Advokat Huld oder der Maler Titorelli, agieren im Halbdunkel und vom Bett aus, im *Landarzt* wird der Doktor zu seinem jungen Patienten ins Bett gelegt, im *Schloß* lädt der Sekretär Bürgel K. in sein breites Bett ein. Betten sind Orte des Träumens, Phantasierens und zugleich Orte der Erotik. Beide Sekundär-Bedeutungen machen sie zu bevorzugten Chiffren des Schreibens. So kommt es im Roman zu befremdlichen und nur metaphorisch auflösbaren manifesten Inhalten wie dem, daß der Weg in die Gerichtskanzleien durch Titorellis Bett führt. Hinzu kommen weitere allegorisch auslegbare Merkmale. Bettlaken sind große weiße Flächen, dem Papier ähnlich. Man schreibt zwar nicht auf ihnen, kann sich aber ganz in ihnen »verkriechen«, so wie Kafka über sein Schreiben urteilt. Im Bett überraschen Josef K. seine ›Verhaftung‹ und den Schriftsteller die Ideen, die er erzählend bearbeiten muß. Bei Kafka sind die erzählten Bettlaken bezeichnenderweise zumeist schmutzig, es kommen Szenen vor, in denen sie gewaschen oder aufgehangen werden. Sauberkeit und Schmutz sind Begriffe, mit denen Kafka auch über sein Schreiben urteilt.

Im Literaturunterricht ist Kafkas Roman bisher immer in der Brodschen Tradition interpretiert worden, das heißt, der Roman galt in der von Brod edierten Form als ›Werk‹, dessen Sinn zu ergründen war. Den Kapiteln folgend, erarbeiteten Schülerinnen und Schüler eine Art Stationendrama von der Verhaftung zur Hinrichtung, in dem es Josef K. nicht gelingt, Klarheit über sein Schicksal zu erlangen, in dem er aber gleichzeitig von einem selbstsicheren, erfolgreichen Menschen zu einem nachdenklichen, Fragen nach dem Sinn seines Lebens stellenden Individuum wird, zu einem Menschen, der am Ende sogar sein unbegriffenes Schicksal hinnimmt. Von einem, der Schuld und Verantwortung leugnet, verwandelt er sich in einen, der den Gedanken einer unbegriffenen Schuld zu denken beginnt.

Die Entwicklung der germanistischen ›Meinungen‹ hin zur Auffassung von der ›Polyvalenz des ästhetischen Textes‹ hat sich in der Schule so niedergeschlagen, daß es für die hypostasierte ›Entwicklung‹ des Helden mehrere ›einander ergänzende‹ Sinnangebote gibt. Eine sozialkritische Lektüre, in der die Übermacht der Apparate gegenüber dem ohnmächtigen einzelnen betont wird, geht zusammen mit einer psychologischen, in der die Deformationen des egoistischen und aufstiegsorientierten Kleinbürgers kritisiert werden.

Daneben gibt es nach wie vor eine biographische Leseweise, in der man nachzeichnet, wie Kafka schreibend mit seiner spezifischen Konfliktsituation zwischen Beruf und Berufung, Verlobung und Junggesellentum umging. Von dieser biographischen Deutung gibt es zur sozial- und institutionenkritischen insofern eine Brücke, als Kafka den Apparat der Arbeiter-Unfall-Versicherung und die zerfallende österreichisch-ungarische Monarchie erlebte. Kafkas Biographie erscheint, derart historisch-soziologisch gedeutet, epochentypisch, sein Werk in seinem biographischen Fundament zugleich öffentlich und allgemein. (Vietta 1992, 148–158) Einzelne Formulierungen von Romanfiguren, so die abschließenden des Geistlichen, daß das Gericht nur »angezogen von der Schuld« tätig werde, daß aber die »Schuld immer zweifellos« sei, und des sterbenden K. Feststellung, daß »die Scham ihn überlebe«, können dann bestätigend als Schlüsselformulierungen in eine Epochen-Deutung eingesetzt werden. Als irritierende, da dem Gerechtigkeitsgefühl oder der Logik widersprechende, aber mit Autorität ausgestattete Rede formulieren sie paradoxe Aussagen über die ›historische Schuld Europas‹ und den als ›Weltgericht‹ hereinbrechenden Ersten Weltkrieg.

Nimmt man ernst, daß der Roman weit mehr Fragment ist als in diesen vereinheitlichenden Deutungen angenommen, so bleiben zwei wichtige Fragen als Einstiegsmöglichkeiten für einen heutigen textangemessenen Unterricht. Die erste Frage lautet: Woher kommt es, daß der Text so unterschiedliche und immer wieder abbrechende Lektüre- und Verstehensbemühungen erzeugt? Worin liegt seine Faszination für so unterschiedliche Leserinnen und Leser? Die andere Frage bezieht sich auf Formen der Auseinandersetzung mit Kafkas Roman, die nicht auf den Werkbegriff angewiesen ist. Sie lautet: Wenn ich Kafkas Prosa nicht deuten kann, wenn die Texte keine identifizierbaren Botschaften des Autors an Leser enthalten, was kann oder soll man dann mit ihnen anfangen?

Der ersten Frage wird inzwischen in zahlreichen literaturwissenschaftlichen Untersuchungen nachgegangen, die alle mit der Behauptung beginnen, daß die Faszinationskraft des *Prozeß* auf der Erzählweise beruhe. Eine Antwort lautet: Kafka erzähle so, daß er einmal Festgestelltes hin- und herwende, bis es sich auflöse. So lange werde Gegenläufiges ›eingeräumt‹, bis am Ende das zunächst als sicher Behauptete falsifiziert sei. (Ramm 1971; Neumann 1968, 702–744) Die Verhaftung ist am Ende keine Verhaftung, der *Process* kein Prozeß vor einem ordentlichen Gericht. Es kann auch der Prozeß des Lebens zum Tode, der des Schreibens, der historische ›Weltprozeß‹ oder »das sanfte Gesetz der Moderne« sein. (Jeziorkofski 1994, 208 ff.) Ein zweites Strukturmerkmal beruhe darin, daß die für das Alltagsbewußtsein notwendigen Trennungen der Lebensbereiche nicht eingehalten werden. Die Angestellten der Bank können zugleich solche des Gerichts sein, die Nachbarn, die Bewohner der Pension, in der Josef K. wohnt, wissen vielleicht etwas über Josef K.s Prozeß, sie stehen mit dem Gericht gar in Verbindung, obwohl sie alle zugleich nichts zu wissen scheinen. Die dritte Struktur ist als das ›gleitende Paradox‹ bezeichnet worden. Gemeint ist die sich verschiebende und – sobald aufgelöst – neu sich konstituierende Widersprüchlichkeit der einzelnen Textaussagen. Steht vor dem Tor des Gesetzes ein Türhüter, so ist unklar, ob er als Teil des Gesetzes handelt, dessen Angestellter er ist, oder als einer, der eben nicht Teil des Gesetzes ist, sondern ›davor‹ steht, ihm den Rücken zukehrt. Es ist weiterhin unklar, ob der Mann vom Lande, seiner Aufforderung folgend, eintreten kann oder ob die Aufforderung eine ironisch formulierte scharfe Warnung bedeutet. Paradox werden derartige Ungereimtheiten, wenn sie einerseits als versteckte Information zur Situation des Josef K. gegenüber dem Gericht zu nehmen, andererseits aber nicht durch Zusatzinformationen eindeutig zu machen sind, sondern sich zu einander ausschließenden Handlungsaufforderungen (double-bind) verdichten: Soll sich Josef K. mit dem Mann vom Lande gemeint sehen oder nicht, soll er eintreten oder nicht, ist die Tür für ihn bestimmt und immer offen oder nicht? All diese Fragen sind ebenso wichtig wie unentscheidbar, und so verliert er sich in endlosen Reflexionsmäandern. Diese sind also im Text angelegt und regeln das Verhältnis zwischen dem Helden und der Gegenwelt. Zugleich können sie vom Leser nicht entschieden und müssen dementsprechend ins Unendliche fortgeführt werden.

Die Zusammenfassung des Text-Prozesses: »Vor dem Gesetz«

Neuere Interpreten sehen in dem Verhalten der Kafkaschen Figuren, die sich um das angemessene Verständnis ihrer rätselhaften Umgebung bemühen, Vorbilder des Lesers, der sich in seiner Lektüre zurechtfinden will, so daß Kafkas Roman am Ende den Akt seiner eigenen Lektüre thematisiert. (Sandberg 1985, 65–83) Das kaleidoskopische Spiel der Analogien macht dabei jede Erzählung Kafkas für den Leser ebenso »unförmlich« wie die Diskussion mit dem Gefängniskaplan die *Prozeß*-Legende für Josef K. (KAP 303). Der Leser steht – mit seinem Wunsch einzutreten, das heißt, den Text zu verstehen – *vor* dem Kafkaschen Roman wie im Roman Josef K. *vor* den Gerichtsinstanzen und in der dazu Aussagen machenden Legende der Mann vom Lande *vor* dem »Gesetz«. Für diese Textorganisation kann man das Bild der russischen Matrjoschka-Puppe gebrauchen. Der Türhüter hält dem Mann vom Lande den Eingang bereit, und er hält ihn damit gleichzeitig hin, so wie der Kaplan sich mit seiner Legende für Josef K. bereithält und ihn zugleich damit hinhält, indem er ihn zu Endlosreflexionen über fremde Textmeinungen zur *Prozeß*-Legende anstiftet; in gleicher Weise hält der Kafkasche Roman den Leser hin, indem er ihn zu ständigen Deutungshandlungen motiviert und zugleich die Deutbarkeit des Textes unterminiert.

Die Legende funktioniert im Roman nach dem Muster des betrogenen Betrügers: Sie steht selbst als »einleitende Schrift« – vielleicht wie eine Art Grundgesetz – *vor* dem Gesetz, handelt aber nicht von dessen Prinzipien, sondern von der Täuschung *über* das Gesetz (allerdings ohne daß gesagt wäre, ob aktive oder passive Täuschung gemeint ist und wessen Täuschung verhandelt wird). Jedenfalls leitet sie Josef K. nicht in das Verständnis des Gesetzes hinein. Möglicherweise wird sie sogar selbst zur Täuschung eingesetzt, zumindest wird sie von Josef K. spontan als Erzählung über eine inszenierte Täuschung bewertet. Und täuscht sich nicht Josef K. nach Meinung des Geistlichen selbst, indem er seine »Meinung« als Bedeutung des erzählten Textes einzusetzen bemüht ist? Und ist er hierin nicht Abbild des seine Selbsttäuschung produzierenden Lesers?

Als Antworten auf diese Fragen kommt es zu Verstehensbemühungen, in denen jeweils Anziehung und Zurückweisung alternieren: Josef K. und das Gericht, der Mann vom Lande und das Gesetz; der Leser und Kafkas Text sind über ständige Verstehenshindernisse hinweg jeweils zu oszillierenden Einheiten zusammengeschlossen, deren Bedeutung unklar bleibt, deren Konzept aber konstant auf Täuschung hin angelegt ist.[49] Die Zirkulation zwischen ihnen ist ironisch. Sie aktiviert den Leser, setzt ›Lebenswelt‹ und ›Textwelt‹ zueinander in Beziehung, aber die Erwartung, daß der Erzähler des Textes eine Ordnung zwischen den Teilen garantiert, wird enttäuscht. Es bleibt die Erfahrung einer unüberwindbaren Stagnation und der vergeblichen Mühe (Kafka spricht von einem »stehenden Marschieren«; KAT 887). Für die Literaturdidaktik empfiehlt Clemens Kammler (1994, 197–205) eine ähnliche Haltung. Er sieht sehr wohl das Dilemma zwischen der einen, willkürlich festgesetzten ›richtigen‹ Interpretation und dem ebenso unbefriedigenden ›unverbindlichen Pluralismus der Meinungen‹. Er erkennt als besondere Qualität von Kafkas Erzählungen, die

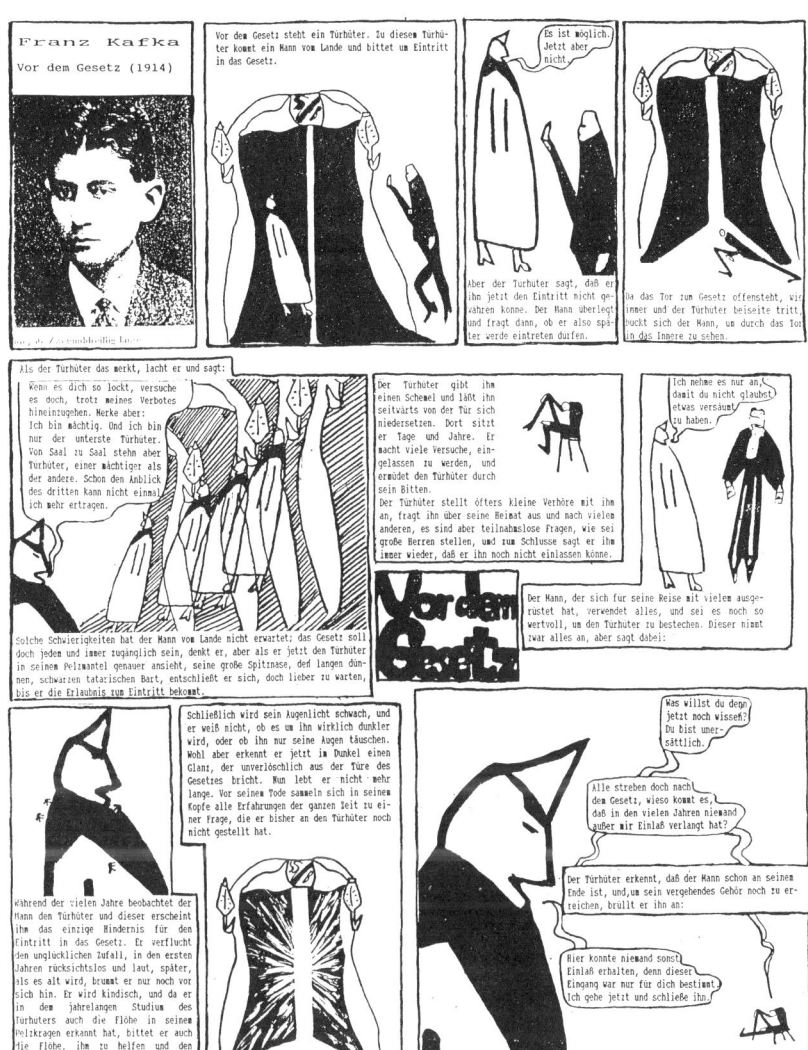

Ute Fischer: F. K.: Vor dem Gesetz (Montage aus Text und Zeichnungen Kafkas. In: Praxis Deutsch 20 [1993], H. 120, S. 45)

»Selbstverständlichkeit in Frage zu stellen, mit der Interpretationen Sinn in Geschehen hineinlegen«, und er macht aus seiner Not eine Tugend, indem er die Herstellung von Bedeutung als eine notwendige Diskurspraxis thematisiert und zum Lernziel erhebt, was er an Kafka theoretisch entdeckte: »das Problem der Grenzen der Interpretierbarkeit nicht nur von Texten, sondern von ›Welt‹ überhaupt«. So rechtfertigt er seinen eklektischen Umgang mit Theorien dabei nicht einfach abbilddidaktisch mit der unterrichtspraktisch notwendigen Reduktion

113

von Komplexität, sondern diskurstheoretisch: Wenn Theorien ihren Ort in den miteinander konkurrierenden Diskursen haben und nicht in den ›Sachen‹ oder den ›Methoden‹ der Wissenschaft selbst, sei ein instrumenteller Umgang mit ihnen geboten.

Angewandt auf den Mann vom Lande, der sein Leben vor dem Tor des Gesetzes verwartet, hieße das: Das von Schülerinnen und Schülern deutend entdeckte ›Scheitern‹ des Mannes würde im Unterrichtsgespräch als ein »Vergewaltigen, Zurechtschieben, Abkürzen, Weglassen, Ausstopfen, Ausdichten, Umfällen« (Nietzsche) des zu interpretierenden Textes gezeigt, aus dem einfach kein allgemeinverbindlicher Sinn zu gewinnen ist. Die Jugendlichen gerieten in die Lage des Josef K., der aus der Parabel ja etwas über sein Fehlverhalten lernen soll, dem aber gerade das nicht gelingt. Die Nicht-Anwendbarkeit des nicht zu Verstehenden erscheint dann als die paradoxe Text-Botschaft, mit der sich Leser gegen den hermeneutischen Imperativ: ›Interpretieren Sie den Text!‹ zu wehren lernen würden. Kafkas Parabel könne als »Parabel der Machtspiele gelesen werden, auf die sich Schüler im schulischen Umgang mit Literatur einzulassen haben«.

Annäherung über handschriftliche Varianten

Im folgenden sollen einige Zugangsweisen zu Kafkas Roman vorgestellt werden, die sich nicht an die Königswege der germanistischen Interpretation halten. Sie verbinden zwei ungewohnte methodische Möglichkeiten, nämlich die Interpretationsarbeit an Handschriften und eigene Schreibexperimente. Sie zielen damit auf die Verbindung des genauen Studiums von Varianten (also einen eher philologischen Zugangsweg) mit dem Weiterschreiben eines vorgefundenen Erzählansatzes (also einem eher dem produktiven Literaturunterricht zuzurechnenden Verfahren).

Formulierungsvarianten am Romananfang

Streichungen und Textänderungen lenken den Blick auf Entscheidungszwänge, in denen sich der Autor beim Schreiben befunden hat. Steht die Handschrift zur Verfügung, wie dies bei Der Proceß der Fall ist,[50] so sind die Stellen, an denen der Autor streicht oder überschreibt, Fenster, durch die man in den Schaffensprozeß hineinblicken kann. Die Handschrift vermittelt dabei eine wesentlich intensivere Beziehung zur Person des Autors als eine systematisch geordnete und leichter lesbare diplomatische Umschrift der Textvarianten, wie sie im Apparatband der Wuppertaler Kritischen Ausgabe des Romans inzwischen ebenfalls vorliegt.

Während der Leser des gedruckten Textes es mit einer Buchstabenreihe zu tun hat, der er folgt, muß er sich nun auf ein Text-Netz einlassen: Streichungen, die noch zu entziffern sind, Einfügungen, Überschreibungen, Umstellungen komplizieren und verzögern die Textwahrnehmung. Sie stimulieren zugleich seine Phantasie, denn sie führen ihn in die Entstehungssituation hinein.

Man sollte nicht einwenden, dieser Zugang überfordere. Kafkas Schriftzüge sind ausgeprägt, aber doch recht gut zu lesen. Seine Niederschriften sind zumeist flüssig. Er korrigiert verhältnismäßig wenig, und wenn, dann spontan, so daß der Einblick in den Denkprozeß, der während des Schreibens abgelaufen sein muß, nicht durch Überarbeitungen überlagert wird, die Wochen oder Monate später einsetzten.

Es werden hier zwei Arbeitsschritte vorgeschlagen, einmal die Interpretationsfrage: Was hätten die getilgten Varianten an Störpotential für den Schreiber und den Leser enthalten? Zum anderen ein Sich-Versetzen in die Schreibsituation, ein ›lautes Denken‹ mit dem Kugelschreiber in der Hand. Das eigene Schreiben prüft den von Kafka verworfenen Ansatz, indem es ihn ein Stück weit verfolgt, um zu sehen, wohin er geführt haben würde.

Beginnen kann man damit schon beim ersten Satz des Romanfragments. Dieser enthält eine richtungsweisende Änderung. Im ersten Schreibansatz lautete er: »Jemand mußte Josef K. verläumdet haben, denn ohne dass er etwas Böses getan hätte, war er eines Morgens gefangen.« In dieser Formulierung ersetzt Kafka »war« und »gefangen« durch »wurde« und »verhaftet« (↗ S. 104).

Die *Analyse* fragt nach dem Warum dieser Änderung. Die erste Formulierung würde das Gefangensein als Faktum voraussetzen. Josef K.s Situation gliche Gregor Samsas Verwandlung. Er fände sich mit einem Mal in einem neuen Status vor. Die neue Formulierung gestattet es dem Erzähler hingegen, den Vorgang der Verhaftung selbst zu beschreiben und dabei zu durchdenken, wie sich ein Mensch zu wehren versucht. Damit sind zwei konkurrierende Erzählanfänge in der Handschrift versteckt. Einer wird ausgeführt.

Über die Variante »war […] gefangen« stünde der Romananfang aber in Korrespondenz mit Aphorismen Kafkas, in denen von Gefangensein, vom Leben in einem Käfig die Rede ist, auch mit dem befremdlichen Bild von einem Käfig, aus dem man jederzeit weggehen könnte, den man aber aus Angst vor dem Neuen als eine »Festung« versteht und deshalb nicht verlassen will:

Mit einem Gefängnis hätte er sich abgefunden. Als Gefangener enden – das wäre eines Lebens Ziel. Aber es war ein Gitterkäfig. Gleichgültig, herrisch, wie bei sich zu Hause, strömte durch das Gitter aus und ein der Lärm der Welt, der Gefangene war eigentlich frei, er konnte an allem teilnehmen, nichts entging ihm draußen, selbst verlassen hätte er den Käfig können, die Gitterstangen standen ja meterweit auseinander, nicht einmal gefangen war er. (KAT 849)[51]

Auffällig an diesem Aphorismus ist die schrittweise fortschreitende Destruktion des Begriffes ›Gefängnis‹. Dieser besagt in der Alltagssprache: ›gewaltsamer Entzug von Freiheit und Freizügigkeit‹. Die Präsuppositionen des Begriffs ›Gefängnis‹ im ersten Satz: »Mit einem Gefängnis hätte er sich abgefunden«, unterstellen, daß zu erwarten ist, ein Mensch findet sich in der Regel *nicht* damit ab, gefangen zu sein. Nur unter besonderen Bedingungen ist dieser Satz eine sinnvolle Äußerung, dann nämlich, wenn erzählt werden soll, daß die Freiheit diesen Menschen bedroht oder belastet, so daß er das Gefangensein als eine Art Existenzsicherung akzeptiert. Kafka geht aber diesen Weg nicht. Er verbindet die Opposition ›frei‹ – ›gefangen‹ mit der von ›dem Lärm der Welt aus-

Carl Otto Bartning (*1909 Berlin, †1983 ebd.): Die Hinrichtung (1969; Zyklus zu F. K.: Der Prozeß, Schlußblatt; 4 Lithographien, 29 x 23 cm, Blattgröße 38 x 32 cm, Auflage 20 Expl.)

gesetzt‹ – ›Rückzug aus der Welt‹. Damit wird ›Gefängnis‹ verschoben in Richtung auf Begriffe wie ›Kloster‹, die ihrerseits das Merkmal \frei gewählt\ enthalten. Dadurch aber wird der ursprüngliche Begriff semantisch konturlos gemacht. Das drückt sich bildlich in den Gitterstäben aus, die so weit auseinanderstehen, daß man bequem hindurchgehen kann. So entsteht eine paradoxe Aussage: ein Gefangener, der frei ist. – Genau diese Paradoxie liegt auch dem Erzählsystem des Romans zugrunde. Josef K. ist verhaftet, ohne verhaftet zu sein. Der Prozeß, der ihm gemacht wird, ist keiner, der Tod, den er am Ende erleidet, ist keine Hinrichtung, sondern ein Mord.

Der gestrichene Schreibansatz führt zu einem Aphorismus, der seinerseits als ein Schlüssel für das Verständnis des Romans gelten kann. Damit nicht genug. Die Querverbindung zwischen Aphorismus und Roman macht auch darauf aufmerksam, warum Kafka sich möglicherweise für das Erzählmodell »wurde […] verhaftet« entschieden hat. Das Modell »war […] gefangen« verwirft er, weil es Josef K. zu eindeutig und konkret zu einem Opfer gemacht hätte. Die komplexe psychische Erfahrung eines Menschen, der gefangen ist, ohne im Gefängnis zu sitzen, wäre von einem ersten Satz, der den Helden schon im Gefängnis erwachen läßt, nicht zu erfassen gewesen.

Hinzu kommt, daß die Erzählkontexte, welche die Begriffe ›Gefangennahme‹ oder ›Gefängnis‹ assoziieren, eher an Ausbruch, Flucht und Abenteuer denken lassen als an Selbstbesinnung, Einkehr und Konzentration auf die eigene existentielle Situation. ›Verhaftung‹, ›Verteidigung‹, ›Rechtfertigung‹, die Begriffe also, die »wurde […] verhaftet« umstehen, besitzen genau diesen semantischen Horizont.

In einem Schreibversuch verfolgten Studentinnen und Studenten eines Proseminars den Erzählansatz des bereits im ersten Satz vollendeten Gefangenseins weiter. Sie prüften, wie es Josef K. als einem unschuldig vom Gefangensein Überraschten ergehen müßte. Die Aufgabe lautete:

– Schreiben Sie selbst den Anfang einer Erzählung, die mit dem Satz ›Jemand mußte Josef K. verleumdet haben, denn ohne daß er etwas Böses getan hätte, war er eines Morgens gefangen‹ beginnt.

Hier der Anfang der Erzählalternative eines Studenten:

Menschenjagd
Als Josef K. eines Morgens aus unruhigen Träumen erwachte, fand er sich in einem engen Raum gefangen. Es war unangenehm kühl in dem Raum, ein Wind strich durch die Gitterstäbe, die eine Seite des Gefängnisses gegenüber irgendeinem im Dunkel verlaufenden Gang abschlossen. »Was ist mit mir geschehen?« dachte er. Es war kein Traum. Sein gemütliches Junggesellenzimmer bei Frau Grubach war von dieser zugigen Gefängniszelle abgelöst worden. Im Schlaf mußte er gefangen worden sein. […]

Wärter und Richter wollen diesen neuen Josef K. dazu bringen, Informationen über seinen Chef, den Direktor der Bank, zu liefern. Er weigert sich, dann gibt er nach, um dem Kerker zu entkommen. Er wird dadurch nicht frei, sondern wie ein Wild von den Behörden und den Anhängern des Chefs gehetzt. Am Ende bringen ihn Agenten des Gerichts um.

Das Ergebnis des Erzählexperiments ist einerseits eine Annäherung des Erzählanfangs an *Die Verwandlung* und andererseits das Einmünden in einen aktualisierenden politischen Roman. Josef K. wird Spitzel eines diktatorischen Systems. Es kann vermutet werden, daß Kafka eine zu große Nähe seines Romans zum Kriminalfall oder zum Justizroman gescheut hat. Die Welt des Juristischen liefert ihm Metaphern, sie ist nicht der Gegenstand des Erzählens.

Korrekturen in der Handschrift als Ansatzpunkte für Interpretationen

Umfangreiche Streichungen sind in der *Process*-Handschrift selten. Betrachtet man die vorhandenen näher, so entdeckt man, daß sie fast immer ›allergische Stellen‹ des Romans betreffen. Hier seien zwei Beispiele genannt, in denen sich die Machtfrage zwischen Josef K. und dem Gericht stellt: Wird sich der Held gegenüber dem Zugriff des Apparats (der Verhaftung) behaupten können?

Einmal streicht Kafka im ersten Kapitel eine Formulierung, die Josef K.s Fähigkeit zeigt, sich als leitender Angestellter gegenüber Untergebenen durchzusetzen. Josef K. überlegt angesichts des Aufsehers der ihn verhaftenden Herren:

»Zeig ihm nur, wer Du bist«, [dachte K] sagte sich K. »und er wird Dir nicht lange Widerstand leisten wenn Du die Leute in der Bank durcheinandertreiben kannst, wirst Du es auch mit diesen Herrn imstande sein.« (↗ S. 118)

Die zweite Stelle befindet sich im nahezu gleichzeitig geschriebenen Schlußkapitel (↗ S. 119). Auf dem Wege zur Hinrichtung kommen K. und seine beiden Mörder an Polizisten vorbei. Auch hier hatte Kafka seinen Helden spontan mit einer größeren Machtmöglichkeit gegenüber dem Gesetz ausgestattet, verwirft die Idee dann aber sofort. In der Handschrift ist eine Drohung Josef K.s an seine beiden Mörder aufbewahrt. Diese wörtliche Rede ist doppelt durchgestrichen:

(Handschrift, Bl. 23; KAP 2 171)

Sie kamen durch einige ansteigende Gassen, in denen hie und da Polizisten standen oder giengen, bald in der Ferne, bald in nächster Nähe. Einer mit buschigem Schnurrbart, die Hand am Griff des [vom Staat ihm anvertrauten] Säbels, trat wie mit Absicht nahe an die nicht ganz unverdächtige Gruppe. [»Der Staat bietet mir seine Hilfe an«, sagte K. flüsternd am Ohr des einen Herrn. »Wie wenn ich den Prozeß auf das Gebiet der Staatsgesetze hinüberspielte. Es könnte noch dazu kommen, dass ich die Herren gegen den Staat verteidigen müßte.«] Die Herren stockten, der Polizeimann schien schon den Mund zu öffnen da zog K. mit Macht die Herren vorwärts.

Die Streichungen haben den Sinn, Josef K. hilfloser und – im Falle der zweiten Streichung – kooperativer gegenüber der ihn bedrängenden Gegenwelt zu zeigen, als er dem Autor im ersten Augenblick der Niederschrift erschien. In der spontanen Schreibentscheidung hatte Kafka seinen Helden mit einem Durchsetzungswillen ausgestattet, den er ihm sogleich wieder nimmt. Erst später, als er das siebte Kapitel entwirft, läßt er Josef K. in einer Art verräterischer Selbstüberschätzung überlegen:

Er hatte es verstanden, sich in der Bank in verhältnismäßig kurzer Zeit zu seiner hohen Stellung emporzuarbeiten und sich von allen anerkannt in dieser Stellung zu erhalten, er

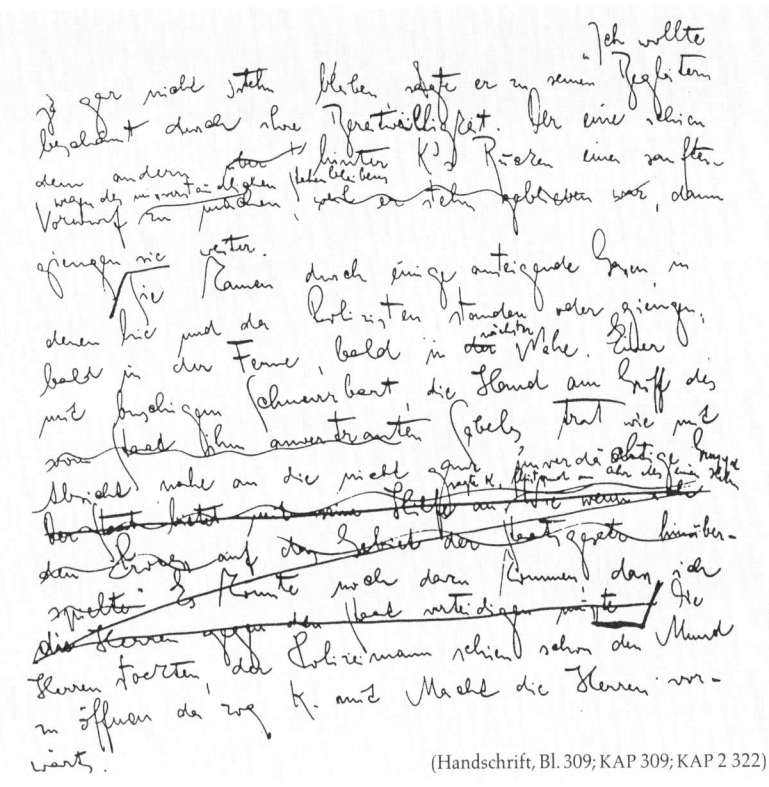

(Handschrift, Bl. 309; KAP 309; KAP 2 322)

mußte jetzt nur diese Fähigkeiten, die ihm das ermöglicht hatten, ein wenig dem Process zuwenden und es war kein Zweifel, daß es gut ausgehen mußte. (KAP 167 f.)

Möglicherweise hat Kafka den Hinweis auf die Durchsetzungsfähigkeit des leitenden Angestellten in den Kapiteln *Verhaftung* und *Ende* gestrichen, weil er das Motiv später für die Charakteristik der Selbsttäuschung seines Helden benötigte. Diese schreibtechnisch-kompositorische Erklärung besitzt die gleiche Plausibilität wie die psychologische, daß nur ein schwacher und dementsprechend einsichtiger Josef K. das Mitleid des Lesers auf sich ziehen kann. Allerdings müßte Kafka, hätte er die Streichung vollzogen, um sich ein wichtiges Motiv für später aufzusparen, einen Überblick über sämtliche Details des Erzählstoffes gehabt haben, was angesichts der anderen Informationen über seinen Schaffensprozeß, die wir haben, eher unwahrscheinlich gewesen sein dürfte.

Offensichtlich zensiert Kafka beim Schreiben seine Phantasie. Beginnt er, eine Szene zu sehr nach dem erwartbaren Muster eines realitätskonformen Handlungsstereotyps zu entwerfen, wird sie zurückgenommen. Hier ist es vielleicht der Gedanke an die eindeutige Kontrastierung von Gericht und Staat. Die Folgen einer solchen Idee wären weitreichend. Ein dramatischer Konflikt zwischen den Gerichtsbehörden und der staatlichen Justiz müßte entbrennen, und der Roman könnte sein vorgesehenes Ende im Steinbruch nicht finden. So zieht Josef K. – für den Leser unverständlicherweise – die Herren selbst vorwärts und aus dem Einflußbereich des Polizisten hinaus. Er erscheint wie ein heimlicher Komplize seiner Mörder. Und gerade das gibt dem deutenden Leser das Rätsel auf: Wie kommt es, daß Josef K. jetzt über den Verlauf des Geschehens vorverständigt ist und ›mitspielt‹?

Ein weiterer Grund für Kafkas Eingriffe könnte die folgende Überlegung gewesen sein: Wenn seine Helden als heimliche Ich-Figuren entworfen sind, so bedeutet die Spontanschreibung, daß Kafka sich zutraute, sich in der ausgedachten Situation selbst zu helfen (autoritäre Rede, Appell an die Polizei). Diese Möglichkeit nimmt er seinem Helden in den Streichungen, er entmachtet sozusagen sich selbst im Prozeß der Überarbeitung seiner ersten Schreibentscheidungen.

Für eine produktive Überprüfung dieser analytisch gewonnenen Einsichten in die Konfliktkonstellation des Romans bietet sich als Thema eine Alternativgeschichte an:

– *Josef K. versucht sich im Kapitel* Ende *von seinen Begleitern zu befreien. Er ruft den Polizisten um Hilfe an. Der dreht sich zunächst weg, um mit dem Vorfall nicht befaßt zu werden. Dann jedoch …*

Eine Schülerin (Grundkurs) wählte die Form eines Mittelachsen-Gedichts:

Der Mord
Josef K. hat keine andere Wahl.
Der Ruf nach dem Polizisten hallt über die Karlsbrücke.
Josef K. will nicht sterben, bevor er den Richter sah.
Er hat noch zu reden.
Seine Eingabe wurde noch nicht behandelt.
Er spreizt die Hände und macht sich los.
Die Organe des Staates sind Helfer.
Die Organe des Staates schweigen wie die Säulenheiligen
auf der Brücke.
Fester greifen die Herren zu.
Die Organe des Staates wollen nicht befaßt sein.
Ihr abgewendetes Gesicht sagt:
»Gibs auf!«

In der produktiven Umarbeitung verschiebt sich das Thema zu der Frage, wie denn Josef K.s Hinweis auf den Polizeimann, den Kafka streicht, die Romanhandlung vorwärtsgebracht hätte.

Das Prosagedicht zeigt, daß der Verdacht, Polizei und Gericht arbeiteten zusammen, von einer möglichen Schuld- und Selbsterkenntis Josef K.s wegführen. Gleichzeitig setzt sich wieder das Schema des politischen Kriminalromans durch. Das Erzählexperiment bestätigt, daß Josef K.s Bitte um Hilfe an den Polizisten einen Erzählweg wie in der späten, von Kafka nicht veröffentlichten Parabel *Gibs auf!* (KAN II 530, u. d. T. *Kommentar*) nahegelegt hätte, und beweist damit zugleich die Notwendigkeit der Streichung dieser Stelle.

Kafkas Arbeit an dem letzten Satz des Romans ist in diesem Sinne aufschlußreich. »Scham« erscheint in der zuletzt geschriebenen Variante als eine überindividuelle Größe, die den Helden überlebt. Die Varianten, die Kafka ausprobiert, zielen auf einen Josef K., der sich nicht mehr wehrt. Zuerst hieß der Schluß: »Sein letztes Lebensgefühl war Scham«. Darin ist das Individuum K., das leidet, anwesend. Auch die zweite Formulierung, »blieb ihm die Scham nicht erspart«, macht »Scham« zu einer Größe der Psyche eines Menschen. Das hat Kafka nicht befriedigt. Er streicht die zweite Formulierung noch energischer durch als die erste.

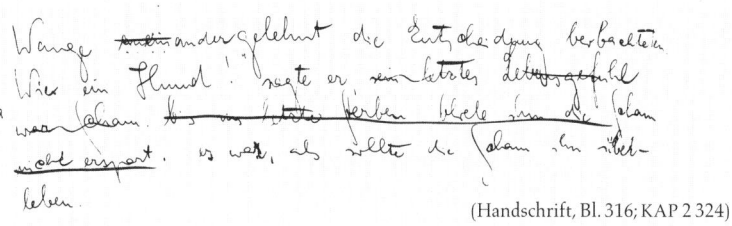

(Handschrift, Bl. 316; KAP 2 324)

Offensichtlich stellte sich Kafka das Gericht und die in Josef K. entstandene Scham als zwei komplementäre überindividuelle Größen außerhalb und innerhalb der Person K.s vor. Deshalb wählte er schließlich eine Formulierung, die »Scham« über ein bloßes Gefühl hinaushebt. So überlebt das internalisierte Selbst-Gericht (Scham) die exekutierte Strafe (Hinrichtung) des unentscheidbar von außen oder von innen eingreifenden unbekannten ›Gerichts‹.

Die unterdrückte Erotik

Zwei mehrzeilige Streichungen befinden sich im ersten Gespräch mit Fräulein Bürstner, die im Manuskript dann immer nur noch mit F. B. abgekürzt wird. Die erste Stelle ist Zeugnis einer ungewöhnlich intensiven Umarbeitung. Der Schreibansatz sieht Josef K. in Erwartung des Fräuleins »ganz dem [seinem] Rauchen hingegeben«, wobei die Beschreibung des Rauchens von Sexualanspielungen durchsetzt ist (nach jedem Zug die Zigarre von den »vorgestülpten Lippen« – »gewaltsam« ist eingefügt – »losreißend«). Dann späht Josef K. durchs »Schlüsselloch«. Diese Stelle ist komplett gestrichen und neu geschrieben, dabei löst sich »Zigarre« in »Gedanken« auf. (↗ S. 122)

Der Grund für diese Eingriffe liegt in der eindeutig Freudschen Bildlichkeit. Die Umformulierungen machen sinnfällig, wie die Phantasie des Schreibenden um das »Schlüsselloch« kreist: Dreimal wird das Wort geschrieben und wieder gestrichen. Gegenüber den emotional hochbesetzten Bildern, die im Schreibprozeß aufsteigen, übt Kafka eine scharfe Kontrolle aus. Nur das metaphorisch zu »Gedanken« verschobene Partizip »hingegeben« bleibt als kaum noch erkennbarer Rest der erotischen Phantasie stehen.

Die zweite Stelle kommt im Gespräch zwischen Josef K. und Fräulein Bürstner vor. Es geht um die Interaktionsregeln. Er empfindet die Attraktivität der

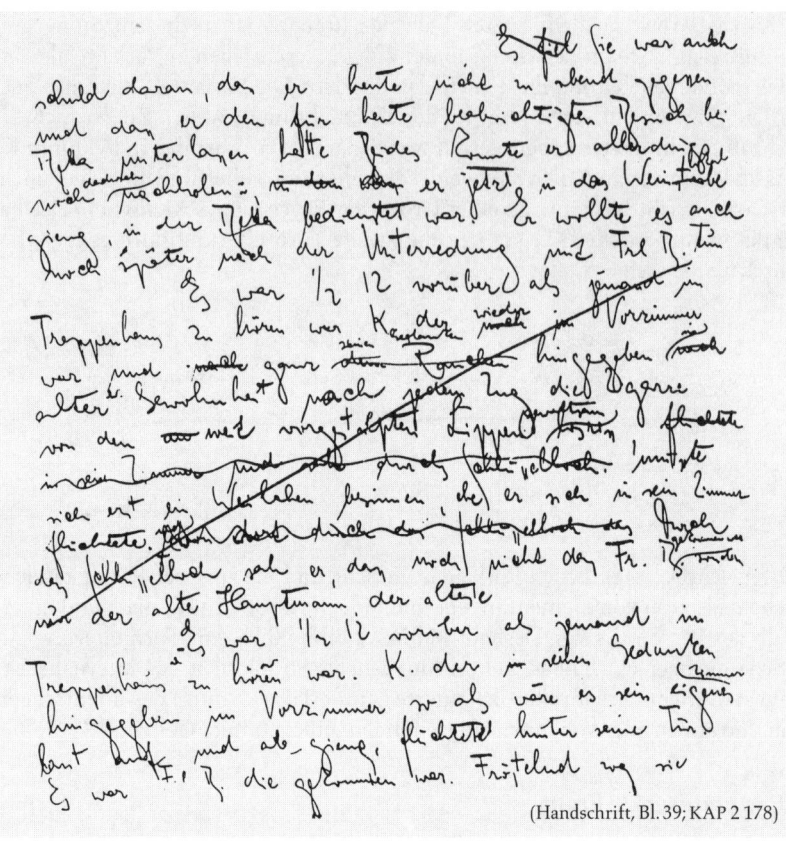

(Handschrift, Bl. 39; KAP 2 178)

»Schreibmaschinistin«. Nun »stehen sie nebeneinander« und betrachten Fotos, oder sie sitzt auf der Ottomane und lacht. In dieser Situation muß die entworfene Rede der F. B.: »[Man] Sie sind ein unerträglicher Mensch, man weiß nicht, ob Sie es ernst meinen oder nicht« wie eine Aufforderung klingen. Die Bemerkung, [K.] »war ganz vom Anblick des Fräulein Bürstner ergriffen«, meint also erotische Anziehung. Kafka streicht auch diese Stelle. Sie bringt zu deutlich einen leicht anzüglichen Konversationston in die ernste Gerichtsangelegenheit.

Die Begegnung mit Fräulein Bürstner endet dann aber doch mit einer direkten erotischen Aktion. Josef K. überfällt »F. B.« mit einem Kuß auf den Hals: »wie ein durstiges Tier mit der Zunge über das endlich gefundene Quellwasser hinjagt«. Diese Stelle ist flüssig hingeschrieben. Offensichtlich läßt Kafka hier das zuvor Unterdrückte zu. (↗ S. 123, Bl. 49)

Der letzte Satz des Kapitels macht ihm dann wieder mehr Mühe. Zuerst hatte es heißen sollen: »er wunderte sich, dass er mit seinem Verhalten nicht zufrie…« (vgl. KAP 2 183, Zeilen 16–23), dann, mitten im Wort, wird dahingehend korrigiert, daß sich Josef K. darüber wundert, »nicht noch zufriedener« mit sich selbst zu sein. In einer dritten Korrektur ist die Umwertung seines Verhaltens von

(Handschrift, Bl. 49; KAP 2 183)

(Handschrift, Bl. 50; KAP 2 183)

Selbstzweifel zu Selbstzufriedenheit am deutlichsten herausgestellt. Die endgültige Formulierung hat Kafka später noch einmal abgeschrieben, also doppelt beglaubigt; es heißt jetzt (z. T. stenographiert; der [Pfeil-]Strich stammt von M. Brod):

Er schlief sehr bald ein, vor dem Einschlafen dachte er noch ein Weilchen über sein Verhalten nach, er war damit zufrieden, wunderte sich aber, daß er nicht noch zufriedener war; [...]

Das erinnert an Wachträume. Auch hier wird eine Art Zensur ausgeübt. Spontan aufsteigende Wünsche werden verdrängt (= gestrichen) oder verschoben (= umgeändert). Dann drängt das Verdrängte doch hervor. Das kontrollierende Bewußtsein kapituliert, und am Ende steht im Text – ohne vermittelnde Entwicklung – der sexuelle Überfall. Dadurch wird die Ich-Figur des Helden dem Autor suspekt. Er zeigt ihn selbstquälerisch als einen, der keinerlei Unrechtsbewußtsein hinsichtlich seines eigenen Verhaltens gegenüber F. B. besitzt.

In einem produktiven Erzählansatz können die Schwierigkeiten des Autors

Willibald Kramm: Josef K. und Fräulein Bürstner (1951; ↗ S. 16,
Blatt unsigniert; Leihgeberin Wave Speer, Mannheim)

mit seiner Ich-Figur aufgegriffen und weiter bearbeitet werden. Die handschriftlichen Befunde zeigen, wie Kafka jeweils eindeutige bildliche Hinweise
auflöst und die Szene im Doppeldeutigen beläßt. Die genaue Lektüre der Varianten macht diesen Vorgang transparent. Eine erzählerische Ausgestaltung der
Selbstkontrolle beim Schreiben dieser Szene gibt Aufschluß über Kafkas Schreiben als phantasievolles Probehandeln. Genaues Lesen und Empathie (also ein
Sich-Hineinversetzen in Kafkas Situation) sind dazu erforderlich. Die Aufgabenstellung lautet:

– *Erfinden Sie ein Bewußtseinsprotokoll, in dem Kafka ›laut denkend‹ die Niederschrift der Begegnung Josef K.s mit F. B. begleitet.*

Ein Protokoll beginnt:

Fantasie über F. B.
K. saß über das schwarze Schulheft gebeugt. Gestern hatte er eine neue Geschichte begonnen. Ein Josef K. war verhaftet worden, ohne daß er sich einer Schuld bewußt gewesen wäre. Die Verhaftung hatte Unordnung in die Pension, in der er wohnt, gebracht. Er stellt sich vor: Josef K. wartet im Vorzimmer auf das Fräulein, das neben ihm wohnt. Auch deren Zimmer war bei der Verhaftung in Unordnung gebracht worden. Josef K. ist

nervös. Er raucht eine Zigarre. Er saugt an ihr. Gewaltsam reißt er sie nach jedem Zug von den weit vorgestülpten Lippen los. Als er im Treppenhaus Schritte hört, flüchtet er in sein Zimmer, späht durchs Schlüsselloch.

K. hält im Schreiben inne. Er überlegt. Paßt eine Zigarre zu Josef K.? Das Schlüsselloch? Unwillkürlich muß er an Sigmund Freud denken, so wie damals, als er seine Erzählung *Das Urteil* überlas. Er will aber keine Psychologie, er will wissen, wie Unbeteiligte auf die ›Verhaftung‹ reagieren. Also streicht er das eben Geschriebene schräg durch, setzt neu an. […]

(Schüler, Kl. 12, GK)

Diese erzählerische Inszenierung von Kafkas Schreibprozeß folgt sorgfältig den zuvor analysierten Varianten. Die Handschrift zeigt genug von der Dynamik des Entstehungsprozesses, die ausphantasierte Genese fügt das biographische Wissen über den Autor (etwa das Wissen über Kafkas Verhältnis zu Freud) und die genaue Lektüre der gestrichenen Varianten zusammen.

Natürlich führt diese Erkenntnismethode zu keinen im Detail gesicherten Ergebnissen. Aber sie hilft, Fragen zu stellen. Hier ist es die Frage nach der Beziehung von Erotik und Schreiben: Ist das Schreiben selbst ein der Selbstzensur unterliegendes erotisch besetztes Phantasiehandeln? Der Schreibversuch kommt einer narrativen Kommentierung der gestrichenen Erzählvarianten sehr nahe. Die wechselseitige Unterstützung von analytischer Arbeit und heuristischem Schreiben konvergiert in einem Verständnis für die Perspektive Kafkas: Der Prozeß, der dem Prokuristen Josef K. gemacht wird, ist nicht eindeutig als ein politisches Verbrechen zu erkennen.

Die Lüge als Weltordnung

Auch in die *Prozeß*-Legende, das Kernstück des Romans, kann auf dem Weg über die Handschriftenanalyse und über eine produktive Schreibreaktion ein interessanter ›Einstieg‹ gefunden werden.

Kafkas Unsicherheit in bezug auf Josef K.s Spontanreaktion auf die Parabel des Geistlichen manifestiert sich in verschiedenen Schreibansätzen. In der Diskussion mit dem Geistlichen bleibt zudem unklar, wieweit die »Meinung« Josef K.s, die Lüge werde zur Weltordnung gemacht, Gültigkeit beanspruchen kann. – Beide Probleme spiegeln sich im Handschriftenbefund.

Auf die Erzählung der *Prozeß*-Legende durch den Geistlichen hin läßt Kafka Josef K. spontan sagen: »Der Mann hat sich also vom Türhüter täuschen lassen«. Dann verbessert er in: »Der Türhüter hat also den Mann getäuscht.« Im ersten Fall wäre der Mann vom Lande selbst mitschuldig am Ergebnis der Täuschung, im zweiten nicht. Kafka stellt so klar: Josef K. nimmt eine eindeutige Verteilung der Verantwortlichkeit vor. Das Gericht ist für ihn der Täter, der Mann vom Lande das Opfer.

Am Ende des Exegesegesprächs ist er nicht mehr so sicher. Seine Bewertung ist jetzt eine andere. Gegen das Resümee des Geistlichen, man müsse »nicht alles [was der Türhüter sagt] für wahr halten, sondern nur für notwendig [und sich damit bescheiden/zufriedengeben]«, setzt er das Urteil: »Trübselige Meinung« sagte K. »Die Lüge wird zur Weltordnung gemacht.«

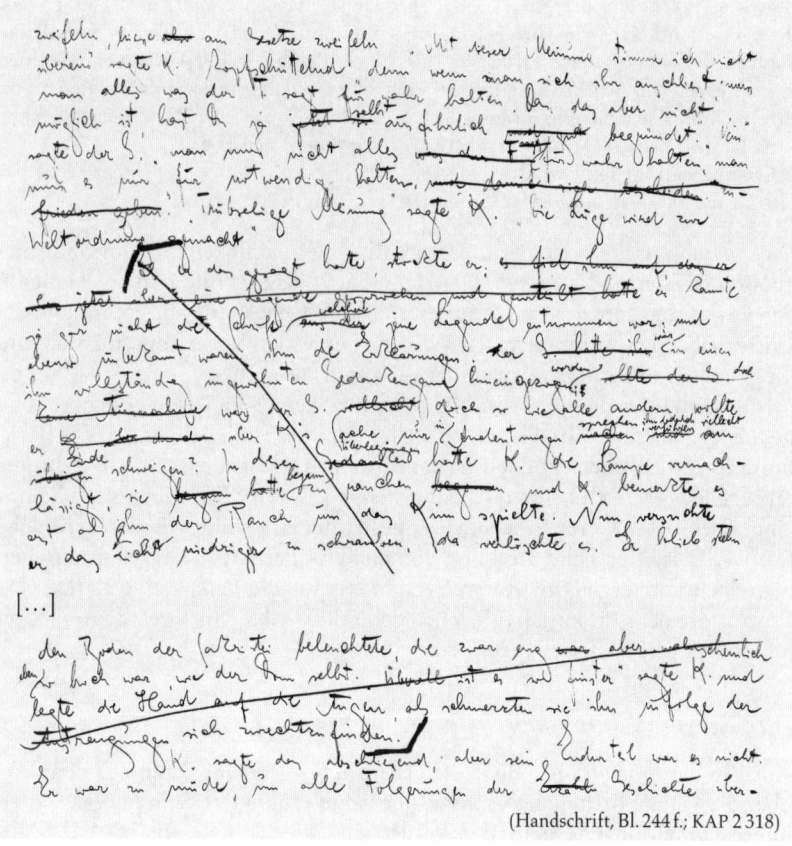

[...]

(Handschrift, Bl. 244 f.; KAP 2 318)

Damit wird in der Sicht K.s die Täuschung mystifiziert. Es gibt nicht mehr
verantwortliche Täter und Opfer von Täuschungen, sondern *alles* ist Täuschung. – Dieses verallgemeinernde Urteil ist im Affekt gesprochen. Es veranschaulicht Josef K.s Hilflosigkeit gegenüber der Legende, der er keine sichere
Botschaft entnehmen kann. Kafka läßt denn auch sofort die Selbstkontrolle
Josef K.s wirksam werden:

Als er das gesagt hatte, stockte er; [es fiel ihm auf, dass er jetzt über eine Legende gesprochen
und geurteilt hatte] er kannte ja gar nicht die Schrift welcher jene Legende entnommen war;
und ebenso unbekannt waren ihm die Erklärungen; (KAP 2 317 f.)

Dadurch erhält Josef K. die Möglichkeit, seine eigene Situation als Getäuschter
zu erfassen: »er war in einen ihm völlig unbekannten Gedankengang hineingezogen worden«. Die Folge ist, daß er auch gegenüber dem Geistlichen ein
gewisses Mißtrauen entwickelt: »War der Geistliche doch so wie alle anderen?«
Kafka streicht das. Symbolisch erlischt das Licht, Josef K. befindet sich im Dunkeln. Noch einmal verallgemeinert er:

»Überall ist es so finster«, sagt er und legte die Hand auf die Augen, als schmerzten sie ihn infolge der Anstrengungen sich zurechtzufinden.

Diese Rede ist doppeldeutig. ›Zurechtfinden‹ kann sich auf die Dunkelheit im Dom, kann sich aber auch auf die Deutung der Legende beziehen.

Kafka streicht dann den ganzen Abschnitt. Dadurch bezieht sich der folgende Satz des Erzählers, »K. sagte das abschließend, aber sein Endurteil war es nicht«, auf das eingangs geäußerte Urteil über die Lüge als Weltordnung und nicht mehr auf die mehrdeutige Botschaft, »überall« sei es finster und die »Anstrengung, sich zurechtzufinden«, ermüde. Das bedeutet eine stärkere Relativierung von Josef K.s abschließendem Urteil über das Gericht.

Offensichtlich sucht Kafka nach einem Erzählprofil, das seinem Helden die Möglichkeit zur Orientierung nimmt. Er kombiniert zwei starke Sätze, eine philosophische Verallgemeinerung und deren Relativierung, unmittelbar hintereinander, ohne Rücksichtnahme darauf, daß sie ihm ursprünglich in zwei unterschiedlichen Kontexten eingefallen waren.

Der Handschriftenbefund ist damit auch geeignet, spontane Leser-Urteile über die Parabel zu verunsichern. Ist Täuschung im Spiel, wo setzt sie an, und wer ist verantwortlich zu machen? Eine Einigung im Interpretationsgespräch mit dem Grundkurs, in dem ich diese Einheit unterrichtet habe, war nicht zu erzielen.

Eine Schreibanregung sollte helfen, das nachzuvollziehen. Die Aufgabe lautete:

– *Stellen Sie sich vor, Josef K. erhält noch einmal die Möglichkeit, über das Gespräch im Dom nachzudenken. Erfinden Sie ein Gespräch, das in ein späteres Romankapitel paßt.*

Von zwei Schülerinnen der Klasse 13 habe ich den folgenden Erzählversuch bekommen:

Noch einmal beim Advokaten
Noch einmal begab sich Josef K. zu Dr. Huld. Er war sich klar darüber, daß Leni von seinem Besuch im Dom verständigt gewesen sein mußte. Leni hatte am Telefon gesagt: »Sie hetzen dich«. Wer waren diese »Sie«? Weshalb bediente sich das hohe Gericht, das er nie gesehen hatte, solcher Methoden?

Huld lag mit dem Gesicht zur Wand gedreht im Bett, als Leni Josef K. ins Zimmer eintreten ließ. Der Advokat schwieg lange. »Wie steht es um deinen Prozeß?« fragte er endlich. Wie durch die Frage befreit, sprach Josef K. weitläufig von dem Geistlichen und seiner Erzählung. »Das deutet auf dein baldiges Ende hin«, sagte der Anwalt, »denn es ist üblich, daß der Gefängnisgeistliche nur zu den bereits Verurteilten geschickt wird.« K. hatte diese Auskunft erwartet. Er war sicher, daß ihm die Verschleppung seines Verfahrens nicht gelungen war. Er nahm sein ganzes Wissen, das er im letzten Jahr gewonnen hatte, zusammen und fragte: »Was bedeutet die Geschichte über die Täuschung des Mannes vom Lande?« – »Auch du bist unersättlich«, scherzte Huld, »auch du willst stets noch etwas wissen. Dabei verdrehst du ständig die Tatsachen. Von Täuschung war die Rede, nicht von dem täuschenden Türhüter und dem getäuschten Mann vom Lande. Die Ordnung des Gesetzes ist dir als dem Angeklagten verschlossen wie das Tor dem Mann. Aber sie existiert nur durch dich. Vielleicht siehst du nicht einmal den Lichtschein, von dem dort die Rede ist. Du hast dich nicht tief genug gebückt, um es zu sehen.«

Der Schreibversuch kommt einer Interpretation der *Prozeß*-Legende sehr nahe. Auch Kafkas Stil wurde getroffen. Besonders in der doppeldeutigen Schlußwendung ist eine eigene Interpretation versteckt. Vielleicht hätte Josef K. sich gar nicht auf die Verlockung des Gerichts einlassen sollen. Die Schülerinnen haben die Aussage des Geistlichen, das Gericht wolle nichts von den Angeklagten, es werde durch die Schuld lediglich angezogen und entlasse die Angeklagen, wenn diese es wollten, in die nach-erfundene Rede des Advokaten übernommen. Sie haben verstanden, wie das Gericht durch vorgetäuschte Betulichkeit täuscht. Die wechselseitige Unterstützung von genauem Lesen der Varianten und eher spekulativem Schreiben konvergiert in einem subjektiven Verständnis des Romans.

Assimilierendes Schreiben: Politische Kafka-Konkretionen

Wenn germanistische Kritiker des produktiven Literaturunterrichts meinen, die vorgeschlagenen Rezeptionshandlungen seien ein spezifisches Ergebnis pädagogischen Denkens, so haben sie die Vielfalt des literarischen Lebens selbst nicht hinreichend im Blick. Beobachtungen an Kafkas Werk und dessen Rezeptionsgeschichte zeigen, daß Texteingriffe wie Umarbeitungen, Parodien, Zitationen, Reminiszenzen den heutigen Autoren oftmals dazu gedient haben, ihren eigenen Standpunkt gegenüber Kafka zu finden. Damit ist die Nähe des produktiven Literaturunterrichts zum System der Literatur selbst angesprochen. – Leser, die schreiben, zeichnen sich vor anderen dadurch aus, daß sie auf ihre eigene Lektüre produktiv reagieren.

Schriftstellern des Exils – wegen sozialistischer Überzeugungen und/oder wegen ihrer jüdischen Herkunft oftmals gleichermaßen verfolgt – galt Kafka als ein Autor, in dessen Erzählungen sie ihr eigenes Schicksal vorwegnehmend gespiegelt sahen. Kafka-Reminiszenzen in Romanen von Anna Seghers, Stephan Hermlin, Louis Fürnberg, Peter Weiss, Äußerungen von Kurt Tucholsky und Bertolt Brecht bestätigen das. Hannah Arendt hat in Kafkas Erzählwelt sogar ganz konkret die der Konzentrationslager wiedererkannt. Für diese Autoren lagen solche (soziologischen) Deutungen nahe, nach denen Kafkas Prosa die Lebenswirklichkeit spiegelt. Doch sie begnügen sich nicht damit, Kafkas Texte mit der Prager Welt, aus der sie stammen, in Verbindung zu bringen; sie sehen in ihnen vielmehr Modelle gesellschaftlicher Strukturen, die über Prag hinausreichen und die bürgerliche bzw. spätkapitalistische Welt insgesamt durchleuchten. (Sokel 1981, 622)

In den sechziger Jahren verbreitete sich das Wort ›kafkaesk‹, um die Absurdität bestimmter Züge der Wirklichkeit zu benennen. Kafkaesk war vor allem die Übermacht der Apparate. (Neff 1979, 881–887) Der Benutzer dieses Worts zeigt damit sein kritisches Urteil über einen Wirklichkeitsausschnitt an.

Klaus Stillers Parabel *Vor dem Gesetz*[52] und das Prosagedicht *Kafkas Verwandlung*[53] von Fitzgerald Kusz sind satirische Instrumentalisierungen Kafkas zu politischen Gebrauchstexten. Eine Satire auf Berliner Justizbehörden und die Verflechtung von Staatsapparat und Kapital waren die Themen. Kafka wurde zum Verkünder politischer Meinungen gemacht. Autoren, die Kafka in der Schule der fünfziger Jahre als religiösen Sinnsucher kennengelernt hatten,[54] revoltierten gegen diese Kafka-Konkretion und schafften sich eine neue, indem sie Kafka zu einem Befürworter ihrer eigenen Sache machten. Eine ›Umfunktionierung‹ kam in Gang, die am Ende nicht ohne Rückwirkung auf die Kafka-Forschung blieb. Der moderne Schriftsteller als Leser nimmt sich das Recht, seine Lektüre auch gegen die herrschende Leseweise der Literaturwissenschaft zu entfalten. Ein Roman wie *Die Herren des Morgengrauens*[55] von Peter O. Chotjewitz machte 1978 nicht nur deswegen Skandal, weil der Autor den gesamten *Prozeß*-Roman auf die politische Wirklichkeit der Frankfurter Justiz und die Verfolgung der linken ›Sympathisantenszene‹ bezog, sondern auch, weil er die bisher fraglos gültigen Kafka-Bilder der Interpreten negierte.

Auch von Peter Weiss kennen wir produktive politische Überarbeitungen des *Proceß*[56]. Sie sind ästhetische Umsetzungen einer jahrelangen intensiven Auseinandersetzung, die ihrerseits auf den in der Philologie zurückgewiesenen Kafka-Bildern von Brecht, Hermlin oder Anna Seghers beruhte. (Fingerhut 1978, 249–262; U. Zimmermann 1990)

Um Josef K. im Doppelsinn des Wortes als ›Verhafteten seiner Klasse‹ auszuweisen, profiliert ihn Weiss als Aufsteiger, Streber und Philister. K.s Mentalität des ›Leitenden Angestellten‹ läßt ihn in den Prozeß hineingeraten; seine Erkenntnis, daß die Lüge zur Weltordnung gemacht werde, ist ein Blick hinter die Kulissen der kapitalistischen Gesellschaft.

Kafkas Texte werden in allen diesen produktiven Lektüren an Aussagen der schreibenden Leserinnen und Leser über die eigene Gesellschaft angepaßt.

Autoren der sechziger/siebziger Jahre protestieren Kafka umschreibend gegen herrschende Kafka-Deutungen der Germanistik und der Schule. Sie hatten in der Bundesrepublik den ›existentialistischen‹ und in der DDR den ›dekadenten‹ Kafka angeboten bekommen und rückten nun ihr vom hegemonialen Bild abweichendes Kafka-Verständnis ins Zentrum. In der DDR wurde dabei – etwa von Günter Kunert 1966 – der grotesk-phantastische, in der Bundesrepublik – beispielsweise von Erich Fried 1974 – der politisch-agitatorische Aspekt betont. Das Spektrum der dabei erprobten formalen Möglichkeiten ist breit. Kunert kommt es auf eine kafkaeske Atmosphäre an, er arbeitet mit Anspielungen und Reminiszenzen:

> Günter Kunert
> *Interfragmentarium*   (Zu Franz K.s Werk)
>
> Aus seinem Bett erhebt sich ungestärkt
> Der Schläfer: Verstohlen
> Blickt er um sich ob auch
> Im Zimmer nichts von seinem Traum verblieb.

Wie sieht den Erwachten
Heute der Spiegel an? Hat der
Schon Verdacht geschöpft?

Von der Decke sinkt an einem Faden
(Wer weiß denn an was für einem)
Eine Spinne (wer weiß schon welcher Art)
Auf den
Am Tische Sitzenden herab zu hören was
Er denkt.

Die Klingel gellt. Das Telefon. Die Wohnungstür.
Das Haustor. Die Hinrichtung. Die ganze Welt.
Sie bimmelt rasend schrillt und schreit
Und gellt – und stirbt
Lautlos mit einem Schlag.

Das Telefon ist stumm. Dickes gemeinsames
Schweigen steigt aus der Muschel. Vor dem
Hause aber steht niemand der fürchterliche graue
Niemand. Vor der Wohnungstür wirft
Keiner einen Schatten und atmet
Keiner lauernd.

Stille. Kasemattenstille. Felsenkellerstille.
Manchmal unterbrochen von Geräusch: Dumpf
Geht über Decken und Stiegen ein Stampfen.
Ein Schreiten über Treppen und Böden durch
Flure und Kammern ein Schritt: jener
Der Gewalt die viele Namen trägt.
Zu viele.

In seinem Bette liegt schon
Sterbensmatt nach einem lebenslangen Tag
Der einen Tag aufs neue überlebt
Mit letzter Kraft und einem Lächeln das
In die Fratze eingefressen
Wie ekelhafter Aussatz ist und lauscht. Und
Lauscht.

Und lauscht.

(G. K.: Verkündigung des Wetters. Gedichte. München:
Hanser 1966, S. 80–82)

Erich Fried zitiert einzelne Kernsätze Kafkas, bezieht sich konkret auf Handlung und Verhaltensweisen der Kafkaschen Figuren. In seinen Gedichten *Pořič. Arbeiterunfallversicherung*[57] und *Tor der Hoffnung* greift er den *Prozeß*-Roman auf, als spiegele dieser in seinen Verzerrungen Deformationen der gesellschaftlichen Wirklichkeit. Gegen diese wendet sich Fried. Es entsteht ein affirmativer Regelkreis zwischen literarischem Text, sozialpsychologischer Auslegung und produktiver Umarbeitung zum politischen Gedicht:

Erich Fried   *Tor der Hoffnung*

Petach Tikwa
deine Orangenhaine
müssen weit offenstehen
den Palästinensern
zur Arbeit und zum Genuß
und nicht nur den Siedlern
die ihre Kolonie
nannten das Tor der Hoffnung

Das Tor steht offen
aber ein Mann vom Lande
wartet auf einem Schemel
und geht nicht hinein
denn der Türhüter
steht ihm im Weg und lacht
und droht ihm mit seiner Stärke
bis der Mensch stirbt.

Männer vom Lande
laßt euch nicht draußen halten
Das Tor ist eures
Wenn ihr sterbt wird es zugemacht.

Für euch der Pardeß
des Lebens und der Erkenntnis
kriecht nicht im Staube
Nehmt keinen Schemel an.

Petach Tikwa
du bist erst wieder ein Tor
der Hoffnung auf Recht im Land
wenn kein Türhüter Landeskinder
draußen hält
und sterben läßt auf dem Schemel
wenn keiner mehr sitzt und wartet
auf das was sein Recht ist

Männer vom Land
hinein in das Tor der Hoffnung
zur Arbeit und zum Genuß
nicht nur für die Siedler!
Erst wenn alle
die offenen Tore einrennen
wird Petach Tikwa
ein Tor der Hoffnung sein

(E. F.: Höre, Israel. Ge. u. Fußnoten [1974]. Neue, erw. Aufl. Frankfurt: Syndikat 1983, S. 140 f.)

Petach Tikwa (dt. Tor der Hoffnung) — »eine der ältesten zionistischen Kolonien in Palästina, bekannt durch seine großen Orangenpflanzungen«; *Pardeß* — Orangenhain; »der Kampf um den P., also die Verdrängung arabischer Arbeit durch jüdische, war der Anfang des zionistischen Feldzuges zur ökonomischen Ausschaltung der Palästinenser. Land, das dem jüdischen Nationalfond gehört, darf nach der Satzung weder an Araber verpachtet werden, noch dürfen Araber darauf arbeiten.« [a. d. Fußnote E. F.s]

Fried konfrontiert Kafkas Parabel mit einem Gegenentwurf und erhält dadurch eine eindeutige Botschaft. Diese wird im Gedicht geprüft und kommentiert. Es geht um den literarischen Text als Problem und um die Rezipienten als Antwortsuchende. Mit Befriedigung stellt der soziologisch vorgehende Interpret beim Blick von Fried zurück auf Kafka fest, daß Kafka in seinen Erzählungen mit ästhetischer Sensibilität genau das erspürte, was er selbst theoriegeleitet und Erich Fried dichtend in Erfahrung gebracht haben. Das bekannte Bild ist ›Kafka der Seismograph‹, der die gesellschaftlichen Erschütterungen seiner Epoche aufzeichnet und durch eine intertextuelle Rückverweisung auf ein spezifisch jüdisches Problem aufmerksam macht. Der Jude Fried kritisiert israelische politische Praxis, indem er auf den kulturellen Repräsentanten des Judentums Franz Kafka zurückgreift.

Wichtig in unserem Zusammenhang ist, daß in der bisherigen schulischen Praxis in erster Linie die von der Literaturwissenschaft geführte Auseinandersetzung mit Literatur – und das heißt deren psychologische, historische, gesellschaftskritische oder philosophische Interpretation – ergänzt wird durch die Auseinandersetzungen, die zwischen den Autoren selbst, und das heißt innerhalb des Systems der Literatur, ablaufen. Denn die Autoren holen ihre persönliche Auseinandersetzung mit ihrer Lebenswelt in ihr Schreiben herein, indem sie sich mit den Modellen, die ihre Vorgänger/Vorbilder in anderen gesellschaftlichen Konstellationen entworfen haben, variieren oder dekonstruieren. Sie laden ihre Leser ein, ihnen dabei zu folgen, indem sie Spuren zurück zu den Ansatzpunkten ihrer Widersprüche zu den Texten der Tradition legen. Ihnen nachgehen zu können will gelernt sein. Und wo soll ein jugendlicher Leser das lernen, wenn nicht im Deutschunterricht?

Die Rückbindungen eines literarischen Textes in die Tradition eröffnet für Deutungen zahlreiche Anreize. Nicht nur, um nachzuvollziehen, wie die Phantasie der Autoren sich der Lektüre bedient, sondern auch, um in dem Kontext, der sich bei der Lektüre aufbaut, Sinnpotentiale zu entdecken.

Das Geflecht von literarischen Beziehungen[58] zwischen Kafkas Erzählungen und späteren Umarbeitungen kann im Unterricht zu interessanten Vergleichen führen. Denn immer steckt hinter der Wiederaufnahme eine Auseinandersetzung, in die ein späterer Leser sich selbst kritisch oder produktiv einschalten kann. (Fingerhut 1981; Jahnke 1990)

In einem Unterrichtsmodell hat Ute Fischer diesen Vorgang für die produktive Auseinandersetzung mit Kafka und Brecht in einer 9. Klasse nutzbar gemacht. (Praxis Deutsch 1993, 41–45) Die Beobachtung, daß alle Schülerinnen und Schüler der Klasse eine aktive Variante des Problemlösens dem Warten des Mannes vom Lande vorgezogen hatten, war der Ausgangspunkt des schreibend zu bearbeitenden Problems: Ist das Verhalten des Mannes vom Lande zu billigen, oder ist es das Beispiel eines Fehlverhaltens?

Bertolt Brecht formuliert mit seinem Gedicht *Gegenlied zu »Von der Freundlichkeit der Welt«* die von den Schülern bevorzugte Haltung:

> Soll das heißen, daß wir draußen bleiben
> Ungeladen in der Kälte sitzen müssen
> Weil da große Herrn geruhen, uns vorzuschreiben
> Was da zukommt uns an Leiden und Genüssen?
> (B. B.: Sämtl. Schriften. Bd. 10. Frankfurt a. M.:
> Suhrkamp 1976, S. 1032)

Das Warten des Mannes vom Lande wird als Haltung zusätzlich problematisiert durch die *Keuner*-Geschichte *Der hilflose Knabe*[59]. Der Knabe wartet auf fremde Hilfe und täuscht sich darin. So entsteht für die Schülerinnen und Schüler die Notwendigkeit zur Reflexion und zur Entscheidung. In der Konfrontation mit Brechts Geschichte erscheint Kafkas Mann vom Lande nicht mehr nur als das bedauernswerte Opfer einer raffinierten Hinhaltetaktik des Gesetzes, sondern er ist zugleich auch Demonstrationsbeispiel für Fehlverhalten. Die bei Kafka ausgesparte Verhaltensalternative rückt in das Zentrum der Aufmerksamkeit. Das zusammenfassende Urteil eines Schülers lautete: »Der Mann vom Lande wartet nicht nur vor einem Tor, er ist auch einer!« Auf der Basis des Entwurfs einer Schülerin wurde in einem gemeinsamen Schreibexperiment folgende ›Keuner‹-Geschichte erarbeitet:

Herr Keuner sprach über die Torheit, bei der Suche nach dem Recht auf fremde Hilfe zu hoffen:

Jemand, der den Eintritt in das von ihm aufgesuchte Gesetz vorenthalten bekam, wurde von dem Wächter im Scherz aufgefordert, das Verbot zu mißachten und dennoch einzutreten, alle wohlmeinenden und drohenden Ratschläge in den Wind zu schlagen.

Diesem Rat folgte der so Belehrte nicht. Er wollte sich nicht ›verlocken‹ lassen und sein Ziel durch Warten erreichen. Allerdings bat er die Flöhe im Kragen des Hüters um Hilfe.

So vertat, urteilte Herr Keuner abschließend, der Mann seine Zeit, die er auf Erden zu leben hatte.

(Zwei Schülerinnen, Kl. 9, Realschule)

Die Schülerinnen fassen ihre Kritik in ein Denkbild, für das sie die *Geschichten vom Herrn Keuner* als Modell nehmen. Gerade über diesen Vorgang aber ist im Unterricht zu sprechen: Warum ziehen wir alle so vehement die aktive Problemlösung vor? Bei der Diskussion um die Frage, ob sie das Verb ›verlocken‹ in ironische Zitatstriche einschließen sollten, erkannten Schülerinnen und Schüler Kafkas eigene Distanzierung von der Figur seiner Parabel. Sie meinten, durch das Wortspiel von ›Tor = Eingang‹ und ›Tor = törichter Mensch‹ auf diese Alternative gekommen zu sein. Die Tatsache, daß Kafka im Manuskript an dieser Stelle seinen Text geändert hat vom ernsthaften Verbot: »Als der Türhüter das merkt, drängt er ihn mit seinem Stab fort und sagt: Du darfst auch nicht hineinschauen« (KAP 2 311) in die ironische Aufforderung: »Wenn es dich so lockt, versuche es doch trotz meines Verbots hineinzugehen [...]«, kann als Bestätigung dafür genommen werden, daß er selbst im Augenblick der Niederschrift dasselbe gedacht hat wie seine jugendlichen Leserinnen und Leser achtzig Jahre später.

Im Literaturunterricht demonstriert das Netz intertextueller Beziehungen nicht nur die Lebendigkeit des literarischen Lebens. Die Kontexte, in die ein Kanontext rückt, dienen als Schlüssel, mit deren Hilfe seine Fremdheit überwunden werden kann.

In einer Textsequenz habe ich zu dem Anfang von Kafkas *Prozeß*-Roman Egon Erwin Kischs Reportage *Der erste Schub* (1933, überarb. 1943) über seine Verhaftung nach dem Reichstagsbrand[60] und einen Auszug aus Peter Schneiders Roman *Paarungen* (1992) hinzugefügt, in dem der Erzähler Eduard von einer Verhaftungsszene träumt[61]. Es ist keineswegs philologisch exakt bewiesen, daß Kafkas Text direkt bei der Entstehung seiner literarischen Nachfolger Pate gestanden hat. Aber daß sowohl Kisch als auch Schneider auf den ›Kafka-Effekt‹ setzen und daß sie selbst ihre Darstellung von Wirklichkeit nach dem Muster ihrer Lektüre modellieren, ist offensichtlich.

Egon Erwin Kisch beschreibt, wie er nach dem Reichstagsbrand von zwei Kriminalbeamten in seiner Junggesellenwohnung verhaftet wird. Er legt auf inhaltliche Entsprechungen zur Verhaftung Josef K.s Wert. Man erkennt es an den Einzelheiten der Formulierung und an Übernahmen aus der Kafkaschen Szenerie: die Zimmmerwirtin, der frühe Morgen, das Ritual beim Aufstehen und Ankleiden des Verhafteten, die kleinen ›Verhöre‹ am Rande:

Der erste Schub

Dienstag, den 28. Februar, am Morgen nach dem Reichstagsbrand, klingelte es um fünf Uhr an der Wohnungstür. Ich höre, wie meine Hausfrau fragt, wer draußen sei, jemand fragt, ob ich zu Hause sei, ob mein Zimmer eine zweite Tür habe ... Gleich darauf klopft die Hausfrau an meine Tür. »Herr Kisch, bitte öffnen Sie.« Ich schließe auf, herein springt ein Mann. »Kriminalpolizei! Hände hoch!« Ich zeige, daß ich nichts in den Händen habe, ein zweiter Mann ist auch ins Zimmer gesprungen. »Herr Kisch, wir haben Befehl, Sie ins Polizeipräsidium abzuführen.«

»Bitte sehr, meine Herren, nehmen Sie Platz. Ich werde mich inzwischen anziehen, wenn Sie gestatten.«

»Haben Sie eine Waffe?«

Ich verneine. Sie schauen in meinem Nachttisch nach, in meinen Kleidern. Keine Waffe.

Darf ich mich waschen? Ja, ich darf mich waschen, sogar auf die Toilette darf ich gehen, aber in Anwesenheit eines fremden Herrn ist es nicht das Rechte. Während ich mich ankleide, so im Gespräch, fragen mich die Herren – es sind ein Kriminalkommissar und ein Inspektor von der Kriminalpolizei –, wann ich heute nach Hause gekommen sei.

»Es wird wohl halb ein Uhr nachts gewesen sein.«

»Hm. Wo waren Sie denn?«

»Hier im Westen. Mit dem Brand des Reichstags habe ich nichts zu tun.«

»Wieso wissen Sie von dem Brand? Sie haben unseren Besuch wohl erwartet?«

Ihnen scheint klar, daß sie in meiner Person den Brandstifter gefunden haben. Sie ahnten nicht, was wir alle schon heute nacht vermutet hatten: daß zur gleichen Stunde von hundert anderen Beamten Hunderte andere Linksradikale abgeholt wurden.

Ich sagte ihnen zwar, daß ich mitnichten der Brandstifter sei, aber sie antworteten nur, das sei egal, sie hätten den Auftrag, mich aufs Polizeipräsidium zu bringen. Außerdem müßten sie eine Haussuchung vornehmen.

»Ich habe gar kein Geld bei mir. Darf ich mir von der Hausfrau etwas leihen?« ... »Bitte sehr.« Die Hausfrau borgt mir fünf Mark ... Dieser Betrag hat sich auf dem Polizeipräsidium als gleich Null erwiesen, denn von dem Geld, das dem Gefangenen dort abgenommen wird, bleiben sieben Mark sechzig Pfennig zur Deckung der offiziellen Haftspesen zurück. Nur wenn man mehr als sieben Mark sechzig bei sich hat, kann man sich vom Überschuß Zigaretten oder eine Aufbesserung der Menage leisten.

»Haben Sie die Absicht zu flüchten oder sich zu widersetzen?« fragen mich meine beiden Gäste.

»Nein, habe ich nicht.«

»Gut. Wir nehmen das zur Kenntnis – eigentlich sollten wir Ihnen nämlich Handschellen anlegen.« [...]

(E. E. K.: Ges. W. in Einzelausgn. Hg. B. Uhse/G. Kisch. Bd. 6. Berlin/Weimar: Aufbau 1973, S. 292 f.; zit. nach: Nichts ist erregender als die Wahrheit. Reportagen aus vier Jahrzehnten. Hg. W. Schmieding. Köln: Kiepenheuer & Witsch 1979. Bd. 2, S. 67 f.)

Peter Schneiders Held ist Genforscher. Eben hat er einer Maus ein mit MS [Multiple sclerose] infiziertes Ei implantiert. Er trifft in dieser Situation auf einen Doppelgänger, der sein Sohn sein könnte und der ihn zur Rede stellt: »Dein Manifest über die ethischen Grenzen der Genforschung«. Eduard stellt bei sich selbst eine beunruhigende »Schuldbereitschaft« fest. »Erinnerte ihn die fehlgeleitete Anklage an irgendein Versagen, das noch bevorstand?« Damit ist ein Stichwort gegeben, das Lektüreerfahrungen wachruft: »fehlgeleitete Anklage«. In einem nächtlichen Traum spinnt sich die Doppelgängerbegegnung fort. Zwei

Besucher klingeln, sie klagen Eduard an, behaupten, ein »ordentliches Verfahren« mit dem Recht auf Verteidigung und Aussageverweigerung »gehöre überwundenen Zeiten an, das anstehende Verfahren gehorche einem höheren Recht«. Männer in Taucheranzügen, geführt von einem Thomas Mann, nehmen eine bedrohliche Haltung ein. Eduard befürchtet, professionell gefoltert zu werden.

Natürlich ist hier eine Traumverschiebung im literarischen Spiel, Franz Kafka erscheint als Thomas Mann, die Wächter in Reiseuniformen kommen als Männer in Taucheranzügen vor. Diese durchsichtigen Verschiebungen erinnern daran, daß Josef K.s ›fehlgeleitete‹, aber allgegenwärtige Anklage zusammen mit dem romantischen Motiv des Doppelgängers ein Signal dafür bildet, daß Eduard sich auf eine Grenze des ethisch Vertretbaren zubewegt. Kafkas Ausspruch »Die Schuld ist immer zweifellos« führt den heutigen Romanhelden vor die Instanz seines inneren Gerichts. »Es war, als sollte die Scham ihn überleben.« Die Reminiszenz aus der Kafka-Lektüre, daß es unbegriffene, aber berechtigte Schuldbereitschaft sei, die das unsichtbare Gericht anziehe, ist als Erklärungsansatz in die Beschreibung einer modernen Biographie übernommen:

In der Nacht spann ein Traum die Begegnung fort. Zwei Besucher klingelten an der Tür eines Neubauappartements, das offenbar ihm gehörte. Vor der Tür stand ein Mann – der Unbekannte aus dem Park? Lothar? – In seiner Begleitung war eine Frau, die Eduard nie gesehen hatte. Die beiden kündigten höflich an, sie hätten ein paar Fragen hinsichtlich seines Verhältnisses zu den Frauen. Statt die Besucher auszulachen oder hinauszuwerfen, erwiderte Eduard artig, er zöge eine öffentliche Verhandlung einem privaten Verhör durch Verwandte vor. Der Ankläger schien auf diese Antwort gefaßt zu sein. Mit einem Lächeln, aus dem ein gesellschaftlicher Auftrag zu sprechen schien, entgegnete er, daß Eduard sich dem unerwünschten Verhör nicht werde entziehen können; man habe Mittel, ihn zur Auskunft zu zwingen. In diesem Augenblick stieß er die Tür ganz auf und ließ eine Horde kräftiger, stummer Männer in Taucheranzügen herein, die Eduard unter den Armen packten und festhielten. Das Kommando wurde von einem älteren Mann geleitet, der entfernte Ähnlichkeit mit Eduards früherem Mathematiklehrer hatte, von seinen Untergebenen wurde er jedoch Thomas Mann genannt. Als Eduard auf einem ordentlichen Verfahren bestand, auf dem Recht zur Verteidigung und auch zur Aussageverweigerung, ja zur Ablehnung des ganzen Verfahrens, wurde ihm entgegnet, derartige Gepflogenheiten gehörten überwundenen Zeiten an, das anstehende Verfahren gehorche einem höheren Recht. Eduard warf dem Wortführer persönliche Motive vor, denen er das Mäntelchen menschheitserlösender Zwecke umhänge, er sagte, er werde sich lieber töten lassen als ein Wort zu der Verhandlung beitragen. Der Angesprochene entgegnete sachlich, mit dem glasigen Blick höheren Wissens, mit einem einfachen Fangschuß sei die Sache nicht abgetan, man werde Eduard schon zum Sprechen bringen. Bei diesen Worten faltete er ein Segel auseinander, das um einen Mast gewunden war, und plötzlich wußte Eduard, daß ihm in diesem kahlen, einem Laboratorium ähnlichen Raum keine fleischliche Qual erspart bleiben würde. Alles würde leise und leidenschaftslos geschehen, mit zweckdienlichen Handgriffen und unter dem Schweigen von Folterern, die nicht aus eigenem Interesse, sondern für höhere Ziele handelten.

(Peter Schneider: Paarungen. Berlin: Rowohlt 1992, S. 213 f.)

Diese Text-Konstellation bietet einen komplexen Anreiz für ein Schreibexperiment, in dem eine politische und eine psychologische Kafka-Konkretion zur Auswahl stehen. In Kischs wie in Schneiders Konkretion gibt es eine politische

Idee des Begriffs ›Verhaftung‹: Der menschenverachtende Apparat des faschistischen Staates oder derjenige der Wissenschaft, dem der einzelne ausgeliefert bzw. an den er fixiert (›verhaftet‹) ist, beherrscht das Vorstellungsvermögen der Personen.

Eine Studentin schrieb in einem Kafka-Seminar einen motivlich von Kafka völlig unabhängigen Text, der die Atmosphäre der Verhaftungsszene aufgreift und Kafkas Schreibtechnik, Desorientierung dadurch zu vermitteln, daß das Erzählte keine Lösung der aufgeworfenen Frage anbietet, wiederverwendet:

Der Überwachungsstaat

Keiner hatte Interesse gezeigt.

Die Türen um uns herum wurden nicht geöffnet, als man uns abholte.

Sie hatten sicher das Gefühl, das geht sie nichts an.

Kalter Regen schlug mir ins Gesicht und erinnerte mich daran, daß das ganze keine Einbildung war. Man hatte Bretter aufgelegt, damit wir hinaufsteigen konnten. Der Wagen setzte sich in Bewegung. Jemand weinte haltlos in sich hinein. Der starre Blick meines Gegenüber machte mich nervös. Wasser tropfte von der Plane des Wagens und rann über sein Gesicht.

Dann auf der Behörde: Nüchterne, gemeine, durchbohrende Fragen, die mich durch die ganze Nacht quälten und niemals aufzuhören schienen. Eine Fratze, deren freigelegter großer Mund gelbliche Zähne zeigte, die mich anwiderten. Alles um mich drehte sich. Bruchstückhaft flogen vergangene Bilder in meinem Gedächtnis umher.

Da mußte ich an Josef K. denken.

Ich wurde einer Person überstellt und ins Dunkel geworfen ...

Jetzt sitze ich da und warte auf den Tod.

So einfach für die auf der anderen Seite, sie schalten dich aus wie ein Gerät, das man nicht mehr benötigt.

Kranke oder besser gesagt ›defekte‹ Teile werden entfernt, so daß die Maschinerie am Laufen bleibt.   (Eva Granzow-Emden)

Die Erkenntnis, daß Josef K. Opfer einer eigenen »Schuldbereitschaft« (Peter Schneider) ist, bleibt in diesem Erzählansatz ausgeblendet. Es herrscht die Empathie mit den Opfern vor. Das ist das Ergebnis der eindeutigen politischen Konkretisierung. Die erzählerische Ausgestaltung der Verhaftung löst sich dazu von derjenigen Josef K.s, evoziert statt dessen Bilder von Massenverhaftungen oder Deportationen. Wenn dennoch der Gedanke an Josef K. das zentrale ›Bild aus der Vergangenheit‹ ist, das für die Erzählerin alles Erfahrene zusammenfaßt, so belegt das die phantasielenkende Kraft des Kafkaschen Textes. Kafkas Roman wird aufgerufen, um die politische ›Maschinerie‹ des Apparats atmosphärisch dicht und sinnfällig zu machen.

Es bleibt auch hier wieder die Frage, ob diese erschriebene Verbindung zwischen Kafkas Roman und einer politischen Szene die Schreiberin näher an Kafka herangeführt hat. Eher scheint der Text doch von einer durch Kisch geprägten Deutung Kafkas seinen Ausgang genommen zu haben, die zum Themenfeld *Furcht und Elend des Dritten Reiches* gehört. Der Schreibversuch belegt aber dennoch die Bedeutsamkeit der Kafka-Lektüre für das Ordnen der eigenen Empfindungen und der eigenen Leseeindrücke. Explizit ist die Erinnerung an Josef K. die Folie, auf die die Erzählerin ihren Text bezogen wissen will. – Eine andere Variante des Schreibens, das bei Kafka den atmosphärischen Ausgangspunkt nimmt, ist im folgenden Text aus dem gleichen Seminar zu erkennen:

Er hatte geschrien, so laut er konnte, um sich geschlagen, später gehustet, dann war er vorübergehend in ein monotones Gewimmer verfallen, hatte schließlich schlaff den Kopf auf die Brust sinken lassen.

Nun fühlte er, wie seine Muskeln sich langsam entspannten, zunächst an Schulter und Brust, dann die Bauchmuskeln, die durch die Anstrengung während des Schreiens brannten.

Jetzt ließ auch die Anspannung in seinen Armen nach, er spürte, wie sich seine Finger, eben noch um die Armstütze verkrampft, ganz langsam annähernd streckten – er hatte einfach keine Kraft mehr.

Leicht hob er seinen Kopf, sah deutlich aus der Froschperspektive – und was anderes als ein solcher war er diesen Menschen – die über die Gürtelschnalle wabernde Wampe seines Pflegers. Dem war sein viel zu kurzes Hemd aus der Hose gerutscht, es spannte sich über die Wölbung des Bauches und öffnete sich, vom letzten Knopf noch gehalten, in einem spitzen Winkel nach unten, so daß er den rötlichblonden Flaum um den Bauchnabel deutlich zu erkennen vermochte.

Er betrachtete das rosige Gesicht mit den wasserblauen, etwas überquellenden Augen, die viel zu glatte Stirn und fühlte, wie die sicherlich feuchten Wurstfinger mit den abgekauten Nägeln mechanisch über seinen Kopf strichen. Jede Bewegung war ihm neue Qual. Es schien ihm, als wenn tausend feine Nadeln langsam in sein Gehirn eindrängen, sich durch die Windungen bohrten, um sich an einem bestimmten Punkt etwas oberhalb der Nasenwurzel wieder zu treffen.

Er vernahm die fistelnde Stimme: Siehst Du, ich habe Dir doch gesagt, daß man nur die gebotene Strenge walten lassen muß und dadurch so ein Problem schnell wieder in den Griff bekommt.

Er ahnte, daß der andere, den er nicht sehen konnte, weil der rechts hinter ihm stand, nickte.

Was wußten die schon von dem ständigen Druck der Lehne gegen den Rücken? Von diesen Druckstellen ausgehend breitete sich, sobald er sich darauf konzentrierte, langsam und wellenförmig, ein kaum zu ertragender Schmerz über den gesamten Rücken aus.

Was wußten die von der Gürtelschnalle, die ihm viel zu eng war und ihm ins Fleisch schnitt?

Die wußten nicht, was es bedeutete, von der Hüfte abwärts den eigenen Körper nicht kontrollieren zu können, nicht, was es heißt, Stunden um Stunden, in der immergleichen Haltung verharrend, einer immergleichen Umgebung ausgesetzt zu sein – mit Blick auf das Fenster, das gelegentlich bedrohlich auf ihn zukam und dabei merkwürdig rundliche Formen annahm. Die wußten nicht, was es bedeutet, nicht sprechen zu können, die Blicke anderer – zumeist ein Gemisch aus Neugierde, Ekel und Scham – ertragen zu müssen.

Er holte tief Luft, die Schultern versteiften sich, er spannte die Armmuskeln und schrie: er schrie noch lauter, als er das fratzenhaft verzerrte Gesicht des Pflegers, der sich über ihn beugte, näherkommen sah, er fühlte den Schmerz an den Unterarmen, als das Fixierband angezogen wurde, das sich entfernende Gesicht des Pflegers konnte er durch die Tränen nur noch schemenhaft sehen, aber er meinte, ein zufriedenes Lächeln darauf zu erkennen.   (Boris Hosseinpour)

Die Beschreibung der abstoßenden Körperlichkeit, die Josef K.s Empfindung der Ohnmacht gegenüber den gefühlskalten Schergen veranschaulicht, sind in das Bewußtseinsprotokoll eines Behinderten übernommen worden, der den Zwangsmaßnahmen seiner Wärter ausgesetzt ist und diese Situation als eine Gefangennahme erfährt, die ihn auch körperlich Verwandlungserlebnissen aussetzt. Dieser Erzählversuch führt ebenfalls nicht zu einem irgendwie befreienden Ergebnis, die Spannung bleibt ungelöst, und gerade darin erreicht der Text die größte Kafka-Nähe.

Fragt man nach Kafka in diesem Text, so findet man ihn in der Perspektive des Opfers, der Beschreibung von abstoßender Körperlichkeit und in der minutiösen, selbstdistanzierten Beobachtung, nicht in Motiven, nicht in Paradoxien, Zurücknahmen oder Widersprüchlichkeiten. Das Ergebnis des Schreibexperiments ist auch hier: Die Lektüre provoziert Leserinnen und Leser wesentlich stärker zu assimilierendem Niederschreiben eigener Erfahrungen als zur Annäherung an Kafka als Gegenstand der Textanalyse.

Spektrum produktiver Rezeptionshandlungen

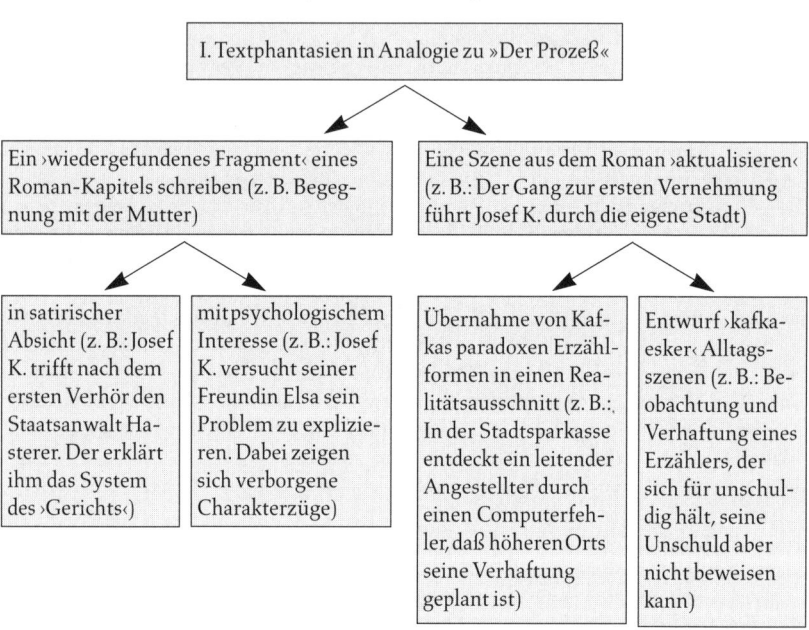

I. Textphantasien in Analogie zu »Der Prozeß«

Ein ›wiedergefundenes Fragment‹ eines Roman-Kapitels schreiben (z. B. Begegnung mit der Mutter)	Eine Szene aus dem Roman ›aktualisieren‹ (z. B.: Der Gang zur ersten Vernehmung führt Josef K. durch die eigene Stadt)

in satirischer Absicht (z. B.: Josef K. trifft nach dem ersten Verhör den Staatsanwalt Hasterer. Der erklärt ihm das System des ›Gerichts‹)	mit psychologischem Interesse (z. B.: Josef K. versucht seiner Freundin Elsa sein Problem zu explizieren. Dabei zeigen sich verborgene Charakterzüge)	Übernahme von Kafkas paradoxen Erzählformen in einen Realitätsausschnitt (z. B.: In der Stadtsparkasse entdeckt ein leitender Angestellter durch einen Computerfehler, daß höheren Orts seine Verhaftung geplant ist)	Entwurf ›kafkaesker‹ Alltagsszenen (z. B.: Beobachtung und Verhaftung eines Erzählers, der sich für unschuldig hält, seine Unschuld aber nicht beweisen kann)

Kommentar zu I: Die Aufgabenstellungen verführen zu Paraphrasen. Es kommt darauf an, daß in der ›neuen Perspektive‹ ein neuer Blick auf die Ereignisse entsteht. Es müssen also möglichst kontroverse Positionen angesteuert werden. Beim Bericht am Stammtisch etwa muß ein Streitgespräch entstehen, in das vielleicht am Ende auch Elsa, die Freundin Josef K.s, eingreift.

Die andere Gefahr ist die Spekulation, die sich vom Text entfernt und textfremde Muster verwendet. Es kommt darauf an, die ständige Rückbindung an den Text – eventuell durch die möglichst häufige Verwendung von versteckten Zitaten – zu sichern.

II. Texteingriffe auf der Suche nach ›Alternativen‹

›Bastel‹-Ästhetik: ›Eingriffe‹ in einzelne Romanteile und Umarbeitungen zu einer gesellschaftskritischen oder politischen Szene

↓

z. B.: Das Kapitel »Der Prügler« so umschreiben, daß Josef K.
– in das Geschehen eingreift,
– in einer Eingabe an die Geschäftsleitung Abhilfe schafft

›Integration‹ von Kafkatexten in eigene Texte: Ein Kafka-Aphorismus wird als ›Schlüssel‹ in einem Dialog zitiert

↓

z. B.: »Ein Käfig ging einen Vogel suchen« so in einen Dialog von Romanfiguren einbauen, daß er die Situation erfaßt

III. Subjektive Lese-Reaktionen

Formulierung der eigenen Leseerfahrungen in Form von Alltagslyrik
Beispiel: Erich Fried: *Pořič, Arbeiterunfallversicherung*

↓

z. B.: Widersprüchliche eigene Erfahrungen mit einer Behörde, in einer Familie im Stil einer Kafka-Erzählung formulieren.

Entwurf von allegorischen Erzählungen, in denen Eigenes zur Sprache gebracht und zugleich versteckt wird

↓

z. B.: Kontakt- und Kommunikationsbarrieren in einer paradoxen Parabel erörtern.

Kommentar zu II: a) ›Bastel‹-Ästhetik: Eingriffe und Umarbeitungen verlangen ein Gespür für die Entwicklung der einzelnen Kapitel (Hoffnung Josef K.s auf Hilfe/unerwartete Schwierigkeiten/ungewohnte Reaktionsformen/Scheitern). Die Beziehung zu anderen Erzählungen Kafkas kann Anregungen geben. Denn oft haben sie die gleiche Textbewegung. Die Aufgabenstellung verlangt relativ umfangreiche weitere Kafka-Lektüre. b) ›Integration‹ von Kafka-Texten in eigene: Die Aufgabenstellung verlangt (über die Auswahl geeigneter Zitate hinaus) auch noch ein selbständiges Urteil über mögliche Bedeutungen der Paralleltexte. Deshalb nur für interessierte Schüler geeignet.

Kommentar zu III: Hinter der Wiederverwendung Kafkascher Erzählmuster lauert die Gefahr der Trivialisierung. Denn es sind erfahrungsgemäß vor allem aktionsreiche Erzähltypen (Krimi-Schema), die gewählt werden. Wichtig ist, daß – aus der Perspektive der gewählten Figur – psychische Prozesse, Reflexionen, Zweifel, Selbsttäuschungen wiederkehren, damit das ›Kafkaeske‹ bestehen bleibt.

V   Die Erzählungen aus der Alchimistengasse (1916/17)

Seit Ende November 1916 nutzte Kafka eine in der Alchimistengasse auf dem Hradschin von seiner Schwester Ottla gemietete Wohnung als »Arbeitswohnung« (FB 752). Er schrieb in den Abend- und Nachtstunden in Oktavhefte. In schneller Folge entstanden neben zahlreichen Erzählansätzen und Fragmenten unter anderen auch die Erzählungen, die er später für den Band *Ein Landarzt* zusammenstellte. Dessen Erscheinen verzögerte sich durch die Kriegsfolgen, so daß der Band erst 1919/20 im Verlag Kurt Wolff fertiggestellt werden konnte. Nur die aus dem *Prozeß* ausgegliederten Stücke *Vor dem Gesetz* und *Ein Traum* stammen nicht aus dem Alchimistengäßchen. Auf der anderen Seite sind zahlreiche der später von Max Brod betitelten und bekannt gewordenen Erzählungen, wie *Eine Kreuzung, Der Nachbar* oder *Das Schweigen der Sirenen,* in dieser Zeit entstanden. Claudine Raboin (1994, 152–172) hat in ihrer Untersuchung der Prosa dieser Schaffensperiode durchgehende thematische Linien festgestellt, die in den einzelnen Erzählansätzen mehr oder weniger deutlich an die Oberfläche kommen und zugleich die Geschichten untereinander vernetzen.

Ein Thema ist Lust und Notwendigkeit der Literatur selbst, des Schreibens als Erfinden von Geschichten oder als Finden und Ausbauen von Metaphern. Charakteristisch dafür sind Formen des Übergangs von tagebuchähnlichen Aufzeichnungen und Fiktion oder umgekehrt, so wie sie in *Eine Kreuzung* vorkommen. Ein zweites Thema ist die Diskrepanz zwischen Wahrheit und Wirklichkeit. Schon Josef K. wurde durch seine Verhaftung aus seiner alltäglichen Wirklichkeit gerissen und mit der Wahrheit seiner Lebensdefizite konfrontiert. Ebenso ergeht es dem Landarzt, dem Affen Rotpeter, dem Galeriebesucher, der der Zirkusreiterin zusieht. Ein drittes Thema ist die Auseinandersetzung Kafkas mit dem Verhältnis zwischen seinem Schreiben und den Kräften des eigenen Unbewußten, seinem Begehren und dessen Umsetzung in Schrift. Das letzte Thema schließlich stellt die Frage nach Leben und Tod, genauer: nach der Rechtfertigung des Lebens angesichts der Unausweichlichkeit des Todes. Es findet seine biographische Fortsetzung in Kafkas Erklärung der 1917 ausbrechenden Lungenkrankheit als Zeichen dafür, daß sich sein Körper und sein Geist hinter dem Rücken seines Bewußtseins darauf geeinigt hätten, diesem verfehlten Leben ein Ende zu bereiten. An Kurt Wolff schrieb er nach dem 13. August 1917:

Die schon seit Jahren mit Kopfschmerzen und Schlaflosigkeit angelockte Krankheit ist nämlich plötzlich ausgebrochen. Es ist fast eine Erleichterung. (Br 195)

Und Max Brod erinnert er an die »Blutwunde im ›Landarzt‹«, die eine Art Vorwegnahme seiner Lungenwunde sei:

Manchmal scheint mir, Gehirn und Lunge hätten sich ohne mein Wissen verständigt. »So geht es nicht weiter« hat das Gehirn gesagt und nach fünf Jahren hat sich die Lunge bereit erklärt, zu helfen. (Br 161)

Interessant für die Feststellung der thematischen Linien sind wiederkehrende Bildfelder, die bereits im *Prozeß* aufgefallen waren. Immer wieder tauchen Pferde auf, Chiffren des ›Pegasus‹, nicht nur in *Ein Landarzt* und *Auf der Galerie,* sondern auch in *Ein altes Blatt* und *Der neue Ad-*

vokat oder – in grotesk deformierter Form – in *Der Kübelreiter;* immer wieder führt der Ritt in Eiswüsten, Schneelandschaften und Kälte. (Kremer 1994, 197–214) Dann finden sich in der Umgebung dieser Motive vergleichbare Veränderungen der für unsere Weltorientierung nötigen kategorialen Systeme. Die Raum- und Zeitausdehnungen passen nicht zur Alltags-

erfahrung: Die Pferde kriechen aus dem Schweinestall hervor, sind »unirdisch« schnell oder langsam »wie alte Männer«, die zu überwindenden Distanzen unendlich groß oder klein usw. Die so entstehenden Irritationen sind Einstiegspunkte für Deutungen, die auf die Diskrepanzen von erfahrener Wirklichkeit und erstrebter Wahrhaftigkeit abzielen.

Schreiben über das Schreiben

Die Frage, die in der Kafka-Forschung immer wieder aufgegriffen wird, lautet: Können solchen Bildgeflechten eigene Bedeutungen zuerkannt werden? Sind die immer wieder vorkommenden Pferde Abbilder ihres mythologischen Ahnherrn Pegasus – wie der flugfähige Kübel –, oder sind sie vielleicht Nachfahren der Rosse des Phaeton, mit denen sie das Merkmal \Unbeherrschbarkeit\ teilen? Man muß also nach literarischen Modellen oder Vorformen der Kafkaschen Figuren suchen, um sich vielleicht über entdeckte ›Verwandtschaften‹ zu einem ›Sinn‹ vorzutasten.

»Ein Landarzt«

In Anlehnung an eine ältere Studie von Clemens Heselhaus (1952, 351–376) über Kafkas Erzählungen als »Antimärchen« hat Volker Klotz[62] *Ein Landarzt* ein »pervertiertes Erlösungsmärchen« genannt. Die Eindimensionalität des Textes – der Arzt und sein Dienstmädchen erschrecken kaum über das Auftauchen der märchenhaften Pferde, so wie sich auch der Märchenheld nicht über phantastische Gestalten oder Vorkommnisse wundert – gab Anlaß genug dazu. Ein verfehlter Aufbruch, verfehlt eingesetzte Wunderkräfte, eine verfehlte Erlösungsaktion und die nicht gelingende Rückkehr nach Haus sind weitere Indizien dafür. Andere Interpreten widersprechen vehement:

> »Ein Märchen also? Gewiß nicht! Auch kein Antimärchen. Dazu ist die Erzählung von den Bedingungen der realen Welt nicht unabhängig genug. Eher erinnert ihre Struktur an die von Träumen.« (Kleinschmidt 1968, 108)

Nimmt man beide Hinweise – den auf mißlingende Märchen und den auf ängstigende Träume – ernst, findet man in der neueren Kafka-Literatur interessante Beobachtungen, die nicht mehr nur frei nach Freud fragen, ob die beiden Rappen denn als Verkörperungen von Trieben oder als Pflicht-Appelle des Über-Ichs gelten sollen, sondern die Psychologisches mit Literarischem in Verbindung bringen. Es geht um Schrift und Begehren, Selbstreferenz des Schreibens und um Narzißmus. (Kurz 1980; Hiebel 1983, 1984)

Zu Beginn steht der Landarzt, reisefertig für einen Patientenbesuch ausgestattet, in seinem Hof und wartet auf ein Pferd. Zufällig stößt er an die Tür des Schweinestalles – und zwei Rappen samt Knecht kriechen hervor. Zusammen mit Rosa, dem Dienstmädchen, staunt er lachend über die Dinge, die »man im eigenen Haus vorrätig hat« (E 124). Das Auftauchen der Pferde ist nicht nur eine mögliche literarische Reminiszenz an Kleists *Michael Kohlhaas*, sondern eine phantastische oder traumhafte Inszenierung eines phallischen Ereignisses. Das »willige« Mädchen Rosa, das vergeblich versucht hatte, dem Arzt ein Pferd zu besorgen, wird dem Pferdeknecht (dem »Vieh« aus dem »eigenen Haus«) überlassen, und die »fröhliche Fahrt« zum Patienten beginnt. Psychologisch geschulte Interpreten vermuten, daß es sich hier um eine Abspaltung von Persönlichkeitsteilen handelt. (Kremer 1994, 205) Der Landarzt überläßt sein Dienstmädchen Rosa dem Pferdeknecht. Die »rot eingedrückt[en] zwei Zahnreihen in des Mädchens Wange« (E 125) wiederholen sich dann – vermischt mit dem Namen des Mädchens – in der Wunde des Jungen, an dessen Kranken- und Sterbelager der Arzt gerufen wird. Diese metonymische Verknüpfung von Frau, Biß- und Hüftwunde über den Doppelsinn des Begriffs ›rot /Rosa/rosa‹ ist zugleich die Achse, auf der die Verknüpfung von Begehren und Schrift erfolgt.

Mit ›Begehren‹ sind Empfindungen und Phantasien von Lust, Erotik, Gewalt gemeint, die das Ich bedrängen. Begehren ist form- und ziellos. Um bewußt, diszipliniert und kontrollierbar zu werden, muß es der ›Schrift‹ unterworfen werden. ›Schrift‹ bedeutet in diesem psychologischen Sinn jede das Begehren kanalisierende und kontrollierende gesellschaftliche Instanz innerhalb der Person, aber auch die Tätigkeit des literarischen Schreibens selbst. Denn das Schreiben des Schriftstellers ist dessen spezifische Möglichkeit, *sein* Begehren zu verarbeiten. Das Begehren richtet sich auf das unter der Bettdecke offen zutage liegende »Bergwerk«, ein seit E. T. A. Hoffmanns *Bergwerke zu Falun* (1819) als Chiffre des weiblichen Geschlechts zu lesendes Bild. Die Schrift fordert die Disziplinierung des Begehrens durch die ›Aufgabe‹. Deshalb ist die Wunde vermischt mit dem Schreckbild der Sichel des Saturn (Hacke), also der Kastration. (Kremer 1989, 94 ff.; 1994, 207 f.) Der Doppelsinn des Begriffs ›Aufgabe‹ macht auf den gleichen Sachverhalt aufmerksam: die Erfüllung der Berufspflicht – der Verlust des Begehrens. Der Arzt kommentiert zuerst »lästernd« den Vorgang:

[…] »in solchen Fällen helfen die Götter, schicken das fehlende Pferd, fügen der Eile wegen noch ein zweites hinzu, spenden zum Übermaß noch den Pferdeknecht –« Jetzt erst fällt mir wieder Rosa ein; was tue ich, wie rette ich sie, wie ziehe ich sie unter diesem Pferdeknecht hervor, zehn Meilen von ihr entfernt, unbeherrschbare Pferde vor meinem Wagen? (E 125 f.)

Kafka benutzt dabei das Märchen-Muster helfender numinoser Wesen, die dem Helden in der Not beistehen, dafür aber etwas unersetzbar Geliebtes (oft: das Kind) verlangen. Zusätzlich spielt er auf das platonische Bild vom menschlichen Verstand als Wagenlenker und den Pferden als Bild der Triebe an. Beide Bildfelder sind aber widersprüchlich vermischt. Denn die Pferde handeln nicht wie Repräsentanten der Triebe, wenngleich sie aus dem (allerdings »seit Jahren unbenützten«; E 124) Schweinestall stammen. Im Gegenteil, sie entfernen den Arzt von Rosa. Sie begleiten vielmehr, »höhern Orts angeordnet« (E 127), kontrollierend die ›Aufgabe‹ im anderen Sinn, die Arbeit des Heilens, üben damit die Funktion der Schrift aus. Legt man Freuds berühmte Analyse des kleinen Hans[63] zugrunde, wird auch die ängstliche Fixierung des Arztes auf die ins Zimmer schauenden Pferde verständlich. Gegen die damit signalisierte Aufforderung zur Reise »duldet« er es, daß er entkleidet und von den Dorfältesten und der Familie des Knaben zu diesem ins Bett gelegt wird:

Die Mutter steht am Bett und lockt mich hin; ich folge und lege, während ein Pferd laut zur Zimmerdecke wiehert, den Kopf an die Brust des Jungen, der unter meinem nassen Bart erschauert. (E 126)

Der Knabe repräsentiert also möglicherweise den durch die Hacke Saturns verwundeten Persönlichkeitsteil im Arzt, der zu »Rosa« gehört. Arzt und Knabe ›stecken unter einer Decke‹ und ›entdecken‹ dabei die Kastrationswunde. Unter der teilnehmenden Beobachtung der Götter/Väter/Pferde soll der Arzt als ›Aufgabe‹ eine Heilung bewirken. Er hält das für unmöglich und flieht. Dafür möchte er erneut die Hilfe der Pferde in Anspruch nehmen. Aber diese bringen ihn nicht zurück zu Rosa. Das hat er gewußt, denn zuvor hat er dem Jungen mitgeteilt, daß er seine Wunde für eine Auszeichnung halte, aber daß er an dieser Wunde auch sterben werde. Während also der erotische Teil der Persönlichkeit (Rosa, die Wunde des Knaben) abstirbt, wird der spirituelle von den nunmehr unwilligen Pferden durch die Schneewüste gezogen.

Die psychologische Interpretation der Erzählung arbeitet mit der Übersetzung von Bildern in Begriffe: Der mit Priesteraufgaben überforderte Landarzt ist die Ich-Chiffre des Schriftstellers. Die Pferde, die ihn in Windeseile an seine ›Aufgabe‹ bringen, sind Chiffren der Inspiration. Rosa, der Knabe und dessen Wunde sind Bildzeichen des Begehrens, das diszipliniert, ›verarztet‹ werden muß. Damit ist die Auflösung des Schlusses dieser Erzählung relativ einfach: Müde ziehen die Pferde den nackten Arzt in die Schneewüste hinaus. Das Schreiben – von Pegasus durch die weiße Landschaft des Papiers gezogen werden – verdankt sich der Aufgabe der eigenen vitalen Person und der Angst-Wahrnehmung der Frau als ›Bergwerk obertags‹ und ›Wunde‹. Die Entwicklung wird vom Erzähler negativ kommentiert. Es war ein falscher Appell, das »Fehlläuten der Nachtglocke«, dem der Arzt gefolgt ist – »es ist niemals gutzumachen«. (E 128)

»Genau dieses Bild zeichnet aber der Schluß der Erzählung: der ›kastrierte‹ Landarzt schwingt sich auf eines seiner ›unirdischen‹ phantastischen, aber müde gewordenen Pferde der Begeisterung und kreist fortan ziel- und sinnlos in einer ›Schneewüste‹, die den symbolischen Hintergrund für eine immer wieder neu und immer wieder vergeblich ansetzende Schrift-Bewegung stellt.« (Kremer 1994, 212)

Ein didaktisch durchdachter Zugang zu dieser Erzählung Kafkas wird nicht sofort auf eine ›Übersetzung‹ des Erzählten in eine tiefere psychologische Bedeutung abzielen. Warum sollten Schülerinnen und Schüler, die das Gesamtwerk

Albert Schamoni (*1906 Hamm, Westf., †1945 kriegsvermißt): Ein Landarzt (Radierung; vierte Illustration zu: F. K.: Venkovský lékař. Übertragung P. Ludvik Vrána)

Kafkas und die dorthin verlaufenden Querverweise, werkinterne Zitationen und Reminiszenzen, nicht kennen können, die oben entwickelte Idee, daß Kafka auch hier von seinen mit dem Schreiben verbundenen erotischen Problemen handelt, plausibel finden? Niemand schreibt in diesem Text etwas, niemand liest etwas. Nicht einmal ein Rezept kommt vor. Ein besserer Ausgangspunkt selbständiger und weiterführender Überlegungen sind die suggestiven Bilder, um die Kafka den Text gebaut hat. Sie sind zu Folgen oder Ketten zu ordnen. Jede dieser Bildketten enthält in sich Keime zu ganz unterschiedlichen Geschichten:

– Der Arzt, der im Hof vor seiner Kutsche steht: ein Überforderter, von der Gemeinde seiner Patienten (wie der Pfarrer) im Stich gelassen, aber ständig gerufen und mit unerfüllbaren Forderungen konfrontiert. Das Selbstkonzept und die Anforderungen des sozialen Feldes in ihrem Widerspruch zerreiben ihn. Der Arzt, der von seinen unirdischen Pferden in die Schneewüste hinausgeschleppt wird: einer, dem auch die Flucht aus diesem Feld nicht gelingt, einer, der den falschen Weg eingeschlagen hat, der aber auch nicht weiß, wo er abgewichen ist und wer »höheren Orts« angeordnet hat, daß mit ihm so verfahren wird.

– Rosa, die im Hause des Arztes unbeachtete Magd, das Opfer des Pferdeknechts, Rosa (am Satzanfang großgeschrieben) die Wunde in der Hüfte des Knaben, die um ›Rosa‹ kreisenden Gedanken und Phantasien des Arztes. Die Doppelbedeutung des Begriffs verknüpft zwei Ebenen, unbegriffenes Begehren und

Pflichtappell. Das Bild gleitet von der einen Ebene auf die andere. Man kann auch sagen, das Bild ist konstruiert wie die russische Matrjoschka-Puppe, in dem ersten steckt das zweite, keins ist ohne das andere zu haben. Daher muß die Phantasie des Lesers, die nach logischen Zusammenhängen fahndet, unterschiedliche Verbindungen ausprobieren. Besteht zwischen Rosa und der Wunde ein metaphorisches Verhältnis (die entdeckte Wunde am Knaben offenbart dem Landarzt seine bisher verdeckte Verletzung in der Beziehung zu Rosa, dem Mädchen) oder ein metonymisches (die Wunde ist die unbeachtete Anima ›Rosa‹ der eigenen Person, die er finden muß) oder ein ironisches (die Wunde des Knaben, die der Arzt als eine Blume, einen Abgrund und eine von weißen Würmern belebte Höhle wahrnimmt – alles Freudsche Symbole des weiblichen Genitals –, kommentiert die Angst des Arztes vor Rosas Weiblichkeit, so daß der Knabe, zu dem er von den Eltern entkleidet ins Bett gelegt wird, eigentlich gar kein Knabe ist, sondern der Nicht-Knabe, das Mädchen).

– Die Serie der ›wunderbaren‹ oder traumhaften Ereignisse: die unirdischen Pferde und deren sehr irdischer »Bruder«, der Knecht, die das bisherige Leben des Arztes (sein alltägliches Dasein als Landarzt und Junggeselle) zerstören, ihn an den Ort seiner ›Pflicht‹ befördern und prüfend beobachten, wie er tut, was er nicht kann (»heilen«). Die befremdlichen Rituale in der Familie des Patienten, deren Ausweitung auf die Öffentlichkeit des ganzen Dorfes mit Honoratioren, Lehrer und Schulchor. Die Geschichte dieses Alptraums kann nach dem Muster eines Märchens und der Proben, die dort der Held zu bestehen hat, weitergedacht werden. Dieser Arzt ist ein Antiheld. Er versteht so wenig wie dort der Dummling, aber die Helferfiguren erklären sich nicht. Ihre Hilfe schafft Probleme, statt sie zu beseitigen. Das Erlösungsmärchen scheitert, weil die textsortengebundenen ›Geschäftsbedingungen‹ nicht mehr stimmen.

Das Verfolgen der Bildketten stimuliert die Phantasie der Lesenden. Es ist dabei wichtig, daß Schülerinnen und Schüler am Text erleben, wie bei ihnen selbst Phantasie und Nachdenken zusammenarbeiten, um Lösungen für noch nicht einmal klar gestellte Fragen des Textes zu finden. Der Wunsch, eine konturierte ›Bedeutung‹ an die Stelle der beunruhigenden ›Bilder‹ zu setzen, ist mit Recht als ein ›Deutungszwang‹ beschrieben worden. Dieser ist das eigentliche Thema des Unterrichts:

Woher kommt es, daß wir Kafkas Texte nur ungern so stehenlassen, wie sie erzählt sind, und uns ständig bemühen, einen handhabbaren ›Sinn‹ als eine gedankliche Größe, mit der wir uns auseinandersetzen können, hinter der Erzählfassade zu entdecken? Welche Rolle spielen bei dieser Phantasielenkung innertextliche Korrespondenzen (Rosa – rosa), welche die Widersprüchlichkeiten (die vitalen, die müden Pferde), welche die Vermischung von Wunderbarem und Alltäglichem (unirdische Pferde für die Fahrt eines Arztes zum Patienten), welche die auf Verallgemeinerung abzielenden Reflexionen der Hauptfigur (Nachdenken des Arztes über den Verlust von Religion und den Frost des Zeitalters)?

Die Suchbewegung der Leser-Phantasie kommt auch dort als charakteristische Rezeptionshaltung zum Ausdruck, wo Transpositionen in andere Medien versucht werden. Dazu gehören in erster Linie Verfilmungen. Neben den Romanen, neben *Die Verwandlung* und *Ein Bericht für eine Akademie* ist auch die *Landarzt*-Erzählung in dieses Medium übersetzt worden.[64] Der Regisseur Cyril Tuschi hält sich an die Bilder und an die Zeitstruktur. Er versucht, die Bildfolgen zu eigenen Sequenzen zu verbinden, die einander unterbrechen und überkreuzen. Der Zeitfluß der Ereignisse wird dadurch immer wieder umgekehrt. Zugleich verschieben sich die Ebenen: Was zuerst als ›fiktive Erzähl-Realität‹ vorgegeben ist, erweist sich plötzlich als ›möglicherweise nur von der Perspektivfigur gedacht‹. Das Bild des vor seinem pferdelosen Wagen stehenden Arztes erscheint dreimal, zuerst als ein der Erzählung konformer ›Einstieg‹ in die fiktive Welt, dann als visualisierte Erinnerung des zu seiner Aufgabe Hingerissenen, schließlich als Rückblende vom Ende auf den Anfang, um das Kreisende einer scheinbar fortschreitenden Bewegung aufzudecken. Der nackte Arzt imaginiert sich noch einmal als Bekleideter. Er, der nichts mehr erwartet, sieht sich noch einmal als einen, der dasteht und auf etwas hofft. In gleicher Weise wiederholt sich das Bildfeld ›Rosa‹ des Anfangs (das Mädchen in der Gewalt des Knechts) im Augenblick der Entdeckung von ›Rosa‹ in der Wunde.

Besonders ausgeführt sind alle Bilder, die das Feld ›Familie‹ betreffen: Vater und Mutter, Schwester des Patienten (es ist die Konstellation der Familie Kafkas: Hermann, Julie, Ottla) beteiligen sich aktiv an der Integration des Arztes in die Familie. Der Arzt erscheint als deren durch das »Fehlläuten der Nachtglocke« ans eigene Krankenbett zurückgeholter Sohn.

Szenenfotos aus: Nachtland. Ein Film von Cyril Tuschi mit Heinrich Giskes. Ludwigsburger Filmproduktion & Lala Films Ltd. Ludwigsburg 1995 (25 min., 16 mm color; U. 29. 1.1996 Frankfurt a. M.)

Ebensowenig wie Kafkas Erzählung selbst bietet der Kurzfilm eine in sich schlüssige ›Botschaft‹. Statt dessen stimuliert auch er die Phantasie, erzwingt eine ständige Suche nach dem nicht geoffenbarten Sinn. Streckenweise sind der im Off gesprochene Kafka-Text und die Bilder, die man dazu sieht, gegeneinander versetzt. Der den Bildern nachfolgende Text erhält dadurch den Charakter eines Kommentars, der den Bildern vorausgehende den Charakter einer sich sogleich realisierenden Prophetie. Die beiden Ebenen behalten also eine relative Unabhängigkeit voneinander. Die Phantasie muß ständig zwischen ihnen vermittelnd hin- und herspringen. Daher sind die bildhaften Konkretisierungen des Films (ein eindeutiges ›Bild‹ des Landarztes, der Rosa, des Knaben, des Knechts, sogar der Pferde) gegenüber der erzählten Geschichte keineswegs die von Kafka (anläßlich der Illustrationen zu *Die Verwandlung*) so gefürchteten Festlegungen und Fesseln der Phantasie. Im Gegenteil, dadurch, daß neue, für Kafkas Prosa charakteristische Symbolsysteme wie Licht und Dunkelheit, optische Anspielungen auf andere Erzählungen Kafkas, etwa auf die Schneelandschaft oder die erotischen Szenen zwischen K. und Frieda in *Das Schloß* (KAS 67 ff.), einbezogen werden, steigern sich Ambivalenz und Bezüglichkeit der Einzelbilder. Die Zuschauer können über ein symbolisches Sehen der Bilder sehr unterschiedliche Erzählungen in Kafkas Erzählung hineinkonstruieren.

Das ist im Unterricht, wenn der Film selbst nicht zur Verfügung steht, durch eine Folge von Illustrationen und Szenenfotos wenigstens in Ansätzen möglich.

»Der Kübelreiter«

Das Davonfliegen des Kübelreiters, der, von einer Frauenschürze in die Flucht geweht, ebenfalls in die endlose »Region der Eisgebirge« entschwindet, kann als Parallelszene zur Schlußszene des *Landarztes* verstanden werden. In beiden durchdenkt Kafka den Status seines Schreibens als Phantasieritt. Trotz aller scheinbaren Schwere der Fahrt im Schlitten und aller Leichtigkeit des Ritts auf dem Kübel – es sind in beiden Fällen die abgespaltenen, nicht gelebten Teile des Lebens, in beiden Fällen symbolisiert durch Frauengestalten, die es verhindern, daß derartige Ritte zu einem Ziel oder zu einem Erfüllen der Aufgabe führen. Die ›Wahrheit‹ des Schreibens ist, daß es lebensfeindlich ist und macht.

Diese Interpretation der *Kübelreiter*-Geschichte stammt von Sabine Schindler (1994, 233–252). Sie geht davon aus, daß Kafka bei den mehrfach variierten Titellisten für den geplanten Sammelband *Ein Landarzt* immer den *Kübelreiter* und die Titelgeschichte in direkten Zusammenhang brachte (sie jeweils unmittelbar hintereinander aufführte), dann aber den schon gesetzten *Kübelreiter* doch aus der Sammlung nahm und später an anderer Stelle veröffentlichte. Es sei wohl weniger der Hinweis auf konkrete zeitgeschichtliche Vorkommnisse (die Kohlennot in Prag im Winter 1916/1917), eher die thematische Nähe zur *Landarzt*-Geschichte, die den auf den Zusammenklang seiner Erzählungen besonders bedachten Kafka zu diesem Entschluß gebracht habe.

Während andere Interpreten die sozialkritische Dimension des Prosastücks betonen, indem sie auf Krieg, Armut und Geschäft hinweisen, die bürgerlich-kapitalistische Verfassung der Gesellschaft anklagen (Richter 1962, 135; Kraft 1983, 74), macht Sabine Schindler auf Übereinstimmungen und Differenzpunkte zu *Ein Landarzt* aufmerksam. Es gehe in beiden Erzählungen um die Situation des Schriftstellers zwischen den Anforderungen seines Werks und denen der Beziehungen zu anderen Menschen. Das erste verbindende Bildfeld ist ›Winter‹. Metaphorisch gelesen bedeutet es Isolation, Mangel an Wärme, soziale Kälte. Daß diese Metapher von Kafka aus der realen Kälte des Prager Kriegswinters in der kohlenlosen Wohnung auf dem Hradschin heraus entwickelt wurde, ist dabei eher nebensächlich. Schon im *Urteil* hatte der Freund sich im winterlichen und revolutionären Rußland verloren. Kafka nimmt eben die aktuellen äußeren Lebensumstände und macht sie zu Bildern für die eigene innere Situation.

Die zweite Gemeinsamkeit besteht in der ›Auflösung‹ der an der Oberfläche so unterschiedlich verlaufenden Geschichten. In beiden Fällen müssen die Protagonisten in irreale Räume ausweichen, der Kübelreiter in die Sphäre der Luft und der Eisgebirge, der Landarzt in die Schneewüste. Der dritte und wichtigste Vergleichspunkt ist die Abweisung des einzelnen (Kübelreiter oder Arzt) durch die anderen (das Kohlenhändlerehepaar und die Familie des verwundeten Knaben) und der Abschied des dermaßen Isolierten aus der bewohnbaren Welt.

Wendet man die psychologische Beobachtung, daß die in einer Erzählung gegensätzlich angeordneten Figuren als Teile einer Person gesehen werden können, auf die Personenkonstellation von *Der Kübelreiter* an, so findet man im Kohlenhändler den ›anderen‹ des Kübelreiters. Angedeutet wird diese Beziehung auf der Ebene des Textes durch formale Korrespondenzen. Beide Begriffe beginnen mit K., der Initiale des Autors und seiner wichtigsten Helden. Der eine besitzt Kohle im Überfluß, der andere den dazugehörigen leeren Kübel. Der eine hat zuviel Wärme, so daß er sie durchs Fenster ablassen muß, er hat auch eine Frau; der andere ist allein, ein Junggeselle, seine Wohnung kalt, und der Ofen ist ihm ausgegangen. Wir wissen bereits, daß ›verheiratet sein‹ und ›Junggeselle bleiben‹ den Weg des Vaters und des Sohnes Kafka voneinander schied; wir wissen auch, daß Kafka zeitlebens versucht hat, die Lebensalternativen miteinander in Einklang zu bringen, und daß er dabei scheiterte. Spiegeln aber Kohlenhändler und Kübelreiter zwei Seiten der Persönlichkeit des Autors, so ist leicht zu erklären, warum Kafka dem Kohlenhändler einige Attribute des Schriftstellers zuerkennt, die er dem Kübelreiter nicht gibt: Der Händler sitzt in seiner Kellerwohnung im Warmen und schreibt. Der Keller wird von Kafka in einem Brief an Felice als idealer Ort der literarischen Produktion genannt:

Oft dachte ich schon daran, daß es die beste Lebensweise für mich wäre, mit Schreibzeug und einer Lampe im innersten Raume eines ausgedehnten, abgesperrten Kellers zu sein. […] Was ich dann schreiben würde. (BF 250)

Aber anders als in dem Brief an Felice, in dem ›Keller‹ für ›Abgeschiedenheit‹ steht, sitzt in der Erzählung die Frau des Kohlenhändlers am Ofen und strickt. Das scheint eine Idylle. In diese reicht die Stimme des leichten, auf dem Kübel

Hans Fronius (*1903 Sarajevo, lebt b. Wien): Der Kübelreiter (1936; Holzschnitt, 43 x 38,5 cm, Blatt-größe 61 x 53 cm; Aufl. ca. 20 Expl.)

»hoch«fliegenden Reiters nicht hinein. Wie in der eigenen Phantasie vernimmt der Händler die Stimme des Reiters über die Grenze ›innen – außen‹ hinweg. Aber die Frau verhindert, daß es zu einem Kontakt zwischen den beiden Seiten der Person kommt. Sabine Schindler (1994, 248) übersetzt diese strukturelle Oppositionsbildung ins Inhaltliche der Kafkaschen Isolations- und Künstler-erfahrung:

»Er [der Kohlenhändler] hat sich, um im Bilde zu bleiben, räumlich und geistig so weit von seinem künstlerischen Ich entfernt, daß er die ehemalige ›Kundschaft‹ (hier wird die syn-onyme Bedeutung des Wortes ›Kundschaft‹ ausgenutzt), nämlich dem Ruf der Literatur zu folgen, nur noch vage mit dem Herzen vernimmt.«

Die Entscheidung, ob der Kübelreiter Kohle bekommt, ist von der Frau des ›anderen‹ abhängig. Sie beherrscht die Tür zwischen beiden Sphären, der Luft »außergewöhnlich hoch« und dem Keller »tief unten« (E 195). Sie verscheucht – umgedrehte Schürzen-Jägerin – mit ihrer Schürze – seit dem *Heizer* Chiffre Kafkas für die weibliche Sexualität – das künstlerische Ich in die Schneewüste. Der Ruf »Du Böse […] du Böse« (E 196) korrespondiert mit dem doppelt ausgerufenen »Betrogen!« (E 128) des Landarztes.

Bezieht man die Frauenfiguren der beiden Erzählungen in die Analyse ein, so stößt man auf Kafkas Grundproblem, den Entscheidungszwang zwischen Familie, Heirat und Beruf einerseits, Schriftstellerexistenz andererseits. Der Landarzt opfert Rosa um der Pferde willen. Er wird in und durch seine Aufgabe (die Wunde des Knaben) ständig metonymisch an das Verlassene erinnert. Der Kübelreiter wird ebenfalls von seinem Pegasus in die Kälte hinausgetragen. Es ist die Frau seines anderen Ich, des Kellerschreibers, die die Vertreibung inszeniert.

Um derartige Gedankengänge nachzuvollziehen, müssen Schülerinnen und Schüler andere Ansatzpunkte als die vergleichende Analyse benachbarter Werke finden. Ein erneuter Rückgriff auf das Märchen bietet sich an. Kafkas *Kübelreiter*-Erzählung hat auffällige Motivparallelen zum Märchen *Das Mädchen mit den Schwefelhölzern* von Hans Christian Andersen. In beiden geht es um Kälte und Erfrieren und um das Thema Mitmenschlichkeit. Eva und Matthias Granzow-Emden haben beide im Unterricht einer 7. Klasse vorgestellt. (Praxis Deutsch 1993, 25–33)

Andersens Märchen endet nicht glücklich. Das Mädchen mit den Schwefelhölzern verhungert und erfriert. Dennoch empfinden Schülerinnen und Schüler den Schluß als befriedigender als den von Kafkas *Kübelreiter*. Die Motivparallelen (Frost im Winter und Kälte in menschlichen Beziehungen) bilden die Basis für einen Vergleich, der zuerst im Unterrichtsgespräch durchgeführt wird. Das Ergebnis ist eine ziemlich eindeutige Wertung. Zwar ist das Märchen traurig, aber dem gestorbenen Kind bleibt der Trost des Himmels und unser Mitleid, während dem Kübelreiter nichts von beidem zuteil wird. Lediglich daß er keine Kohlen bekommt, wissen wir, und daß die Kälte ihn leicht macht wie ein Blatt Papier. Es bleibt offen, ob Kafkas Groteske als eine Sozialsatire gelesen werden muß oder nicht.

Die Aufgabenstellung für eine auf Kafka-Verständnis zielende Schreibaufgabe lautete in einer Klasse 9 (Realschule):

– *Kälte-Traum eines frierenden Kindes.*

Durch das Zusammenfügen mehrerer Sätze von einzelnen Schülerinnen und Schülern einer Schreibgruppe entstand die folgende Produktion:

> Es ist Krieg. Es ist Winter.
> *Die Menschen sind kalt und hart.*
> Es herrscht strenger Frost. Die Bäume starren vor Reif.
> *Ich träume von Wärme und Sonne*
> *und vom Spiel unter grünen Bäumen.*

Der Himmel ist grau und abweisend.
Ich friere.   *Ich träume vom Ofen.*
Ich blase in meine Hände.   *Ich träume von einem Feuer.*
Kohlen kann ich nicht bezahlen. Ich habe Hunger.
          Der Frost in den Gesichtern der
          Vorübergehenden erschreckt mich.
Der kalte Wind in den Straßen.
          Ich möchte mit ihm wegfliegen.
Vor Kälte ist alles steif, nichts bewegt sich.
          Ich möchte auf einem Pferd unter
          einem blauen Himmel galoppieren.
Ich zünde ein Streichholz an.
          Das wärmt ein bißchen.
Die Leute rennen vorüber und sehen nicht her.
»Wir haben nichts, wir nehmen nichts, wir verkaufen nichts.«
          Ich möchte zufrieden wie die Frau des
          Kohlenhändlers am geheizten
          Kachelofen sitzen, in wohliger Wärme,
          nichts von Frieren wissen.
Wir geben keine Kohlen ohne Geld.
          Ich will nicht erfrieren.
Wir wissen überhaupt nicht, wer da ruft.
          Ich reite auf meinem leeren Kübel in
          meine Träume.

Diese Satz-Montage zeigt, wie Motive aus dem Andersen-Märchen mit der Szene aus Kafkas *Kübelreiter* gemischt werden können. Sie sagt nichts über die ›Betroffenheit‹ der einzelnen Rezipienten aus, die die Sätze beisteuerten. Die Gegenüberstellung von Realität und Gedankenwelt erinnert an Schreibtechniken wie die von Ingeborg Bachmann in dem Gedicht *Reklame*.[65] Die Verzahnung der beiden Textebenen strukturiert den Text sehr einfach. Sie erlaubt unterschiedliche Lektüren: das Nach- oder Ineinander von Beobachtungen (gerade gesetzt) und von Empfindungen (kursiv gesetzt).

Neu entdeckt wurde die für Kafkas Groteske charakteristische Distanzhaltung des Frierenden zu seiner Situation. Mit Leichtigkeit ist die Grenze zwischen Wirklichkeit und Phantastischem überschritten. Anklage und moralische Entrüstung fehlen. Am Ende bleibt offen, ob das Wegreiten auf dem Kübel ein Wunsch ist oder die erzählte Wirklichkeit.

Natürlich wurde hier schreibend eine Schulaufgabe erledigt. Gefordert war ja ein Traum, in dem Dinge wie die berichteten vorkommen können. Aber die Umsetzung einer bedrückenden Erfahrung in ein Spiel, die Kafkas Text konstituiert, ist begriffen und in den eigenen Text übernommen worden. Die Haltung des Sprechers ist daher derjenigen von Kafkas Erzählung erstaunlich nahe gekommen: Die Idee, daß jemand sich ohne Bedauern durch die Kälte der anderen aus der Welt wegweht sieht, bleibt den Schülerinnen und Schülern zwar fremd. Aber die seltsame Heiterkeit des Kafkaschen Reiters hat sich im Schreibexperiment doch als faszinierender erwiesen als die Märchenethik, die bei Andersen (und auch im einleitenden Interpretationsgespräch in der Klasse) dominierte.

Max Brod (1974, 140) nannte Kafkas *Kübelreiter* eine »wehmütig lustige, alle Menschenschwäche wie von einem himmlischen Punkt aus isolierende, gesanghafte« Erzählung. Die Erfahrung des Ausgegrenzt- und des Abgeschnittenwerdens vom Lebensnotwendigen (der metaphorisch zu verstehenden ›Wärme‹) ist schmerzlich, und wir reagieren darauf mit Trauer oder Panik. Das von Kafka im *Kübelreiter* vorgeschlagene Reaktionsmuster einer emotionalen Leichtigkeit in bedrohlichen Lagen steht dem entgegen, es ist das unausgesprochene Lernziel der Textarbeit.

Die Sorge des Schriftstellers um sein Werk

In seinen frühen Erzählungen, so wie wir sie kennengelernt haben, thematisiert Kafka immer wieder die Lebenskonflikte, in die er durch sein Schreiben gerät, zugleich mit jenen Konflikten, auf die er schreibend reagiert: Familie, Sexualität, Beruf. Aber auch das Schreiben selbst, die künstlerische Tätigkeit, birgt Probleme. Es ist störanfällig, keineswegs ohne Gefahren für das »innere Leben«. Gelingt es nicht, entstehen Lebenskrisen. Diese müssen ihrerseits schreibend bearbeitet werden. Es entwickelt sich ein Schreiben über die Störanfälligkeit des Schreibens.

»Auf der Galerie«

An dieser Parabel wird allgemein die antithetische Struktur der beiden Sätze, die den Text ausmachen, hervorgehoben. Der erste Satz, ein irrealer Konditionalsatz, gilt einer Szene im Zirkus, bei der eine kranke Kunstreiterin von ihrem erbarmungslosen Chef in der Manege herumgetrieben wird. Im zweiten, durch Semikola gegliederten, ist dem der gleiche Sachverhalt als das Bild eines realen Geschehens gegenübergestellt; dementsprechend steht er im Indikativ Präsens, ist aber derart von ironischen Übertreibungen durchsetzt, daß der Leser auf das Muster der verkehrten Welt gestoßen wird und bereit ist, die zuerst geschilderte Ansicht der Szene für ›Wahrheit‹, die zweite für die ›Fassade‹, die als Wirklichkeit ausgegeben wird, zu halten.

Die naheliegende Interpretation, daß der schöne Schein des Zirkus trügt, ist unzureichend. Denn die Erzählung heißt nicht ›In der Manege‹, sondern *Auf der Galerie*. Auch die Verweise auf mögliche literarische Quellen (Wedekinds Essay *Zirkusgedanken* oder Robert Walsers Kurztext *Ovation*, ↗ S. 156) oder auch Gemälde (Georges Seurats *Zirkus*, ↗ S. 153; Henri Toulouse-Lautrecs *Im Zirkus Fernando: Die Kunstreiterin* [Schlingmann 1995, 110, 113]) tragen zum Verständnis relativ wenig bei. Daher ist es sinnvoll, das Erzählte vom Verhalten des Galeriebesuchers aus zu betrachten. Im ersten Falle nimmt der Galeriebesucher die lungenkranke Kunstreiterin als Opfer wahr, den Chef, das Orche-

Georges Pierre Seurat (*1859 Paris, †1891 ebd.): Zirkus [Cirque] (1891; Gemälde, seit 1924 im Louvre, Paris)

ster und das Publikum hingegen als grausam und gefühllos. Erbarmungslos wird die Reiterin im Kreis herumgejagt. Der Satzrhythmus ist der Semantik angepaßt. Und da sich die Szene in eine »immerfort weiter sich öffnende graue Zukunft« fortzusetzen scheint, billigt der Leser die genannte Reaktion des Besuchers auf das Unerträgliche, das laut gerufene »Halt«.

Die gewährte emotionale Entlastung durch die Tat ist aber nur eine gedachte, keine ausgeführte. Nur »vielleicht« wäre die Handlung möglich, wünschbar sicher, aber ebenso sicher nicht realisiert. Die Reaktion des Galeriebesuchers auf das zweite Bild, das eigentlich eine mosaikartige Folge von Einzelbildern ist, irritiert. Schülerinnen und Schüler, die aufgefordert wurden, den zweiten Aussagesatz vorherzusagen, stellten sich vor, daß der Galeriebesucher, nunmehr zufrieden zurückgelehnt, sich dem Zirkusvergnügen ganz hingibt usw. Sein alptraumartiges Erlebnis ist um so weniger verständlich, als er es vernünftigerweise als Mitleiden oder Resignation an die erste Ansicht der Szene hätte anschließen können, nicht aber an die zweite, farbige und, wenn auch vielleicht fragwürdig übertrieben, so doch harmonische. Deswegen, meint Christian Eschweiler (1991, 66), müsse dieses Verhalten auf Täuschung beruhen:

»Der getäuschte Galeriebesucher ist der ganz und gar Betrogene, der die Wahrheit, wie sie im ersten Abschnitt der Geschichte beschrieben ist, nicht sieht. Er wird von der Scheinwelt geblendet, hält sie bereitwillig bereits für die ganze Wirklichkeit, verkennt seine Aufgabe und wird schuldig, ohne etwas zu bemerken.«

Die gegenteilige Antwort, hier habe jemand die Fassadenhaftigkeit der Welt durchschaut, liegt ebenfalls nahe, ist aber genauso banal. Fast alle Interpreten versuchten also, anspruchsvollere Antworten zu finden. Roger Hermes (1994, 226) hat sie zusammengestellt. Es ist eine respektable Liste: Formuliert Kafka eine Gesellschaftskritik, seinen Zweifel an der Verläßlichkeit der Realität, wie sie uns als Betrachtern erscheint, oder geht es ihm um psychische Prozesse, um die Gewalt des Vaters (des Direktors) gegenüber den Kindern oder um eine subtile Schilderung von Kafkas spezifischem Lebensgefühl, nämlich erbarmungslos im Kreis herumgehetzt zu werden?

Eine interessante, wenn auch durchaus nicht unproblematische allegorische Deutung bietet – ganz im Trend der neunziger Jahre – Roger Hermes selbst an. Er sucht nachzuweisen, daß zahlreiche Textindizien dafür sprechen, daß auch diese Parabel Kafkas in erster Linie autoreferentiell ist, also das Schreiben selbst thematisiert. Ausgangspunkt ist die Selbstaussage Kafkas, daß er, an mehreren Texten gleichzeitig arbeitend, manchmal das Gefühl habe, als stünden die Geschichten vor ihm, »aufgerichtet wie die Pferde vor dem Cirkusdirektor Schumann bei Beginn der Produktion« (KAT 718). Das Bändigen der Pferde ist auch in der nachfolgenden Erzählung der Sammlung, *Ein altes Blatt*, Chiffre für die Verschriftung einer schlecht zu beherrschenden Inspiration. Dort sind die Reiter aber als kräftige Nomaden geschildert, die sich durch Dohlenschreie verständigen. Der Galeriebesucher hat dieses Selbstbewußtsein nicht. Er denkt sich die Kunstreiterin lungensüchtig, irgendwie schwach, verloren und isoliert.

Pferd und Reiterin sind vom Direktor und vom Publikum abhängig. Sie werden gehetzt. Kafkas Lungenkrankheit ist noch nicht ausgebrochen, aber er fühlt sich von nervösen Schlafstörungen und ständigen Kopfschmerzen geplagt, »hinfällig« eben. Da er aber weiß, daß das Schreiben in seinem Leben »alles andere ins Nebensächliche gerückt« (KAT 546) hat, peitscht er sich – wie der Zirkusdirektor die Reiterin – zu immer neuen Schreib-Anfängen. Schreiben dient seiner Lebensrechtfertigung: »Dazu bin ich ja hier, das ist mir ganz klar« (KAT 562). Er bindet auch die literarische Kritik (Orchester) und das Publikum (Leser) ein, denn zu dieser Zeit ist er sehr daran interessiert, daß das von ihm privat Geschriebene öffentlich wird. Der im Zirkus des literarischen Lebens nicht nur als Autor, sondern auch als Kritiker, Manager und ›Impresario‹ erfolgreiche Freund Max Brod verfolgt besorgt, aber auch mit der Peitsche, Kafkas Schreiben. Kafka könnte in dem Direktor in der Manege sehr wohl den Freund in dessen Vater- und der Beschützerrolle gesehen haben. Er selbst korrespondiert mit dem Verleger Wolff, überlegt, ob er aus Prag wegziehen und nach Berlin gehen soll. (Br 158) Mitte November 1916 hatte er die unveröffentlichte Erzählung *In der Strafkolonie* bereits in der avantgardistischen Galerie (!) Goltz in München vorgelesen. Roger Hermes weist nun darauf hin, daß Kafka gerade in der Zeit, als er *Auf der Galerie* schrieb, den Eindruck hatte, seine neuesten Texte wären unbefriedigende Wiederholungen von früher besser geschriebenen. Das »Halt«, das der Galeriebesucher rufen würde, könnte diesem selbstquälerischen Kampf um einen neuen, größeren Anfang gelten.

Den zweiten Satz autoreferentiell zu deuten wird schwieriger. Die Fassadenhaftigkeit der Zirkusszenerie ist überdeutlich. Aber auf welche Schreibversuche Kafkas sollte sie sich beziehen? Hermes rettet sich in eine detaillierte Auslegung der Interaktion zwischen Direktor und Reiterin. Dessen großväterliche Fürsorge hält er für eine »Vorsorge«, die die Kunststücke der Reiterin selbst betrifft. Ihren Erfolg (= das fertige Stück Literatur) möchte die Reiterin mit dem ganzen Publikum teilen. Das unverständliche Weinen des Galeriebesuchers als Reaktion auf diese Erfolge erklärt Hermes als Erkenntnis des Dilemmas einer Schriftstellerexistenz, die zwischen Stagnation und glückendem Schreiben hin- und hergerissen wird.

Die Brüchigkeit dieser Deutung macht erneut klar, daß alle einsinnigen Übersetzungen der Szenen, Gesten und Handlungen Kafkascher Figuren in abstrakte Ideen, Meinungen, Konzepte an Grenzen stoßen, die in der Natur der mehrfach auslegbaren Erzählrede liegen. Im Unterricht kommt es daher nicht darauf an, die ›überzeugende Gesamtinterpretation‹ zu erarbeiten, sondern die Bruchstückhaftigkeit und die Unabschließbarkeit der Deutungsbemühungen herauszustellen. Das kann einmal durch die überprüfende Vergleichung unterschiedlicher inhaltlicher Konkretisationen geschehen, es kann auch ›produktiv‹, durch die Übertragung der erzählten Situation auf eine vergleichbare Abhängigkeit, erfolgen. – Hier ein Beispiel:

Auf der Schulbank

Wenn irgendeine lungensüchtige Deutschlehrerin zugleich mit dem grellen zehn Sekunden langen Läuten der alten Schulglocke schnaufend am Klassenraum ankäme, sofort ihren schweren Schlüsselbund aus der schon total abgenutzten und überfüllten Schulmappe herausholte, ihn geschickt in das Schlüsselloch der quietschenden Klassenzimmertür steckte, sie schwungvoll öffnete und fünfundzwanzig mucksmäuschenstille, in Zweierreihen stehende Schülerinnen und Schüler in den Klassenraum bitten würde, dann nach zwanzig Sekunden Strafarbeiten verteilte, weil es noch nicht ruhig ist, schließlich die Klasse auf ihre Vollständigkeit überprüfte, dann das alte, dicke Deutschbuch auf Seite dreihundertneunundachtzig aufschlüge und die Seite von ein und demselben Schüler vorlesen ließe, bis endlich die von allen gehaßte Klassenstreberin drankäme, – dann würde vielleicht einer der vielen Schüler und Schülerinnen mitten in der Stunde aufspringen und schreiend aus dem Klassenraum ziellos durch das Schulgebäude rennen und schließlich den Schulhof erreichen, bis zur Straßenbahn laufen und in die nächste Bahn steigen.

Da dies aber nicht so ist, eine junge, dynamische Deutschlehrerin fünf Minuten zu spät die Treppe heraufgestiegen kommt und eine Minute in ihrer neuen Ledermappe nach dem Schlüssel sucht, bis sie schließlich bemerkt, daß die laut grölende, teils Karten spielende, teils Schwämme werfende Klasse sich schon im Klassenraum befindet und die schwere Tür sanft hinter sich schließt und fünfundvierzig Minuten versucht Unterricht zu halten, indem sie die aktuellsten und interessantesten Themen auf hochwertigen Tonträgern und über Qualitätsoverheadgeräte den Schülerinnen und Schülern nahebringt, diese Themen dann ausgiebig diskutiert, so daß allerkleinste Kleinigkeiten rest- los geklärt werden – lehnt sich ein jeder zufrieden zurück und erzählt seinem Nachbarn, was er gestern nachmittag gemacht hat. (Kai Weber, Kl. 9, Gymnasium. In: Diskussion Deutsch 24 [1993], H. 132, S. 349)

Der Schreiber hat eine Analogie zwischen Zirkus und Schule, zwischen Kunstreiterin und Lehrerin konstruiert. Vergleichspunkte waren Publikum und Klasse, Differenzpunkte das Verhalten des einen Galeriebesuchers und des herausgegriffenen einzelnen Mitglieds der Klasse. Ähnliches ist auch Lehrern eingefallen, die *Auf der Galerie* im Unterricht durchgenommen und auf diese Situation rückgewendet haben. Dieter Uesseler (Praxis Deutsch 1993, 11) thematisiert auf diese Art selbstironisch sein Bemühen, Schülerinnen und Schülern den von ihm geschätzten Autor nahezubringen. Die intertextuelle Rückbeziehung auf Kafka knüpft ›Handlungsmöglichkeit‹ und ›wünschbares Verhalten‹ des einzelnen im Unterricht an ›Unwahrscheinlichkeit‹ der Situation, ›Alltagsverhalten‹ hingegen an ›Erwartbarkeit‹. Damit steuern der schreibende Schüler wie der schreibende Lehrer ein kritisches Urteil über den erlebten Deutschunterricht aus, das, an die Stelle des (deutschunterrichtskonformen) kritischen Interpretenurteils über die ›Fassadenhaftigkeit der Welt‹ bei Kafka gesetzt, Heiterkeit verbreitet, wo institutionell Tiefsinn gefordert wird.

Als konkrete Übung, die den Blick für die Besonderheit des Kafkaschen Erzählens schärft, ist der Textvergleich mit einem motivähnlichen Prosastück eines anderen Autors eine bewährte Methode. Zum Beispiel kann man im Unterricht Kafkas *Auf der Galerie* mit dem folgenden Prosatext Robert Walsers von 1912 vergleichen – eine Übung, die sich um so mehr anbietet, als Kafka Walsers Kurzprosa außerordentlich geschätzt hat und vielleicht auch dieses Stück kannte:

Ovation

Stell dir, lieber Leser vor, wie schön, wie zauberhaft das ist, wenn eine Schauspielerin, Sängerin oder Tänzerin durch ihr Können und durch die Wirkung desselben ein ganzes Theaterpublikum zu stürmischem Jubel hinreißt, daß alle Hände in Bewegung gesetzt werden und der schönste Beifall durch das Haus braust. Stell dir vor, daß du selber mit hingerissen seiest, der Glanzleistung deine Huldigung darzubringen. Von der umdunkelten, dichtbevölkerten Galerie fallen, Hagelschauern ähnlich, Beifallskundgebungen herab, und gleich dem rieselnden Regen regnet es Blumen über die Köpfe der Leute auf die Bühne, von denen einige von der Künstlerin aufgehoben, und, glücklich lächelnd, an die Lippen gedrückt werden. Die beglückte, vom Beifall wie von einer Wolke in die Höhe gehobene Künstlerin wirft dem Publikum, als wenn es ein kleines, liebes, artiges Kind sei, Kußhand und Dankesgesten zu, und das große und doch kleine Kind freut sich über diese süße Gebärde, wie eben nur immer Kinder sich freuen können. […]
(R. W.: Das Gesamtwerk. Hg. J. Greven. Genf/Hamburg: Kossodo 1972. Bd. 1, S. 284 f.)

Walsers Prosastück hat mit dem Kafkas die Struktur des Hypothetischen (»Stell dir, lieber Leser, vor, wie schön […] das ist, wenn«) gemeinsam. Aber es hat eine andere Intention. Walser durchleuchtet einen Vorgang auf dem Theater, Kafka ein menschliches Verhalten. Walsers Text entstammt dem kritischen Feuilleton der »Schaubühne«. In erkennbar satirischer Absicht ist das Verhältnis von Publikum und Sängerin dargestellt. Es geht nicht nur um den Beifall für die künstlerische Leistung, sondern um die ins Ritual eingebundenen Emotionen und um die spezifische ›Atmosphäre‹. Deswegen heißt das Stück auch zu Recht *Ovation*. Bei Kafka geht es nur an der Textoberfläche um das gleiche Thema. Interessant für ihn ist das Verhalten des Galeriebesuchers, der weder zum Publikum noch zu den Artisten gehört. In seiner Geste spiegelt sich die Ratlosigkeit des Autors, der die eigene Situation im literarischen Zirkusbetrieb beobachtet.

»Die Sorge des Hausvaters«

Die Sorge des Hausvaters heißt »Odradek«, ein Name, dessen Etymologie Rätsel aufgibt. Es handelt sich um ein Wesen, das halb Maschine, halb lebendiges Wesen zu sein scheint. Es ist einerseits beschrieben wie ein Kinderspielzeug (aus einer Zwirnspule und abgerissenen Garnstücken bestehend, von einem seitlich befestigten Stern und Stäbchen angetrieben), andererseits ist es sprachbegabt, einem Kobold ähnlich im Haus umherrollend und möglicherweise sogar zeitenthoben, insofern als der Hausvater damit rechnet, daß Odradek ihn überleben könnte. Odradek ist natürlich auch die Sorge der Interpreten, die ihm mehrere Leben und Funktionen zugeschrieben haben. (Hillmann 1967, 197–210) Eine davon betont das Verhältnis des Hausvaters zu Odradek und sieht in diesem wiederum ein Abbild der Einstellung Kafkas zu seinem eigenen Schreiben. Eine einfache Allegorese der Figurbeschreibung Odradeks macht bereits darauf aufmerksam. (Fingerhut 1969, 110)

Wie die aneinandergeknoteten Zwirnsfäden sind auch die Erzählungen der Sammlung *Ein Landarzt* aneinandergeknotet, sie bestehen aus heterogenen Quellen, Bearbeitungen und Umdeutungen. Noch zerfranster, ineinander verfilzter sind die Geschichten an ihrem ursprünglichen Entstehungsort, in den Oktavheften. Hier kommen noch biographische Aufzeichnungen dazu, Reflexionen, Körperempfindungen. Das Textknäuel, das mit »Odradek« gemeint sein könnte, erscheint »als Ganzes zwar sinnlos«, aber »in seiner Art abgeschlossen«. Odradek spricht lungenlos wie raschelnde Blätter, wie Papier. Er entzieht sich der Verfügung durch den Hausvater, der den Kobold aber nicht als seinen ›Sohn‹ sehen kann (wie in anderen Geschichten Kafkas, etwa in *Elf Söhne*), sich aber doch Sorgen macht um dessen Zukunft. Besonders der Schlußabschnitt kann dann als eine besorgte Reflexion des Autors Kafka über das Schicksal seines Werkes gelesen werden:

Vergeblich frage ich mich, was mit ihm geschehen wird. Kann er denn sterben? Alles, was stirbt, hat vorher eine Art Ziel, eine Art Tätigkeit gehabt und daran hat es sich zerrieben; das trifft bei Odradek nicht zu. (E 140)

Malcolm Pasley ist in seiner Deutung noch einen Schritt weiter gegangen. Er sieht Gemeinsamkeiten zwischen Odradek, der Zwirnspule, und dem Jäger Gracchus aus der gleichnamigen, Fragment gebliebenen Erzählung. Diese beiden literarischen Figuren sind ›unfertig‹, ›Herumtreiber‹, ›zwischen Tod und Leben‹, ›ohne festen Wohnsitz‹, und die Texte, in denen von ihnen erzählt wird, sind ›ineinander verfilzte Stücke‹. (Pasley 1964, 73–81; Emrich 1966, 295–303)

Verweist ein Text auf sich selbst, seinen Autor, dessen Schreibprobleme, so fragen sich Schülerinnen und Schüler mit Recht, was das für sie bedeute. Sie können eine solche Form der ›Autonomie‹ des Literarischen zwar als Kreisen um sich selbst oder als eine Form des Narzißmus erkennen und beschreiben, aber nicht als für sie selbst als Leserinnen und Leser wichtig oder gar erstrebenswert ansehen. Hier muß die Tatsache der Polyvalenz ästhetischer Texte und das Theorem vom Sinn konstruierenden Leser helfen, einen Ausweg zu finden. Es ist durchaus möglich und zuzugestehen, daß für den Autor etwas anderes an seinem Werk wichtig ist als für den Rezipienten. Während der sich um sein Werk, seine Inspiration, das Verhältnis des Künstlers zum alltäglichen Leben (bei Kafka: Brotberuf, Heirat) sorgt, beschäftigt sich jener vielleicht mit der Frage nach Wahrheit und Wirklichkeit dessen, was ihm begegnet, mit dem Problem Disziplinierung des eigenen Begehrens durch ›Schrift‹, Sprache und Bewußtsein; es geht ihm um Freiheit und Entfaltungsmöglichkeiten des eigenen Ichs angesichts der ihn umgebenden Instanzen. Das heißt, im Unterricht sollte klar werden, daß es sich bei den Themen ›Autoreferentialität‹ und ›Sorge des Autors um sein Werk‹ um spezielle Ausprägungen allgemeinerer psychologischer Fragen handelt, die auch Leser umtreiben. Schülerinnen und Schüler können dann weiter erkennen, daß sie, lesend in den Geschichten des Autors, ihren Problemen nachgehen können, ohne den Sinn und Zweck des Textes zu verfehlen oder gar zu verfälschen.

In dieser Hinsicht sind Kafkas Prosastücke sehr viel älteren Texten vergleichbar, die sie nicht umsonst immer wieder verwandelt in sich aufnehmen. Gemeint sind, wie schon mehrfach angedeutet, antike Mythen und Volksmärchen, weil ebenfalls vielschichtig und mehrfach auslegbar. Hinter einer Erzählfassade, die Figuren in Konflikten und Entwicklungen zeigt, finden Leserinnen und Leser leicht neue, eigene Themen und Fragestellungen. Versuche, die alten Erzählungen zu deuten, verwandeln sich dann streckenweise in Versuche, sie aktualisierend neu und weiterzuerzählen. Der Übergang von Erzähltext und Kommentar wird fließend.

Psychologen und Literaturwissenschaftler haben vor allem in den Sagen des klassischen Altertums und in den Märchen der Brüder Grimm bildhafte Kodierungen jener allgemeinen Lebens-Probleme – wie ›Autonomie gewinnen‹, ›Entwicklungsstationen durchlaufen‹, ›Ablösungs- und Bindungsprozesse durchleben‹, ›Aufgaben übernehmen‹, ›Proben bestehen‹ und die diversen Fragen, die sich aus der Ausbildung der geschlechtlichen Identität des Erwachsenen ergeben – gefunden. Der produktive Autor erarbeitet sich in eigenen Texten das, was Leserinnen und Leser von Literatur sich exemplarisch in den Bildwelten der Mythen und Märchen deutend re-konstruieren können.[66] Bekannt geworden ist Walter Benjamins Klassifizierung Kafkascher Prosastücke als »Märchen für Dialektiker«[67].

Der Literaturunterricht macht sich beim Umgang mit Kafkas Prosa eine

Struktur des literarischen Lebens zunutze, in die Kafkas Erzählungen selbst eingebunden sind: Kafka entwirft seine Erzählungen auf der Folie älterer Texte, die ihm helfen, die Bilderwelt seiner Phantasie in narrative Strukturen zu ordnen. So steigt das Bild des Odysseus oder des Prometheus in ihm auf, wenn er nach Bildern für einen von den Göttern unendlich Gequälten sucht. Zugleich mit den Bildern kommen die ihnen zugehörigen kulturellen Kommentare, Urteile und Meinungen, aber auch die Fragen, die ihm zu diesen Figuren einfallen. Ist Prometheus nur der an den Felsen geschmiedete Rebell gegen den Vatergott oder vielleicht auch der unerklärliche Teil des Felsens, vielleicht auch die Rechtfertigung des Kaukasus; ist Odysseus der Listige, der Menschen und Götter täuscht, oder muß er so unerhört listig sein, daß er auch sich selbst erfolgreich täuschen kann, wie Kafka das in *Das Schweigen der Sirenen* (KAN II 40–42) durchdenkt?

Die aus Bildwelt und Gedankenwelt neu entstehenden phantastischen Konstellationen Kafkas werden – idealtypisch gesprochen – vom Leser neu kommentiert, das heißt mit eigenen Vorstellungsinhalten angereichert. Insofern sind diese Leser-Kommentare die Fortsetzung des narrativen Textes mit anderen Mitteln.

Die Sorge des Hausvaters um Odradek kann also verstanden werden als die Sorge des Autors/des Lesers um die seltsame und unbeeinflußbare Lebendigkeit von Bildungs- und Vorstellungsinhalten aus verschiedenen Traditionen im eigenen literarischen oder seelischen Haus(halt). – Als Beispiel führe ich eines der Fragment gebliebenen Prosastücke Kafkas an, das deutliche Strukturähnlichkeiten zum *Dornröschen*-Märchen aufweist:

Ich liebte ein Mädchen, das mich auch liebte, ich mußte es aber verlassen.

Warum?

Ich weiß nicht. Es war so als wäre sie von einem Kreis von Bewaffneten umgeben, welche die Lanzen nach auswärts hielten. Wann ich mich auch näherte, geriet ich in die Spitzen, wurde verwundet und mußte zurück. Ich habe viel gelitten.

Das Mädchen hatte keine Schuld?

Ich glaube nicht, oder vielmehr, ich weiß es. Der vorige Vergleich war nicht vollständig, auch ich war von Bewaffneten umgeben, welche ihre Lanzen nach innen, also gegen mich hielten. Wenn ich zu dem Mädchen drängte, verfieng ich mich zuerst in den Lanzen meiner Bewaffneten und kam schon hier nicht vorwärts. Vielleicht bin ich zu den Bewaffneten des Mädchens niemals gekommen und wenn ich hingekommen sein sollte, dann schon blutend von meinen Lanzen und ohne Besinnung

Ist das Mädchen allein geblieben?

Nein, ein anderer ist zu ihr vorgedrungen, leicht und ungehindert. Ich habe erschöpft von meinen Anstrengungen, so gleichgültig zugesehen, als wäre ich die Luft, durch die sich ihre Gesichter im ersten Kuß aneinanderlegten. (KAN II 234 f.)

In beiden Texten geht es um den verwehrten oder gewährten Zugang eines Mannes zu der begehrten Frau. Offensichtlich ist für Kafka nur das Paradox interessant, das die Barriere zwischen den beiden Figuren verdoppelt. Aus den ungerichteten Dornen der Hecke werden die nach außen gerichteten Spieße, die das Mädchen und die nach innen gerichteten, die den Sprecher umgeben. Es entsteht eine für Kafka typische steigernde Einräumung, vergleichbar jener, mit der die Schwierigkeiten des Boten aus *Eine kaiserliche Botschaft* beschrieben werden, der sich mit der Botschaft des toten Kaisers auf den Weg zum einsam dasitzenden und wartenden Empfänger macht.

Der Vergleich zeigt, daß es sich einmal um die Glücks- und einmal um die Unglücksvariante derselben Personenkonstellation handelt. Kafkas Text ist als Geschichte eines der vielen Prinzen zu lesen, die beim Versuch, Dornröschen zu erlösen, in den Dornen steckenblieben und über die das Märchen schweigt.

Derartige Reduktionen von Volksmärchen auf die ihnen zugrunde liegenden Muster verwandeln Glücks- in Enttäuschungsgeschichten. Denn sie blenden das Motiv ›Erlösung‹ aus.

Die Aufgabe, ›Minimärchen‹ zu bekannten Märchen im Stile Kafkas zu formulieren, vermittelt traditionelle Erzählliteratur mit modernen Erzählformen. Man gewinnt dabei ein neues Verständnis für Kafkas Umgang mit literarischen Gattungen wie Märchen, Fabel oder mythische Erzählung und erarbeitet zugleich einen Begriff von Literatur, die schreibend auf Literatur reagiert.

Das folgende ›kafkaisierte‹ Minimärchen stammt von einer Studentin:

Ich hatte den Zorn meiner Mutter erregt. Bei ihrer Morgentoilette hatte sie in ihrem Spiegel gesehen, daß ich hübscher und begehrenswerter war als sie. Sie erschrak.

Ich wollte nicht sterben und mußte von zu Hause fliehen. Ich kam zu Freunden, in ihrer Hütte erhielt ich zu essen und durfte bleiben.

Ich weiß, der Spiegel wird keine Ruhe geben. Schon bereitet meine Mutter den Apfel vor, mit dem sie vor unsere Hütte kommen und mir die Hälfte zu essen anbieten wird.

Was sie nicht weiß:

Ich kenne das Märchen, ich bin neugierig auf den gläsernen Sarg, auf die tausend Maler, die mich darin malen werden, die tausend Dichter, die mich beschreiben werden, auf die Freunde, die weinen.

Ich rechne damit, daß der Prinz kommt und die Träger stolpern. Ich werde den Apfel essen.

Ich bin nicht nachtragend, den Rest des Märchens kann ich mir und meiner Mutter dann schenken.

Diese *Schneewittchen*-Bearbeitung ist nicht, wie zahlreiche zeitgenössische Umerzählungen (von Reiner Kunze, Urs Widmer u. a.[68]) eine narrativ ausgearbeitete politische oder psychologische Deutung, sondern eine subjektive Anpassung der überlieferten Geschichte an den eigenen Alltag.

Um die Erfahrung zu vermitteln, daß es in Kafkas Texten wirklich nicht nur um Literatur und literarische Produktion gehen muß, sondern auch um Fragen, denen Leserinnen und Leser nachgehen möchten, kann eine produktive Aufgabenstellung gewählt werden, die es ihnen erlaubt, das Spezielle der Autoreferentialität Kafkascher Parabelerzählungen mit ihrem auf Alltägliches bezogenen Interessenhorizont zu verbinden. Die Aufgabenstellung benutzt die Märchenzüge der Kafkaschen Kurzprosa. Odradek ist in seinem Verhalten in manchem der Titelfigur des Grimmschen Märchens *Rumpelstilzchen*[69] ähnlich. Mit dieser teilt die geschlechtslose Zwirnspule die Merkmale \klein\, \beunruhigend\ und \nicht zu fassen\. Außerdem haben beide etwas mit Spulen, Fäden und der Fähigkeit, überraschend aufzutauchen und zu verschwinden, zu tun. Der Gegensatz besteht darin, daß Rumpelstilzchen als Helferfigur oder Abholwesen identifi-

Alfred Hrdlicka (*1928 Wien, lebt ebd.):
Odradek (1972; Radierung,
19,5 x 15,8 cm; in: ↗ Peter Collien)

Markus Vallazza (*1936 St. Ulrich-Gröden, Südtirol, lebt in Salzburg): Odradek (zu Kafka)(1971;
Radierung, 20,2 x 29,8 cm, Blattgröße 38 x 48 cm; Probedruck; Leihgeber K. Fingerhut)

zierbar ist, der Heldin also nutzen oder schaden kann, während der Hausvater von Odradek ausdrücklich sagt, daß er die Funktion des Hausgeistes nicht kennt, daß er nur hoffen kann, er werde niemandem schaden. Untersucht man aber diese Feststellung genau, so entdeckt man, daß der Hausvater mit seiner Vermutung vielleicht nur eine Selbstberuhigung ausspricht. Der Leser weiß nicht, ob Odradek wirklich so harmlos ist, wie er erscheint.

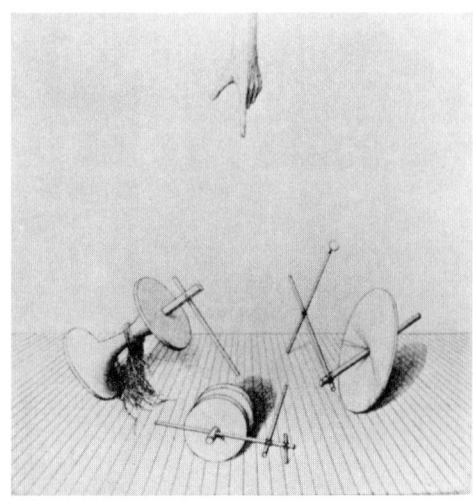

Peter Collien (*1938 Berlin, lebt ebd.): Odradek (1972; Radierung, 16 x 15,8 cm; in: F. K.: Odradek [Die Sorge des Hausvaters]. Mappenwerk m. 13 Radn. Burgdorf b. Hannover: Steintor Verl. 1972, Aufl. 100 Expl.)

Diese Beobachtungen sind das ›Bildmaterial‹, mit dem Schülerinnen und Schüler eigene Erzählansätze ausstatten können. Die Aufgabe lautet:

– *Erzählen Sie Kafkas Odradek-Geschichte weiter, indem Sie einen Sohn, eine Tochter in die Geschichte einführen und* Die Sorge des Hausvaters *nach dem Vorbild des* Rumpelstilzchen-*Märchens neu bearbeiten.*

Als Anregungen können die bildkünstlerischen Arbeiten hinzugezogen werden, die des Hausvaters Sorge bildlich umzusetzen versuchen.

»Ein Bericht für eine Akademie«

Kafka schrieb *Ein Bericht für eine Akademie* im April 1917. Mehrfach war zuvor in Prager Zeitungen über einen dressierten Affen ›Konsul Peter‹ berichtet worden, der in Varietés zeigte, wie weit es ein Tier in der Dressur bringen kann.[70] Zahlreiche literarische und halbliterarische Quellen, wie E. T. A. Hoffmanns *Nachricht von einem gebildeten jungen Mann*[71] oder Alfred Brehms *Tierleben* und Carl Hagenbecks Autobiographie oder Edisons Vortrag über Phonographen, der sich an die »Herren Mitglieder der Akademie der Wissenschaften« richtete, sind nachgewiesen. (Binder 1966, 161–166; 1975, 225–230; 1983, 271–305) Der erste Teil des Textes ist im vierten der ›Oktavhefte‹ (KAN I, 390–399) überliefert. Da Kafka die Erzählung zum Druck in Martin Bubers Zeitschrift »Der Jude« einrichtete, ist der Text gesichert.

Der Publikationsort und Max Brods erste Deutung ließen es plausibel erscheinen, in dem Affen Rotpeter, der es zur durchschnittlichen Bildung eines Mitteleuropäers bringt, den assimilationswilligen Juden zu sehen:

162

»Der Assimilant, der nicht Freiheit, nicht Unendlichkeit will, nur einen Ausweg, einen jämmerlichen Ausweg!«[72]

Aber auch wenn man, wie Heinz Politzer (1965, 145 ff.), nicht allein auf den Anpassungsprozeß der Juden an die europäische Kultur abzielte, war es doch klar, daß Kafka eine Satire auf die herrschende Gesellschaft und zugleich auf das Kalkül der sich Unterwerfenden geschrieben hatte. Besonders für Vortragskünstler, die diesen Text mit einer Mischung menschlicher und äffischer Gesten zu Gehör bringen, eignet sich die satirische Perspektive zur künstlerischen Ausarbeitung.

Die zentrale Perspektive der Interpretation als Satire ist durch die Frage vorgegeben, ob der Weg des Affen als Erfolg oder als Mißerfolg gewertet werden muß. Für beide Bewertungen gibt es im Text Belege. Brod und die Assimilationskritiker sahen in Rotpeter den Prototypen eines Individuums, das sich um der Integration willen selbst aufgibt. Auch Wilhelm Emrich (1970, S. 127–129) vermutet eine Parodie auf den Fortschrittsoptimismus. Der Weg des Affen mache auf die Verluste aufmerksam, die der Prozeß der Zivilisation den Menschen abverlangt.

Vertreter der gegenteiligen Auffassung gehen davon aus, daß es darauf ankomme, aus einer ausweglosen Situation das Beste zu machen. Besonders Walter H. Sokel (1964, 330–355) sieht in dem Affen den Realisten, der Lösungen wie Flucht, Freiheit oder Tod durch Ertrinken im Ozean als utopisch zurückweist, sich auf das Mögliche konzentriert und sich von der Vernunft des Kompromisses leiten läßt. Er spricht von einer »Lebensrettungsgeschichte«, die Rotpeter zur Gegenfigur der anderen Kafka-Helden mache. Die Menschwerdung als ›Ausweg der Vernunft‹ eines freien Tieres sei eine satirische Antwort auf die Menschenwelt als eine Zivilisation, die sich von den Ursprüngen der Natur entfernte und dabei nicht Freiheit gewinnt (wie noch Schiller meinte), sondern verliert.

Die einzelnen Erzählabschnitte werden in beiden Interpretationsrichtungen im Sinne der gewählten Hypothesen als Entwicklungsschritte gedeutet. Im Käfig entdeckt der Affe nach Meinung Sokels beispielsweise, daß er sich nicht mehr auf sich selbst konzentrieren darf, sondern sich der Umgebung öffnen muß. Er lernt durch Nachahmung Formen der Kommunikation kennen und nutzen. Was wie Dressur aussieht, ist in Wirklichkeit der bewußte Entschluß des Affen, seine Lebensperspektive vollständig umzugestalten.

Im Prozeß dieser selbstinszenierten Erziehung spielt die Kunst eine entscheidende Rolle. Die ersten Kunstformen, die Rotpeter beherrscht, sind solche der Nachahmung. Dann steigt er auf zum Unterhaltungskünstler. In der Zwischenwelt des Varietés findet er seinen Platz in der Menschengesellschaft. Daß Kafka diese Zwitterexistenz mit Ironie bedenkt, ist nicht nur von Sokel immer wieder hervorgehoben worden. Besonders auf die Diskrepanz zur Menschenwelt im Bereich der Erotik (das Verhältnis des Künstlers zu einer Äffin, die den Einstieg in die menschliche Zivilisation nicht geschafft hat) wird hingewiesen. Sokel sieht in dem Abstand von Bühne und Publikum symbolisch den Abstand des Affen von der Menschenwelt abgebildet.

Carl Otto Bartning: Ein Bericht für eine Akademie (1965; Lithographie, 35 x 26,5 cm, Blattgröße 58 x 47 cm, Aufl. 20 Expl.)

Deutet man die Erzählung als Philister- und Künstlersatire, kann man nicht recht feststellen, wo denn das Interesse des Autors Kafka an seinem Erzählstoff gelegen haben mag. Welches seiner Probleme wird behandelt? Weder das der Assimilation noch die Frage nach dem Leben der Varietékünstler scheinen bei Kafka autobiographisch bedeutsam, wenngleich er Zirkus und Varieté gern besuchte. Vor allem der lebenslange Kampf um die existentielle Rechtfertigung seines Lebens durch das Schreiben paßt wenig zu dem auf das ›Machbare‹ abgestellten Artistentum Rotpeters. Hier führt erst die tiefenpsychologische Deutung zurück zu den Lebensnöten des Autors Kafka. Der Schuß, der den Affen »unterhalb der Hüfte« getroffen hat, ist leicht als Kastrationserlebnis, die

Gefangennahme als homoerotische Vergewaltigung zu verstehen, die Kafka auf der Grenze zwischen Unbewußtem und bewußtem künstlerischen Schaffen beschäftigten. (Mecke 1982, 115–133) Triebstörungen sind die Konsequenz von beidem, sie können aber auch als Ausgangspunkt der besonderen Leistung und der Selbstdisziplinierung, die an dem Affen zu beobachten sind, gesehen werden.

Beide Lesarten – Satire wie autobiographische Konflikt-Therapie – können das ›Thema‹, mit dem Kafka sich hier beschäftigt, nicht hinreichend bestimmen. Selbstaussagen – wie bei *Urteil* oder *Verwandlung* –, aus denen entsprechende Rückschlüsse gezogen werden könnten, liegen nicht vor. So versuchen die Interpreten einen Zugang über die Tradition der Affengeschichten oder einen anderen über die geistesgeschichtliche Fragestellung nach (Rousseauscher) Freiheit und (fortschrittsorientierter) Zivilisation zu gewinnen. Die Entwicklung Rotpeters bildet dann Stationen einer Selbstreflexion ab, in der der Affe rückblickend sein Leben als philosophischen Lern- und Erfahrungsprozeß sieht. Er gibt seine ursprüngliche kreatürliche Freiheit aus Einsicht in die Natur des Zwangs zur Entwicklung höherer Formen der Vergesellschaftung auf. Durch die Verbindung mit der menschlichen Gesellschaft erlebt er die Dialektik von Freiheit und Notwendigkeit. Kafka habe, so kann man die Untersuchung von Klaus-Peter Philippi (1966, 116–151) verstehen, die Philosophie des deutschen Idealismus, insbesondere Kant und Schiller, erzählerisch reflektiert. Besonders wenn von der »geistigen Einordnung in die allgemeine, alle Menschen umfassende formale Ordnung« die Rede ist und von der defizitären Form der in der Welt des ästhetischen Scheins verwirklichten Freiheit des Künstlers, wird deutlich, daß es Philippi darauf ankommt, Kafka als den repräsentativen Autor der Moderne in die kritische Auseinandersetzung mit der Tradition der klassischen Ästhetik zu stellen.

Eine andere kulturgeschichtliche Einordnung der Erzählung nimmt Gerhard Neumann (1975, 166–183) vor, der auf Ernst Robert Curtius' Buch *Europäische Literatur und lateinisches Mittelalter* (1948) und das darin ausführlich dargestellte Bild des Affen in der europäischen Kulturgeschichte zurückgreift. Der Affe gilt als Nachahmer par excellence. Da liegt es nahe, seine Kunst als die der ›Mimesis‹ zu definieren. Mimetisch sei die Kunst immer, wenn es ihr um eine Form der Wirklichkeitsbewältigung durch Darstellung gehe. Die Künstlichkeit des Varietés, die Rotpeter erzielt, wäre dann zu lesen als Kritik an einer Gesellschaft, die durch Machtausübung verhindert, daß Individuen Theorie (geistige Orientierung) und Praxis (lebenspraktisches Verhalten) in Übereinstimmung bringen.

Derart weit ausgreifende philosophische und ästhetikgeschichtliche Einordnungen bieten Schülerinnen und Schülern wenig Ansatzpunkte für eine selbständige Auseinandersetzung mit Kafkas Geschichte. In Unterrichtsversuchen sind denn auch wesentlich konkretere Problemstellungen aufgegriffen worden. Eggert und Rutschky (1978, 70 ff.) haben beispielsweise das Motiv ›Erziehung‹ und das rücksichtslos ausbeuterische Lernen, mit dem sich der Affe die menschliche Kultur aneignet, für produktive Aufgabenstellungen genutzt. Nachdem sie den Brief des Affen Milo (E. T. A. Hoffmann) und den Bericht des Affen

Rotpeter (Kafka) besprochen hatten, haben sie Schülerinnen und Schüler aufgefordert, die Perspektive zu tauschen. Sie sollten den Bericht eines Reporters oder den eines ehemaligen Lehrers – etwa in Form eines Briefes – über die Begegnung mit dem inzwischen als Mensch agierenden Affen schreiben. Eggert und Rutschky haben damit Ideen aufgegriffen, die Kafka selbst hatte (KAN I 384–389, 415 f.), und dabei festgestellt, daß sich die Schreibenden dadurch mit psychischen Abhängigkeitsverhältnissen, die sich in und durch Erziehungsprozesse herausbilden, konfrontiert sehen und auf diese reagieren. – Ein Beispiel:

Lieber Freund!
Vor sechs Tagen bin ich endlich aus der Anstalt entlassen worden. [...]
　Mein Zimmer war weiß getüncht und die Fenster mit Gittern versehen. Am 1. Tag meines »Affengewordenseins« hatte ich das unbedingte Bedürfnis zu klettern, und von Ast zu Ast schwingend Flöhe zu suchen und so weiter. Die Pfleger waren alles nette, aber harte Burschen. Schon nach einem Monat hatte ich wieder zu mir selbst gefunden, teilweise. Selbst die Sprache erlernte ich wieder zurück, und daß war wohl der wichtigste Schritt, den ich mir denken konnte. [...]
　Ich war kaum am Käfig und überreichte ihm die Banane, als er in Windeseile ankam, um sowohl die Banane als auch die Pfeife, die im Mund war, zu nehmen. Während er rauchte, schälte er die Banane ab, aß sie seelenruhig auf, gab mir die Schale und rauchte weiter. Jetzt wußte ich, daß dieser Affe etwas konnte, und ich sollte ihm mehr beibringen, gut, das konnte er von mir haben.
　Ich spannte also ein Seil, der Affe kletterte vor Übermut sich überschlagend, hangelnd, balancierend überquerte er, mit freudigem Zugrunzen das Seil, wieder und immer wieder, bis ich das Seil löste und es langsam heruntergleiten ließ, so daß der Affe wieder auf den Erdboden zurückkehren mußte. 3–4 Stunden und er konnte Ball spielen, Seil hüpfen, Kopf stehen, mit Händen und Füßen klatschen, auf dem Klavier den Flohwalzer, auf dem Seil tanzen, aufrecht gehen, rauchen, essen, trinken, sich ausziehend ins Bett legen, die Lampe an und ausschalten und so weiter, usw. Schon jetzt merkte ich, daß wir die Rollen tauschten; nach zwei Stunden hatte ich ihm so viel beigebracht, wie andere Affen es in 10 Jahren nicht lernen würden.

Ich war erschöpft und bewunderte trotz allem die Begierde nach neuem, besserem, schwierigerem, interessanterem Wissen, bei ihm erwachte der Geist mit jedem Kunststück zu neuer größerer Kapazität.
　Nach zwei Stunden, wie gesagt, sog er mir den Geist aus, wie von einem Unbekannten, Gefährlichen ergriffen, ließ ich alles geschehen, und obwohl ich merkte, wie ich ... »Affe« wurde, wie ich merkte, daß dieser Affe »Mensch« wurde, obwohl er »nur« Kunststücke machte, lehrte ich ihn weiter, selbst die schwierigen Sachen wie an- und ausziehen hatte er binnen einer weiteren Stunde intus, das Aufrechtgehen kam von ganz alleine. Und ich lehrte, lehrte, lehrte. 4 Stunden waren vorüber. Schweiß stand ihm auf der Stirn, Nase und Rücken, aber mir ging es nicht anders. Ich war ein Wrack, ein einfaches Wrack, und doch hatte ich nur einen Gedanken, diesen Affen, der, wie ich merkte, jedem anderen dressierten Lebewesen überlegen war, zu ... übertrumpfen. Keine Logik fand sich mehr in mir, und der Affe, selbst erschöpft, wußte, daß ich ihm überlegen war, dadurch kämpften wir aufeinander zu, der Affe sprang in mich hinein, nahm von mir Besitz [...]
　Der Affe machte mir Kunststücke vor, und ich ahmte sie nach. Ja, ich ahmte sie nach. Mein Kopf war eine hohle Kugel, aber trotzdem, ich hatte ein Gefühl, daß ich in meinem ganzen Leben noch nie empfunden hatte, ein Gefühl, kaum zu beschreiben ... Denn ich fühlte mich frei, frei von einer Gesellschaft, frei von Sorgen, einfach frei. [...]
　(Bruno. In: Literarisches Rollenspiel in der Schule. Hg. H. Eggert/M. Rutschky. Heidelberg: Quelle & Meyer 1978, S. 72 f.)

Eine andere für Jugendliche möglicherweise interessante Perspektive setzt bei Kafkas literarischer Verarbeitung zahlreicher Quellen an, die nicht aus dem Bereich der Literatur stammen. Das dort dargestellte Lern-Verhalten von Affen, die in Gefangenschaft leben (Verhaltensforschung) oder die als lernfähige Wundertiere das Interesse von Kafkas Zeitgenossen herausforderten, kann – wie dies Paul Heller (1989) tut – Fragen nach Kafkas Auseinandersetzung mit der wissenschaftlich-technischen Zivilisation aufwerfen, in die der Affe aufsteigt. Wie denkt man sich hier das Ablaufen von Lern- und Anpassungsprozessen, und welche Bewertungen werden in Kafkas wissenschaftlichen Quellen in bezug auf die Außenseiterperspektive seiner Affenfigur nahegelegt? In ähnlicher Weise könnten die philosophischen oder sozialpsychologischen Probleme, die Kafka in *Ein Bericht für eine Akademie* aufgreift, anhand ausgewählter Materialien im Darstellungsstil des Affen bearbeitet werden. – Beispiele für solche Aufgabenstellungen sind:

- *Der Bericht des Affen als eine Abhandlung über Freiheit (Bezugspunkte/ Materialien: Rousseaus' Naturbegriff, Schillers Idee der menschlichen Freiheit im Gegensatz zur Bewußtseinslosigkeit der Kreatur; Kleists Über das Marionettentheater)*
- *Der Bericht des Affen als Bericht eines Assimilanten (Jude, Moslem) über den Prozeß seiner Assimilation in der deutschen Gegenwartsgesellschaft*
- *Der Bericht des Affen als Bericht eines erfolgreichen Aufsteigers und Gruppenwechslers als (ironisch gebrochene) Selbstdefinition*
- *Selbstrechtfertigung eines Androiden, der aus einer anderen Kultur (von einem anderen Stern) kommt und nicht mehr dorthin zurück kann*

Aufgaben dieses Typs gewinnen zusätzlich an heuristischem Wert, wenn sie ihren Ausgang von Kafka selbst nehmen. – Ein Beispiel:

Ich stehe vor meinem alten Lehrer. Er lächelt mir zu und sagt: Wie ist es denn? Solange ist es schon her, daß ich Dich aus meinem Unterricht entlassen habe. Hätte ich nicht ein unmenschlich starkes Gedächtnis für alle meine Schüler, ich hätte Dich nicht wiedererkannt. So aber erkenne ich Dich genau, ja, Du bist mein Schüler. Aber warum kommst du wieder zurück? (KAN II 562)

Die Aufgabenstellung lautete dann:

- *Erweitern Sie diesen Schreibanfang Kafkas um ein Gespräch zwischen Rotpeter und seinem ehemaligen Lehrer.*

Diese fachdidaktischen Vorschläge zur Behandlung von *Ein Bericht für eine Akademie* im Unterricht ziehen die Konsequenzen aus der Einsicht, daß Kafka seinen Lesern die Freiheit läßt, den eigenen Problemhorizont einzubringen. In der ›Affengeschichte‹ verbinden Schülerinnen und Schüler dementsprechend die eigenen Probleme bei Erziehung oder Lernen mit dem im Text verhandelten Thema Freiheit, Selbstbestimmung oder realistische Suche nach Auswegen und Nischen.

»Ein Bericht für eine Akademie« – Rezeptionsprofil

Textstationen	auffällige Motive/Schreibweisen
1. Der Bericht über ›äffisches‹ Vorleben (Freiheit)	Textsorte: Bericht Selbstanalyse des Affen: – Verzicht auf Eigensinn – (tierische) Freiheit vs. Menschheitsjoch – Freiheits-Erinnerung als »Luftzug« an der »Ferse des Achill« Durch ein fellschindendes Loch in die ›Freiheit‹ zurück?

2. Ein gewesener Affe dringt in die Menschenwelt ein (Analyse der Gefangennahme)	– Goldküste, Hagenbeck-Expedition
	  Schuß an Wange und Hüfte (Kastration?)
	  Vorzeigen der Wunden
	  Abgrenzung gegen ›Affentier‹ Peter
	  Polemik gegen ›Schreiben‹ um der »Wahrheit willen«
	– Rotwein trinken als ›Europäer-Signal‹

3. Der Lernprozeß auf dem Schiff (Anpassungsleistung)	Gefühl der »Freiheit nach allen Seiten« ist verloren Bewegungsformen als Metaphern menschlicher und tierischer Freiheit Freiheit vs. Ausweg (des Affen Philosophie) Die ›Ruhe‹ der Leute vom Schiff als Lehrmeisterin ›Flucht‹ in die Wellen des Ozeans Beobachten als Lernhaltung Nachahmungslernen (Rauchen, Schnapstrinken) »Hallo« als Beginn menschlicher Sprache
4. Abschluß des Lernprozesses und Künstlerexistenz im Varieté (Verstehens-, Anwendungs-, Transferleistungen)	Die Entscheidungssituation: ›Zirkus oder Varieté‹ Lernen als Ausweg aus den Käfigen »Ich verbrauchte viele Lehrer« »Das Eindringen der Wissens-Strahlen« Durchschnittsbildung eines Europäers (Satire) der »Menschenausweg« (Satire 2) »sich in die Büsche schlagen« Zufriedenheit (Hände in den Hosentaschen; Weinflasche; Besuch) »kaum mehr zu steigernde Erfolge« »kleine halbdressierte Schimpansin« »Im ganzen habe ich erreicht […]:«

Der Bericht des Affen als eine Abhandlung über Freiheit (klassisches Denken über Tier-/Natur-Freiheit [Rousseau/ Schiller/Kleist]) und Menschen-Unfreiheit. Der ›Bericht‹ ist eine Art Satire auf Menschsein und Künstlersein im besonderen.

Zusammenfassung an einem Beispiel: »Eine Kreuzung«

Schülerinnen und Schüler wird an der nachgelassenen kleinen Erzählung *Eine Kreuzung* (e. April 1917, zuerst in: Die literarische Welt 7 [1931], Nr. 13, 27. 3.) als erstes das seltsame Tier interessieren, und dann werden sie die Fragen wiederholen, die die »Kinder aus der Nachbarschaft« im Text schon stellten: Fragen nach klassifizierenden Einordnungsmöglichkeiten. Sie entsprechen damit dem Bedürfnis, Befremdliches an Bekanntes anzuschließen. Diese Versuche scheitern, da weder der Erzähler noch die Erzählung selbst auf solche Fragen Antworten bereithält. Stellt man die fremdartige Geschichte aber in den Kontext des verfremdeten Märchens, so findet man auf der Ebene der Texte ›Verwandte‹, die das seltsame Tier nicht zu haben scheint.

Bezüge zum Märchen

Das Katzenlamm wird vom Erzähler als ein »Erbstück« vorgestellt. In einer von Max Brod im Abdruck der Erzählung weggelassenen Schlußbemerkung Kafkas heißt es:

Ein kleiner Junge hatte als einziges Erbstück nach seinem Vater eine Katze und ist durch sie Bürgermeister von London geworden. Was werde ich durch mein Tier werden, mein Erbstück? Wo dehnt sich die riesige Stadt? (KAN I 374)

Das deutet darauf hin, daß der Erzähler in dem Tier möglicherweise einen Glücksbringer sieht. Diese Beobachtung rückt die Textsorte ›Glücksmärchen‹ in den Erwartungshorizont der Leser. Märchen wie *Der gestiefelte Kater*[73] oder *Der arme Müllerbursch und das Kätzchen*[74] erzählen von Helden, die durch eine zunächst nutzlos erscheinende Katze zu Glück und Reichtum kamen. Voraussetzung dafür waren ihre Naivität und ihre Gutmütigkeit.

Damit enden die Parallelen zunächst aber schon wieder. Sie reichen jedoch aus, um eine auf ›Märchenhaftigkeit‹ aufmerksame Lesehaltung zu erzeugen. Diese erbringt zuerst Differenzaussagen: Kafkas Fragment wird von dem ›Märchenhelden‹ selbst und als nüchterner Erfahrungsbericht vorgestellt, eine Erzählhaltung, die zu einem Märchenerzähler nicht paßt. Weitere einander widersprechende Beobachtungen sind zu machen: Einzelne Erzählteile sprechen für eine phantastische, erfundene Welt, andere für abgeschilderte Wirklichkeit. Auffällig ist dabei, daß der Erzähler selbst durch derartige Widersprüche nicht irritiert zu werden scheint, ein Strukturmoment, das wieder gut in das Märchen paßt.[75] Der Erzähler selbst denkt hingegen ganz unmärchenhaft. Er ist berechnend, hofft, durch das »Erbstück« irgendeinen Vorteil erlangen zu können.

Damit erbringt die intertextuelle Beziehung zwischen Kafka-Erzählung und Märchen, die zunächst auf der Ebene der Motive geknüpft wurde, auf der Ebene der Figuren eine eher verwirrende Erfahrung: Die Märchen-Reminiszenzen, die die Rezeption unterhalb der Textoberfläche bestimmen, verlangen Antworten auf die Frage nach der Identität dessen, der hier von sich spricht. Ist er von dem hybriden Tierwesen durch die Grenze Mensch – Tier oder durch die von Besitzer – Besitz getrennt, oder sind beide Teile derselben Herkunft vom Vater, bilden sie also ein Paar?

Diese Unentschiedenheit bedingt metaphorisches Lesen: Was kann die Symbiose Mensch – Tier, die bis zu den gemeinsamen Tränen reicht, besagen? Deutet sie auf die im Märchen verborgenen psychischen Kräfte? Sind ›Katze‹ und ›Lamm‹ als Metaphern für Weibliches zu lesen? Verhandelt der Erzähler also die ihm aus der väterlichen Erziehung erwachsenen ambivalenten Beziehungen zu Frauen? Hinzu kommt, daß das seltsame Tier selbst unglücklich zu sein und auf Erlösung zu hoffen scheint. Es ist weder Retterfigur noch Helfer(in) des Erzählers, in dessen auswegloser Situation weiß es keinen Rat (wie etwa der – männliche – gestiefelte Kater), es kann seine Empathie nur durch Tränen zeigen. Und von diesen Tränen weiß der Erzähler nicht genau zu sagen, ob es nicht doch die eigenen sind. Und ob es, wenn es den Erzähler »aus verständigen Menschenaugen ansieht« und zu »verständigem Tun« auffordert, damit seine Tötung wünscht – oder ob es sich hier um einen verdrängten Wunsch des Erzählers handelt, bleibt ebenfalls offen.

Ein Vergleich mit dem Schlußabschnitt des Märchens *Der goldene Vogel*[76], in dem der Held von seinem Helfer, einem Fuchs, aufgefordert wird, »er möchte ihn totschießen und ihm Kopf und Pfoten abhauen«, zeigt nur, daß die Märchen-Parallelen immer wieder als Folie hinter dem Erzählten aufscheinen, ohne aber auf der Ebene des erzählten Geschehens wirksam zu werden. Denn die Tötung bedeutet für den Märchen-Fuchs die Rückverwandlung in einen Prinzen. Welcher Art die ›Erlösung‹ des Katzenlamms sein könnte, was sie für den Erzähler bedeuten würde, bleibt rätselhaft, die Erotik in der Beziehung zwischen Erzähler und Tier ungeklärt.

Damit aber ist die immer wieder als ›gleitendes Paradox‹ beschriebene Struktur ständig ins Leere laufender Deutungsbemühungen angesprochen. (Hiebel 1987; 1993, 18–42) Die Märchennaivität, die dem Helden in *Der arme Müllerbursch und das Kätzchen* (das Modell-Märchen, an das Kafka sich anlehnte) zu seinem Glück und dem Tier zur Erlösung verhalf, war bereits im Text selbst aufgegeben, weil der Held so räsoniert, als kenne und erwarte er einen märchenhaften Verlauf. Sie wird auch für den Leser dekonstruiert. Denn dessen Spekulation, das seltsame Erbstück werde am Ende doch noch unbekannte Vorteile verschaffen, geht ins Leere. In der doppelten Enttäuschung, daß das erzählte Geschehen nicht märchenkonform verläuft und daß auch die Deutungsbemühungen zu keinem befriedigenden Ergebnis führen, entwickelt sich die Einsicht, daß das erwartete Eingreifen einer wunderbaren Helferfigur keine rettende Funktion hat. Der Leser sieht sich – gleich Josef K. im Auslegungsgespräch zur *Prozeß*-Parabel – in eine immer unförmiger werdende Suche nach einem Ausweg hineingezogen. Die »dunklen Mächte« oder »gebundenen Geister« (Br 384), denen sich der Erzähler und – ihm folgend – der Leser hier anvertrauen, täuschen die Erwartungen auf eine zu einem Ergebnis führende Lektüre.

Das zentrale Element von Kafkas Gegenentwurf zum Volksmärchen scheint darin zu liegen, das sein Ich-Erzähler dem Märchen-Angebot, das ihm in Form des Erbstückes vom Vater überkommen ist, nicht wie ein echter Märchenheld begegnet und daß er deshalb nicht zu einem echten Märchenschluß findet. Eine solche Beobachtung kann interpretierend verallgemeinert werden: Die märchenhaft geordnete Welt einer die Leserphantasie befriedigenden Textsorte wandelt sich in eine Unbehagen erzeugende Groteske. Die ›Erbstücke‹ der Väter bringen in die Welt der Söhne keine Hilfe, gerade dann nicht, wenn die Söhne darauf spekulieren. Das, was sich als Wunderbares in der Märchen-Erzählung würde entfalten können, bleibt ein funktionsloses Rätsel, das man nicht versteht. Wie der Hausvater vor Odradek, so steht der Erzähler dieses Fragments verstört vor seinem Katzenlamm.

Die Beobachtung des intertextuellen Rückverweises auf Märchen erbringt für aufmerksame Leserinnen und Leser aber mehr, als die Figuren des Textes selbst zeigen können. Die Diskrepanz zwischen erwartetem Erzählmodell (Märchen) und vorgefundener Dekonstruktion (Groteske) führt zu Vermutungen über mögliche Gründe für eine solche Verfremdung. Die erste Vermutung zielt auf ›Erwartungstäuschung‹ als moderne ästhetische Kategorie. Es genügt nicht, einen Text gegenstandskonform aufnehmen zu wollen. Die Reflexion über die angemessene Lesehaltung wird geleitet durch Reminiszenzen, die gelernte Dekodierweisen aufrufen und dann in Fallen locken, hier in die Falle, über die biologische oder textsortenspezifische Klassifikation des »eigentümlichen Tiers« (halb Kätzchen, halb Lamm, etwas von einem Hund, manchmal an einen Menschen erinnernd) Sicherheit zu gewinnen, dann über Familienähnlichkeiten (die der Erzähler ausführlich beschreibt), schließlich durch die Verbindung zum Märchen einen Sinn zu entdecken.

Das begründet eine zweite Vermutung: Porträtiert sind in der Erzählung drei Formen des Denkens: das rational wissenschaftliche, das mythische, das in Analogien denkt, und das strukturale, das Vernetzungen nachspürt. Es könnte sein, daß Kafka erzählerisch die verschiedenen Möglichkeiten, die wir haben, um mit erfahrenem Unerklärlichem umzugehen, durchdenkt und daß er sie jeweils als unzureichend verwirft. Alle drei beziehen sich nicht einfach auf etwas Geheimnisvolles (das seltsame Tier), sondern auf das ungeklärte Verhältnis zwischen Autor, Erzähler und Figur. Warum schreibt jemand eine solche Geschichte auf? Warum benutzt er seine Märchen-Lektüre, vielleicht auch Elemente aus Traumerfahrungen zu solchen enttäuschend ereignislosen kombinatorischen Text-Konstruktionen? Besteht die primäre Tätigkeit eines Autors im Zitieren und Deformieren gelesener Texte zu neuen Geschichten? Die Frage lautet, postmodern verallgemeinert:

»Wer sind wir, wer ist jeder von uns, wenn nicht eine Kombination von Erfahrungen, Informationen, Lektüren und Imagination?«[77]

Die Antwort lautet: Hier setzt jemand fremde Bruchstücke in einem Sprachspiel zu einem Rätsel-Mosaik zusammen, das einen Deutungsappell an den Leser sendet. Aber einen ›Schlüssel‹ hält er nicht parat. Das ist auf den für das Erzählen Verantwortlichen zurückzuwenden: Hier spricht kein Autor als Person, sondern eine Kombination von Erfahrungen, Informationen, Lektüren und Vorstellungsbildern setzt sich ins Wort, die sich wie ein Autor-Ich geriert, ohne eins zu sein. Ist das heterogene Tier vielleicht als ein Bildzeichen der heterogenen Quellen zu lesen, aus denen die Geschichte über das Tier und seinen Besitzer entwickelt wurde? Welche weiteren Quellen sind dann zu identifizieren?

Assimilationsbegehren

In seiner Interpretation von *Eine Kreuzung* betont Erich Grözinger (1992, 114 ff.) die Affinität der Tiergeschichten Kafkas zu denen der Chassidim. Er verweist unter anderen auf eine chassidische Legende, in der ein Rabbi in der Wüste auf ein seltsames Tier, einen riesenhaften Frosch, trifft, einen für Verfehlungen bestraften Gelehrtenschüler, der auf seine Erlösung wartet. Wie in Dantes Hölle korrespondiert die Bestrafung mit der Verfehlung: Weil der Schüler trinkt, wird er ein Frosch, weil er nicht auf Menschen treffen soll, die ihn erlösen könnten, muß er in der Wüste bleiben. In beiden Fällen gehe es um das »göttliche Gericht über den Menschen«. Eine Form göttlichen Richtens ist nach Auffassung der Chassidim die Verurteilung einer unreinen Seele zu einer Seelenwanderung in einem Tier. Die Aufgabe ist es, die in zahllose Seelenfunken zerstobene Menschheitsseele wieder herzustellen.

In Kafkas Tier-Erzählungen und auch in *Der Jäger Gracchus* findet Grözinger (1992, 121) Splitter lurianischer Gigul-Geschichten, Bestandteile der volkstümlichen ostjüdischen Erzähl-Tradition, wieder. Menschen, die mit solchermaßen in Tiere Verwandelten zu tun haben, nehmen gleichsam an deren Sünde teil und können dementsprechend auch zu deren Sühnung beitragen. In einer solchen Geschichte wird von einem Bock berichtet, der einen Rabbi bittet, dafür Sorge zu tragen, daß er mit einem besonders sorgfältig ausgewählten Messer geschächtet wird, damit ihm seine Verfehlung, in seinem Menschenleben selbst einmal ein schartiges Messer benutzt zu haben, vergeben werde.

Kafkas Katzenlamm verlangt ebenfalls nach einer solchen Erlösung. Das kann aus der jüdisch-theologischen Tradition der Ostjuden besser erklärt werden als aus der Alltagserfahrung:

> »Dieses Katzenlamm ist ein Tier, das mit seinem menschlichen Besitzer fühlt, dessen Freud und Leid teilt – Mensch und Tier stehen in der für die lurianische Erzählung so typischen Solidargemeinschaft. [...] Es scheint, als ob der Besitzer des Katzenlamms die wahre Tiefe dieser Solidargemeinschaft nicht erkannt hat und ihm deshalb die Erlösung durch das Messer vorenthalten will. [...] Kafkas Erzählung wäre demnach – im Lichte der Gigulthematik – als die Geschichte einer von einem Menschen noch nicht erkannten und ihm selbst nicht verschuldeten Schuldverstrickung zu verstehen.« (Grözinger 1992, 134)

Es mag dahingestellt sein, ob Kafka, dessen Kenntnis der ostjüdischen Erzählungen nicht exakt zu belegen ist, selbst glaubte, das Leben der vorigen Generationen reiche in das der jetzt lebenden hinein, so daß diese zur Erlösung jener aufgerufen sind. Nicht das theologische Lehrgebäude, wohl aber Teile der Erzählwelten, in denen es den Gläubigen vermittelt wurde, kehren bei Kafka wieder. (Robertson 1985) Der Interpret unterscheidet nun zwischen Oberfläche und Tiefe, Denotation und Konnotation. An der Oberfläche handelt *Eine Kreu-*

zung von einem Mann, der ein seltsames Tier geerbt hat und nicht recht etwas damit anzufangen weiß. Durch Ungereimtheiten auf der Oberfläche (z. B. die widersprüchlichen Verhaltensweisen des Tieres, die nicht in die Opposition Lamm – Katze passen) wird der Leser geradezu veranlaßt, nach einem unbewußt ablaufenden Diskurs zu suchen. Der jüdische Diskurs um Treue zum Jüdischen oder Assimilation ist ein solcher. (Hiebel 1987, 83–120)

Einen anderen Versuch, Jüdischem in Kafkas Erzählungen nachzuspüren, hat bereits in den sechziger Jahren Kurt Weinberg vorgelegt. Er sieht in den Figuren und den Konflikten der Kafkaschen Erzählungen die sich überlagernden und einander verfolgenden Gottesvorstellungen, die das religiöse Bewußtsein eines assimilierten Westjuden ausmachen. Seine Methode ist die Betrachtung des »Litteralsinns«, der buchstäblichen Bedeutung einzelner Bilder oder Begriffe. Zu *Eine Kreuzung* findet er im »Lamm« das Signum des Christentums, in der »Katze« die Degenerationsform des Löwen Juda. (Weinberg 1963, 123 ff.) Die Tatsache, daß das Tier Katzen flieht, Lämmer anfallen will, würde dann als Bildzeichen für die psychische Situation des assimilationswilligen Westjuden zu sehen sein, der aus seinem jüdischen Glauben flieht und zum Christentum kein unbelastetes Verhältnis aufbauen kann, selbst aber bereits eine Mischung aus beidem ist.

Die Lektüre der Kafka-Erzählung gerät wieder einmal zu einer Allegorese. Möglichst viele Einzelheiten müssen integriert werden. Sogar die Besuchsstunde am Sonntag, in der das Tier den Kindern der Nachbarschaft vorgestellt wird, erhält eine dem Deutungskontext entsprechende Auslegung. Es ist die Stunde des christlichen Gottesdienstes, in dem der assimilierte Jude den Gemeindemitgliedern vorgestellt und von diesen befragt wird.

Für heutige Schülerinnen und Schüler könnte diese Leseweise zwar interessant sein, ist aber völlig fremd. Denn die Welt des Judentums liegt ihnen ebenso fern wie die Kafkas. Für den Literaturwissenschaftler wird sie dadurch problematisch, daß sie den literarischen Text eindeutig macht und in einen Subtext übersetzt, von dem zudem behauptet wird, daß er bereits die Genese der literarischen Bilder präge. Während also die postmoderne Literaturwissenschaft die Polyvalenz der Bedeutungen – wie die Argumentation von Harold Bloom (1990, 7–30) zeigt, durchaus unter Berufung auf die jüdisch-kabbalistische Schrifttradition – unterstellt, fordert die allegorische Deutung den einen, bestimmten und klar umrissenen ›Sinn‹ ein. Auch bei der Berufung auf die gleichen Kontexte (kabbalistische oder chassidische Texte) ebnet sich dieser Widerspruch nicht ein.

Biographischer Hintergrund

Kafka spielt auf den Erzählbühnen seiner Geschichten subjektive Konfliktkonstellationen durch. Meist sind deren ›Lösungen‹ Auflösungen, Verurteilungen zum Tode. Im *Urteil* ging es, wie wir gesehen haben, um die mißglückte Machtübernahme, in *Die Verwandlung* um die Reaktion der Familie auf den Rückzug in das Schreiben, in *Der Verschollene* um das Auswandern. In *Eine*

Kreuzung geht es Kafka – zumindest nach Ansicht älterer biographischer Forschungen (Pongs 1960, 30) – um die eigene problematische Identität. Das Tier repräsentiere in seiner heterogenen Körperlichkeit das heterogene Erbe von Vater (Kafka) und Mutter (geb. Löwy). Der Todeswunsch des Schreibenden manifestiere sich in seinem Verhalten. Er könne aus der Sozialisation des Autors Kafka, insbesondere dessem Verhältnis zum Vater, abgeleitet werden. In diesem Fall müßte der Erzähler als eine Instanz des Autor-Ichs zu sehen sein, der erzählend die eigene Auswegloosigkeit empfindet und durchdenkt.

Eine solche Deutung ist davon abhängig, daß Teile der Erzählung, die ›Bestandteile‹ des Tieres etwa, als Metaphern gelesen werden, die allerdings nicht feststehen, sondern ›gleiten‹. Denn offensichtlich ist das Tier nicht konstant in seiner Zwitterstellung. Es heißt, daß es »früher [...] viel mehr Lamm« gewesen sei, noch während des Erzählens lassen sich Verhaltensformen eines Hundes, auch die eines Menschen beobachten. Diese Erzählzüge sind nicht einfach in die Deutung ›heterogene Erbteile‹ zu übersetzen. Andere textinterne Widersprüche treten hinzu. Einmal heißt es von dem Tier »Vor Katzen flieht es, Lämmer will es anfallen«, so als ob es zwischen seinen Bezugswesen Unterschiede mache. Dann aber berichtet der Erzähler von Gegenüberstellungen, in denen »die Tiere einander ruhig aus Tieraugen an(sahen) und ihr Dasein als göttliche Tatsache gegenseitig hin(nahmen)«. (KAN I 373) Würde die eine Aussage auf eine aggressive Auseinandersetzung mit den Erbwidersprüchen hindeuten, so würde die zweite gerade dies negieren.

Die Unbestimmtheit der Deutung, die hinter den Erzählfiguren innerpsychische Konstellationen vermutet, führt zu immer weiterer Phantasiearbeit. Diese setzt an bei den im Text sichtbar werdenden Konstellationen. Das Tier ist einmal noch jung und unfertig. Es wird als »Tierchen« auf den Schoß genommen, so wie ein Kleinkind. Es ist auch nicht erwachsen aus dem Bestand des Vaters ererbt, sondern hat sich – wie der Erzähler sagt – »erst in meiner Zeit« entwickelt. Es ist zum anderen »gar nicht von mir zu trennen«, eine Aussage, die zweierlei bedeuten kann: Treue und Schutzsuche des Tieres (wie es der Erzähler selbst erklärt) oder aber ›das Tier als unabtrennbarer Teil des Erzählers‹. Die zweite Leseweise bestätigte die Textstelle, die von der Ununterscheidbarkeit der Tränen des Erzählers und des Tieres spricht. Sind aber das Tier und der Erzähler eins, so wird auch die Unruhe von Katze und Lamm diejenige des Erzählers sein. Die Überlegung, daß das Tier sein Verschwinden als Erlösung verstehen würde, wäre eine einfache Projektion des paradoxen Zirkels auf die Ebene der Existenz. Das »verständige Tun«, zu dem es, »wie aus verständigen Menschenaugen« blickend, auffordert, entspräche einem Begehren, das vom Erzähler zensiert und unterdrückt wird nach dem klassischen Muster des Über-Ich-Appells: »die [Erlösung] muß ich ihm aber als einem Erbstück versagen« (KAN I 374), das jedoch dem Erzähltwerden ein Heraufsteigen an die Oberfläche des Bewußtseins verdankt.

Die erzählte Konstellation kann zu einer vergleichbaren Konstellation in der psychischen Entwicklung des menschlichen Individuums in Beziehung gesetzt werden. Jacques Lacan findet in der kindlichen Entwicklung, im ›Spiegelstadium‹, den Beginn des Selbst- und Weltbewußtseins. Auch die Sprache und das Verhältnis zu dem anderen haben hier ihren Ursprung. Die euphorische Reaktion von Menschenkindern im Alter von etwa einem halben Jahr auf das eigene Spiegelbild – bei Tieren kommt es zu keiner solchen Erkennungsszene – dient ihm dazu, die Strukturen des menschlichen Ich- und Welterlebens zu analysieren.[78] Das Entscheidende ist das erste Ich-Erlebnis, das sich dann im Zuge der Imago-Erfahrung in ein inneres Ich und ein soziales Ich spaltet, dabei die Funktion wahrnimmt, den Organismus und die Umwelt, Innenwelt und Außenwelt, zueinander in Beziehung zu setzen. Die Spiegelphase ist eine Dualbeziehung zwischen Mutter und Kind. Das Ich-Selbst (moi) und das Spiegel-Ich sind über die Mutter miteinander vermittelt. Sie prägt das Verhalten von Kleinkindern gegenüber anderen Kindern. Das Kind, das ein anderes weinen sieht, weint selbst. Diese imaginäre Identifikation wird nach Lacan erst in der ödipalen Phase aufgebrochen. Die ödipale Phase ist durch das Auftreten des Vaters und die Entstehung der familialen Macht-Triade konstituiert. Das Spiegelstadium wird nun durch die Ordnung des Symbolischen überlagert, es entsteht das Unbewußte als Residuum des früheren, überwundenen Glücks.

Die hier nur ganz rudimentär skizzierte Konstellation ist in *Eine Kreuzung* leicht wiederzufinden: Der Erzähler verhält sich zu seinem »Tierchen« wie eine Mutter, die Identifikation ist in den gemeinsamen Tränen zu fassen, Wiedererkennungsszenen sind arrangiert, aber das Tier erkennt sich in den als Artgenossen präsentierten Katzen und Lämmern nicht. Erzählt würde also eine frühkindliche Störung im Spiegelstadium, deren Ergebnis die Entstehung eines unglücklichen Unbewußten und einer selbstzerstörerischen Kräftekonstellation wäre. Die Überlegung, daß die Entwicklung dieser Kreuzung eine positive, Glück und Erfolg bringende sein könnte, ist von Anfang an illusionär. Es stehen die Konflikte der ödipalen Phase zu erwarten, und schon sind Erlösungshoffnung und Todessehnsucht identisch.

Hier kommt es nicht darauf an, die Kafkasche Erzählung Punkt für Punkt mit dem Lacanschen Konzept des Spiegelstadiums in Verbindung zu bringen. Es reicht das Aufspüren von Analogien zwischen Erzählung und Theorie. Entstehen würde der Typ einer strukturpsychologischen Deutung, wie sie etwa von Deleuze/Guattari (1976) in die Kafka-Forschung eingeführt wurde. Für sie ist charakteristisch, daß sowohl die moderne Theorie zur Erklärung psychischer Prozesse – insbesondere der Rolle, die in ihnen die Sprache als Konstituens des Bewußtseins spielt – als auch die Kafka-Erzählung fertig vorliegen. Der Literaturwissenschaftler sucht nach Möglichkeiten der Adaptation. Seine Interpretation ist die bestätigende Einordnung der Erzählung in die Theorie. Es entsteht ein affirmativer Regelkreis: Die Autorität Kafkas als sensibler Selbstbeobachter bestätigt sich mit der wissenschaftlichen Autorität Lacans.

In der Didaktik sind derartige Regelkreise gefährlich. Sie entziehen sich der Kritik durch die doppelte Verankerung in Autoritäten (derjenigen Kafkas und derjenigen Lacans oder Deleuzes). Genaues Überprüfen ist dabei nicht angesagt. Es würde den Neuerungsschub in der Unterrichtskommunikation über Kafka möglicherweise zunichte machen.[79]

Die Schüler, die in ihrem kulturellen Alltag an Beschreibungen von Sozialisa-
tions- und Entwicklungsstadien oder an Fragen von Macht und Disziplinierung
(also an Lacan, Foucault) mehr interessiert sind als an den Lebensproblemen
eines Prager Juden aus der Zeit vor dem Ersten Weltkrieg, lernen, wie sich ›Sinn‹
konstituiert. Klaus-Michael Bogdal (1993, 43–61) spricht von »symptomaler
Lektüre«. Diese verlangt, Literatur auf die »Sinneffekte und Repräsentations-
funktionen« hin zu thematisieren. Dabei unterscheidet sich moderne Literatur
wie die Kafkas von klassischer dadurch, daß die entscheidenden Differenzen
nicht in den Werken selbst, sondern in deren »diskursivem Status« (sprich in
deren Verortung im psychologischen oder soziologischen Diskurs) zu finden
sind. Nicht der Erzähler und sein »Tierchen« tragen den Unterschied der Erzählwelt zur wiedererkennbaren Lebenswelt, sondern die ihnen zuerkannten
Teilbedeutungen, das Erbschaftsverhältnis, die Zwitterexistenz, die Tränen aus
»Menschenehrgeiz«, der »verständige« Todeswunsch. Aus diesen Diskurs-
bruchstücken muß – über eine ›Vernetzung‹ – ein möglichst sinnhaftes Ganzes
gebaut werden. Eine mögliche Vernetzung ist die Geschichte einer schmerz-
lichen Selbst-Spiegelung: Jemand sieht sich selbst als ein Wesen, dessen Identität aus heterogenen, einander widerstreitenden Teilen besteht, als ein Wesen,
das Begehren und Norm nicht in Einklang zu bringen vermag.

Produktive Aufgabenstellungen berücksichtigen den Status des literarischen
Textes, der offen ist gegenüber kontroversen Kommentierungen und der subjektiven Lektüren Rechnung trägt.[80] Sie fordern auf, vergleichbare Konstellationen im Alltag zu finden und nach dem Muster der Kafkaschen Erzählung zu
behandeln, um dann zu prüfen, ob die eigene Erfahrung mit der eigenen Geschichte korrespondiert:

– *Ein junger Mensch erzählt, wie er/sie von einem/einer entfernten Verwandten zu seinem/ihrem achtzehnten Geburtstag eine Puppe mit seltsam ver-
stellten Augen erhielt. In einem Karton befand sich allerlei unbekanntes ›Zu-
behör‹. Der/Die Schenkende hatte geheimnisvoll gelächelt und gesagt, das
Geschenk habe etwas ›mit ihm/ihr selbst zu tun‹, er/sie müsse es nur entdecken.*

Eine solche Parallelgeschichte gibt es von Kafka selbst, es ist die oben schon
besprochene Erzählung *Die Sorge des Hausvaters*. Das ›Geschenk‹ ist Odradek,
die quasilebendige Zwirnspule. Ein Schriftsteller, eben zum ›Hausvater‹ im
Alchimistengäßchen avanciert, kann bei diesem seltsamen Hausgeist als literarischem Doppelgänger schon sorgenvoll nachdenklich werden.

Autoreferentialität

Wenn es denn stimmt, daß ein literarischer Text immer von etwas anderem
spricht, als er sagt, und wenn es richtig ist, daß Schreiben für Kafka das Grau-
sam-Wichtigste in seinem Leben war, insbesondere dessen Klärung und Rechtfertigung, ist es leicht zu denken, daß auch in *Eine Kreuzung* der Text und seine
Entstehung selbst thematisiert werden.

Daß Kafka sein Schreiben – zumindest indirekt – als ›Erbteil‹ des Vaters ansah, und zwar deshalb, weil es ihm zu einer Ablösung und zur Selbständigkeit verhelfen sollte, bedarf keines weiteren Beleges; daß es sich – wie in der Erzählung das Katzenlamm – erst »zu seiner Zeit«, also bei ihm selbst, entwickelt hat, entspricht der Tatsache, daß das Schreiben nur ihm, nicht aber der Generation der Eltern, eine Lebensmöglichkeit zu sein schien. Daß das Schreiben für Kafka intensiv mit subjektiven Empfindungen zusammenhängt, wäre innerhalb der Erzählung mit der Aussage zu belegen, daß Tier und Besitzer kaum voneinander zu trennen sind. (Kremer 1989, 138) Kafka spricht von seinen Erzählungen als von seinen »Kindern«. (Pasley 1965, 26 ff.) Er stellt sie gern als Vorlesender einem Publikum von Freunden vor, ganz so wie der Erzähler sein Katzenlamm zu einer festgesetzten Besuchsstunde den Nachbarskindern vorzeigt. Die Fragen der Nachbarskinder wären dann die Fragen der Zuhörer. Die Tatsache, daß der Erzähler keine Erklärungen zu seinem Tier abgibt, verwiese auf Kafkas eigenes Verhalten, sein Schreiben nicht oder nur rudimentär – eben etwa als Erbteil des Vaterkonflikts – zu kommentieren. Vor allem aber könnte das Katzenlamm selbst als Metapher des Kafkaschen Schreibens gelten. Kafka beurteilt seine Erzählungen oft als in sich widersprüchlich, aus dem Zusammenfügen von Heterogenem entstanden und geeignet, seine eigene Existenzberechtigung in Frage zu stellen. Das Verhalten des Tieres, die Bitte um das »vernünftige Tun« mit dem Selchermesser, entspräche ganz dem Wunsch Kafkas, daß sein Werk verbrannt werde, aber eben nicht von ihm selbst, der diesem »Erbstück« diesen Dienst nicht tun kann, sondern von dem Freund Max Brod, der ihm sehr nahe steht.

Eine solche Deutung hat wieder die Form einer Allegorese. Zahlreiche der bisherigen Textbeobachtungen können in sie integriert werden, also besitzt sie eine hohe Plausibilität. Die moderne Literaturtheorie liefert das nun schon mehrfach bemühte Stichwort: Autoreferentialität[81]. Unterstützt durch Lektüren anderer Kafka-Erzählungen, die in gleicher Behandlung Ähnliches erbracht haben, spricht auch dieser Text von sich selbst und seinem Autor.

Vor dem Haus der Familie am Altstädter Ring in Prag (1922, etwa zur Zeit der Niederschrift von »Das Schloß«)

VI »Das Schloß« (1922)

Kafka begann seinen dritten Roman Ende Januar 1922 während eines Kuraufenthalts im Riesengebirge. Im März las er Max Brod das erste Kapitel vor, ein Jahr später übergab er ihm das unfertig gebliebene Manuskript. Von diesem besorgte Brod 1926 bei Kurt Wolff eine erste, unvollständige Ausgabe, im Jahre 1935 [!] folgte im Schocken-Verlag Berlin (Ges. Schrn. Bd. 4) eine nahezu vollständige. Sie wurde von Brod 1946 noch einmal revidiert. (Sheppard 1979, 441–445; KAS 2 15)

Wieder ging es um die Bewältigung einer Lebenskrise. Die Trennung von Milena Jesenská belastete Kafka noch immer, die Lungenkrankheit heilte nicht aus, die Aussichten auf die volle Wiederaufnahme der Berufstätigkeit nahmen ab. Tagebucheintragungen und Briefe aus dieser Zeit zeigen, daß Kafka im Bewußtsein lebte, nicht eigentlich gelebt zu haben und schon sterben zu müssen. Am 16. Januar hatte er notiert:

Es war in der letzten Woche wie ein Zusammenbruch, so vollständig wie nur etwa in der einen Nacht vor 2 Jahren, ein anderes Beispiel habe ich nicht erlebt. Alles schien zuende und scheint auch heute durchaus noch nicht ganz anders zu sein. (KAT 877)

Das Schreiben sollte helfen, zu einer Klärung, wenn nicht Überwindung dieser Situation zu kommen. Im Tagebuch steht unter dem Datum des vermutlichen Romanbeginns (27.1.1922):

Merkwürdiger, geheimnisvoller, vielleicht gefährlicher, vielleicht erlösender Trost des Schreibens: das Hinausspringen aus der Totschlägerreihe Tat-Beobachtung, Tat-Beobachtung, indem eine höhere Art der Beobachtung geschaffen wird, eine höhere,

keine schärfere, und je höher sie ist, je unerreichbarer von der »Reihe« aus, desto unabhängiger wird sie, desto mehr eigenen Gesetzen der Bewegung folgend, desto unberechenbarer, freudiger, steigender ihr Weg. (KAT 892)

Die Annahme, Kafka habe sich mit dem Aufschreiben der Geschichte von K. und dem Schloß eine solche Position des Tat-Beobachters verschaffen wollen, ist also nicht abwegig. Den ›Täter‹ K. und den verdeckt beobachtenden Erzähler wie die agierenden Figuren baute er aus autobiographischem Material. Die Romanwelt hingegen stammt aus trivialem Lesestoff, aus Schloß- und Spukromanen des 19. Jahrhunderts. Die Schlösser dieser Romane sind unzugänglich, sie sind der Wohnsitz zumeist böser Mächte. Auch aus E. T. A. Hoffmanns *Elixiere des Teufels* (1815/16) kennen wir ein solches Schloß mit hallenden Gängen und verborgenen Treppen, einen Ort des Verbrechens. Derjenige, der als Romanheld dieses Schloß betritt, repräsentiert zumeist die Kräfte des Guten. Es kommt zum Kampf zwischen ihm und dem Schloß. Eine der bekanntesten Konstellationen dieses Typs ist Bram Stokers Roman *Dracula* (1897) – Vorlage für F. W. Murnaus Film *Nosferatu* von 1922. Wie Kafkas Schloß liegt auch das Draculas unter einer dichten Schneedecke … Auf eine ganze Reihe von Topoi aus Romanen dieses Typs, die bei Kafka wiederkehren, hat Michael Müller (1994 b, 254 ff.) hingewiesen: vor allem auf Ängstlichkeit und Gedrücktheit der Dorfbewohner, ihr plötzliches Verstummen, wenn die Rede auf das Schloß kommt. Doch ist Kafkas Held kein Jonathan Harker, der gegen Graf Dracula antritt, er stilisiert sich lediglich als ein solcher, und einige Romanfiguren – Frieda, Hans, vielleicht auch Barnabas – glauben ihm eine Zeitlang. Damit das gelingt, braucht K. das Bild des gedrückten und sogar körperlich deformierten Dorf-Volkes und der sie unterdrückenden Beamten des Schlosses. Der Erzähler macht zwischen den Zeilen immer wieder darauf aufmerksam, daß K. das, was er sieht, in diesem Sinne konstruiert. Fakt ist beispielsweise, daß die Schloßbehörden K. im Dorf dulden. Für K. bedeutet das aber die Aufnahme eines Kampfes. In seinen Reflexionen deutet er Entgegenkommen in Teile einer listigen Strategie zu seiner Schwächung um:

Dadurch nun aber, daß die Behörden K. von vornherein in unwesentlicheren Dingen –

um mehr hatte es sich bisher nicht gehandelt – weit entgegenkamen, nahmen sie ihm die Möglichkeit kleiner leichter Siege und mit dieser Möglichkeit auch die zugehörige Genugtuung und die aus ihr sich ergebende gut begründete Sicherheit für weitere größere Kämpfe. Statt dessen ließen sie K., allerdings nur innerhalb des Dorfes, überall durchgleiten, wo er wollte, verwöhnten und schwächten ihn dadurch, schalteten hier überhaupt jeden Kampf aus und verlegten ihn dafür in das außeramtliche, völlig unübersichtliche, trübe, fremdartige Leben. (KAS 93)

Die Kampfmetapher erlaubt es K., die Welt des Dorfes in Gegner, Opfer und potentielle Verbündete zu ordnen. Die Suche nach letzteren treibt die Romanhandlung vorwärts.

Didaktische Textanalyse: Beobachten, nicht deuten

Kafkas später Roman ist – ebenso wie die danach entstandenen Erzählungen der Sammlung *Ein Hungerkünstler*, die der Autor noch in den letzten Wochen seines Lebens für den Druck vorbereitete – im Literaturunterricht relativ selten behandelt worden. Der Grund liegt in der gesteigerten Komplexität und der Unübersichtlichkeit der Texte, ihrer Handlungsarmut und in der Tatsache, daß die unendlich langen, mäandernden Gespräche oder Reflexionen jugendliche Leserinnen und Leser oft ermüden.

Die Themen jedoch haben sich nur unwesentlich verschoben. Noch immer geht es um die erzählerische Überprüfung der Frage, welche Lebensmöglichkeiten sich in einer grundsätzlich distanziert bis feindlich verhaltenden Umgebung für den ergeben, der nicht einfach ›dazugehört‹. Noch deutlicher als bisher geht es Kafka um die Fremdheit seines Schreibens im Kontext der anderen Lebensbezüge. Die Brückenhofwirtin formuliert das Problem:

Sie sind nicht aus dem Schloß, Sie sind nicht aus dem Dorfe, Sie sind nichts. Leider aber sind Sie doch etwas, ein Fremder, einer der überzählig und überall im Weg ist, einer wegen dessen man immerfort Scherereien hat […]. (KAS 80)

Das Thema ›Fremdheit‹ kann, da eine Gesamtbesprechung des Romans wenig erfolgversprechend ist, exemplarisch und textnah am ersten Kapitel behandelt werden. Die Besonderheiten der Kommunikationsstruktur und der daraus entstehenden Abhängigkeitsverhältnisse bieten sich als Einstieg an.

Raum, Zeit und Figuren

Das magere Handlungsgerüst des Romans macht deutlich, daß es Kafka nicht um den Aufbau einer spannungsreichen Fiktion ging. Sein Held K. kommt abends spät als mittelloser Wanderer im Dorf an, behauptet, als Landvermesser angefordert worden zu sein, erhält telefonisch eine halbe Bestätigung und bleibt. Er erfährt – oder weiß bereits –, daß das Dorf zu einem Schloß gehört, in das er gleich am nächsten Morgen zu gehen beabsichtigt. Hier wird Raum- und Zeitstruktur des Romans interessant. Obwohl K. das Schloß am nächsten Morgen deutlich in der klaren Luft vor sich sieht, führen alle Wege nur im gleichen Abstand um es herum. Erschöpft bricht er seine Wanderung ab. Zwei Gehilfen warten auf ihn, und ein Brief teilt ihm mit, daß er »in herrschaftliche Dienste aufgenommen« sei und sich beim Dorfvorsteher melden solle. Während Raum und Zeit K. hindern, seine Pläne in die Tat umzusetzen, bieten sie dem Schloß keinen vergleichbaren Widerstand. Im Gegenteil, die Schlitten, die Beamte des Schlosses ins Dorf und zurückbringen, scheinen die Leichtigkeit und Geschwindigkeit zu haben, die schon bei der Erzählung *Ein Landarzt* vermuten ließ, daß es sich nicht um räumliche, sondern um gedankliche Bewegungen handelt.

Wege und Zeitabläufe sind für K. etwas anderes als für das Schloß und seine Repräsentanten. Sie verkehren sich unter der Hand ständig in ihr Gegenteil. Wege, als Zugänge gedacht, halten K. fest, er kommt, wenn er sie benutzen will, nicht vorwärts; Zeitabläufe beschleunigen oder verzögern sich immer so, daß die geplanten Handlungen gerade nicht ausgeführt werden können. Zeitabstimmungen zum Beispiel, die dazu da sind, Begegnungen und Zusammentreffen zu ermöglichen, bewirken regelmäßig, daß man sich verpaßt.

Hier setzen Interpretationen an. Sie verfolgen die These, daß Personen- und Handlungsgefüge in Kafkas Prosa in narrative Figuren umgesetzte Reflexionen sind. Zu klären bleibt dann aber in jedem Falle, welcher Art denn die derart erzählerisch bearbeiteten Reflexionen sind.

Was für Raum und Zeit gilt, ist auch für die im Roman vorkommenden Personen typisch. Alle sind allein durch ihre Funktionen gekennzeichnet und täuschen in ihrem Verhalten ständig das aus der Alltagserfahrung stammende Regelwissen der Leserinnen und Leser. Von der zentralen Figur der Schloßbürokratie Klamm weiß K. nur, daß es von ihr abhängt, ob und wie er im Dorf bleiben kann. Er muß mit Klamm sprechen, aber der entzieht sich. Im »Herrenhof«, dem zweiten Gasthof des Dorfes, will K. warten. Er trifft auf das Schankmädchen Frieda und erfährt, daß diese die Geliebte Klamms ist. Sofort sucht er durch ein rasch eingegangenes Verhältnis mit ihr Zugang zu Klamm zu gewinnen.

Der Erzähler zeigt die Figuren im wesentlichen aus der Perspektive K.s. (Kudszus 1964, 192–204) Man erlebt Frieda als lebhaft, überlegen und mit strahlenden Augen, solange K. sie für einen Weg zu Klamm hält, als blaß, mager und unansehnlich, wenn sie diese Funktion nicht mehr erfüllt. Der Bote Barnabas trägt ein glänzendes, seidenähnliches Gewand, solange K. glaubt, daß er einen Kontakt zum Schloß herstellen kann. Sobald sich herausstellt, daß das nicht der Fall ist, entdeckt K. »ein grobes, grauschmutziges, viel geflicktes Hemd« unter

Yosl Bergner (*1920 Wien, lebt in Tel-Aviv): Das Schloß (Rohrfederzeichnung, Bildgröße und Entstehungsjahr nicht ermittelt; in: Drawings to F. K. Jerusalem: Tarshish Books 1959)

der »glänzenden Jacke« (KAS 52). Einige der Schloßbeamten tragen die ihnen von K. angesonnene Funktion sogar im Namen. Sie heißen »Erlanger« und »Bürgel«, weil sie – aus der Sicht K.s – etwas zu erlangen oder für etwas zu bürgen versprechen. Viele Spekulationen sind an diese Vorliebe Kafkas für sprechende Namen geknüpft worden, aber alle Zuordnungen bleiben ambivalent, das heißt, sie stützen ganz unterschiedliche Gesamtdeutungen des erzählten Geschehens.

Auch andere Figuren, der Lehrer, als dessen Gehilfe K. schließlich einen untergeordneten Platz im Dorf erhält, der Dorfvorsteher oder die Mitglieder der geächteten Familie des Barnabas, insbesondere die Schwestern Olga und Amalia, sind jeweils durch ihr Verhältnis zu K. einerseits und durch ihre Position gegenüber dem Schloß andererseits definiert. Sie gewinnen Konturen aus diesem doppelten Verhältnis und verwandeln sich auch körperlich nach Maßgabe dieser Beziehung. Die Gehilfen zum Beispiel, zunächst jung und agil, erscheinen im 16. Kapitel plötzlich alt und verfallen, nachdem K. sie entlassen hat, so daß sie ihre Funktion als verhindernde Helfer K.s in der Relation K. – Schloß nicht mehr wahrnehmen können.

Umgekehrt scheinen einige Gestalten des Schlosses auch in K. eine ›Funktion‹ zu sehen. Frieda möchte mit seiner Hilfe aus dem Dorf fliehen, ihre Nachfolgerin Pepi sieht in ihm gar einen »Held[en]« und »Mädchenbefreier«, der ihr den »Weg nach oben freimachen« soll (Kapitel 25; KAS 451 ff.). Der Knabe Hans ist beeindruckt von K.s Hartnäckigkeit und Unermüdlichkeit, er möchte so werden wie K. und strebt also nach dessen Freundschaft. K. hingegen schätzt ihn allein auf seine Nützlichkeit hin ein. Hans lernt im Laufe der Zeit das Spiel, das K. mit ihm und anderen treibt, zu durchschauen.

So entsteht durch den ganzen Roman hindurch ein Geflecht von Abhängigkeiten: Jeder macht sich von jedem ein eigenes Bild und sucht herauszufinden, wo sein Gegenüber ihm nützlich oder schädlich sein könnte. In diesem Punkte verhalten sich K. und das Schloß wie zwei Spiegelbilder. – Das hat Interpreten dazu geführt, die gesamte Schloß-Welt in ihrer konkreten Ausprägung zur Projektion K.s, zu seinem ›Bild im Kopf‹ zu erklären. Nur ganz wenige Figuren entziehen sich diesem System des gedachten Nutzens und Schadens im Kampf um K.s Aufenthaltsrecht. Es sind die Figuren, deren Widerstand gegen das Schloß-System im Nichtstun oder im Nicht-Mitspielen besteht. Eine solche ist die ältere Schwester des Barnabas, Amalia. Ihre Geschichte nimmt eigens ausgezeichnete Teilkapitel ein (17: »Amalias Geheimnis«; 18: »Amalias Strafe«; KAS 295–333). Es ist die Geschichte einer Verweigerung, die nicht dabei stehenbleibt, daß Amalia sich nicht den erotischen Wünschen eines Schloßbeamten fügt, sondern die auch dazu führt, daß sie ihr Verhalten nicht als Schuld akzeptiert, für die sie büßen müßte. Es ist schließlich die Geschichte der verweigerten Teilnahme an den von K. überlegten Aktionen im ›Kampf‹ gegen das Schloß.

K.s Kampf um einen Platz fürs Überleben

Realitätshaltigkeit besitzt das Schloß nicht, wohl aber eine undefinierbare Macht, die sich als bürokratische Organisationsgewalt einerseits und als Faszinationskraft gegenüber den Dorfbewohnern andererseits äußert. Deshalb ist es für das Verständnis des Romans relativ unerheblich, ob Kafka das Schloß Wossek, das Schloß Friedland, das Gebäude der Arbeiter-Unfall-Versicherung, das Sanatorium Matliary oder den Prager Hradschin zum Vorbild seiner Beschreibung nahm. Entscheidender ist die Untersuchung seiner Beschreibungstechnik. Die destruiert und nimmt stets zurück, was zuerst der Fall zu sein schien, so daß ›Macht‹ in Kafkas Roman sich gerade dadurch manifestiert, daß sie keine konkrete Gestalt annimmt. Ein Vergleich zur Tagebucheintragung, in der Kafka das Schloß Friedland beschreibt, macht dies deutlich:

Das Schloß in Friedland. Die vielen Möglichkeiten, es zu sehen: aus der Ebene, von einer Brücke aus, aus dem Park, zwischen entlaubten Bäumen, aus dem Wald zwischen großen Tannen durch. Das überraschend übereinander gebaute Schloß, das sich wenn man in den Hof tritt lange nicht ordnet da der dunkle Epheu, die grauschwarze Mauer, der weiße Schnee, das schieferfarbene Abhänge überziehende Eis die Mannigfaltigkeit vergrößert. (KAT 935)

Friedrich Feigl: Ansicht von Prag [Karlsbrücke und Hradschin]. (Öl auf Leinwand, 141 x 100 cm; Deutsches Literaturarchiv, Marbach)

Die Eintragung enthält viele Motive, die in der Schloßbeschreibung des Romans wiederkehren (Blick von der Brücke, Berg, Efeu), aber alles ist mimetische Narration, genaue Beschreibung. Im Roman ist das anders. Das vom Erzähler zuerst als bedeutende Entscheidungsinstanz vom Dunkel des Schloßberges herab agierende ›Schloß‹ erscheint K. beim Näherkommen nicht einmal ein richtiges Schloßgebäude zu sein, eher eine Art Kopie des elenden Dorfes, um einen zerfallenden Turm gruppiert.

Die Augen auf das Schloß gerichtet, gieng K. weiter, nichts sonst kümmerte ihn. Aber im Näherkommen enttäuschte ihn das Schloß, es war doch nur ein recht elendes Städtchen, aus Dorfhäusern zusammengetragen, ausgezeichnet nur dadurch, daß vielleicht alles aus Stein gebaut war, aber der Anstrich war längst abgefallen, und der Stein schien abzubröckeln. Flüchtig erinnerte sich K. an sein Heimatstädtchen, es stand diesem angeblichen Schlosse kaum nach. (KAS 17)

Aber die metaphorisch zu erschließenden Eigenschaften des Schlosses, die dessen Faszinosum ausmachen (darf nur von Auserwählten betreten werden, übt unkontrolliert Macht aus, ist von der Lebenswelt abgehoben, entzieht sich jedem direkten Zugriff, ist dennoch vielleicht durch magische Praktiken beeinflußbar), sind deutlich zu spüren. (Scholz 1980, 70) Es ist, als hätte Kafka die *Prozeß*-Legende noch einmal narrativ erweitern wollen: Da kommt einer aus einer nicht näher bezeichneten Welt, die er »Heimat« nennt, und versucht, Eintritt in das ihm unbekannte Schloß zu erlangen, wird von verschiedenen Instanzen daran gehindert und verliert dabei nach und nach seine anfängliche Lebenskraft. (Fingerhut 1982, 166–174)

Vergleicht man beide Konstellationen, werden auch die Unterschiede in der Erzählkonzeption sichtbar. Anders als der Mann vom Lande ist K. aktiv und ungeduldig. Er wartet nicht, will den Zugang erzwingen, er – und durch seine Augen der Leser – beobachtet die Abhängigkeit der Dorfbewohner, die Funktionäre der Macht, er definiert selbst nach dem Versuch-und-Irrtum-Prinzip jeweils neu, wer sein Gegner ist, wer sein potentieller Helfer. Der Erzähler macht durch spezifische Formen der impliziten Kommentierung darauf aufmerksam, daß er die Situationsbewertungen K.s keineswegs immer für sehr glaubhaft hält. Im Gegenteil, er desavouiert stellenweise recht deutlich den Helden, aus dessen Perspektive er in aller Regel berichtet. Ein besonders krasses Beispiel ist K.s. Behauptung, vom Grafen, dessen Namen er nicht kennt, angefordert zu sein. Widersprüche, die der Erzähler einfach ›stehenläßt‹, machen klar, daß K. lügt und Komödie spielt, daß er lediglich kombiniert: Wenn da ein Schloß ist, wird es wohl auch einen Grafen als Schloßeigner geben, und wer wird so genau wissen, was der angeordnet hat. Er scheint in der Tat weder berufen noch überhaupt Landvermesser zu sein.

Sprachregelungen

Die Macht des Schlosses gegenüber K. ist eine administrative und zugleich eine sprachliche. Sie äußert sich darin, daß das Schloß nicht nur über Lebensmöglichkeiten im Dorf entscheidet, sondern auch über die Bedeutung der Begriffe. Wörter, die K. (und der Leser) im alltagssprachlichen Sinne mit Erfahrungen oder mit bestimmtem Weltwissen verbindet, sind im Herrschaftsbereich des Schlosses anders definiert. Sie bedeuten manchmal dasselbe – etwa wenn Lehrer und K. gemeinsam über das »Schloß« reden und dabei das Gebäude als Sitz der Administration meinen, manchmal aber auch nicht. So ist ›Schloß‹ für die Dorfbewohner ein sakrosankter Bezirk, sie behandeln die Schloßbeamten wie Wesen aus einer anderen Welt, während K. ›Schloß‹ mit Begriffen wie Arbeitserlaubnis, Anstellung, Aufenthaltserlaubnis oder Dienstverhältnis in Verbindung bringt. Daraus resultieren semantische Diskrepanzen, über die sich die Beteiligten nicht aufklären können, denn sie verfügen über keine gemeinsame Meta-Sprache. (Oblau 1983, 393–405) Dorf- und Schloßbewohner folgen anderen Sprachregelungen als K., und daraus resultieren nicht nur einfache Mißverständnisse, sondern ein anderes Denken und ein anderes Wertesystem. Zwar meint die Wirtin einmal zu K.:

> Wenn ich mir viel Mühe gebe, kann ich mich ja hineindenken in Ihre Gedanken, in Ihre hier sinnlosen, in der Fremde aus der Sie kommen vielleicht gültigen Gedanken (KAS 133),

aber weder K.s noch der Schloß- oder Dorfbewohner Wille, dies auch zu tun, ist vorhanden. Es bleibt in aller Regel bei der Signalisierung von Unverständnis (Kopfschütteln, ungläubiges Augenaufschlagen usw.). Dabei steht der Leser mehr auf der Seite K.s. Mit ihm verbindet ihn die Perspektive auf das Geschehen, also weitgehend die Bewertung des Verhaltens, und die Extension der Begriffe. So wird die Enttäuschung K.s plausibel, da auch für den Leser ein Schloß, das nicht wenigstens aus herausragend großen Gebäudekomplexen besteht, kein wirkliches Schloß sein kann. Er wird – mit dem Blick K.s ausgestattet – das Sozialsystem von Schloß und Dorf als ein ziemlich heruntergekommenes feudales Relikt, als geteilt in ›oben‹ und ›unten‹ denken, während die Schloß- und Dorfbewohner das offenbar ganz anders sehen, so daß der Lehrer meinen kann: »Zwischen den Bauern und dem Schloß ist kein großer Unterschied.« (KAS 20) Der Schloßsekretär Schwarzer sagt sogar, daß K., wenn er im Dorfe übernachte, »gewissermaßen im Schloß« (KAS 8) übernachte. Er deutet damit die Einheit des Bezirks an, in dem sich Schloß und Dorf befinden. Offensichtlich ist hier die Opposition ›oben‹ – ›unten‹ zwar topographisch gegeben (das Schloß liegt auf einem Berg), auch im Sinne einer Hierarchie bestätigt (die Dorfbewohner fürchten oder scheuen die Schloßbeamten), nicht aber im Sinn einer sozial oder gesellschaftlichen Zweiteilung in Täter und Opfer wirksam. Diese Variante der Oppositionsbildung ist K.s Konstruktion. Sie erlaubt ihm, sich selbst in der Rolle eines Erlösers oder eines Revolutionärs zu sehen, der (auch) für andere kämpft. Insofern wird im Roman selbst vom Erzähler immer offengehalten, ob eine Aussage einen Sachverhalt oder K.s Rekonstruktion desselben meint. So wird es im Schlußkapitel immer noch unklar sein, ob das Schankmädchen Pepi K. wirklich für einen »Mädchenbefreier« hält oder ob es K. ist, der aus ihrem Verhalten konstruiert, daß sie dies offensichtlich glaubt.

Verunsicherung der Sprachbezüge zur Wirklichkeit, sprachliche Doppeldeutigkeit und begriffliche Unschärfe wirken als Machtfaktoren zusammen mit den beschriebenen Kommunikationsdefiziten zwischen den Figuren im Text. Sie besagen immer dasselbe: Der sprachlich Ausgegrenzte ist auch der sozial Nicht-Zugehörige. Sein ständiges Suchen nach einem Platz, an dem er leben, arbeiten und mit anderen Menschen umgehen kann, kommt in dem Roman nicht an ein Ziel, weil elementare Formen der Verständigung nicht gelingen. Damit ist die thematische Verwandtschaft des *Schloß*- zum *Prozeß*-Roman augenfällig. In beiden sind die Fragen der Wahrheit und des Rechts (Was ist das Gericht/das Schloß, und woher stammt ihre Macht?) einer erfolgreichen Beantwortung der primären Fragen nach den Sprachregelungen und den Kommunikationsdefiziten nachgeordnet.

Überprüfung am Beispiel: Textorganisation des ersten Kapitels

Das erste Kapitel des Romans, von Kafka mit der Überschrift »Ankunft« versehen, ist in neun Abschnitte gegliedert, die Kafka wiederum auf einem gesonderten Blatt durch (Unter-)Überschriften gekennzeichnet hat. (KAS 2 82) Die einzelnen Episoden sind unterschiedlich lang, von 15 Zeilen (»Ankunft«) bis zu vier Druckseiten (»Szene mit Schwarzer«). Wie die Szenen im Drama sind sie gegeneinander abgegrenzt durch den Auf- und Abtritt von Personen. Die Perspektivfigur K. bleibt in allen Szenen beteiligt. Szenen, in denen K. allein ist

(»Ankunft«, »Weg zum Schloß«, »Müdigkeit«, »auf der Straße«), wechseln mit solchen, in denen er mit anderen interagiert (»Szene mit Schwarzer«, »Mit dem Wirt«, »mit dem Lehrer«, »bei Lasemann«, »im Schlitten des Gerstäcker«). Das Kapitel ist also nach einem Stationenschema linear strukturiert. Phasen der Aktion (K. mit anderen) wechseln mit solchen der Reflexion (K. allein).

Alle Episoden haben den gleichen Aufbau. Den Anfang macht jeweils ein einleitendes Ereignis, zumeist eine Handlung K.s. Im Zentrum steht eine Ungereimtheit, eine kommunikative Störung, zumindest eine offenbleibende Frage, die durch die oben angedeuteten Strategien semantischer Abweichungen vom Klarheitspostulat entstehen. Den Abschluß bildet entweder eine Handlung oder ein die Erfahrung der Episode verallgemeinernd zusammenfassender Satz K.s. Zwischen dem Rätsel im Zentrum jeder Episode und den Handlungen oder Reflexionen an der Peripherie bleibt eine Spannung, die die Brücke zur nächsten Episode schlägt: Warum ist der Wirt über den späten Gast »überrascht und verwirrt« (Episode »Ankunft«)? – Weil es das Problem mit der Aufenthaltsgenehmigung gibt (Episode »Szene mit Schwarzer«). Warum anerkennt das Schloß den Gast als Landvermesser (Episode »Szene mit Schwarzer«)? – Weil sich herausstellt, daß ein Kampf zwischen K. und Schloß begonnen hat, von dem sich K. nur unklare Vorstellungen macht (Episode »Mit dem Wirt«). Rückwärts gedacht erklären sich also manche der offenen Fragen. Aber es bleiben Reste, auf deren Klärung der Leser vergeblich wartet: Warum ist K. überhaupt in dieses Dorf gekommen? Warum läßt sich die Schloßbehörde in dieser Weise auf K. ein?

Kommunikationsstörungen

Das Erzählschema der auflösbaren Rätsel ist aus dem Märchen, dem höfischen Epos oder dem Schelmen- und dem Entwicklungsroman bekannt: Der Held wandert von Begegnung zu Begegnung. Jede Begegnung enthält die Brücke zur nächsten. Der Held macht dabei Erfahrungen, von Episode zu Episode fortschreitend. Zumeist sucht er etwas. Die Leser erwarten, daß erzählt wird, wie und mit wessen Hilfe er im Kampf gegen wen das Gesuchte erreicht. Dabei spielen Kommunikationsregeln eine entscheidende Rolle. Die Figuren, die der Held trifft, reden oft Dinge, die er nicht sofort versteht. Sie begehen selbst Handlungen oder fordern von K. Verhaltensweisen, die scheinbar unsinnig sind, von deren genauer Befolgung aber das Glücken der Aktionen abhängt. Ein falsches Wort kann alles gefährden. Parzival stellt die richtige Frage nicht – und damit ist eine ganze Romanhandlung eingeleitet. Dennoch weiß der Leser des höfischen Epos, daß der Held im Verlaufe des Romans die Kommunikationsregeln der Erzählwelt begreifen und richtig anwenden wird. Er ist verständigt. Kafka ruft diese Texterwartung zuerst auf, dann destruiert er sie.

Ein Beispiel ist die Unterhaltung K.s mit dem Lehrer in der fünften Episode des ersten Kapitels. K. will ausdrücklich »nichts Unwillkommenes« sagen, indem er nach dem Grafen fragt. Die Reaktion des Lehrers zeigt ihm aber, daß er genau das getan hat: »Nehmen Sie Rücksicht auf die Anwesenheit unschuldiger Kinder.« Eine Nachfrage wäre nötig, um das Mißverständnis zu klären. Statt dessen verknüpfen beide Gesprächspartner ihre einzelnen Aussagen nicht folgerichtig.

Der Leser hofft, es als Interpret besser machen zu können. Er überlegt sich, wie er lesen muß, daß das Ganze ›einen Sinn macht‹, zum Beispiel fragt er sich, ob es vielleicht anstößig ist, vom »Grafen« zu reden, die Empörung des Lehrers also gerechtfertigt wäre. (Binder 1976 b, 374–395) Gerade dadurch aber wird er vom Erzähler in das ironische Verwirrspiel zwischen Roman- und Alltagsordnung des Geschehens hineingezogen. (Sheppard 1973, 35–126; Sokel 1985, 43–62)

Am Beispiel der ersten beiden Episoden des Kapitels (vom Textanfang bis zur faktischen Erlaubnis für K., die Nacht im Wirtshaus zu verbringen) kann man die spezifische Form der Kafkaschen Vertextungsstrategien exemplarisch beschreiben.

›Kampf um eine Aufenthaltserlaubnis‹ ist das Hyperthema, dem sich Teilthemen direkt zuordnen. Interaktionen laufen nach dem Muster von Angriff und Verteidigung ab: K. erreicht die Schlaferlaubnis durch den Wirt, Schwarzer nimmt sie zurück. Die Auseinandersetzung wiederholt sich als ›Komödie‹ um den Vorwurf der Landstreicherei in den Telefonaten. Der Leser kann nicht unterscheiden, welcher der Kontrahenten Angreifer, welcher Angegriffener ist. Kaum scheint Klarheit erreicht, wird durch den nächsten Handlungszug die Konstellation umgepolt. K., zunächst ein harmloser und ruhebedürftiger Wanderer, zeigt, von Schwarzer zur Rede gestellt, bei seiner Verteidigung ein komödiantisches Angriffsverhalten. Er entwertet die Spielzüge seines Gegenübers durch eulenspiegelhafte sprachliche Verschiebungen. Dadurch leidet die Textklarheit. Ist eine nicht zu bekommende Erlaubnis noch eine notwendige?

»Ist das nicht möglich?« fragte K. gleichmütig. »Warum haben Sie mich also geweckt?« (KAS 9)

Er verbucht damit einen Vorteil im Gespräch. Aber natürlich hat die aktuelle Unmöglichkeit, eine Erlaubnis zu beschaffen, keinen Einfluß auf deren grundsätzliche Notwendigkeit.

Der bei der Lektüre entstehende Informationsfluß ist auf Erzählung und Figurenrede unterschiedlich verteilt. Die Begriffe, die Orte bezeichnen, ›Dorf‹, ›Schloß‹, ›Wirtshaus‹, sind lediglich einmal genannt, so als könne der Leser sich damit bereits alles Notwendige selbst denken. In den Textteilen, die die einzelnen Kampf-Züge der Kontrahenten erzählen, gibt es hingegen eine auffällig hohe Redundanz. Der Begriff ›Erlaubnis‹ etwa kommt im ersten Gespräch zwischen K. und Schwarzer siebenmal vor, fünfmal mit dem Verb ›haben‹, zweimal mit dem Verb ›holen‹ verbunden. Kafka verzichtet hier auch auf die standardsprachlich geläufigen Formen der Informationsverknüpfung durch pronominale Wiederaufnahmen oder semantische Substitution.[82] Er verstärkt vielmehr die Rekurrenz [Vorkommen] des Begriffes ›Erlaubnis‹ zusätzlich durch nicht notwendige Deixis [Hinweis]. Schweizer sagt:

Niemand darf das ohne gräfliche Erlaubnis. Sie haben eine solche Erlaubnis nicht oder haben sie wenigstens nicht vorgezeigt. (KAS 8)

Es hätte genügt, wenn Schwarzer gesagt hätte: ›Sie haben keine oder zumindest keine vorgezeigt.‹ Auf die Frage K.s: »Und man muß die Erlaubnis haben?« antwortet er dann mit einer kompletten Wiederholung in Form einer schulmäßigen Umstellprobe: »Die Erlaubnis muß man haben.« Schließlich bekräftigt er fragend an Wirt und Gäste gerichtet: »Oder muß man etwa die Erlaubnis nicht haben?«

Die übermäßige Redundanz verstärkt nicht die Deutlichkeit, sondern begründet die Vagheit der Information. Der Leser weiß am Ende weniger über die Aufenthaltserlaubnis als nach Schwarzers erstem Satz. Das aber verunsichert, man hält die Rede mit K. für »groben Spott«. Ständig könnte etwas, das man eben liest, auch etwas anderes bedeuten. Immer könnte man auch etwas überlesen – so etwa die wichtige, aber nur einmal und wie beiläufig mitgeteilte Information, daß K. sich verirrt hat und nicht weiß, daß im Dorf überhaupt ein Schloß ist, daß der Besitzer des Schlosses ein Graf »Westwest« (KAS 8) ist.

Verkehrte-Welt-Relationen

Die Existenz des Schlosses im Text ist zuerst rein sprachlich. Leserinnen und Leser sind durchaus unsicher, was hier als Faktum, was als Meinung zu behandeln sei:

Vom Schloßberg war nichts zu sehen, Nebel und Finsternis umgaben ihn, auch nicht der schwächste Lichtschein deutete das große Schloß an. (KAS 7)

Ob diese Aussage von einem Erzähler oder von dem ankommenden K. zu verantworten ist, bleibt offen, dementsprechend auch die Frage, ob zur Rede von einem »große[n] Schloß« tatsächlich ein entsprechender Gegenstand gehört. In der dekonstruktivistischen Lesart Avital Ronells (1987) bedeutet das einen Hinweis auf die Auflösung des Zeichenverbunds zwischen Begriff und außersprachlicher Welt. Denn der Referent [der Gegenstand in der Wirklichkeit], auf den der Begriff ›Schloß‹ verweist, bleibt buchstäblich in »Nebel und Finsternis«. Am ersten Tag seines Aufenthalts sieht K. dann zwar das angebliche Schloß

deutlich umrissen in der klaren Luft und noch verdeutlicht durch den alle Formen nachbildenden in dünner Schicht überall liegenden Schnee (KAS 17)

auf dem Schloßberg, aber nur, um enttäuscht festzustellen, daß es zwar »im ganzen« seinen »Erwartungen« entsprach, ihn eigentlich aber doch eher »enttäuschte«. Denn das, was er sieht, ist

weder eine alte Ritterburg, noch ein neuer Prunkbau, sondern eine ausgedehnte Anlage, die aus wenigen zweistöckigen, aber aus vielen eng aneinanderstehenden niedrigen Bauten bestand. (KAS 17)

Diese Beschreibung rechtfertigt keineswegs die Benutzung des Begriffs ›Schloß‹, dessen semantische Merkmale \Repräsentation\ und \Wohnlichkeit\ mit \Treppenhaus\ und \zweigeschossigem Festsaal\ sind allesamt getilgt.

Der Konstituierung des ›Schlosses‹ im Umweg über die befremdlichen Begriffsfüllungen K.s entspricht spiegelverkehrt die Anerkennung K.s als Landvermesser durch die Schloßkanzlei. K. ist so lange kein Landvermesser, wie die

Schloßbehörde ihn nicht dazu »ernennt«. Wir sind gewohnt, unsere Sprache an unserer Wirklichkeitserfahrung auszurichten. Wenn K. kein Landvermesser ist und das Schloß kein Schloß, korrigieren wir unsere Begriffe. Das ist in Kafkas Erzählwelt genau umgekehrt. Die erzählte Wirklichkeit wird der Sprache angepaßt. Die Genese der Existenz aus dem Begriff ist im zitierten Beispiel besonders deutlich. Im ersten Streitgespräch mit Schwarzer belegt dieser K.s komödiantische Dialogführung zornig mit dem Begriff »Landstreichermanieren«. Aus diesem Wortkörper und unter dem lebhaften Eindruck, dem Behördenvertreter vermessen oder anmaßend entgegengetreten zu sein, entwickelt der Sprachspieler K. die Berufsbezeichnung, unter der er auftreten will: »Landvermesser«. Deren Konstituierung erfolgt also ganz auf der Ebene des Signifikanten durch die Ausstreichung von Silben: Aus ›Landstreicher, vermessener‹ wird »Landvermesser«. Und auch die Schloßbehörde scheint so zu funktionieren, daß sie die sprachlich anberaumte Wirklichkeit nicht an einem Referenten (der Realität) prüft, sondern als solche hinnimmt. K. wird als Landvermesser anerkannt, einfach weil er es sprachlich so setzt.

Zu einem Landvermesser gehören – als semantische Assoziationen – Gehilfen und Theodoliten. Deshalb lautet K.s nachgeschobener Satz: »Meine Gehilfen mit den Apparaten kommen morgen im Wagen nach.« (KAS 9) Im Telefongespräch mit der Schloßkanzlei wird – sozusagen zur Vervollständigung des Musters von der ›verkehrten Welt‹ – diese Unterwerfung der Wirklichkeit unter die Rede dann sogar juristisch bestätigt. Schwarzer bietet den Behörden zur Bezeichnung von K. noch einmal die Bedeutung »Landstreicher« an:

Der junge Mann, der sich als Schwarzer vorstellte, erzählte wie er K. gefunden, einen Mann in den Dreißigern, recht zerlumpt, auf einem Strohsack ruhig schlafend, mit einem winzigen Rucksack als Kopfkissen, einem Knotenstock in Reichweite. Nun sei er ihm natürlich verdächtig gewesen und da der Wirt offenbar seine Pflicht vernachlässigt hatte, sei es seine, Schwarzers Pflicht gewesen, der Sache auf den Grund zu gehen. (KAS 11)

Er erhält sie zunächst bestätigt und triumphiert:

[…] sofort warf Schwarzer wütend den Hörer hin. »Ich habe es ja gesagt«, schrie er, »keine Spur von Landvermesser, ein gemeiner, lügnerischer Landstreicher, wahrscheinlich aber ärgeres.« (KAS 12)

Doch während K. sich in eine erneute komödiantische Aktion flüchtet (er versteckt sich unter der Bettdecke, um den zu erwartenden Schlägen[83] der Wirtshausbesucher zu entgehen), akzeptiert der Bürochef am anderen Ende der Leitung offensichtlich schon die Selbstaussage des Petenten als Faktum:

Trotzdem es unwahrscheinlich war, daß es wieder K. betraf, stockten alle und Schwarzer kehrte zum Apparat zurück. Er hörte dort eine längere Erklärung ab und sagte dann leise: »Ein Irrtum also? Das ist mir recht unangenehm. Der Bureauchef selbst hat telephoniert? Sonderbar, sonderbar. Wie soll ich es aber jetzt dem Herrn Landvermesser erklären?« K. horchte auf. Das Schloß hatte ihn also zum Landvermesser ernannt. (KAS 12)

Zu dem von K. angebotenen Signifikanten (»Landvermesser«) übernimmt das Schloß das geläufige Signifikat, und zwar so weitgehend, daß K. meint, die Einstellung als der dazugehörige Rechtsakt sei gleich mitvollzogen. Später wird das Schloß in Gestalt von Artur und Jeremias sogar die Referenten zu dem von K. genannten Begriff »Gehilfen« bereitstellen. Nur der »Wagen«, von dem er gesprochen hatte, kommt nicht.

In beiden Fällen entsteht durch die Umkehrung des Verhältnisses von Wirklichkeit und Begriff eine semantische Unschärfe der Zeichen. Jacques Derrida (1992) spricht von »différance«[84] und meint damit die Überschreitung der nach Maßgabe des Diskurses festgelegten Grenzen zwischen Ausdruck, Inhalt und Referenzbezug sprachlicher Zeichen.

Für die von den Auswirkungen der jeweiligen Rede Betroffenen entsteht so eine fatale Verwirrung. Entscheidet das Schloß über die Lebenschancen K.s, indem es überraschend die komödiantisch angebotenen semantischen Füllungen der Berufsbezeichnung anerkennt, und entscheidet K. wiederum über die Definition des Schlosses als Schloß, so ist die prägende Kraft des Begriffs gegenüber der Welt einerseits und die Abhängigkeit der Bedeutung jedes einzelnen Begriffs allein von anderen Sprach-Zeichen andererseits augenfällig.

Metaphorizität

Ist K. kein Landvermesser, aber auch kein Landstreicher, welchen Sinn hat das über ihn Erzählte? Der eine Bedeutung suchende Interpret nimmt Kernbegriffe als Metaphern und ›übersetzt‹ die Textoberfläche in Sub-Texte. »Landvermesser« bedeutet dann nicht mehr ›Geodät‹, sondern vielleicht ›Bodenreformer‹, oder er bezeichnet gar einen, der die Welt neu aufteilt. Die Semi-Semantizität der Textwelt, besonders in den Kernen der einzelnen Episoden, legt wechselnde metaphorische Auflösungen nahe. Viele Textteile, so etwa die schon rein quantitativ herausgehobene, knapp dreißigzeilige Beschreibung des runden Schloßturms (KAS 17), können dann affirmativ in ein einmal aufgestelltes Deutungskonzept integriert werden. Zu einer theologisch-philosophischen Deutung paßt etwa gut die Aussage:

[…] ein irdisches Gebäude – was können wir anders bauen? – aber mit höherem Ziel als die niedrige Häusermenge und mit klarerem Ausdruck als ihn der trübe Werktag hat. (KAS 18)

Zu der psychologischen Deutung des Schreibprozesses, die berücksichtigt, daß Kafka den Roman schrieb, als sein Verhältnis zu Milena abgebrochen war, paßt hingegen besser die Beobachtung, daß ihn »Schwärme von Krähen« umkreisten (KAS 17). Denn Krähen symbolisieren – über die Namensbedeutung Dohle = tschech. kavka – K. als Ich-Figur des Autors, der Milena umkreist.[85] Das Schloß, das K. bereit war, für eine »Burg« zu halten, symbolisiert dann – gemäß der hier naheliegenden Metaphorik der Liebeslyrik – die Frau, die erobert werden soll. Auch die zweite Bedeutung des Wortes ›Schloß‹ im Kontext von ›Schlüssel‹, ver- und aufschließen, paßt hier. Die Einzelteile der Erzählwelt erhalten als Metaphern ihre je eigene Dynamik.

Kafkas Text macht dem Leser an dieser Stelle über den Rahmen von ›Burg‹ und ›Schloß‹ hinaus ein verdächtig reichhaltiges Angebot zur Befriedigung von

Interpretationswünschen: Der Turm des Schlosses erinnere K. an den Kirchturm der »alten Heimat«; er sei »gnädig von Efeu verdeckt«; er habe etwas »Irrsinniges«, er sei »unsicher, unregelmäßig, brüchig, wie von ängstlicher oder nachlässiger Kinderhand gezeichnet«, ein »trübseliger Hausbewohner«, der sich »hätte eingesperrt halten sollen«, aber nun »das Dach durchbrochen und sich erhoben« habe, »um sich der Welt zu zeigen«. (KAS 18) All diese anschaulichen Details der Beschreibung sind mögliche Assoziationskerne, sie verlangen nach Bedeutungszuweisungen.

Worte wie ›Heimat‹, ›Efeu‹, ›Kinderzeichnung‹, ›Irrsinn‹ können allerdings nur dann einen zusammenhängenden Sinn ergeben, wenn einige von ihnen vor den anderen ausgezeichnet, andere durch Nichtbeachtung unterdrückt werden. Indem der Text aber auf hypothetische Bedeutungszuweisungen des Lesers keine eindeutige ›Antwort‹ gibt, bekräftigt er seinen eigenen, wesentlich interrogativen Wert.

Der deutende Leser arbeitet bei der Auflösung metaphorischer Rede zumeist mit Monosemierungen, das heißt mit der Ausblendung möglicher gegenläufiger Beobachtungen. Jede einzelne Information kann – nach Bedarf – eine zweite, symbolische Bedeutung zuerkannt bekommen, die das Textsystem mit dem System der gewählten Deutung enger verknüpft. So mögen dann Deutungen derselben Textstelle als subjektive Problemdiskussion oder als allgemeine Aussage über das Welttheater nebeneinander stehen und den gleichen Anspruch auf Textadäquatheit erheben. Je mehr Informationen in ›Zeichen für‹ übersetzt werden können, je mehr Verknüpfungen der Interpret zwischen den einzelnen Elementen seiner Übersetzungen findet, desto überzeugender scheint seine Deutung. (Dowden 1995) Dem Verfechter einer anderen Deutung aber erlaubt derselbe Text, die Deutung des Vorgängers in Frage zu stellen und zu falsifizieren.[86]

Wiederholungen, Spiegelungen

Ein genauer Betrachter des Textes, der sich auf das Interpretieren nicht einläßt, achtet vor allem auf die Vernetzung der Zeichen untereinander, der Episoden, der Teilthemen oder einzelner Signalbegriffe. K. ist kein Landvermesser, er gibt sich aber – vermessener Landstreicher, der er (vielleicht) eher ist – als solcher aus, wird – möglicherweise gerade aufgrund von Defiziten im System der Relationen zwischen Sprache und Realität – auch anerkannt, und alles ereignet sich dann so, als ob er einer wäre. Dementsprechend lautet die Prüffrage des Romans, ob K. seine Lebenschancen im Herrschaftsbereich des Schlosses exakt ›vermessen‹ kann oder ob er sich dabei ›vermißt‹.[87]

In diesem Sinne ist es wichtig, Wiederholungen und Ähnlichkeiten zu registrieren, gleichartige Bilder oder Begriffe durch den Text zu verfolgen. Ein besonders interessantes Beispiel bieten in diesem Zusammenhang die Telefonate, von denen im Roman erzählt wird. Sie bilden eine eigentümliche Motivreihe, denn sie verbinden Kommunikation als Aushandeln von Geltungsansprüchen mit Hinweisen auf nahezu inhaltsfreie Lautfolgen, etwa wenn aus der

»Hörmuschel« des Apparats zuerst »Summen« wie aus einer großen Meermuschel ertönt, das dann aber als »Gesang fernster, allerfernster Stimmen« den Charakter eines Sirenengesangs annimmt, so daß K. das beabsichtigte Telefonat darüber fast vergißt. (Kittler 1990, 157–163)

Im Telefonat am Abend der Ankunft K.s im Dorf akzeptiert die Behörde nach einer anfänglichen Zurückweisung (Telefonat 1) K.s Selbstdefinition als Landvermesser (Telefonat 2). In einem zu Beginn des zweiten Kapitels beschriebenen dritten Telefonat wiederholt sich exakt die gleiche Struktur: K. meldet sich dort als sein eigener Gehilfe Josef. Nach einer anfänglichen Weigerung übernimmt das Schloß K.s Selbstbezeichnung. So entsteht eine komödiantische Spiegelung der beiden vorhergehenden Telefonate. Nach seiner Rückkehr aus dem Dorf hatte K. die ihm zugeteilten Gehilfen Artur und Jeremias als seine »alten Gehilfen« angenommen und sie auf die damit verbundene Rolle von Fremden im Dorf eingeschworen, obwohl sie im Dorf geboren sind. Die Gehilfen bestätigen K.s Reden mit der gleichen unangreifbaren Unverbindlichkeit wie schon zuvor die Schloßbeamten Fritz und Oswald. »Im Äußerlichen waren sie lächerlich folgsam«, resümiert K. verärgert. Ihm wären klare Konturen lieber. Deswegen versucht er zu provozieren. Gegenüber dem Schloßbeamten Oswald gibt er die »alten« als die neuen Gehilfen aus. Nun hält der Beamte sie für die alten und widerspricht damit K.s Anspruch, selbst sein eigener alter Gehilfe zu sein:

»Das [Artur und Jeremias] sind die neuen Gehilfen«, sagte K. »Nein, das sind die alten.« »Es sind die neuen, ich aber bin der alte, der dem Herrn Landvermesser heute nachkam.« »Nein«, schrie es nun. »Wer bin ich also?« fragte K., ruhig wie bisher. Und nach einer Pause sagte die gleiche Stimme mit dem gleichen Sprachfehler und war doch wie eine andere tiefere, achtungswertere Stimme: »Du bist der alte Gehilfe.« (KAS 37)

Natürlich ist die Stimme »achtungswerter«, bestätigt sie K. doch seine Definitionsmacht gegenüber dem Gegner. Wie im Falle der Anerkennung als »Landvermesser« weicht das Schloß der Konfrontation aus. Es akzeptiert K.s Geltungsansprüche, auch gegen den Augenschein und besseres Wissen. Dieser Textbefund hat Interpreten dazu angeregt, hinter dem Schloß lediglich eine »Bewußtseinstatsache« K.s zu vermuten. (Sheppard 1979, 465 f.)

Der Blick auf die Variation desselben Vorgangs in zwei aufeinanderfolgenden Kapiteln macht die Strategie des Erzählers deutlich. Er arbeitet mit variierten Wiederholungen, mit Kopien, die aber durch Variationen so verändert sind wie die Splitter eines Kaleidoskops nach einer Drehung in ihren prismatischen Brechungen. Stanley Corngold (1988, 90–104) hat diese Strategie mit der Figur des Chiasmus in Verbindung gebracht. Gemeint ist die spiegelbildliche Anordnung der Erzählelemente.[88] Das dritte Telefonat beginnt, wie das zweite endete, mit K.s nachdenklichem Hinhorchen.

Diese exakt spiegelbildliche Wiederholung des Vorgangs aus dem zweiten im dritten Telefonat schaltet Zufall und Irrtum als mögliche Erklärungen der Mißverständnisse aus. Der Leser muß sich – wieder einmal wie K. auch – die Frage stellen, warum sich hier zweimal der nahezu gleiche Vorgang abspielt. Er fahndet nach ›Regeln‹, nach denen in der Welt des Schlosses telefoniert werden kann, und findet – irgendwo später im Text – eine verwirrende ›Lösung‹. Der Gemeindevorsteher erklärt:

»[…] Ich begreife auch nicht, wie selbst ein Fremder glauben kann, daß wenn er z. B. Sordini anruft, es auch wirklich Sordini ist, der ihm antwortet. Vielmehr ist es wahrscheinlich ein kleiner Registrator einer ganz anderen Abteilung. Dagegen kann es allerdings in auserlesener Stunde geschehn, daß, wenn man den kleinen Registrator anruft, Sordini selbst die Antwort gibt. Dann freilich ist es besser, man läuft vom Telephon weg ehe der erste Laut zu hören ist.« (KAS 116 f.)

Das hier beschriebene System der Telefone setzt das konstituierende Funktionsmerkmal des alltäglichen Telefonsystems außer Kraft. Indem es Fehlschaltungen zur Regel erhebt, simuliert es Ordnungen der fernmündlichen Verbindung, die es selbst nicht einhält. Damit aber wird ›Telefon‹ im Romankontext zu einer Metapher für Formen der Kommunikation, die gerade nicht den Regeln der technischen Verfügung (Vorhersehbarkeit, Funktionalität) unterliegen. (Müller 1991, 35–53) Will der Leser sich nicht aufs Spekulieren verlegen und theologische Modelle der Kommunikation, etwa des Gebets, annehmen, so findet er die plausibelste Antwort, wenn er den Text als eine schwierige Komödie liest, in der die Kontrahenten kommunikative Verwirrspiele gegeneinander austragen. Denn dort, wo die fast mechanische Austauschbarkeit von amtlichen Informationen, systemimmanenten Störungen im Apparat und sprachspielerischen Vertauschungen das vorantreibende Prinzip der Information bildet, haben derartige Wiederholungen vielleicht den impliziten Sinn, Geltungsansprüche durch deren Umsetzung in Scherze zu zerstören.

Wenn Kafka einzelne Episoden auf diese Weise zu Parallel- oder Zwillingsszenen ausgestaltet, so kann man das auch als eine spezifische Form der Kommentierung des Erzählgeschehens werten. Es belegt die geringe Glaubwürdigkeit der Gesprächspartner K.s und den hinhaltenden (und erfolgreichen) Widerstand, den das gesamte Informationssystem der Erzählwelt den Versuchen K.s, es zu »vermessen«, entgegensetzt.

Das dritte Telefonat zeigt K. abgelenkt, geradezu versonnen:

K. horchte ohne zu telephonieren, den linken Arm hatte er auf das Telephonpult gestützt und horchte so.
Er wußte nicht wie lange; so lange, bis ihn der Wirt am Rock zupfte, ein Bote sei für ihn gekommen. (KAS 36)

Die ersten beiden Telefonate handelten als verbale Kommunikation das Verhältnis zwischen K. und dem Schloß aus. Die Telefongeräusche hingegen gehören als sinnleeres Kommunikationsangebot zu der Klasse der Störungen oder der verführenden Töne. (Neumann 1990, 213–216) Was K. im dritten Telefonat fasziniert, ist das Rauschen. Auf Störungen seiner Andacht reagiert er aggressiv: »›Weg!‹ schrie K. unbeherrscht …« Warum K. inmitten seines Kampfes um Anerkennung so zerstreut und affektiv auf das Rauschen reagiert, erfährt der Leser an dieser Stelle nicht. Wohl aber, wenn er die Isotopie der inhaltslosen Töne weiter verfolgt. Zu solchen Geräuschen gehört auch das Läuten der Glocken des Schloßturms:

Als sollte ihm aber noch zum vorläufigen Abschied ein Zeichen gegeben werden, erklang dort ein Glockenton, fröhlich, beschwingt, eine Glocke, die wenigstens einen Augenblick lang das Herz erbeben ließ, so als drohe ihm – denn auch schmerzlich war der Klang – die Erfüllung dessen, wonach es sich unsicher sehnte. (KAS 29)

Die Isotopie der Phone schließt das Telefon und die weithin hörbaren Glocken zusammen. Die künden etwas Ambivalentes an – vielleicht das, wonach K. sich »sehnt«, aber was ihm auch »droht«. Sie haben keine identifizierbare Botschaft, aber sie korrelieren als Schnittstellen zwischen der Ordnung der Töne und dem Begehren Zeichen aus der Außenwelt mit solchen aus dem Inneren des Helden. In einer Welt, in der ›Botschaft‹ nicht mehr gegen ›Nicht-Botschaft‹ abgegrenzt werden kann, verwandelt sich alles in Zeichen. Aber die vom Verstand, der ständig nach einer Ordnung in den Wahrnehmungen sucht, entdeckten Korrespondenzen sind Konstrukte, in unserem Fall Zitat eines romantischen Oxymorons (»beschwingt« – »schmerzlich«), die in der Phantasie des Lesers die Maschinerie zur Erzeugung von Bedeutung leerlaufen lassen.

Schreiben als Überschreiben anderer Texte

Die innerliterarischen Rückbindungen eines literarischen Textes in die Tradition eröffnet für die Tätigkeit des Deutens zahlreiche Anreize. Nicht nur um im Sinne einer Produktionsästhetik nachzuvollziehen, wie die Phantasie der Autoren sich aus ihrer Lektüre speist, sondern um in dem Kontext, der sich so netzartig um jedes Stück Literatur aufbaut, Sinnpotentiale zu entdecken.

Bei dieser Suche nach Ähnlichem sind Kafka-Leser schon sehr früh auf Textsorten wie Legende und Märchen gestoßen. Hartmut Binder, Karl Erich Grözinger und andere Quellenforscher haben zahlreiche jüdische Volkssagen und chassidische Legenden, Mark Spilka oder Bernt Nagel Beziehungen zu Texten der Weltliteratur festgestellt.

Über Kafkas Verhältnis zur deutschen romantischen Literatur, zu Eichendorff beispielsweise, ist wenig Genaues bekannt.[89] Doch die Beziehungen zwischen dessen Novelle *Aus dem Leben eines Taugenichts* und Kafkas *Schloß*-Roman sind mehr als nur zufällige Übereinstimmungen. Man wird zwar mit der Behauptung vorsichtig sein müssen, es lägen direkte Abhängigkeiten vor. Doch unbestreitbar ist, daß es kulturelle Repertoires an Bildern und Konstellationen gibt, aus denen sich Autoren verschiedener Epochen bedienen, und daß diese sich nach Maßgabe ihrer Verwendung in literarischen Texten selbst verändern. Konstellationen dieser Art bieten ›Schloß‹, ›Garten‹, ›Park‹, ›Marktplatz‹ usw. Mit der Nennung der Begriffe stellen sich als ›scripts‹ Vorstellungen ein. Zu ihnen gehören auch stereotype Handlungsmuster. Jemand betrachtet beispielsweise ein Schloß von ferne, er weiß nicht, ob es ihm offen stehen oder verschlossen sein wird; einen Park betritt man als Spaziergänger, nicht um zu arbeiten usw. Unter den vielen Texten, die das Konzept ›Schloß‹ benutzen, ragen einige kanonbildend hervor. In der deutschen Literatur sind das Texte von Goethe und Eichendorff. Im zweiten Kapitel des *Taugenichts* wird berichtet, wie der Held abends im Schloßpark wartet, um der verehrten Dame einen Strauß Blumen zu überreichen. Über kleine »Brücken« nähert er sich, steht »lange stockstill« an einen Baum gelehnt und »lauscht nach allen Seiten«, blickt auf die »hellerleuchteten Fenster des Schlosses«. Die Gedanken, die ihm während des Wartens und Schauens kommen, sind die eines heimatlosen Außenseiters:

Alles ist so fröhlich, um dich kümmert sich kein Mensch. – Und so geht es mir überall und immer. Jeder hat sein Plätzchen auf der Erde ausgesteckt, hat seinen warmen Ofen, seine Tasse Kaffee, seine Frau [...]. Mir ist's nirgends recht. Es ist, als wäre ich überall eben zu spät gekommen, als hätte die ganze Welt gar nicht auf mich gerechnet. –
(J. v. E.: Aus dem Leben eines Taugenichts. In: Ders.: Werke. München: Winkler 1970. Bd. 2, S. 280)

Das könnten auch Überlegungen sein, die Kafkas Held K. anstellt, bevor er im Dorf, welches zum Schloß gehört, einen Platz zum Überleben zu erlangen sucht.

Wie zur Bestätigung solcher Vermutungen liest sich – von Kafkas Roman her gesehen – das fünfte Kapitel von Eichendorffs Novelle. Wieder ist es ein Schloß, das dem Helden die Schrecken des Waldes, den Todesruf des Käuzchens »Komm mit« und das ihm über den Weg reitende »bucklige Männlein« vergessen läßt:

Auf dem Gipfel des Berges stand ein großes, altes Schloß mit vielen Türmen im hellsten Mondschein. – »Nun Gott befohlen!« rief ich aus und war innerlich ganz munter geworden vor Erwartung, wohin sie mich am Ende noch bringen würden.

Es dauerte wohl noch eine gute Stunde, ehe wir endlich auf dem Berge am Schloßtore ankamen. Das ging in einen breiten, runden Turm hinein, der oben schon ganz verfallen war. Der Kutscher knallte dreimal, daß es weit in dem alten Schlosse widerhallte, wo ein Schwarm von Dohlen ganz erschrocken plötzlich aus allen Luken und Ritzen herausfuhr und mit großem Geschrei die Luft durchkreuzte. Darauf rollte der Wagen in den langen, dunklen Torweg hinein. [...] Die Dohlen schrieen immer noch dazwischen – so kamen wir mit einem entsetzlichen Spektakel in den engen gepflasterten Schloßhof.

Eine kuriose Station! dachte ich bei mir, als nun der Wagen stillstand.   (Ebd., S. 602)

Aufmerksame Leserinnen und Leser werden zwischen dieser und K.s erster Begegnung mit dem Schloß schnell Entsprechungen und Oppositionen erkennen, von denen zwar nicht beweisbar ist, inwieweit sie bewußte Schreibentscheidungen Kafkas sind, die aber dennoch beide Texte wechselseitig beleuchten. Bei Eichendorff hat das Schloß viele Türme, es liegt im hellen Mondschein vor seinem Betrachter. Bei Kafka hat es nur einen Turm, es liegt »deutlich umrissen in der klaren Luft«. Kafka deutet mit dieser Formulierung etwas sprachlich an, was Eichendorff im Atmosphärischen beläßt: Eichendorffs Held ist ein Träumer – und das Schloß ist nach einem Märchenschloß modelliert, in dem er später dann auch »wie ein Märchenprinz« lebt. Ausgestoßen aus dem Erwerbsleben der Bürger und Bauern, findet er hier – wie die Bremer Stadtmusikanten im Räuberhaus – eine Idylle. Er denkt nicht mehr ans »Weiterreisen«, sondern möchte bleiben. In Kafkas Text weisen einzelne Stichwörter auf die Verwandtschaft. Bei Eichendorff heißt es einige Seiten später:

Das Schloß war auch gar kein Wirtshaus, sondern gehörte, wie ich von der Magd erfuhr, einem reichen Grafen. Wenn ich mich dann manchmal bei der Alten erkundigte, wie der Graf heiße, wo er wohne? da schmunzelte sie immer bloß, wie den ersten Abend, da ich auf das Schloß kam. (Ebd., S. 606)

Das Wirtshaus, der Graf, der unbekannt bleibt, die Bewohner, die ungenau und unzureichend informieren, alles sind wiederkehrende Motive. An die Idylle aber kann man bei Kafka nicht mehr glauben. Er kennzeichnet – versteckt im Vokabular der Beschreibung – das Schloß, auf das K. sich zubewegt, als Schloß »in der (klaren) Luft«, als ›Luftschloß‹.

Um diesen inhaltlichen Kontrast zu beleben, sind zahlreiche motivliche Entsprechungen aufgebaut. Beide Schloßtürme sind rund, beide von Dohlen bzw. Krähen, den Namensvögeln Kafkas, umschwirrt, beide an der Mauerkrone zerfallen. Beide Helden haben die Idee, diese Schlösser könnten ihnen in der Fremde ein Asyl sein, beide denken vergleichend und nostalgisch an die Heimat, aus der sie seit langem fortgegangen sind.

Für jugendliche Leserinnen und Leser ist es nicht unmittelbar interessant festzustellen, daß Kafka sich mit der erzählerischen Ausgestaltung des Schlosses – vielleicht bewußt, vielleicht in einer unbewußt aufsteigenden Erinnerung an zurückliegende Lektüre[90] – der Eichendorffschen annähert. Aber die Entdeckung, daß die intertextuelle Verweisung eine Spur legt, auf der der heutige Rezipient Hinweise auf eine unterschwellig ablaufende Auseinandersetzung des modernen Autors mit der Tradition erhält, eröffnet eine Möglichkeit für eigene gedankliche Tätigkeiten.

Eichendorffs Held ist ein Heimatloser, der aus den sozialen Beziehungen der Erwerbswelt herausgefallen ist, eine romantische Künstlernatur. Die Novelle ist im Grunde ein Märchen, in dem der Autor für die Sonderexistenz seines Taugenichts eine utopische Lebensmöglichkeit ausphantasiert. Kafka treibt – in den folgenden Ausführungen zu *Josefine, die Sängerin* wird dies näher erörtert – ebenfalls die Frage nach den Lebensmöglichkeiten des schreibenden Außenseiters in einer durch Erwerbsdenken bestimmten Welt um. Erzählend überprüft er die Bedingungen, unter denen einer, der mit seinem Schreiben den Anspruch erhebt, die Lebenswelt ›vermessen‹ zu können, von denen bewertet wird, die seine Kunst mit Arbeits- und Aufenthaltsrecht honorieren sollen. Sein probehandelndes Erzählexperiment schließt nicht sehr ermutigend.

Schülerinnen und Schüler könnten, nachdem sie die Beziehung zwischen Eichendorff und Kafka analysiert haben, selbst versuchen, einen Text in der Nachfolge der beiden zu entwerfen. Eine entsprechende Aufgabe im produktiven Literaturunterricht würde K.s Verhältnis zum Schloß beispielsweise dadurch aktualisieren, daß sie dazu anregte, die Problematik eines Asylsuchenden aufzugreifen. Diesem Asylanten könnten nach Belieben Eigenschaften K.s zuerkannt werden.[91] Benutzen die jugendlichen Leserinnen und Leser in der Autor-Rolle dann noch die von Kafka ausgearbeitete Figurenperspektive, wiederholen sie die in Kafkas Text festgestellten Formen eines taktischen Kommunikationsverhaltens, so könnte eine sehr realitätshaltige Satire entstehen. Rechtsvorschriften und -instanzen der Gegenwart würden aus der verfremdenden Perspektive des Nicht-Zugehörigen ebenso verfremdet gesehen werden wie die Schloß-Behörden aus der Sicht K.s. – Ein Beispiel:

Es war spät abends, als K. ankam. Der Bahnhof lag in tiefem Schnee. Von der Stadt war nichts zu sehn. Nebel und Finsternis herrschten überall, auch nicht der schwächste Lichtschein deutete die große Stadt an. Lange stand K. auf dem Bahnsteig und überlegte, was als erstes zu tun sei.

Dann ging er, ein Nachtlager suchen. Bei der Bahnhofsmission war man noch wach. Die diensthabende Schwester hatte zwar kein Zimmer zu vermieten, aber sie erlaubte, von dem späten Gast äußerst überrascht, K. in dem Aufenthaltsraum auf einem Strohsack schlafen zu lassen. K. holte sich selbst die Matratze und legte sich auf einer Bank hin. Warm war es. Ein wenig prüfte er noch den Raum mit den müden Augen, dann schlief er ein.

Aber kurze Zeit darauf wurde er schon geweckt. Ein junger Mann in der Uniform der Bahnhofspolizei stand mit der Schwester neben ihm. Der junge Mann entschuldigte sich sehr höflich, K. geweckt zu haben, stellte sich als diensttuender Polizist vor und sagte dann in einer Sprache, die K. nicht verstand, dann in gebrochenem Englisch: Diese Stadt und dieser Bahnhof sind Teil der Stadt und des Landes Berlin. Wer hier übernachtet, darf das nicht ohne behördliche Erlaubnis. Sie haben eine solche Erlaubnis nicht oder haben sie wenigstens nicht vorgezeigt.

K. hatte sich halb aufgerichtet, hatte die Haare zurechtgestrichen, blickte die beiden von unten her an und sagte, ebenfalls auf Englisch: »In welches Land habe ich mich verirrt? Ist denn hier Berlin?«

»Allerdings«, sagte der junge Mann langsam, während die Schwester den Kopf über K. schüttelte, »Berlin in Deutschland.«

»Und man muß die Erlaubnis zum Übernachten haben?« fragte K., als wolle er sich überzeugen, ob er die früheren Mitteilungen

nicht vielleicht geträumt hätte. »Die Erlaubnis muß man haben«, war die Antwort, und es lag darin ein großer Spott für K. »Dann werde ich mir also die Erlaubnis holen müssen«, sagte K. gähnend und schob die Decke von sich, als wolle er aufstehn.

»Ja von wem denn?« fragte der junge Mann.

»Von der zuständigen Behörde, dem Einwohnermeldeamt, der Ausländerbehörde, dem Einwanderungsbüro oder der Stelle für Bearbeitung von Asylanträgen. Es wird nichts anderes übrigbleiben.«

»Jetzt um Mitternacht eine Aufenthaltserlaubnis holen?« rief der junge Mann und trat einen Schritt zurück.

»Ist das nicht möglich?« fragte K. gleichmütig. »Warum haben Sie mich also geweckt?«

Nun geriet der junge Mann außer sich. »Landstreichermanieren!« rief er, »ich verlange Respekt vor den städtischen Behörden! Ich habe Sie deshalb geweckt, um Ihnen mitzuteilen, daß Sie sofort die Stadt verlassen müssen.«

»Genug der Komödie«, sagte K. auffallend leise, legte sich nieder und zog die Decke über sich. »Ich werde mich nicht von Ihnen abschieben lassen. Ich bitte um politisches Asyl. Sonst aber lassen Sie es sich gesagt sein, daß ich in meiner Heimat von der Firma Contex als Chemiker angeworben worden bin. Zwei Mitarbeiter werden morgen nachkommen. Ich habe den Auftrag von der Stadt, mich um die Entsorgung der Reste bei der städtischen Müllverbrennungsanlage zu kümmern. Damit sind meine Erklärungen beendet. Gute Nacht, mein Herr.« Und K. drehte sich zum Ofen hin.

»Chemiker aus einem Entwicklungsland?« hörte er noch hinter seinem Rücken zögernd fragen, dann war allgemeine Stille. (Studentin, 2. Sem.)

Das Hineinschreiben einer aktuellen, der gelesenen ähnlichen Erfahrungskonstellation in die wiedererkennbaren Muster Kafkas enthält schon insofern eine Kommentierung, als deren kultureller Wert durch die über Kafka herrschenden Meinungen bereits festlegt. Alle Kafka-Umschreibungen werden etwas wiedererkennbar ›Kafkaeskes‹ haben. Im vorliegenden Beispiel ist sowohl die

Situation eines Asylsuchenden verfremdet als auch die von Kafka erzählte des Landvermessers K. Läßt sich ein Leser kritisch auf Kafkas Fiktion ein, so wird er K.s gespielte Ahnungslosigkeit und Dreistigkeit mit einem politisch sensiblen Thema wie Asyl zusammenfügen. Eine Diskussion um die Plausibilität des im Romananfang Erzählten ist damit eingeleitet.

Als weiterer Beleg zu dem gewählten Beispiel sei ein anderer intertextueller Bezug aufgeführt, der als Ausgangspunkt einer sowohl analytischen wie produktiven Auseinandersetzung dienen kann:

Endlich kam die Zeit herbei, daß man sich zur Überfahrt schicken, die Kutschen und Wagen erwarten sollte, die unsere ganze Truppe nach dem Schlosse des Grafen hinüber zu führen bestellt waren. [...] Das Schloß des Grafen stand ihnen wie ein Feengebäude vor der Seele, sie waren die glücklichsten und fröhlichsten Menschen der Welt, und jeder knüpfte unterwegs an diesen Tag, nach seiner Art zu denken, eine Reihe von Glück, Ehre und Wohlstand.

Ein starker Regen, der unerwartet einfiel, konnte sie nicht aus diesen angenehmen Empfindungen reißen; da er aber immer anhaltender und stärker wurde, spürten viele von ihnen eine ziemliche Unbequemlichkeit. Die Nacht kam herbei, und erwünschter konnte ihnen nichts erscheinen, als der durch alle Stockwerke erleuchtete Palast des Grafen, der ihnen von einem Hügel entgegen glänzte, so daß sie die Fenster zählen konnten. [...]

Nun fuhren sie durch das Dorf und am Wirtshaus vorbei. Wilhelm ließ halten, um dort abzusteigen; allein der Wirt versicherte, daß er ihm nicht den geringsten Raum anweisen könne. Der Graf habe, weil unvermutet Gäste angekommen, sogleich das ganze Wirtshaus besprochen [...]

(Johann Wolfgang Goethe: Wilhelm Meister. III/3. In: J. W. G.:
Sämtl. Werke [Artemis Ausgabe]. München: dtv 1977. Bd. 7, S. 167 f.)

Auch hier fallen sofort Ähnlichkeiten zwischen beiden Texten auf. Es geht wieder nicht darum, philologische oder psychologische Abhängigkeiten im Sinne der Wirkungsforschung festzustellen, sondern die Übereinstimmungen und Differenzen als mögliche Deutungsanreize zu verstehen. Mit dem Aufenthalt im Schloß verbinden die Komödianten Hoffnungen. Bei Goethe sind diese in der Metapher »Feengebäude« zusammengefaßt, bei Kafka findet sich das Merkmal ›feenhaft‹ erzählerisch entfaltet, denn das Schloß seines Romans ist unerreichbar, es übt einen Zauber aus. Wichtig werden vor diesem Hintergrund des Verstehens fremder Texte die Oppositionen. Wo bei Goethe die positive Erwartung als heller Lichtschein der Schloßfenster symbolisch erschien, findet sich bei Kafka nur »Finsternis«. ›Fenster‹ und ›finster‹ bilden lautlich eine Paronomasie, semantisch hingegen eine Antonymie. Fenster sind da, Finsternis zu vermeiden. Die unterschiedliche Lichtsymbolik präformiert die Stimmung und die Erzählperspektive. Bei Goethe, so resümiert Martin Walser (1981, 193) vergleichend,

»war alles gegründet auf positive Verhältnismäßigkeit. Da war auch eine Schloßbehörde tätig, aber die Schloßbehörde im *Wilhelm Meister* hatte eine rein freundliche, märchenhafte, fürsorgliche Funktion. [...] Ein geheimes Netz gütigster, weisester Förderung ist durch den Roman gespannt, alles entspricht allem nur aufs beste [...], während bei Kafka nichts mehr etwas entspricht.«

Walser projiziert den Unterschied auf die »einhundertzwanzig Jahre bürgerlicher Emanzipation«. Während die Turmgesellschaft im geheimen daran arbeitet, Wilhelm »ein glückliches Selbstbewußtsein zu ermöglichen«, muß K. sein Scheitern stets sich selbst zuschreiben. K. lernt, daß er kein Recht hat, während Wilhelm lernte, überall im Recht zu sein. Bei Kafka sieht Walser unfreiwillige Ironie im Spiel. Diese läßt gelten, was gilt. K., das Opfer, versucht beständig, ins Spiel des Schlosses hineinzukommen, indem er »das Loblied des Geltenden singt«. Goethes und Kafkas Roman verhalten sich zueinander wie Anfang und Ende einer betrogenen Hoffnung. Bei Kafka entsteht das Komödiantische der erzählten Welt durch die Struktur des betrogenen Betrügers. Um von Schloß und Dorf akzeptiert zu werden, assimiliert sich K. an die ihn ausgrenzenden Regeln der Schloß-Welt, aber immer mit der betrügerischen Absicht, sie zu seinem Vorteil auszunutzen. Gerade das macht sich nun das Schloß zunutze, um ihn zu täuschen und zu Handlungen zu veranlassen, die ihm im Dorf schaden.

Schülerinnen und Schüler können aus der intertextuellen Verbindung der beiden auf unterschiedliche Weise mißglückenden Ankünfte den Unterschied zwischen Goethes und Kafkas Einstellung zum Komödiantischen und zum Umgehen mit dem Fremden erkennen. Für Goethe gibt es eine »theatralische Sendung« der Schauspielkunst, sie macht mit Fremdem bekannt und verschafft diesem Zugehörigkeit. Das Ereignis der mißglückenden Ankunft ist bei ihm ein behebbares Mißgeschick. Bei Kafka kommt die Komödie in die Nähe des Betrugs. Zugehörigkeit soll komödiantisch erschlichen werden. *Das Schloß* ist die Parodie eines Entwicklungsromans. Kafkas Schloß-Welt ist nicht mehr auf Integration, sondern auf Ausgrenzung des Ankömmlings eingestellt. Der Held erhält keine Chance. Er glaubt nur ständig, sich durch hartnäckige Selbstunterwerfung eine Perspektive schaffen zu können. In Kafkas Modellierung der Schloß-Szenerien deutet sich dieser Umschwung in der Einschätzung an.

VII   Späte Erzählungen (1922/24)

Während des Schreibens am *Schloß*-Roman passierte Kafka noch einmal dasselbe, was bereits die Entstehung des *Verschollenen* und des *Prozeß* belastet hatte: Die Arbeit geriet ins Stocken und wurde durch die Niederschrift von Erzählungen unterbrochen. Ende Januar 1922 war Kafka zur Kur nach Spindlermühle gefahren; er hatte sich entschlossen, nach längerer Zeit der Unproduktivität sein Schreiben noch einmal aufzunehmen. Die Handschrift des *Schloß* zeigt, daß die Arbeit bis zum vierten Kapitel zügig voranging. Dann unterbrach Kafka und schrieb *Erstes Leid*. In dem dort porträtierten Trapezkünstler, der gleichzeitig auf zwei Geräten turnt, kann man ein Ich-Bild des Autors sehen. Forscher haben diese beiden Trapeze als zwei Schreibvorhaben, auch als zwei

Verlage, mit denen Kafka verhandelte (Rowohlt und Madersteig), gedeutet. Ende Mai wiederholte sich die Situation. In dieser Stagnationsphase verfaßte Kafka in kurzer Zeit den *Hungerkünstler* – wieder ein Erzähltext, in dem er seine aktuelle Situation als Schriftsteller skeptisch und grundsätzlich durchdachte. (Robertson 1994, 180–191) Elementarer und stets auch metaphorisch zu lesender Ansatzpunkt ist diesmal Kafkas Verhältnis zum Thema ›Essen, Mahlzeit, Vegetariertum‹, das bisher immer nur als Nebenthema vorgekommen war (in *Die Verwandlung* z. B. als zunehmende Appetitlosigkeit, gepaart mit wachsender Musiksensibilität, in dem Fragment *Forschungen eines Hundes* bereits verknüpft mit dem Motiv des Hungerexperiments).

»Ein Hungerkünstler«

Den Erzähler, der die Geschichte des Hungerkünstlers erzählt, scheinen die berichteten Ereignisse nur noch insofern zu beschäftigen, als er aus der Rolle des Chronisten heraus rekapituliert, was in Vergessenheit zu fallen droht. Denn das Interesse an der Hungerkunst ist »sehr zurückgegangen« (E 163). Er sieht seine Aufgabe darin, einen vergangenen Stand des kulturellen Lebens (Begeisterung des Publikums für die Kunst des Hungerns) mit dem Einblick in die Psyche eines Künstlers zu verbinden:

»Indem er von außen, vom Standpunkt der Zuschauer aus, auf den Künstler blickt, zugleich aber auch die Perspektive des Künstlers einnimmt und mit dessen Augen auf das Publikum schaut, kann der allwissende Erzähler deutlich machen, welche unüberbrückbare Kluft zwischen diesen beiden ›Parteien‹ besteht.« (Müller 1994, 301)

Die Handlung entwickelt sich in Stationen. Die erste ist gekennzeichnet durch eine gewisse Popularität des Hungerkünstlers. Der Erzähler nutzt sie, um den Betrieb um den Erfolgskünstler satirisch zu kommentieren. Die Zuschauer verstehen nichts von seiner Kunst. Sie interessieren sich auch nicht dafür, es geht ihnen um alle möglichen Formen der Unterhaltung. Von Interesse ist zum Beispiel die Frage, ob es bei dieser Kunstausübung mit rechten Dingen zugeht. Man

Marta Kremer: Ein Hungerkünstler (1967; Radierung, ↗ S. 55)

ist allgemein überzeugt, daß Manipulation und Betrug im Spiel sind, wenn jemand so lange das Bedürfnis nach Speise unterdrückt, ja, es gibt sogar Formen der Komplizenschaft insofern, als Zuschauer meinen, es dem Hungerkünstler ermöglichen zu müssen, daß er heimlich etwas ißt. Der erlebt das als Mißachtung seines Strebens nach der Perfektionierung seiner Kunst. Er leidet unter den »Wächtern«, die beiseitesehen, er leidet darunter, daß die Menschen mehr Achtung vor ›Tricks‹ zur Nahrungsbeschaffung als vor der puren Hungerkunst haben, er leidet unter seinem Impresario, der das Hungern nach dem Interesse des Publikums modelliert und die Fastenzeiten auf 40 Tage begrenzt. Eine ironische Distanzierung des Erzählers kann man darin sehen, daß auch von Christus berichtet wird, er habe seine Fastenzeit in der Wüste nach 40 Tagen beendet. Der

Hungerkünstler scheint ihn als seinen berühmtesten Vorgänger übertreffen zu wollen.

Kafkas Kritik am Kulturbetrieb wird an der Figur des Impresario besonders deutlich. Dieser Kulturmanager betrügt das Publikum und den Künstler gleichermaßen. Kunst ist für ihn öffentliche Unterhaltung und Ware; er »verdreht die Wahrheit« (E 168), indem er etwa verschweigt, daß das Hungern für den Hungerkünstler keineswegs eine Qual, sondern eine Notwendigkeit ist. Er verfälscht die Wahrheit auch dadurch, daß er weder das Publikum noch den Künstler über Widersprüchlichkeiten aufklärt, die er beobachtet. Das Publikum will die Sensation und interessiert sich nicht für die Beweggründe des Künstlers; der Künstler sucht Bewunderung, ist aber an den Beweggründen seiner Bewunderer nicht interessiert. Publikum und Künstler sind einander ebenso entgegengesetzt wie Essen und Hungern. Das Ergebnis ist eine wachsende Isolation des Künstlers. Schon zu Zeiten seiner Erfolge gelang es ihm nicht, anderen seine Intentionen zu vermitteln.

Das Hungern im Käfig des Zirkus unter der Bedingung des Vergessenwerdens bildet die zweite Entwicklungsstation der Erzählung. Eine Paradoxie wird sichtbar. Der Künstler behauptet, er werde »eigentlich erst jetzt die Welt in berechtigtes Erstaunen setzen« (E 169), während er in Wirklichkeit bereits niemanden mehr mit seiner Kunst erreicht. Die Voraussetzung einer Beeindruckung des Publikums ist also gar nicht mehr gegeben:

Er mochte so gut hungern, als er nur konnte, und er tat es, aber nichts konnte ihn mehr retten, man ging an ihm vorüber. (E 170)

Eine realhistorische Begründung, warum ›Hungerkunst‹ nicht mehr – wie noch 1920, als der New Yorker Arzt Henry Tanner durch ein vierzigtägiges Schauhungern auf sich aufmerksam machte – den Geschmack des Publikums treffen konnte, war 1922 allerdings gegeben. Die grausamen Hungerkatastrophen im Wien der Nachkriegsjahre (Milena Jesenská hatte darüber geschrieben) und jetzt im frühen revolutionären Rußland beschäftigten auch die Prager Öffentlichkeit. Es erschienen mehrere Artikel in der Presse. Daß Kafka diese traurige Aktualität seines Themas in der Erzählung nicht anspricht, kann als Begründung dafür genommen werden, daß es ihm nicht um die soziale oder politische, sondern um die ihn persönlich betreffende Seite des Problems ging. Das Hungern des Hungerkünstlers ist für ihn wie das Schreiben des Schriftstellers, eine mit der Abwendung vom Leben der anderen erkaufte Voraussetzung dafür, die eigene Eitelkeit, den eigenen Ehrgeiz nach Bedeutsamkeit zu befriedigen, nicht aber eine Reflexion darüber, wie weit man in der Gesellschaft Bedürfnislosigkeit als Ideal akzeptiert.

Wird das, was der Künstler schafft, nicht wahrgenommen, verliert es seinen Wert. Diese Erkenntnis kann als Voraussetzung der Entschuldigung des Hungerkünstlers gewertet werden, die dieser bei seiner zufälligen Entdeckung im Stroh des Käfigs vorbringt, nämlich nicht anders gekonnt zu haben, da ihm die Nahrung der anderen Menschen nie geschmeckt habe. Dennoch erkennt der Erzähler in des Hungerkünstlers toten Augen den festen Willen, daß er »weiterhungere«, auch wenn er keinen Bewunderer mehr hat. (E 171) Offensichtlich hat sich der Künstler in der letzten Phase seiner Entwicklung vom Publikum freigemacht. Das nun ist weniger eine heroische Leistung als eine Notwendigkeit, folglich die Voraussetzung dafür, daß er verschwindet und durch eine Gegenfigur, einen Panther (Bild der Vitalität und Lebensstärke) ersetzt wird. Von dieser Figur heißt es in ironischer Übersteigerung:

Die Nahrung, die ihm schmeckte, brachte ihm ohne langes Nachdenken der Wächter; nicht einmal die Freiheit schien er zu vermissen; dieser edle, mit allem Nötigen bis knapp zum Zerreißen ausgestattete Körper schien auch die Freiheit mit sich herumzutragen; irgendwo im Gebiß schien sie zu stecken (E 171).

Aber auch den Hungerkünstler trifft die Ironie des Erzählers. Denn ein Künstler, dessen Werk in nichts anderem besteht als in einer Abweichung von der Norm der anderen Menschen, verbrämt mit ›Kunst‹ einen Sachverhalt, der eigentlich ›Verirrung‹ heißen müßte.

Kafka benutzt die doppelte Bedeutung des Begriffs ›Hunger‹ als Konkretum (Nahrungsmangel) und als Metapher (Bedürfnis nach) dazu, diesen Vorwurf auf die eigene Situation zu beziehen. Auch die eigene Kunst des Schreibens entsteht aus einem erlebten oder erfahrenen Mangel. Um zu verschleiern, daß er nicht so leben *kann* wie die anderen Menschen, versucht er das, was er als Abweichung oder ›Verirrung‹ begreifen müßte, als ›Kunst‹ zu definieren. Fasten ist für den Hungerkünstler nicht nur bewußte Nahrungsverweigerung, sondern ein Sich-Zurückziehen aus allem, was an Gemeinschaftserfahrung mit dem Essen verbunden ist. Michael Müller (1994, 284–289) vergleicht Kafkas Erzählungen, in denen häufig von einsamen Mahlzeiten und von Ekel vor dem Essen der anderen, die man beobachtet, die Rede ist, mit Thomas Manns Mahlzeitenbeschreibungen in *Buddenbrooks*. Er kommt zu dem Ergebnis, daß das eigentliche Thema nicht Essen und Hungern, sondern Eingebundensein in die Gemeinschaft der Familie oder der Freunde einerseits, die Isolation des einzelnen andererseits ist. Diese Isolation wiederum kann Ergebnis des Ekels vor den anderen, sie kann aber auch Ergebnis der notwendigen Konzentration auf eine Sache, etwa das Schreiben, sein. In Kafkas Prosa ist von beiden Formen der Abwendung von anderen Menschen die Rede.

Georg Bendemann und sein Vater (*Das Urteil*; E 26) haben keine oder kaum Tischgemeinschaft. Gregor Samsa (*Die Verwandlung*; E 90 f.) verliert die Lust am Essen. Bei den Mahlzeiten der Familie oder der Zimmerherren ist er lediglich Beobachter in oder hinter der Tür. Gregors überempfindliche Beobachtung konzentriert sich auf Kleinigkeiten, auf Kaugeräusche der Zimmerherren beispielsweise. Ähnlich verhält sich Karl Roßmann (*Der Verschollene*), als er im Haus des Herrn Pollunder an der Tafel sitzt und erlebt, wie die anderen essen. Er kann Ekelgefühle nicht unterdrücken, wenn er minutiös beobachtet, wie Herr Green Speisen zu sich nimmt und dabei darüber klagt, daß Karl nicht recht mithalte. (KAA 82 f.)

Nichts oder wenig zu essen war in der Familie Kafka eine Normverletzung, es deutete auf mangelnde Vitalität und Lebenslust. Der Vater verlangte von den

Kindern, daß sie aßen, was auf den Tisch kam, daß sie kräftig zulangten, sich auf das Essen konzentrierten (nicht dabei sprachen) und daß sie auch Fleisch aßen. Kafka selbst war beim Essen empfindlich, er entwickelte sich zum Vegetarier und haßte die groben Eßgewohnheiten des Vaters als Formen der Rücksichtslosigkeit. Das kommt in der berühmten Abrechnung *Brief an den Vater* (1919) zum Ausdruck:

Da ich als Kind hauptsächlich beim Essen mit Dir beisammen war, war Dein Unterricht zum großen Teil Unterricht im richtigen Benehmen bei Tisch. Was auf den Tisch kam, mußte aufgegessen, über die Güte des Essens durfte nicht gesprochen werden – Du aber fandst das Essen oft ungenießbar, nanntest es ›das Fressen‹, das ›Vieh‹ (die Köchin) hatte es verdorben. Weil Du entsprechend Deinem kräftigen Hunger und Deiner besonderen Vorliebe alles schnell, heiß und in großen Bissen gegessen hast, mußte sich das Kind beeilen, düstere Stille war bei Tisch, unterbrochen von Ermahnungen: ›zuerst iß, dann sprich‹ oder ›schneller, schneller, schneller‹ oder ›siehst Du, ich habe schon längst aufgegessen‹. Knochen durfte man nicht zerbeißen, Du ja. Essig durfte man nicht schlürfen, Du ja. Die Hauptsache war, daß man das Brot gerade schnitt; daß Du das aber mit einem von Sauce triefenden Messer tatest, war gleichgültig. (KAN II 155 f.)

Bis in den Stil hinein ist hier die Überempfindlichkeit des Schreibenden gegenüber den autoritären Lebensäußerungen des Vaters zu spüren. Wenn Kafka also den Familienmahlzeiten, dem Fleischessen und dem Essen als Form des Lebensgenusses ablehnend gegenüberstand, während er gleichzeitig aus Gesundheitsrücksichten seine Speisen sehr sorgfältig auswählte und – um deren Bekömmlichkeit zu erhöhen – sogar spezifische Kautechniken ausprobierte, so ist darin auch eine Protesthaltung gegenüber dem Lebenskonzept des Vaters zu erkennen.

So entsteht das bereits bekannte Lebensparadigma, das dem des Vaters entgegengesetzt war: Enthaltsamkeit gegen Völlerei, Zurückgezogenheit gegen lautes, extrovertiertes Wesen, Alleinbleiben gegen Herrschaft über eine Familie. Auch das Schreiben hat in dieser Oppositionsreihe einen Platz. Während im Leben des Vaters das Geschäft, der Beruf, das Geldverdienen an erster Stelle stand, war es bei Franz Kafka das Schreiben, die uneinträglichste Tätigkeit, die man sich denken konnte.

In der Phase des Spätwerks wird Kafka diese Oppositionsbildung zunehmend zweifelhaft. Die Tagebucheintragungen des Jahres 1922 sind wieder voll mit Reflexionen über Familie, Kinder, Leben:

Ohne Vorfahren, ohne Ehe, ohne Nachkommen, mit wilder Vorfahrens-, Ehe- und Nachkommenslust. Alle reichen mir die Hand: Vorfahren, Ehe und Nachkommen, aber zu fern für mich.
Für alles gibt es künstlichen, jämmerlichen Ersatz: für Vorfahren, Ehe- und Nachkommen. In Krämpfen schafft man ihn und geht, wenn man nicht schon an den Krämpfen zugrunde gegangen ist, an der Trostlosigkeit des Ersatzes zugrunde. (21. Januar; KAT 884 f.)

Es ist, als sollte die *Hungerkünstler*-Erzählung narrativ einholen, was vor der Abreise nach Spindlermühle hier vorweggenommen ist: das Schreiben – ein unbefriedigender »künstliche[r], jämmerliche[r] Ersatz« für das nicht gefundene Leben, letztlich Äußerung eines ›Hungerns‹ nach dem, was einem nicht gelingt. Für die Vergeblichkeit der Ersatzanstrengungen wählt Kafka im Tagebuch das Bild des Sisyphus. »Sisyphus war ein Junggeselle« (KAT 881) notiert er. Auch der Hungerkünstler und sein Autor sind Junggesellen.

Geht man davon aus, daß die Speisemetapher in der europäischen Tradition auch eine ›geistige‹ Geschichte hat, insofern der Mensch nicht »von Brot allein« lebt, kann man die Hungerkunst des Hungerkünstlers auch kulturell deuten. Kafka, der ein recht sparsamer Leser literarischer Werke war, wenig Gefallen fand an der zeitgenössischen literarischen Produktion und der auch das eigene Schreiben nicht primär unter den Gesichtspunkten des literarischen Lebens sah, hätte in seiner Erzählung durchdacht, wie er aus der Abstinenz gegenüber der literarischen Nahrung, die allen schmeckt, eine neue Kunst, eine Kunst eigener Art, kreiert und zur Vervollkommung treiben wollte. Auch diese ›kulturelle‹ Leseweise, die ›lesen‹ und ›essen‹ zusammendenkt, würde bei dem Eingeständnis des Scheiterns des Hungerexperiments enden. Nur würde sich die Aussage nicht auf Kafkas Selbstausgrenzung aus dem Leben der ›Normalen‹, sondern auf die aus dem literarischen Leben beziehen.

In der Zeit seiner fortschreitenden Krankheit hatte Kafka die neue Erfahrung gewonnen, daß die junggesellenmäßige Lebensweise seinen Kampf gegen die Krankheit beeinträchtigte. Der Mangel an Vitalität schien ihm schließlich sogar einen Mangel an künstlerischer Schaffenskraft nach sich zu ziehen. Es bleibt also, trotz aller Abwendung, eine Sehnsucht nach dem Leben – und vielleicht auch nach der Kunst – der anderen, die gesund sind und die die Speisen zu Verfügung haben, die ihnen schmecken. Gregor Samsa sagt sich »sorgenvoll«, daß er zwar Appetit habe, »aber nicht auf diese Dinge«, die die Zimmerherren zu sich nehmen (E 90 f.); der Hungerkünstler sagt im Sterben, daß er, hätte er nur die richtige Speise gefunden, sich gern »vollgegessen« hätte wie alle (E 171).

Die Verbindung der Künstlerexistenz mit einer Abwendung vom Leben, die Kafkas autobiographische Äußerungen durchzieht, läßt vermuten, daß Kafka in den Formen der Lebensreduktion, die der Hungerkünstler praktiziert, selbstkritisch die seit Jahren betriebene eigene Art des »Abmagerns« nach allen Richtungen (des Geschlechts, des Essens, des philosophischen Nachdenkens, der Musik) und des »Verkümmerns« (6. 8. 1914, KAT 341) durch die Konzentration auf das Schreiben im Blick hatte. Die durchgängige Ironisierung der Figur des Hungerkünstlers durch den Erzähler ist ein Beleg dafür, daß Selbstironie im Spiel ist. Die Fragwürdigkeit des Hungerns spiegelt die Fragwürdigkeit des Schreibens und der mit ihm verbundenen Tat-Beobachtung als ›Ersatz‹ für gelebtes Leben. Wenn der Erzähler als Kommentar zum Tod des Hungerkünstlers äußert:

Versuche, jemandem die Hungerkunst zu erklären! Wer es nicht fühlt, dem kann man es nicht begreiflich machen. (E 170),

so zeigt die Parodie des pathetischen Tons in dieser Anspielung auf den nach Wissenschaft, Genuß und Leben hungernden Faust, daß es nach Kafkas Ansicht im buchstäblichen Sinne um eine ›Hunger‹-Kunst ging, um eine Kunst als Defiziterfahrung, als Mangel und Ersatz, gerade nicht um das Goethesche Erlebnis der Fülle des Daseins.

Ironie verhindert aber auch, daß der Schluß der Erzählung als antithetisch entworfenes Bild angesehen werden darf. Der vitale Panther, der in den Käfig kommt, nachdem der Hungerkünstler gestorben ist, führt ebenfalls ein verunglücktes Leben. Das Gefühl für Freiheit, das in der Erinnerung des Affen Rotpeter im animalischen Bereich grenzenlos ist, existiert bei ihm nur noch in Schrumpfform. Es sitzt dem Tier »irgendwo im Gebiß«, und es »scheint« nur so, daß es sie nicht vermisse, weil es sie im Körper mit sich »herumtrage« (E 171).

»Josefine, die Sängerin oder Das Volk der Mäuse«

Die letzte der vier Geschichten, die Kafka im Sammelband *Ein Hungerkünstler* publizierte, handelt nicht von einem Künstler, sondern von einer Künstlerin in ihrem Verhältnis zum Publikum. Während der Hungerkünstler – wie der Autor – am Ende buchstäblich in Vollendung seiner vermeintlichen Kunst verhungert, verschwindet die singende Maus, deren ›Kunst‹ ebenfalls bezweifelt wird, ohne eine Spur zu hinterlassen.

Die autobiographischen Züge dieser Figuren sind von der Forschung immer wieder hervorgehoben worden. Kafkas besorgniserregende Magerkeit in den letzten Lebensjahren, die durch die Kehlkopftuberkulose beeinträchtigte Nahrungsaufnahme wie das Piepsen der Stimme sind äußere Belege dafür. Während aber das Publikum im *Hungerkünstler* vom Erzähler in seiner Sensationsgier und seinem Unverständnis der Kunst gegenüber eher negativ bewertet wird, hält das »Volk der Mäuse« – wie schon im Titel hervorgehoben – der hysterischen Künstlerin die Waage. In der Perspektive ergibt sich gegenüber dem Hungerkünstler also insofern eine Verschiebung, als der Anspruch des Künstlers auf Beachtung skeptischer, das Recht des Volkes, diesem Begehren nicht stattzugeben, positiver bewertet wird. Das bemerkt man vor allem dann, wenn man die Aussagen der beiden Erzähler über Qualität und Wirkung der Kunst ihrer Protagonisten zueinander in Beziehung bringt. Die Kunst des Hungerkünstlers ist eine einsame Kunst, das Publikum hat die Position eines Voyeurs. Am Gesang der Josefine nehmen die Mäuse intensiv teil. Sie verhalten sich »mäuschenstill« (E 174), obwohl sie ebenso gut pfeifen könnten wie Josefine. Aber die Mäuse haben während des Gesangs Körper- und Gemeinschaftserfahrungen, die sonst nicht gegeben sind:

Schon tauchen wir in das Gefühl der Menge, die warm, Leib an Leib, scheu atmend horcht. (E 175)

Josefines Auftritte sind eher »Volksversammlung[en]« als »Gesangsvorführung[en]« (E 177).

Diese positive Charakteristik der Gemeinschaft hat dazu geführt, in den Mäusen Vertreter des jüdischen Volkes in der Diaspora zu sehen. (Schillemeit 1979, 398 f.) Eine derartige Auslegung stützt sich auf die Tatsache, daß Kafka in seinen letzten Jahren eine positivere Einstellung zum Zionismus gewann, Hebräisch lernte, ja Auswanderungspläne hegte. (Robertson 1988) Einige Elemente der Beschreibung des Volkes der Mäuse durch den Erzähler lassen diesbezügliche Vermutungen zu, so die Aussage, daß die Mäuse »aus wirtschaftlichen Rücksichten zerstreut leben müssen« und viele Feinde haben (E 179), dennoch aber »trotz allem Jammer unseres Lebens« über ein »leises Lachen« verfügen (E 176). Auch wenn von der »ewigen Geschichte« (E 185) des Volkes gesprochen wird, kann man schnell an ›Judentum‹ oder ›Ostjuden in Westeuropa‹ denken – wenn da nicht Aussagen wären, die genau dieser Deutung widersprechen, etwa die Bemerkung des Erzählers, daß die Mäuse ihre »Geschichtsforschung« (E 177) vernachlässigen oder gar »keine Geschichte« (E 185) besitzen.

Von der Künstlerin Josefine ist zu sagen, daß sie die Funktion ihrer Kunst für das ›Volk‹ nicht recht begreift. Sie ist kindlich eitel und überschätzt ihre Bedeutung. Sie spricht davon, daß ihre Kunst lebensrettend für ihre Zuhörer sei, will daher auf Kosten der Gemeinschaft leben, ohne zu arbeiten. Das Volk hingegen ist »grundsätzlich wohlwollend, aber unerreichbar« (E 184) für ihre Ansprüche. Es ist sehr die Frage, ob Kafka damit sich selbst als Person und Schriftsteller hat charakterisieren wollen. Als Josefine tatsächlich verschwindet – man weiß nicht, ob aus Trotz oder weil sie das Mäuse-Schicksal der Fallen oder Katzen ereilt hat – stellt der Erzähler ihr das Weiterbestehen des Volkes entgegen. Erlöst- und Vergessenwerden sind für ihn eins. Daß Kafka diese Form des Aufgehens in der Gemeinschaft auch für sich in Anspruch nahm, als er – angesichts seines vorhersehbaren Endes – diesen Schluß der Erzählung niederschrieb, sind einige Interpreten geneigt zu glauben. Belegt ist es nicht.

Zweifel an derartigen Deutungen wird durch die Untersuchungen Hartmut Binders (1994) bestärkt. Aufgrund zahlreicher Indizien vermutet Binder, daß Kafka bei der Ausgestaltung seiner Josefine die Lesungen Else Lasker-Schülers in Prag vor Augen hatte – eine Dichterin, die er nicht sonderlich schätzte. Vor allem die Diskrepanz zwischen der Suggestivität der Gedichte dieser Autorin, ihren Posen der Selbstdarstellung, und der nicht alle Rezensenten überzeugenden künstlerischen Leistung ihres Vortrags sind Binder Belege dafür, daß Kafka bei dem Gesang, der eigentlich bloß das von allen Mäusen beherrschte Pfeifen ist, an die Lyrikerin des Expressionismus gedacht hat. Vor allem das Urteil zeitgenössischer Rezensenten, Else Lasker-Schüler führe die Zuhörer in ihre Kindheit zurück, kehrt in Kafkas Beschreibung von Josefines Gesang wieder. Auch sein Erzähler spricht von dem Eintauchen in das »nie wieder aufzufindende Glück« der »armen kurzen Kindheit« (E 180). Um zu erklären, warum Kafka sich derart eng an dem Erscheinungsbild dieser Dichterin orientierte, weist Binder darauf hin, daß Else Lasker-Schüler in Prager jüdischen Kulturkreisen als *die* aus jüdischem Geist dichtende Autorin gefeiert wurde. Sie erschien ihren Prager Verehrern »als Zeugin einer Rückwendung zu den verschütteten religiösen Traditionen des jüdischen Volkes, die auf der Grundlage nationaler Selbstfindung wiedererweckt wurden«. (Binder 1994, 431) Die ›Geschichtslosigkeit‹ der Mäuse wird in diesem Kontext zu einer Kritik an der assimilationsbereiten mittelständischen Judenschaft Prags. Das Pfeifen Josefines

Christa Jahr (*1941 Quedlinburg, lebt in Leipzig): Ohne Titel (1984; Piacrylstich, 15. Illustration zu:
F. K.: Die Verwandlung u. a. Tiergeschichten. Hg. K. Hermsdorf. Berlin: Buchverlag Der Morgen 1984,
Repro 13,5 x 17 cm)

erweckt Erinnerungen an Gesänge, die im Laufe der Zeit verschüttet worden
waren (E 172), könnte also für jüdische Selbstbesinnung stehen. Kafka verwendet in seiner Erzählung auch völlig unironisch Bezeichnungen wie »Volk«,
»Volksgenosse« oder »Volksversammlung«, ohne die antisemitischen Implikationen zu registrieren, die diese Worte gerade durch ihren Gebrauch innerhalb
des deutschen oder tschechischen Nationalismus besaßen. Da er in seinen Überlegungen zu »kleineren Literaturen« schon Jahre zuvor (25. 12. 1911; KAT

312–326) die Auffassung vertreten hatte, daß der Dichtung eine identitätskonstituierende Bedeutung dort zukommen könne, wo durch sie ein »sich zersplitternde[s] nationale[s] Bewußtsein« gebündelt und durch mittlere Talente eine Art »Tagebuchführen der Nation« (KAT 313) möglich gemacht würde, darf man als heimliches Thema der letzten Künstlererzählung Kafkas nicht so sehr die psychologisch motivierte Selbstreflexion des eigenen Schreibens, sondern eher die erzählerische Prüfung der Frage erkennen, ob wirklich der Schriftsteller durch das Schreiben Entscheidendes für ein neu entstehendes jüdisches Nationalbewußtsein leisten könne. Die Erzählung von der Zurückweisung des Anspruchs der Künstlerin Josefine durch das »Volk« und von ihrem Verschwinden liest sich dann wie eine ironische Zurücknahme der hochgespannten Hoffnungen des Jahres 1911. Hatte es damals noch geheißen, die mittlere Literatur könne in einer »feindlichen Umwelt« »Stolz und Rückhalt« gewähren, die »Übernahme literarischer Vorkommnisse in die politischen Sorgen, die Veredelung der Besprechungsmöglichkeiten des Gegensatzes zwischen Vätern und Söhnen bieten« (KAT 313), so lautet das Urteil des Erzählers in *Josefine* lapidar: »Das Volk hört sie an und geht darüber hinweg.« (E 182)

Neben der Generallinie der Kafka-Philologie, Kafka reflektiere in seinen späten Werken die Problematik seines Schriftstellertums, eventuell mit der Spezifizierung, daß es sich um das Schreiben innerhalb der ›kleinen Literatur‹ des Judentums handelt, existieren andere Zuweisungen von Bedeutung, die für eine unterrichtliche Behandlung der Erzählung nicht uninteressant sind. Drei davon sollen hier mit Bezug auf Christine Lubkoll (1992, 748–764) vorgestellt werden.

Die erste Deutung geht von der Tatsache aus, daß Josefine ein weibliches Wesen und Kafka unmusikalisch ist. In der klassisch-romantischen Tradition werde Weiblichkeit verbunden mit ›Musik‹ – der vorverbalen, naturverbundenen Äußerungsform der Kunst –, insbesondere mit spontanem ›Gesang‹. Kafka negiere diese Zusammenfügung aus der Perspektive des – ebenso wie er unmusikalischen – männlichen Erzählers als ein Phantasma. Er reflektiere »den Raum der Weiblichkeit als kulturell gesetztes Abseits der Geschichte«. (Lubkoll 1992, 756)

Die zweite betont die Dominanz des ›Volkes‹ gegenüber der künstlerischen Persönlichkeit. Ausgangspunkt ist diesmal die Beobachtung, daß Kafka die Wirkung der Kunst Josefines als Selbsterlebnis der Masse beschreibt. Sich nach »Lust im großen warmen Bett des Volkes dehnen« (E 180) könne nur als ironischer Kommentar zu Josefines Anspruch auf Anerkennung ihrer schöpferischen Persönlichkeit gewertet werden. Insofern ist dieser Gesichtspunkt mit dem ersten zu vermitteln. Er akzentuiert die Ablehnung des femininen Geltungsanspruchs der Künstlerin durch die patriarchalisch geprägte Ordnung des ›Volkes‹ der Mäuse und Männer.

Die dritte Bedeutungskonstruktion verweist auf die Analogie von Musik und bürgerlicher Kunstauffassung. Kafka reflektiere in seiner Erzählung, insbesondere in deren letztem Teil, die Systembedingungen der bürgerlichen Kunst. Die in sich kreisenden Überlegungen des Erzählers zur Kunst Josefines zeigten, daß er zu keiner endgültig qualifizierenden Wertaussage komme. Einerseits sei diese Kunst für ihn ein alltägliches Pfeifen der Mäuse (also der Alltagssprache vergleichbar), andererseits ein Heraufrufen von vergessenem Gesang (also nicht Kommunikation, sondern Beschwörung). Damit negiere der Erzähler in seinen Überlegungen, daß diese Kunst irgend etwas bedeute. Gerade aber die Negation sei das Programm der modernen Kunst. Kafka habe also in verschlüsselter Form einen Beitrag zur modernen Ästhetik geleistet.

Es ist – vergleicht man die verschiedenen Interpretationen von *Josefine, die Sängerin oder Das Volk der Mäuse* miteinander – als eine Leistung der Kommentatorin zu würdigen, daß sie zwei unabhängig voneinander entstandene ›Texte/Gesänge‹, eine bereits bestehende Theorie des weiblichen Schreibens und eine bereits bestehende Erzählung (eben Kafkas Novelle), miteinander verbindet. Sie erreicht dadurch, daß ihr Kommentar-Text einerseits als diskursiv und argumentierende Sprache wahrgenomen wird, andererseits aber auch als faszinierender Erzähltext gelesen werden kann, dessen eigener Sinn wie Josefines Gesang selbst dunkel bleibt. Josefine geht als literarische Gestalt Kafkas »in gesteigerter Erlösung« (E 185) in der neuen Prosa ihrer endlosen Kommentierungen auf. Und vielleicht ist das der tiefere Sinn aller Figuren der Kunst.

Anhang

Abkürzungen

Abh. – Abhandlung; *BA* – Buchausgabe; *Bd(e)*. – Band, Bände; *Beitr.* – Beitrag, Beiträge; *bes.* – besonders; *Br.* – Brief(e); *Dr.* – Drama; *e.* – entstanden; *E(n)*. – Erzählung(en); *ebd.* – ebenda, ebendort; *Fassg.* – Fassung; *G(e)*. – Gedicht(e); *Gesch(n)*. – Geschichte(n); *Hg., hg.* – Herausgeber, herausgegeben von; *Hs(n)*. – Handschrift(en); *(F.) K.* – (Franz) Kafka; *Lit., lit.* – Literatur, literarisch; *Ms.* – Manuskript; *N(n)*. – Novelle(n); *R(e)*. – Roman(e); *u. d. T.* – unter dem Titel; *Wiss., wiss.* – Wissenschaft, wissenschaftlich; *Zs.* – Zeitschrift.

Anmerkungen und Zitatnachweise

Nachweise von Zitaten aus der Sekundärliteratur beziehungsweise von Quellen überhaupt, die in den ›Literaturhinweisen‹ aufgeführt sind, werden im Text mit dem Namen des Verfassers bzw. des Titels von Sammelbänden oder Periodika, dem Erscheinungsjahr und – gegebenenfalls – der Seitenzahl ausgewiesen, Zitate aus Arbeiten Kafkas vorwiegend unter Nutzung folgender Siglen mit nachgestellter Seitenzahl:

AS   Amtliche Schriften. Hg. Klaus Hermsdorf. Berlin: Akademie-Verlag 1984.

BF   Briefe an Felice und andere Korrespondenz aus der Verlobungszeit. Hg. Erich Heller/ Jürgen Born. Frankfurt a. M.: Fischer 1967.

BM   Briefe an Milena. Hg. Willy Haas [1952]. Erw. Neuausg. Frankfurt a. M.: Fischer 1986.

BO   Briefe an Ottla und die Familie. Hg. Hartmut Binder/Klaus Wagenbach. Frankfurt a. M.: Fischer 1974.

Br   Briefe 1902–1924. Hg. Max Brod. Frankfurt a. M.: Fischer 1958.

E   Sämtliche Erzählungen. Hg. Paul Raabe. Frankfurt a. M.: Fischer 1970 (FiTb 1078).

KA   Schriften, Tagebücher, Briefe. Kritische Ausgabe. Hg. Jürgen Born/Gerhard Neumann/Malcolm Pasley/Jost Schillemeit. Frankfurt a. M.: Fischer 1982 ff.

KAA   Der Verschollene in der Fassung der Hs. Hg. Jost Schillemeit. Ebd. 1983 [Textband; 2: Apparatband].

KAN I, II   Nachgelassene Schriften und Fragmente H in der Fassung der Hsn. 4 Bde. Hg. Jost Schillemeit. Ebd. 1992 [jeweils Textband und 2: Apparatband].

KAP   Der Proceß in der Fassung der Hs. Hg. Malcolm Pasley. Ebd. 1990 [Textband; 2: Apparatband].

KAS   Das Schloß. Roman in der Fassung der Hs. Hg. Malcolm Pasley. Ebd. 1982 [Textband; 2: Apparatband].

KAT   Tagebücher in der Fassung der Hs. Hg. Hans-Gerd Koch u. a. Ebd. 1990 [Textband; 2: Apparatband, 3: Kommentarband].

ChM   (Beim Bau der chinesischen Mauer, ↗ Werke)

HaL   (Hochzeitsvorbereitungen auf dem Lande, ↗ Werke)

Hu   (Ein Hungerkünstler. Vier Geschn., ↗ Werke, S. 217)

1   Vgl. Karlheinz Fingerhut: Die unendliche Suche nach der Bedeutung. In: Praxis Deutsch (Seelze) 20 (1993), H. 120: F. K., S. 13–21 [Basisartikel]. Die in diesem Heft von verschiedenen Autorinnen und Autoren vorgestellten Unterrichtsmodelle sind Versuche zu einer exemplarischen Konkretisierung dieses Konzepts.

2   Georg Vitz: K., der Lehrer Liebling. Typoskr. Düsseldorf 1995, unveröffentl.

3   Vgl. Günter Waldmann: Produktionsorientierter Literaturunterricht. In: Handbuch Dt. f. Schule und Hochschule. Sekundarstufe I. Hg. N. Hopster. Paderborn: Schöningh 1984, S. 98–135; Gerhard Rupp: Kulturelles Handeln mit Texten. Fallstudien aus dem Schulalltag.

Paderborn: Schöningh 1986; Werner Ingendahl: Umgangsformen. Produktive Methoden zur Erschließung poetischer Literatur. Frankfurt a. M.: Diesterweg 1991. – Zur Entwicklung des produktiven Literaturunterrichts allgemein vgl. Holger Rudloff: Produktionsästhetik und Produktionsdidaktik. Kunsttheoret. Voraussetzungen lit. Produktion. Opladen: Westdt. Verlag 1991; Joachim Fritzsche: Zur Didaktik und Methodik des Deutschunterrichts. Bd. 3: Umgang mit Literatur. Stuttgart: Klett 1994.

4   Siegfried J. Schmidt: Texttheorie. Probleme einer Linguistik der sprachlichen Kommunikation. München: Fink 1973, S. 150–164.

5   Vgl. Jürgen Fohrmann: Über Autor, Werk und Leser aus poststrukturalistischer Sicht. In: Diskussion Deutsch (Frankfurt a. M.) 21 (1990), H. 116, S. 577–588; Jürgen Link: Schreiben als Simulieren? Schreiben gegen Simulieren? Über Literaturkonzepte, ihre gesellschaftl. Funktionen und das Kreative Schreiben. In: Ebd., S. 600–613.

6   Vgl. das gleiche Verfahren in der Collage von Jürg Amann: Dornröschen schläft in K.s Schloß. In: Litfaß (Berlin) 39 (1986), S. 125–127; auch in: Praxis Deutsch 20 (1993), H. 120, S. 12. Der Anfang des *Schloß*-Romans, *Die kaiserliche Botschaft* und Reminiszenzen aus *Vor dem Gesetz* sind hier in das Erzählmuster des Grimmschen Märchens eingebaut.

7   Karlheinz Fingerhut: Thesen zum Schreiben im Literaturunterricht. In: Was bewegt die Schreibbewegung? Hg. K. Ermert/T. Bütow. Loccum 1989 (= Loccumer Protokolle 63), S. 123–142. – Bezogen auf Schreibexperimente mit K.-Texten vgl. Karl Hotz: Wunsch, Indianer zu werden. Bericht über ein K.-Projekt. In: Diskussion Deutsch 14 (1983), H. 72, S. 418–433.

8   Die zitierten Beispiele stammen aus Grundkursen Deutsch des Friedrich-Schiller-Gymnasiums in Marbach und aus literaturdidaktischen Seminaren an der Pädagogischen Hochschule Ludwigsburg.

9   Vgl. Egon Erwin Kisch: Der erste Schub (zuerst 1933, in: Arbeiter Illustrierten-Zeitung [Prag], Nr. 1 [In den Kasematten von Spandau, Rep.-Serie]; überarb. 1943). In: E. E. K.: Ges. W. in Einzelausgn. Hg. B. Uhse/G. Kisch. Bd. 6. Berlin/Weimar: Aufbau 1973, S. 292 f.

10 Vgl. die Beiträge in: K. and the Contemporary Critical Performance. Centenary Readings. Hg. Alan Udoff. Bloomington, Indianapolis: University Press 1987; auch die in: F. K.: Schriftverkehr. Hg. W. Kittler/G. Neumann. Freiburg: Rombach 1990.

11 Ansätze zu einer Literaturdidaktik, die dekonstruktivistische Leseweisen aufgreift, finden sich in amerikanischen Publikationen; vgl. z. B.: Writing and Reading Differently. Deconstruction and the Teaching of Composition and Literature. Hg. G. D. Atkins/M. L. Johnson. Kansas: University Press 1985.

12 Rüdiger Steinlein: Die domestizierte Phantasie. Studien zur Kinderliteratur, Kinderlektüre und Literaturpädagogik des 18. und frühen 19. Jh. Heidelberg: Winter 1987.

13 Vgl. Jürgen Grzesik: Textverstehen lernen und lehren – Geistige Operationen im Prozeß des Textverstehens und typische Methoden für die Schulung zum kompetenten Leser. Stuttgart: Klett 1990, S. 322–341.

14 Richtlinien und Lehrpläne für die Sekundarstufe I des Gymnasiums in Nordrhein-Westfalen, Deutsch. Hg. Kultusministerium des Landes Nordrhein-Westfalen. Düsseldorf 1993, S. 33.

15 Wolfgang Iser: Der Akt des Lesens. Theorie ästhetischer Wirkung. München: Fink ²1984, S. 255: »Die im Lesen erfolgende Sinnkonstitution [...] besagt darüber hinaus, daß in einer solchen Formulierung des Unformulierten immer zugleich die Möglichkeit liegt, uns selbst zu formulieren und dadurch zu entdecken.«

16 ↗ Nachweis 14, S. 14.

17 J. Hillis Miller: The Function of Rhetorical Study at the Present Time [In: ADE Bulletin 62; 1979], zit. nach: Paul Northam: Heuristics and Beyond. Deconstruction/Inspiration and the Teaching of Writing Invention. In: Writing and Reading Differently (↗ Nachweis 11), S. 117.

18 Vgl. Jean-Paul Mauranges: Essai d'analyse topologique de l'image chez K. Applications au roman »Das Schloss«. In: Etudes Germaniques (Paris) 40 (1985), S. 511–532. Mauranges spricht von »images allusives« [S. 518–524] und meint damit ein auf das Minimum einer Anspielung geschrumpfte Bildlichkeit (z. B. ist die Verbindung des morgendlichen Aufbruchgeräuschs der Schloßsekretäre mit »Hahnenschrei« eine Anspielung auf [Französische] Revolution wie auf Verrat [Petri an Christus]). Die Anspielung kann – je nach Einbettung – etwas bedeuten, ohne etwas eindeutig Identifizierbares zu besagen.

19 Diese Überlegung besagt nicht, daß K. – trotz allem – das inspirierte, suchende Schreiben, das ihn, wie er im Brief an Felice vom 1./2. 2. 1913 bemerkt, im Bett anfällt, für das ihm Gemäße hielt. Schon bei der Abfassung der

späteren Kapitel und der gleichzeitig entstandenen *Verwandlung* nimmt er es wieder auf, beklagt aber zugleich dessen Störanfälligkeit (Briefe v. 9./10.12.1912, BF 170; 26.1. 1913, BF 271).

20 Kurt Tucholsky: Amerika heute und morgen (1912). In: K. T.: Ges. Werke. Hg. F. J. Raddatz. Bd. 1. Reinbek: Rowohlt 1975, S. 47–49. Ders.: Auf dem Nachttisch (1929). In: Ebd. Bd. 6, S. 44 f.

21 Franz Kafka an Kurt Wolff. In: K. Wolff: Briefwechsel eines Verlegers 1911–1963. Hg. Bernhard Zeller. Frankfurt a. M.: Scheffler 1966, S. 32.

22 Vgl. Gerhart Hauptmanns Amerika-Roman *Atlantis* (1912). In: G. H.: Sämtl. Werke. Hg. H.-E. Hass. Bd. 5. Berlin: Propyläen 1962, S. 459.

23 Arthur Holitscher: Reise durch Kanada. In: Die Neue Rundschau (Berlin) 23 (1912), H. 1, S. 519–521.

24 Egon Erwin Kisch: Paradies Amerika (1930). In: E. E. K.: Ges. W. in Einzelausgn. (↗ Nachweis 9). Bd. 4. ²1975.

25 Arthur Holitscher: Amerika, heute und morgen. Reiseerlebnisse. Berlin: Fischer 1912, S. 104.

26 Vgl. Manès Sperber: Individuum und Gemeinschaft. Versuch einer sozialen Charakterologie. Stuttgart: Klett-Cotta 1978, S. 52.

27 Max Brod: Arnold Beer. Das Schicksal eines Juden. Berlin: A. Junker 1912, S. 42–53, 114–169; zit. nach: K. Fingerhut: K. Klassiker der Moderne. Schülerband. Stuttgart: Metzler 1981, S. 68–71.

28 Vgl. die Interpretationen von Walter H. Sokel und John J. White. In: F. K. »Das Urteil«. Erläuterungen und Dokumente. Hg. M. Müller. Stuttgart: Reclam 1995, S. 110–122.

29 Vgl. die Interpretationen von Gerhard Neumann und Ulf Abraham. In: Ebd., S. 125–133.

30 Elisabeth Katharina Paefgen 1995: Schreiben *und*Lesen. Opladen: Westdt. Verl. [erscheint 1996]; zit. nach Ms., S. 233 ff.

31 Ebd., Ms., S. 250.

32 Ebd., Ms., S. 266.

33 Aus einer Seminararbeit (PH Ludwigsburg).

34 Aus einer Seminararbeit (PH Ludwigsburg).

35 Ein weiteres Beispiel interpretierenden Nacherzählens ist Peter Handkes Text *Der Prozeß*. In: P. H.: Begrüßung des Aufsichtsrats. Prosatexte (1965). München: dtv 1971, S. 101–115.

36 Während Binder die Begriffe ›Szene‹ und ›Erzählbühne‹ nur zur Veranschaulichung des *epischen* Verfahrens bei Kafka benutzt, teilt Martin Walser bei seinem »nacherzählenden Abtasten« des »Hauptverlaufs der Erzäh-

37 Vgl. Brüder [Jacob und Wilhelm] Grimm: Kinder- und Hausmärchen (1857). Jubiläumsausgabe mit den Originalanmerkungen der Brüder G. Hg. H. Rölleke. Stuttgart: Reclam 1993. Bd. 1, Nr. 25 (»Die sieben Raben«), Nr. 49 (»Die sechs Schwäne«).

38 Paul Watzlawick/J. H. Beavin/D. D. Jackson: Menschliche Kommunikation. Formen, Störungen, Paradoxien. Bern/Stuttgart/Wien: Huber 1969.

39 Die Erzählung transportiert natürlich den Wunsch nach einer Erfüllung des unterdrückten Märchenschemas weiter. So haben spätere Erzähler, etwa der mit Kafka bekannte Karl Brand, Fortsetzungen entworfen, in denen eine Rückverwandlung erzählt wird. Vgl. Hartmut Binder: Ein vergessenes Kapitel Prager Literaturgeschichte. Karl Brand und seine Beziehung zu K. und Werfel. In: Euphorion (Heidelberg) 84 (1990), H. 3, S. 269–316, bes. S. 286–294.

40 »Die Sprache kann für alles außerhalb der sinnlichen Welt nur andeutungsweise, aber niemals auch nur annähernd vergleichsweise gebraucht werden, da sie entsprechend der sinnlichen Welt nur vom Besitz und seinen Beziehungen handelt.« (KAN II 59)

41 Vgl. Tagebucheintrag, 25.9.1912, über die erste Lesung des *Urteils* in der Familie Baum: »Gegen Schluß fuhr mir meine Hand unregiert und wahrhaftig vor dem Gesicht herum. Ich hatte Tränen in den Augen. Die Zweifellosigkeit der Geschichte bestätigte sich.« (KAT 463) Auch am Ende der *Verwandlung* scheint Kafka Ähnliches empfunden zu haben. An Felice schreibt er gleich nach der Fertigstellung des dritten Teils: »Weine. Liebste, weine, jetzt ist die Zeit des Weinens da! Der Held meiner kleinen Geschichte ist vor einer Weile gestorben.« (6./7. 12. 1912, BF 160)

42 Mehrfach ist in den Briefen an Felice, besonders auch nach Abschluß der *Verwandlung* ist davon die Rede. Vgl. z. B. den Brief vom 9./10. 12. 1912 (BF 170) über die Störanfälligkeit des Schreibens durch die beruflich notwendigen Reisen.

43 Peter Panter (d. i. Kurt Tucholsky), in: Die Weltbühne (Berlin), 3. 6. 1920. In: K. T.: Ges. Werke (↗ Nachweis 20). Bd. 1, S. 664.

44 Ingeborg Bachmann: Werke. Hg. Ch. Koschel u. a. München/Zürich: Piper 1978. Bd. 1, S. 46.

45 Michel Foucault: Überwachen und Strafen. Die Geburt des Gefängnisses. Frankfurt a. M.: Suhrkamp ⁴1981; dazu Jayne 1992, S. 101 f.

46 Sigmund Freud: Das Ich und das Es (1923). In:

S. F.: Psychologie des Unbewußten. Werke. Studienausgabe. Hg. A. Mitscherlich u. a. Frankfurt a. M.: Fischer 1975. Bd. 3, S. 273–330; bes. S. 319.

47 Die Schreibung des Titels macht der Kafka-Forschung Schwierigkeiten. Kafka schrieb ›Process‹. Max Brod glich sie der geläufigen Orthographie an: ›Prozeß‹. Die Herausgeber der Kritischen Ausgabe entschieden sich für ›Proceß‹. In diesem Buch wählen wir jeweils die Schreibung, die zum Kontext gehört: also ›Proceß‹, wenn es sich um die Textfassung der Kritischen Ausgabe handelt, ›Process‹, wenn die Handschriften gemeint sind, sonst immer ›Prozeß‹.

48 Franz Kafka: Der Prozeß. Hg. Max Brod. Frankfurt a. M.: Fischer 1978 (FiTb 676), S. 228.

49 Jacques Derrida: Devant la Loi (1973); Rainer Nägele: K. and the Interpretative Desire. In: K. and the Contemporary Critical Performance (↗ Nachweis 10), S. 128–149; 16–29.

50 Im Deutschen Literaturarchiv Marbach. Von den dort zur Verfügung stehenden Microfiche-Aufnahmen der Handschrift sind die nachstehend abgedruckten Faksimiles genommen. Die vom Verlag Strœmfeld/Roter Stern, Frankfurt a. M. geplante Edition (Hg. Reuß/Stängle) wird die Handschriften K.s als Faksimile bereitstellen, so daß dieser Unterrichtsweg eine optimale ›Infrastruktur‹ erhält.

51 Vgl. auch Tagebucheintrag, 19. 2. 1920, KAT 859: »Meine Gefängniszelle – meine Festung.«

52 Klaus Stiller: Vor dem Gesetz. In: Der Tintenfisch (Berlin) 8 (1975), S. 69 f.

53 Fitzgerald Kusz: K.s Verwandlung. In: Literarische Hefte (Starnberg) 47 (1974), S. 65.

54 Stellvertretend für das im Deutschunterricht der fünfziger und sechziger Jahre vorherrschende Kafka-Bild sei verwiesen auf Wilhelm Grenzmann: Der religiöse Roman im dt. Schrifttum der Gegenwart. In: Der Deutschunterricht (Stuttgart) 7 (1951), H. 3, S. 73 f.: »Es geht ihm immer um das Hinordnung zu den Mächten der Lebenstiefe, sein Bezogensein auf einen Hintergrund der Welt, welcher auch immer sei, das Nichtsein oder das Sein. […] Das Dasein macht uns zu Gefangenen einer ich-fremden Welt, umgibt uns mit Mauern eines Gefängnisses, aus dem es keine Befreiung gibt. […] Bereits durch sein Dasein und seine Teilhabe am Leben ist der Mensch in Schuld verstrickt. Der Bankprokurist K. wird in Strafe genommen, ohne daß er jemals erfährt, was er angerichtet hat.«

55 Peter O. Chotjewitz: Die Herren des Morgengrauens. Berlin: Rotbuch 1978.

56 Peter Weiss: Der Prozeß. Stück in zwei Akten nach dem gleichnamigen Roman von F. K. In: Spectaculum 24. Frankfurt a. M.: Suhrkamp 1976, S. 239–303.

57 Erich Fried: Die Beine der größeren Lügen. Berlin: Wagenbach 1969, S. 27.

58 Zum Problem der Intertextualität vgl. Renate Lachmann: Ebenen des Intertextualitätsbegriffs; Karlheinz Stierle: Werk und Intertextualität. In: Das Gespräch. Hg. K. S./Rainer Warning. München: Fink 1984, S. 134–150.

59 Bertolt Brecht: Sämtl. Schriften. Bd. 10. Frankfurt a. M.: Suhrkamp 1976, S. 377, 381, 412. Die letzte Fassung der Geschichte beginnt: »Herr K. sprach über die Unart, erlittenes Unrecht stillschweigend in sich hineinzufressen, und erzählte folgende Geschichte: ›Einen vor sich hin weinenden Jungen fragte ein Vorübergehender nach dem Grund seines Kummers […].‹« – Vgl. dazu Peter Bekes: Distanzierung von einem Klassiker? Eine kritische Replik auf K. Gerths Lektüre des »hilflosen Knaben« von B. Brecht. In: Praxis Deutsch 19 (1992), H. 116, S. 2–7.

60 Egon Erwin Kisch: Der erste Schub (↗ Nachweis 9). – Da Kisch (wie viele andere Exilautoren auch) Kafkas Prozeß als eine Vorwegnahme faschistischer Strukturen verstand, liegt diese Übernahme nahe.

61 Peter Schneider: Paarungen. Roman. Berlin: Rowohlt 1992, S. 211–214.

62 Volker Klotz: Das Europäische Kunstmärchen. Stuttgart: Metzler 1985, S. 339–355.

63 Sigmund Freud erkannte 1909 (vgl. Studienausgabe. Frankfurt a. M.: Fischer 1969 ff. Bd. 8, S. 13–124) in der unerklärlichen Phobie des fünfjährigen Knaben Hans vor den Pferden das Phänomen der (auch im Traum wirksamen) Verschiebung. Aufgrund der in der Analyse herausgearbeiteten gemeinsamen Merkmale ›großer Kopf‹/›stolze Bewegung‹/›Schwarzes um den Mund‹ überträgt Hans die Empfindungen, die er seinem Vater gegenüber hegt, auf Pferde.

64 Cyril Tuschi: Nachtland. Ein Film nach der Erzählung »Ein Landarzt« von F. K. Filmakademie Ludwigsburg 1995.

65 Ingeborg Bachmann: Werke (↗ Nachweis 44). Bd. 1, S. 114.

66 Vgl. Bruno Bettelheim: Kinder brauchen Märchen. Stuttgart: Dt. Verlagsanstalt 1977.

67 Walter Benjamin: F. K. Zur zehnten Wiederkehr seines Todestages (1934). In: W. B.: Über Literatur. Frankfurt a. M.: Suhrkamp 1969, S. 154–185; Zit. S. 161.

68 Vgl. Karlheinz Fingerhut: Umerzählen. Frankfurt a. M.: Diesterweg 1982, S. 29–40.

69 Brüder Grimm (↗ Nachweis 37). Bd. 1, Nr. 55.

70 In einem Bericht der »Deutschen Zeitung Bohemia« aus dem Jahre 1912, auf den Hartmut Binder aufmerksam macht, heißt es ausdrücklich: »Man lohnt dem Affen [...] seine Künste, und weshalb? Weil dieser Affe nun wieder gar kein Affe, sondern ein Mensch ist.«

71 E. T. A. Hoffmann: Fantasiestücke in Callots Manier. Blätter aus dem Tagebuch eines reisenden Enthusiasten (1814). In: E. T. A. H.: Werke. Frankfurt a. M.: Insel 1967. Bd. 1, S. 246–255.

72 Max Brod: Literarischer Abend des Klubs jüdischer Frauen und Mädchen. In: Selbstwehr (Prag) 12, Nr. 1 (4.1.1918). Zit. nach: J. Born u. a. (Hg.) 1979, S. 128. – Andere Deutungen der Erzählung als Behandlung jüdischer Themen finden sich bei Rubinstein 1952, S. 372–376.

73 Vgl. Kinder- und Hausmärchen der Brüder Grimm. Vollständige Ausgabe in d. Urfassg. Hg. F. Panzer. Wiesbaden/Berlin: Vollmer 1961, Nr. 33, S. 145 ff.

74 Brüder Grimm (↗ Nachweis 37). Bd. 2, Nr. 106.

75 Vgl. Max Lüthis Kategorie der ›Eindimensionalität‹. In: M. L.: Das Volksmärchen als Dichtung und als Aussage (1956). In: Wege der Märchenforschung. Hg. F. Karlinger. Darmstadt: Wiss. Buchgesellschaft 1973, S. 295–310.

76 Brüder Grimm (↗ Nachweis 37). Bd. 1, Nr. 57.

77 Italo Calvino: Lezioni americane. Sei proposte per il prossimo milennio (1988). Zit. nach: Ferdinand Fellmann: Poetische Existentialien der Postmoderne. In: Dt. Vierteljahrsschrift f. Lit. wiss. u. Geistesgesch. (Stuttgart) 63 (1989), H. 4, S. 752.

78 Jacques Lacan: Das Spiegelstadium als Bildner der Ich-Funktion. In: J. L.: Schriften 1. Frankfurt a. M.: Suhrkamp 1975, S. 61 ff. Vgl. dazu: Rudolf Kreis: Die doppelte Rede des F. K. Eine textlinguistische Analyse. Paderborn: Schöningh 1976, S. 22 ff.

79 Zur Kritik am methodischen Konzept dieser Zugriffsweise auf den Text vgl. Binder 1993, Kapitel ›Sinn‹, S. 158 ff.

80 Bei Gerhard Haas/Wolfgang Menzel/Kaspar H. Spinner: Handlungs- und produktionsorientierter Literaturunterricht. In: Praxis Deutsch 21 (1994), H. 123, S. 18, heißt es lapidar: »Ebenso legt die konstruktivistische Literaturtheorie, die in radikaler Weise den Sinn eines Textes als Konstruktion des Lesers betrachtet, einen produktionsorientierten Umgang nahe.«

81 Vgl. etwa Paul de Man: Lesen (Proust). In: P. d. M.: Allegorien des Lesens [Allegories of reading]. Einl. W. Hamacher. Frankfurt a. M.: Suhrkamp 1988, S. 91–117. Inwieweit auch Derridas Definition der literarisch-rhetorischen Sprache als selbstreferentieller Textualität (das »freie Spiel der Signifikanten«) herangezogen werden kann, soll hier offenbleiben.

82 Zur Verwendbarkeit dieser textlinguistischen Kategorien im Arbeitsbereich ›Umgang mit Texten‹ im Deutschunterricht vgl. Dorothea Ader u. a.: Literatur im Unterricht – linguistisch. München: Kösel 1975.

83 In der ersten Fassung ist tatsächlich von »Schlägen«, erst in der zweiten von »Ansturm« die Rede (KAS 12; KAS 2 125).

84 Derrida erläutert das am Beispiel der Türhüter-Legende. Das Tor zum Gesetz ist nicht geschlossen, lediglich »jetzt« kann der Eintritt nicht gewährt werden, zum Eintritt wird aber indirekt aufgefordert, zugleich wird vor der Ausführung der Aufforderung gewarnt. Der Mann vom Lande unterwirft sich der fremden Definition des ›Zugangs‹, die die klassische Struktur eines double-bind aufweist – und darin liegt sein Fehler.

85 Im Tagebuch notiert K. in bezug auf Milena die Metapher des Umkreisens: »Und wenn Du Dich nicht zwingst, umlaufe nicht immerfort lüstern die Möglichkeiten des Zwanges.« (18. 1. 1922; KAT 880)

86 Alan Udoff spricht in seiner Einleitung zu: K. and the Contemporary Critical Performance (↗ Nachweis 10), S. 5, vom »shift from symbol to allusion« als dem »epochal shift from assertion to interrogation«.

87 Vgl. Roland Barthes: K.'s Answer. In: F. K. Hg. L. Hamalian. New York: Directions Press 1983, S. 142. Auf die weitere hier anschließbare Verbindung zu ›vermessen/vermissen‹ (das Ende des Romans bleibt offen, K. ist – aus der Perspektive seiner Heimat gesehen – ein Vermißter oder ein Verschollener wie Karl Roßmann im Amerika-Roman) gehe ich hier nicht weiter ein.

88 Vgl. dagegen Klaus Hoffer: Methoden der Textverwirrung. Betrachtungen zum Phantastischen bei F. K. Graz: Droschl 1986, S. 145–148. Was Corngold als ein Ergebnis der chiastischen Strukturierung der Teilinformationen ansieht, ist für Hoffer das Ergebnis des Widerspruchs zwischen zwei Perspektiven, der objektiven Vogelperspektive des Schlosses und der subjektiven des Helden K.

89 Klaus Köhnke: Eichendorff und K. In: Aurora (Würzburg) 41 (1981), S. 195–208. Köhnke betont Beziehungen zwischen der Taugenichts-Novelle und dem Verschollenen, vor allem Ähnlichkeiten im Aufbau (›variierende

Wiederholung‹) und Unterschiede im Weltbild. In den späteren Werken würden die
Parallelen seltener (S. 201), nur im *Prozeß*
gebe es noch eine Entsprechung zwischen den
Besuchen des Helden im Atelier eines Malers.
Auch Köhnke beobachtet immer wieder direkte Übernahmen auffälliger Formulierungen bei gleichzeitiger Ausbildung von inhaltlichen Oppositionen.

90 Vgl. C. G. Jung: Kryptomnesie (1905). In: C.
G. J.: Frühe Schriften 1. Studienausgabe. Freiburg: Walter 1971, S. 107–119.

91 Vgl. die Aktualisierung, die Aribert Reimann
seiner K.-Oper *Das Schloß* gegeben hat. In einem Interview mit dem »Rheinischen Mer-
kur« (28. 8. 1992, S. 18) sagt der Komponist:
»Die Figur des K., der als Fremder in eine
Gemeinschaft kommt und nichts weiter will
als aufgenommen und anerkannt zu werden,
und diese Gemeinschaft, die sich weigert,
einen Fremden unter sich zu dulden, und
alles unternimmt, um ihm zu schaden – das
sind Aspekte des Werkes, die wir in der Asy-
lantenproblematik jeden Tag erleben.«

Literaturhinweise

Werke

Von Kafka in Buchform oder in Zeitschriften veröffentlichte Texte

Die Aeroplane von Brescia (1909, in: Bohemia [Prag], 28. 9.); Gespräch mit dem Beter; Gespräch mit dem
Betrunkenen [beide aus Ms. Beschreibung e. Kampfes] (e. 1903/04; 1909, in: Hyperion [München], H. 8);
Betrachtung (1912 [m. Jahresangabe 1913]; enth.: Kinder auf der Landstraße; Entlarvung eines Bauern-
fängers; Der plötzliche Spaziergang; Entschlüsse; Der Ausflug ins Gebirge; Das Unglück des Junggesellen; Der Kaufmann; Zerstreutes Hinausschaun; Der Nachhauseweg; Die Vorüberlaufenden; Der Fahr-
gast; Kleider; Die Abweisung; Zum Nachdenken für Herrenreiter; Das Gassenfenster; Wunsch, Indianer
zu werden; Die Bäume; Unglücklichsein); Großer Lärm (e. 1911; in: Herder-Blätter [Prag] 1 [1912], Nr.
4/5); Das Urteil. Eine Gesch. v. F. K. Für Fräulein Felice Bauer (e. 1912, zuerst in: Arkadia. Ein Jahrbuch f.
Dichtkunst. Hg. M. Brod, 1913; 1916); Der Heizer. Ein Fragment [= Der Verschollene, 1. Kap.] (1913);
Die Verwandlung (e. 1912; zuerst in: Die weißen Blätter [Leipzig] 2 [1915], H. 10; 1915); In der Strafkolonie (e. 1914; 1919); Ein Landarzt. Kleine En. (e. 1916/17; 1919; enth.: Der neue Advokat; Ein Landarzt;
Auf der Galerie; Ein altes Blatt; Vor dem Gesetz [aus: Prozeß]; Schakale und Araber; Ein Besuch im Bergwerk; Das nächste Dorf; Eine kaiserliche Botschaft; Die Sorge des Hausvaters; Elf Söhne; Ein Brudermord; Ein Traum [aus: Prozeß]; Ein Bericht für eine Akademie); Der Kübelreiter (e. 1916/17; urspr.
bestimmt für Ein Landarzt; zuerst in: Prager Presse, 25. 12. 1921); Ein Hungerkünstler. Vier Geschn.
(1924; enth.: Erstes Leid; Eine kleine Frau; Ein Hungerkünstler; Josefine, die Sängerin […][Sigle **Hu**]).

Aus dem Nachlaß

Beim Bau der chinesischen Mauer. Ungedr. En. u. Prosa a. d. Nachl. Hg. M. Brod/H. J. Schoeps (1931
[Sigle **ChM**]); Beschreibung eines Kampfes. Nn., Skizzen, Aphorismen a. d. Nachl. Hg. M. Brod (1936,
erw. 1954); Hochzeitsvorbereitungen auf dem Lande u. a. Prosa a. d. Nachl. Hg. M. Brod (1953 [Sigle
HaL]); Beschreibung eines Kampfes. Parallelausg. n. d. Hsn. Bes. v. L. Dietz. Hg. M. Brod (1969); Amerika
[= Der Verschollene]. Hg. M. Brod (1927, erw. 1935); Der Prozeß. Hg. M. Brod (1925, erw. 1935); Das
Schloß. Hg. M. Brod (1926, erw. 1935); Tagebücher u. Briefe. Hg. M. Brod (1937); Tagebücher 1910–1923.
Hg. M. Brod (1951) – (↗ auch Anmerkungen und Zitatnachweise).

Werkausgaben

Ges. Schrn. Hg. M. Brod/H. Politzer (Berlin/Prag 1935/37, 6 Bde.); Ges. Schrn. Hg. M. Brod (New York
1946/54, 10 Bde.); Ges. W. Hg. ders. (Frankfurt a. M. 1950/58, 9 Bde.); Schrn., Tagebücher, Br. Krit. Ausg.
(1983 ff. ↗ Anmerkungen und Zitatnachweise, S. 212).

Sekundärliteratur (Auswahl)

Allgemeines

Arnold, Heinz Ludwig (Hg.) 1994 (↗ Text+Kritik).

Baioni, Giuliano 1984: Letteratura ed ebraismo. Torino: Enaudi.

Bauer-Wabnegg, Walter 1986: Zirkus und Artisten in F. K.s Werk. Ein Beitrag über Körper und Literatur im Zeitalter der Technik. Erlangen: Palm u. Enke.

Beicken, Peter U. 1974: F. K. Eine kritische Einführung in die Forschung. Frankfurt a. M.: Athenaion.

– 1979: Typologie der K.-Forschung. In: K.-Handbuch. Bd. 2, S. 787–824.

Binder, Hartmut 1975: K.-Kommentar zu sämtlichen Erzählungen. München: Winkler.

– 1976 a: K.-Kommentar zu den Romanen, Rezensionen, Aphorismen und zum »Brief an den Vater«. München: Winkler.

– 1976 b: K. in neuer Sicht. Mimik, Gestik und Personengefüge als Darstellungsformen des Autobiographischen. Stuttgart: Metzler.

– (Hg.) 1979: K.-Handbuch. Bd. 1: Der Mensch und seine Zeit; Bd. 2: Das Werk und seine Wirkung. Stuttgart: Kröner.

– 1979 b: Tagebücher. In: K.-Handbuch. Bd. 2, S. 539–554.

– 1983 a: F. K. Leben und Persönlichkeit. Stuttgart: Kröner.

– 1983 b: K. Der Schaffensprozeß. Frankfurt a. M.: Suhrkamp.

Bloom, Harold 1987/1990: K. Unbestimmter Wohnsitz. In: H. B.: K. – Freud – Scholem. Basel/Frankfurt a. M.: Strœmfeld/Roter Stern.

Born, Jürgen (Hg.) 1965: K.-Symposion. Berlin: Wagenbach [²1966].

Born, Jürgen, u. a. (Hg.) 1979: F. K. Kritik und Rezeption zu seinen Lebzeiten. 1912–1924. Frankfurt a. M.: S. Fischer.

Brod, Max 1974: Über F. K. Frankfurt a. M.: S. Fischer.

Canetti, Elias 1969: Der andere Prozeß. K.s Briefe an Felice. München: Hanser.

Cersowsky, Peter 1983: »Mein ganzes Wesen ist auf Literatur gerichtet«. F. K. im Kontext der literarischen ›Dekadenz‹. Würzburg: Königshausen & Neumann.

David, Claude (Hg.) 1980: F. K. Themen und Probleme. Göttingen: Vandenhoeck & Ruprecht.

Deleuze, Gilles/Felix *Guattari* 1976: Für eine kleine Literatur. Frankfurt a. M.: Suhrkamp.

Der junge K. Hg. G. Kurz. Frankfurt a. M.: Suhrkamp 1984.

Diskussion Deutsch (Frankfurt a. M.) 14 (1983), H. 72: F. K. [Literaturbericht: Fingerhut; K. als

Komödie lesen: Hillmann; Kindheit als Schlüssel: Kreis; Dialoge im »Schloß«: Oblau; Illustrationen zu »Ein Landarzt«: Willenberg; »Wunsch, Indianer zu werden«: Hotz; Lektüreerfahrungen: Krusche; Hommages à K.: Jens, Struck, Härtling, Chotjewitz, Becker, Kunert].

Eggert, Hartmut/Hans Christoph *Berg*/Michael *Rutschky* u. a. 1975: Schüler im Literaturunterricht. Köln: Kiepenheuer & Witsch.

Eggert, Hartmut/Michael *Rutschky* (Hg.) 1978: Literarisches Rollenspiel in der Schule. Heidelberg: Quelle u. Meyer.

Elm, Theo 1976: Problematisierte Hermeneutik. Zur ›Uneigentlichkeit‹ in K.s kleiner Prosa. In: Dt. Vierteljahrsschrift (Stuttgart) 50, S. 477–510.

Emrich, Wilhelm 1958: F. K. Bonn/Frankfurt a. M.: Athenäum ⁴1970.

Eschweiler, Christian 1991: K.s Erzählungen und ihr verborgener Hintergrund. Bonn: Bouvier.

Fingerhut, Karl-Heinz 1969: Die Funktion der Tierfiguren im Werke F. K.s. Offene Erzählgerüste und Figurenspiele. Bonn: Bouvier.

Fingerhut, Karlheinz 1978: Produktive Rezeption. Peter Weiss' Versuche, K. zu verstehen. In: Diskussion Deutsch 9, H. 41, S. 249–262.

– 1979 a: Bildlichkeit. In: K.-Handbuch. Bd. 2, S. 138–177.

– 1979 b: Die Phase des Durchbruchs (1912–1915). »Das Urteil«, »Die Verwandlung«, »In der Strafkolonie« und die Nachlaßfragmente. In: Ebd., S. 262–313.

– 1981: F. K. Klassiker der Moderne. Lit. Texte und histor. Materialien. Schülerarbeitsbuch [Sa] und Lehrerband [Lb]. Stuttgart: Metzler.

– 1985: Produktive K.-Rezeption in der DDR. In: F. K. Symposium 1983, S. 277–328.

– 1993: Textstruktur, Interpretationen und produktive Aneignungen. Untersuchungen an K.-texten und deren Lektüren. In: Der Deutschunterricht (Velber/Stuttgart) 45, H. 4, S. 26–46.

F. K. Kritik und Rezeption zu seinen Lebzeiten. 1912–1924. Hg. Jürgen Born u. a. Frankfurt a. M.: S. Fischer 1979.

F. K. Romane und Erzählungen. Interpretationen. Hg. M. Müller. Stuttgart: Reclam 1994 (UB 8811).

F. K. Symposium 1983. Hg. W. Emrich/B. Goldmann. Mainz: v. Hase u. Koehler 1985.

F. K. Themen und Probleme. Hg. Claude David. Göttingen: Vandenhoeck & Ruprecht 1980.

F. K. Vier Referate eines Osloer Symposiums. Hg. John Ole Askedale u. a. Oslo: Germanist. Institut d. Univ. Oslo (Osloer Beiträge zur Germanistik 10).

Goebel, Rolf J. 1991: K., der Poststrukturalismus und die Geschichte. Kritische Anmerkungen zur amerikanischen K.forschung. In: Zs. für Germanistik NF (Bern/Berlin/Frfm./New York/Paris/Wien), H. 1, S. 70–81.

Grözinger, Karl Erich 1992: K. und die Kabbala. Das Jüdische im Werk und Denken von F. K. Frankfurt a. M.: Eichborn.

Heintz, Günter (Hg.) 1979: Zu F. K. Stuttgart: Klett-Cotta.

Heller, Paul 1989: F. K., Wissenschaft und Wissenschaftskritik. Tübingen: Stauffenburg.

Henel, Ingeborg 1967: Zur Deutbarkeit von K.s Werken. In: Zs. für dt. Philologie (Berlin/Bielefeld/München) 86, H. 2, S. 250–266.

Hermsdorf, Klaus 1961: K. Weltbild und Roman. Berlin: Rütten & Loening.

Heselhaus, Clemens 1952: K.s Erzählformen. In: Dt. Vierteljahrsschrift 26, S. 351–376.

Hiebel, Hans Helmut 1987: F. K. K.s Roman »Der Prozeß« und seine Erzählungen »Das Urteil«, »Die Verwandlung«, »In der Strafkolonie« und »Ein Landarzt«: Begehren, Macht, Recht. Auf dem franz. Strukturalismus (Lacan, Barthes, Foucault, Derrida) beruhende Textanalysen. Hagen (Materialien d. Fernuniv. Hagen).

Hillmann, Heinz 1973: F. K. Dichtungstheorie und Dichtungsgestalt. 2. erw. Aufl. Bonn: Bouvier.

– 1977: Alltagsphantasie und dichterische Phantasie. Versuch einer Produktionsästhetik. Kronberg, Ts.: Athenäum.

– 1983: Versuch, K. als Komödie zu lesen. In: Diskussion Deutsch 14, H. 72, S. 370–379.

Höcherl, Robert 1995: Dr. jur. F. K. (1883–1924). In: Neue Juristische Wochenschrift (München), H. 13, S. 829–835.

Hoffer, Klaus 1986: Methoden der Textverwirrung. Graz: Droschl.

Jahnke, Uwe 1988: Die Erfahrung von Entfremdung. Sozialgeschichtl. Studien zum Werk F. K.s. Stuttgart: Akad. Verl. Heinz (Stuttgarter Arbeiten z. Germanistik 209).

K. and the Contemporary Critical Performance. Centenary Readings. Hg. A. Udoff. Bloomington: Indianapolis University Press 1987.

K.-Handbuch. Bd. 1: Der Mensch und seine Zeit; Bd. 2: Das Werk und seine Wirkung. Hg. Hartmut Binder. Stuttgart: Kröner 1979.

K.-Symposion. Hg. J. Born. Berlin: Wagenbach 1965, ²1966.

Kessler, Susanne 1983: K. – Poetik der sinnlichen Welt. Strukturen sprachkritischen Erzählens. Stuttgart: Metzler.

Kinder, Hermann/Heinz-Dieter *Weber* 1975: Handlungsorientierte Rezeptionsforschung in der Literaturwiss. In: Method. Praxis d. Literaturwiss. Modelle der Interpretation. Hg. Dieter Kimpel/Beate Pinkerneil. Frankfurt a. M.: Scriptor, S. 223–258 [zu »Kleine Fabel«].

Kittler, Wolf 1990: Sprechmaschinen, Schreibmaschinen. Effekte technischer Medien im Werk F. K.s. In: F. K. Schriftverkehr. Hg. W. K./Gerhard Neumann. Freiburg: Rombach.

Koch, Hans-Gerd 1992: K.s Kanapee. In: Nach erneuter Lektüre: F. K.s »Der Proceß«, S. 85–94.

Korte, Hermann 1994: Literarische Autorschaft in K.s Tagebüchern. In: Text+Kritik. Sonderbd.: F. K. (München), S. 254–271.

Kraft, Herbert 1983: K. Wirklichkeit und Perspektive. 2. Aufl. Bern: Lang.

Kreis, Rudolf 1976: Die doppelte Rede des F. K. Eine textlinguist. Analyse. Paderborn: Schöningh.

Kremer, Detlef 1989: K. Die Erotik des Schreibens. Schreiben als Lebensentzug. Frankfurt a. M.: Athenäum.

– 1992: F. K. »Der Proceß«. In: Nach erneuter Lektüre: F. K.s »Der Proceß«, S. 188–194.

Krusche, Dietrich 1979: K. als Schulklassiker. In: K.-Handbuch. Bd. 2, S. 860–871.

Kudszus, Winfried 1964: Erzählhaltung und Zeitverschiebung in K.s »Prozeß« und »Schloß«. In: Dt. Vierteljahrsschrift 38, S. 192–204.

Kurz, Gerhard 1980: Traum – Schrecken. K.s literarische Existenzanalyse. Stuttgart: Metzler.

– (Hg.) 1984: Der junge K. Frankfurt a. M.: Suhrkamp.

Literarisches Rollenspiel in der Schule. Hg. H. Eggert/M. Rutschky. Heidelberg: Quelle u. Meyer 1978.

Mecke, Günter 1982: F. K.s offenbares Geheimnis: Eine Psychopathographie. München: Fink.

Müller, Michael (Hg.) 1994: F. K. Romane und Erzählungen. Interpretationen. Stuttgart: Reclam (UB 8811).

– (Hg.) 1995: F. K. »Das Urteil«. Erläuterungen und Dokumente. Stuttgart: Reclam (UB 16001).

Müller-Seidel, Walter 1987: K.s Begriff des Schreibens und die moderne Literatur. In: Zs. für Literaturwiss. und Linguistik [LiLi] (Göttingen) 17, H. 68, S. 104–121.

Neff, Kurt 1979: K.s Schatten. In: K.-Handbuch. Bd. 2, S. 881–887.

Nemec, Friedrich 1981: K.-Kritik. Die Kunst der Ausweglosigkeit. München: Fink.

Neumann, Gerhard 1968: Umkehrung und Ablenkung. F. K.s ›Gleitendes Paradox‹. In: Dt. Vierteljahrsschrift 42, S. 702–744.

– 1986: Hungerkünstler und Menschenfresser: Zum Problem der Kunst im Werk F. K.s. In: Jenseits der Gleichnisse: K. und sein Werk. Hg. Luc Lamberechts/Jaak de Vos. Bern/Frankfurt a. M.: Lang 1986, S. 45–76.

Northey, Antony 1988: K.s Mischpoche. Berlin: Wagenbach.

Pawel, Ernst 1986: Das Leben F. K.s. Eine Biographie. München/Wien: Hanser.

Politzer, Heinz 1965: F. K. Der Künstler. Frankfurt a. M.: S. Fischer.
– (Hg.) 1973: F. K. Darmstadt: Wissenschaftl. Buchgesellsch. (Wege der Forschung 322).
Pongs, Hermann 1960: F. K., Dichter des Labyrinths. Heidelberg: Rothe.
Praxis Deutsch (Seelze) 20 (1993), H. 120: F. K. [Die unendliche Suche nach der Bedeutung: Fingerhut (Basisartikel); Unterrichts-Modelle zu »Eine alltägliche Verwirrung«: Haas; »Der Kübelreiter«: Granzow-Emden; »Eine kaiserliche Botschaft«: Berger; »Der plötzliche Spaziergang«: Malischewski; »Vor dem Gesetz«: Fischer; »Der Prozeß«: Fingerhut; »Ein Brudermord« und Soderberghs Film »Kafka«: Vogel; »Der Prozeß« in d. dramat. Bearbeitung durch Peter Weiss: Honold].
Ramm, Klaus 1971: Reduktion als Erzählprinzip bei K. Frankfurt a. M.: Athenäum.
Richter, Helmut 1962: F. K. Berlin: Rütten & Loening (Neue Beitr. z. Lit.wiss. 14).
Ries, Wiebrecht 1993: K. zur Einführung. Hamburg: Junius.
Robertson, Ritchie 1988: K., Judentum, Gesellschaft, Lit. Stuttgart: Metzler [Oxford 1985].
Schlingmann, Carsten 1995: F. K. Literaturwissen für Schule und Studium. Stuttgart: Reclam (UB 15204).
Scholz, Ingeborg 1978: Studien zu F. K. Kleine Prosa. Hollfeld, Ofr.: Beyer.
– 1980: F. K. Brief an Max Brod. Der Prozeß, Das Schloß. Interpretationen und didaktische Anregungen. Hollfeld, Ofr.: Beyer.
Scholz, Rüdiger/Hans Peter *Herrmann* 1990: Phantasie und Interpretation. Schöpferischer Umgang mit K.-Texten in Schule und Universität. Stuttgart: Metzler.
Schulz, Christiane 1985: Der Schreibprozeß bei Thomas Mann und F. K. und seine didaktischen Implikationen. Frankfurt a. M./Bern: Lang.
Sokel, Walter H. 1976: F. K. – Tragik und Ironie. Zur Struktur seiner Kunst. Frankfurt a. M.: Fischer [1. Aufl. 1964].
Stölzl, Christoph 1979: Brief an den Vater. In: K.-Handbuch. Bd. 2, S. 519–539.
Text+Kritik. Zs. f. Literatur. Hg. H. L. Arnold (München) 1994, Sonderbd.: F. K.
Tröndle, Isolde 1989: Differenz des Begehrens. F. K. – Marguérite Duras. Würzburg: Königshausen & Neumann.
Udoff, Alan (Hg.) 1987: K. and the Contemporary Critical Performance. Centenary Readings. Bloomington: Indianapolis University Press.
Unseld, Joachim 1992: F. K. Ein Schriftstellerleben. Die Geschichte seiner Veröffentlichungen. München/Wien: Hanser; Frankf. a. M.: Fischer.
Vietta, Silvio 1992: Die literarische Moderne. Eine

problemgeschichtl. Darstellung der deutschsprachigen Literatur von Hölderlin bis Thomas Bernhard. Stuttgart: Metzler, bes. S. 148–158.
Vogl, Joseph 1990: Orte der Gewalt. K.s literarische Ethik. München: Fink.
Wagenbach, Klaus 1964: K. in Selbstzeugnissen und Bilddokumenten. Reinbek: Rowohlt 1964.
– 1993: K.s Prag. Ein Reiselesebuch. Berlin: Wagenbach.
– 1994: F. K. Bilder aus seinem Leben. Berlin: Wagenbach [1. Aufl. 1983].
Walser, Martin 1981: Selbstbewußtsein und Ironie. Frankfurter Vorlesungen. Frankfurt a. M.: Suhrkamp, S. 155–174.
Weber, Albrecht/Carsten *Schlingmann*/Gert *Kleinschmidt* 1968: Interpretationen zu F. K. Das Urteil, Die Verwandlung, Ein Landarzt, Kleine Prosastücke. München: Oldenbourg.
Weinberg, Kurt 1963: K.s Dichtungen. Die Travestien des Mythos. Bern/München: Francke.
Zeller, Rosmarie 1987: Advokatenkniffe. Die Thematisierung von Textproduktion und Interpretation im Werk K.s. In: Zs. f. dt. Philologie 106, H. 4, S. 558–576.
Zimmermann, Hans Dieter (Hg.) 1992: Nach erneuter Lektüre: F. K.s »Der Proceß«. Würzburg: Königshausen & Neumann.
Zu F. K. Hg. G. Heintz. Stuttgart: Klett-Cotta 1979.

Zu einzelnen Werken

»Das Urteil«

Beckmann, Martin 1990: F. K.s Erzählung »Das Urteil«. Versuch einer Deutung. In: Literatur für Leser (München) 90/1, S. 44–59.
Canetti, Elias 1984: Der andere Prozeß. K.s Briefe an Felice. München: Hanser [erste Aufl. 1969].
Demmer, Jürgen 1973: F. K. Der Dichter der Selbstreflexion. Ein Neuansatz zum Verstehen der Dichtung K.s, dargestellt an der Erzählung »Das Urteil«. München: Fink.
Flores, Angel (Hg.) 1977: The Problem of »The Judgement«. Eleven Approaches to K.'s Story. New York: Gordon Press.
Kemper, Hans-Georg 1975: Gestörte Kommunikation. F. K. »Das Urteil«. In: Expressionismus. Hg. S. Vietta/H.-G. Kemper. München: Fink, S. 286–305.
Müller, Michael 1995: F. K.: Das Urteil. Erläuterungen und Dokumente. Stuttgart: Reclam (UB 16001).
Neumann, Gerhard 1981: F. K. »Das Urteil«. Text, Materialien, Kommentar. München: Hanser.
Paefgen, Elisabeth Katharina 1996: Schreiben *und* Lesen. Opladen: Westdt. Verl.

Sautermeister, Gert 1976: Sozialpsychologische Textanalyse. F. K.s Erzählung »Das Urteil«. In: Methodische Praxis der Literaturwiss. Modelle der Interpretation. Hg. D. Kimpel/B. Pinkerneil. Kronberg: Scriptor, S. 170–222.

Seidler, Ingo 1971: »Das Urteil«, ›Freud natürlich‹? Zum Problem der Multivalenz bei K. In: Psychologie in d. Literaturwiss. Hg. W. Paulsen. Heidelberg: Stiehm, S. 174–190.

Speirs, Ronald 1994: »Das Urteil« oder die Macht der Schwäche. In: Text+Kritik. Sonderbd.: F. K. (München), S. 93–198.

Zeller, Rosmarie 1986: K.s »Urteil« im Widerstreit der Interpretationen. In: Kontroversen, alte und neue. Akten des VII. internationalen Germanisten-Kongresses Göttingen 1985. Hg. A. Schöne. Tübingen: Niemeyer. Bd. 11, S. 174–182.

»Der Heizer«
(»Der Verschollene [Amerika]«)

Fingerhut, Karlheinz 1989: Erlebtes und Erlesenes – Arthur Holitschers und F. K.s Amerika-Darstellungen. Zum Funktionsübergang von Reisebericht und Roman. In: Diskussion Deutsch 20, H. 108, S. 337–355.

Hillmann, Heinz 1976: K.s »Amerika«. Literatur als Problemlösungsspiel. In: Der Dt. Roman im 20. Jh. Hg. M. Brauneck. Bamberg: Buchner. Bd. 1, S. 135–158.

Kremer, Detlef 1994: Verschollen. Gegenwärtig. F. K.s Roman »Der Verschollene«. In: Text+Kritik. Sonderbd.: F. K., S. 238–253.

Nusser, Peter 1974: K.s roman »Amerika« (Der Verschollene) im deutschunterricht der sekundarstufe I. Zum problem der literaturbarrieren. In: Wirkendes Wort (Düsseldorf) 24, S. 361–372.

»Die Verwandlung«

Abraham, Ulf 1994: F. K. »Die Verwandlung«. Frankf. a. M.: Diesterweg (Grundlagen und Gedanken zum Verständnis erzählender Lit.).

Beicken, Peter U. 1983: F. K. »Die Verwandlung«. Erläuterungen und Dokumente. Stuttgart: Reclam (UB 8155).

Binder, Hartmut 1981: La Contrametamorfosi di Gregor Samsa. Karl Brand e F. K. In: Annali. Sez. germanica (Napoli) 24, S. 405–421.

– 1983: Metamorphosen. K.s »Verwandlung« im Werk anderer Schriftsteller. In: Probleme der Moderne. Studien z. dt. Lit. v. Nietzsche bis Brecht. Festschr. f. Walter H. Sokel. Hg. B. Bennett/A. Kaes/W. J. Lillyman. Tübingen: Niemeyer, S. 247–305.

– 1985: Szenengefüge. Eine Formbetrachtung zu

K.s »Verwandlung«. In: F. K. Vier Referate eines Osloer Symposiums, S. 2–64.

Corngold, Stanley 1988: Metamorphosis of the Metaphor. In: S. C.: F. K. The Neccessity of Form. Ithaka/London: Cornell Univ. Press, S. 47–104.

Fingerhut, Karlheinz 1994: »Die Verwandlung«. In: F. K. Romane und Erzählungen, S. 42–74.

Henel, Ingeborg C. 1984: Die Grenzen der Deutbarkeit von K.s Werken: »Die Verwandlung«. In: Journal of English and German philology (Champaign, Ill.) 83, H. 1, S. 67–85.

Jahnke, Uwe 1990: F. K.s Erzählung »Die Verwandlung«. Ein literaturdidaktisches Konzept. Frankfurt a. M./New York: Lang.

Matz, Wolfgang 1994: Der Schlaf der Vernunft gebiert Ungeheuer. Motive zu einer Lektüre von K.s »Verwandlung«. In: Text+Kritik. Sonderbd.: F. K., S. 73–85.

Michel, Gabriele 1991: »Die Verwandlung« von F. K. – psychopathologisch gelesen. Aspekte eines schizophren-psychotischen Zusammenbruchs. In: Jahrbuch für Internat. Germanistik (Bern/ Frfm./Las Vegas) 13, H. 1, S. 69–91.

Philipp, Frank 1989: Zum letzten Mal K.? Martin Walsers Roman »Das Schwanenhaus« im ironischen Lichte der »Verwandlung«. In: Colloquia Germanica (Bern) 22, S. 283–295.

Rudloff, Holger 1988: Zu K.s Erzählung »Die Verwandlung«. Metamorphose-Dichtung zwischen Degradation und Emanzipation. In: Wirkendes Wort 38, S. 321–337.

Sautermeister, Gert 1974: Die sozialkritische und sozialpsychologische Dimension in F. K.s »Die Verwandlung«. In: Der Deutschunterricht (Stuttgart) 26, H. 4, S. 99–109.

Sokel, Walter H. 1981: Von Marx zum Mythos. Das Problem der Selbstentfremdung in K.s »Verwandlung«. In: Monatshefte (Madison, Wisc.) 73, H. 1, S. 6–22.

Winner, Thomas G. 1984: Literature as a semiotic system: The case of K.s Metamorphosis as a metasemiotic text. In: Literary theory and criticism. Festschr. f. René Wellek. Ed. J. P. Strelka. Bern/Frfm./ New York: Lang, S. 657–674.

»In der Strafkolonie«

Beckmann, Martin 1989: F. K.s Erzählung »In der Strafkolonie«. Ein Deutungsversuch. In: Wirkendes Wort 39, S. 375–392.

Henel, Ingeborg 1973: K.s »In der Strafkolonie«. In: Untersuchungen zur Literatur als Geschichte. Festschr. f. Benno von Wiese. Hg. Vincent J. Günther u. a. Berlin: E. Schmidt, S. 480–504.

Jayne, Richard 1992: K.'s »In der Strafkolonie« and the Aporias of Textual Interpretation. In: Dt. Vierteljahrsschrift 66, H. 1, S. 94–128.

Lange-Kirchheim, Astrid 1977: F. K., »In der Strafkolonie« und Alfred Weber: »Der Beamte«. In: Germanisch-Romanische Monatsschrift NF (Heidelberg) 27, S. 202–221.

Mladik, Klaus 1994: ›Ein eigentümlicher Apparat‹. F. K.s »In der Strafkolonie«. In: Text+Kritik. Sonderbd.: F. K., S. 115–142.

Müller-Seidel, Walter 1986: Die Deportation des Menschen. K.s Erzählung »In der Strafkolonie« im europ. Kontext. Stuttgart: Metzler.

Norris, Margot 1978: Sadism and Masochism in two K.' stories: »In der Strafkolonie« and »Ein Hungerkünstler«. In: Modern Language Notes (Baltimore, Md.) 93, S. 430–447.

Wagenbach, Klaus 1975: In der Strafkolonie. Eine Geschichte aus dem Jahre 1914. Mit Quellen, Abbildungen, Materialien aus der Arbeiter-Unfall-Versicherungsanstalt. Chronik und Anmerkungen von K. W. Berlin: Wagenbach.

Zimmermann, Hans Dieter 1994: In der Strafkolonie. In: F. K. Romane und Erzählungen, S. 148–172.

»Der Prozeß«

Abraham, Ulf 1983: Mose, »Vor dem Gesetz«. Eine unbekannte Vorlage zu K.s ›Türhüterlegende‹. In: Dt. Vierteljahrsschrift 57, S. 636–650.

– 1985: Der verhörte Held. Verhöre, Urteile und die Rede von Recht und Schuld im Werk F. K.s. München: Fink.

Allemann, Beda 1963: F. K. »Der Prozeß«. In: Der Dt. Roman. Vom Barock bis zur Gegenwart. Hg. Benno v. Wiese. Düsseldorf: Bagel. Bd. 2, S. 234–290.

Anders, Günter 1947/1951: K. Pro und Contra. Die Prozeßunterlagen. München: Beck.

Andringa, Els 1994: Wandel der Interpretation. K.s »Vor dem Gesetz« im Spiegel der Literaturwissenschaft. Opladen: Westdt. Verlag.

Beicken, Peter 1995: F. K. Der Proceß. München: Oldenbourg.

Binder, Hartmut 1993: Vor dem Gesetz. Einführung in K.s Welt. Stuttgart: Metzler.

Bogdal, Klaus-Michael (Hg.) 1993 (↗ Neue Literaturtheorien in der Praxis).

Borcherding, Gerhard/O. *Kleinrath*/W. *Peschke*/ K.-H. *Warnecke* 1979: Leistungskurs Literatur: K.s »Prozeß« – Werk, Wirkung, Wertung. In: Diskussion Deutsch 10, H. 50, S. 617–646.

Derrida, Jacques 1992: Préjugés. Vor dem Gesetz. Wien: Passagen-Verl.

Elm, Theo 1979: »Der Prozeß«. In: K.-Handbuch. Bd. 2, S. 420–441.

Fingerhut, Karlheinz 1982: F. K.: »Der Prozeß«. In: Dt. Romane von Grimmelshausen bis Walser. Interpretationen für den Literaturunterricht.

Hg. Jacob Lehmann. Kronberg, Ts.: Scriptor. Bd. 1, S. 143–176.

– 1991: Umarbeiten – Überarbeiten – Ergänzen. Von der Phantasiearbeit im produktiven Literaturunterricht. Erörtert an Beispielen eingreifenden Lesens in K.s »Prozeß«-Roman. In: Literatur. Verständnis und Vermittlung. Eine Anthologie f. Wilhelm Gössmann z. 65. Geb. Hg. Joseph A. Kruse u. a. o. O.: Cornelsen, S. 350–371.

– 1992: Annäherung an K.s Roman »Der Proceß« über die Handschriften und über Schreibexperimente. In: Nach erneuter Lektüre: F. K. »Der Proceß«, S. 35–66.

Gräff, Thomas 1990: Lektürehilfen. F. K. »Der Prozeß«. Stuttgart: Klett.

Henel, Ingeborg 1963: Die Türhüterlegende und ihre Bedeutung für K.s »Prozeß«. In: Dt. Vierteljahrsschrift 37, S. 50–70.

Hiebel, Hans Helmut 1983: Die Zeichen des Gesetzes. Recht und Macht bei F. K. München: Fink.

– 1993: ›Später!‹ – Poststrukturalistische Lektüre der ›Legende‹ »Vor dem Gesetz«. In: Neue Literaturtheorien in der Praxis, S. 18–42.

Janz, Rolf-Peter 1993: F. K., »Vor dem Gesetz« und Jacques Derrida, »Préjugés«. In: Jahrbuch der dt. Schillergesellschaft (Stuttgart) 37, S. 328–340.

Jeziorkowski, Klaus 1994: ›Bei dieser Sinnlosigkeit des Ganzen‹. Zu F. K.s Roman »Der Prozeß«. In: Text+Kritik. Sonderbd.: F. K., S. 200–217.

Kammler, Clemens 1993: Neue Literaturtheorien und Unterrichtspraxis. Eine Untersuchung am Beispiel von K.s »Vor dem Gesetz«. In: Neue Literaturtheorien in der Praxis, S. 187–205.

Klingmann, Ulrich 1988: Die Faßbarkeit des Unfaßbaren. Zur Frage der religiösen Dimension in K.s »Der Prozeß«. In: Acta germanica (Frankfurt a. M./Bern/New York) 19, S. 192–207.

Moser-Verrey, Monique 1987: Zur Choreographie der Begegnungen in K.s Roman »Der Prozeß«. In: Seminar (Toronto) 23, H. 4, S. 341–353.

Müller, Michael 1993: F. K. Der Prozeß. In: Interpretationen. Romane des 20. Jahrhunderts. Hg. M. M. Stuttgart: Reclam [UB 8808], S. 101–127.

Nach erneuter Lektüre: F. K.s »Der Prozeß«. Hg. H. D. Zimmermann. Würzburg: Königshausen & Neumann 1992.

Neue Literaturtheorien in der Praxis. Textanalysen von K.s »Vor dem Gesetz«. Hg. K. M. Bogdal. Opladen: Westdt. Verlag 1993.

Nicolai, Ralf R. 1986: K.s »Prozeß«. Motive und Gestalten. Würzburg: Königshausen & Neumann.

Pasley, Malcolm 1990: F. K.: Der Proceß – Die Handschrift redet. Marbach: Dt. Literaturarchiv (Marbacher Magazin 50).

Robertson, Ritchie 1993: Reading the Clues. K., »Der Proceß«. In: The German Novel in the Twentieth Century. Hg. David Midgley. Edinburgh: University Press, S. 59–79.

Sandberg, Beatrice 1985: Leserstrategie und Eigenbewegung des Textes in F. K.s Roman »Der Prozeß«. In: F. K. Vier Referate eines Osloer Symposiums, S. 65–83.

Schirrmacher, Frank (Hg.) 1987: Verteidigung der Schrift. K.s »Prozeß«. Frankf. a. M.: Suhrkamp.

Sokel, Walter H.: K.s »Der Prozeß«: Ironie, Deutungszwang, Scham und Spiel. In: Was bleibt von F. K.? Positionsbestimmung. K.-Symposion. Hg. W. Schmidt-Dengler/G. Kranner. Wien: Braumüller 1985, S. 43–62.

Zimmermann, Hans Dieter 1995: F. K. »Der Proceß«. Frankfurt a. M.: Diesterweg (Grundlagen und Gedanken zum Verständnis erzählender Literatur).

Zimmermann, Ulrike 1990: Die dramatische Bearbeitung von K.s »Prozeß« durch Peter Weiss. Frankfurt a. M./Bern/New York: Lang.

»Ein Landarzt« (Erzählungen 1916/19)

Berger, Norbert 1993: F. K. Eine kaiserliche Botschaft. In: Praxis Deutsch, H. 120, S. 33–37.

Boa, Elizabeth 1991: K.'s »Auf der Galerie«. A Resistent Reading. In: Dt. Vierteljahrsschrift 65, S. 486–501.

Emrich, Wilhelm 1966: »Die Sorge des Hausvaters«. In: Akzente (München) 13, S. 295–303.

Fingerhut, Karlheinz 1994: Intelligenter Eklektizismus. Über die fachdidaktische Anwendung literaturwissenschaftlicher Methoden [zu »Eine Kreuzung«]. In: Der Deutschunterricht 46, H. 4, S. 32–47.

Hermes, Roger 1994: Auf der Galerie. In: F. K. Romane und Erzählungen, S. 215–232.

Hiebel, Hans Helmut 1984: F. K. »Ein Landarzt«. München: Fink (UTB 1289).

Hillmann, Heinz 1967: Das Sorgenkind Odradek. In: Zs. f. dt. Philologie 86, S. 197–210.

Kleinschmidt, Gert 1968: »Ein Landarzt«. In: Albrecht Weber/Carsten Schlingmann/G.K.: Interpretationen zu F. K. München: Oldenbourg.

Kremer, Detlef 1994: Ein Landarzt. In: F. K. Romane und Erzählungen, S. 197–214.

Martens, Lorna 1987: Art, freedom, and deception in K.'s »Ein Bericht für eine Akademie«. In: Dt. Vierteljahrsschrift 61, S. 720–732.

Neumann, Gerhard 1975: »Ein Bericht für eine Akademie«. Erwägungen zum ›Mimesis‹-Charakter K.scher Texte. In: Dt. Vierteljahrsschrift 49, S. 166–183.

Pasley, Malcolm 1964: Two K. Enigmas. »Elf Söhne« and »Die Sorge des Hausvaters«. In: Modern Language Review (London/New York) 59, S. 73–81.

– 1965: Drei literarische Mystifikationen K.s. In: K.-Symposion. Berlin: Wagenbach.

Raboin, Claudine 1994: »Ein Landarzt« und die Erzählungen aus den ›blauen Oktavheften‹ 1916–1918. In: Text+Kritik. Sonderbd.: F. K., S. 151–172.

Reschke, Claus 1976: The problem of reality in K's »Auf der Galerie«. In: The Germanic Review (New York) 51, S. 41–51.

Rubinstein, William C. 1952: F. K.'s »Report to an Academy«. In: Modern Language Quarterly (Seattle) 13, S. 372–376.

Schindler, Sabine 1994: Der Kübelreiter. In: F. K. Romane und Erzählungen, S. 233–252.

Uesseler, Dieter 1993: Die Reise z. Mittelpunkt des Textes. Statt eines Stundenprotokolls zu K.s »Auf der Galerie«. In: Praxis Deutsch 20, H. 120, S. 11.

»Das Schloß«

Dowden, Stephen D. 1995: K's Castle and the critical imagination. Columbia, SC.: Camden House (Studies in German literature, linguistics and culture: literary criticism in perspective).

Kellerwessel, Wulf 1991: K.s »Schloß« und seine Deutungen in sprachphilosoph. Perspektive. In: Weimarer Beiträge (Wien) 37, S. 1176–1191.

Müller, Michael 1994 a: »Das Schloß«. In: Text+Kritik. Sonderbd.: F. K., S. 218–237.

– 1994 b: »Das Schloß«. In: F. K. Romane und Erzählungen, S. 253–283.

Müller, Severin 1991: Ortsbeschreibung und Landvermessung. Das Bildfeld der Topographie als Deutungsmodell und Erkenntnismuster. In: Zeno (Heidelberg) 13, S. 35–53.

Neumann, Gerhard 1990: F. K.s Schloß-Roman. Das parasitäre Spiel der Zeichen. In: F. K.: Schriftverkehr. Hg. W. Kittler/G. N. Freiburg: Rombach. S. 213–216.

Oblau, Gotthard 1983: Sie sprechen dieselbe Sprache und reden aneinander vorbei. Ein Traktat zu den Dialogen in K.s Roman »Das Schloß«. In: Diskussion Deutsch 14, H. 72, S. 393–405.

Philippi, Klaus-Peter 1966: Reflexion und Wirklichkeit. Untersuchungen zu K.s Roman »Das Schloß«. Tübingen: Niemeyer.

Ronell, Avital 1987: Doing K. in The Castle. A Poetics of Desire. In: K. and the Contemporary Critical Performance, S. 214–235.

Sheppard, Richard 1973: On K.'s Castle. London: Helm.

– 1979: Das Schloß. In: K.-Handbuch. Bd. 2, S. 441–469.

Zeller, Hans 1986: Spielregeln im »Schloß«. Zur Deutbarkeit von K.s Roman. Mit e. großen Vorspann über den Erzählmodus. In: Im Dialog mit der Moderne. Zur dt.sprachigen Literatur von der Gründerzeit bis zur Gegenwart. Jacob Steiner z. 60. Geb. Hg. R. Jost/H. Schmidt-Bergmann. Frankfurt a M.: Athenäum, S. 276–292.

»Ein Hungerkünstler«
(späte Erzählungen)

Binder, Hartmut 1994: Else Lasker-Schüler in Prag. Zur Vorgeschichte von K.s »Josefine«-Erzählung. In: Wirkendes Wort 44, H. 3, S. 405–438.
Dietz, Ludwig 1974: K.s letzte Publikation. Probleme des Sammelbandes »Ein Hungerkünstler«. In: Philobiblon (Hamburg) 18, S. 114–128.
Fricke, Harald 1991: Wie soll man über Literatur reden? K.s »Hungerkünstler« und der Umgang mit Dichtung. In: H. F.: Literatur und Literaturwiss. Beitr. zu Grundfragen einer verunsicherten Disziplin. Paderborn: Schöningh, S. 11–26.
Greß, Felix 1994: Die gefährdete Freiheit. F. K.s späte Texte. Würzburg: Königshausen & Neumann.
Kienlechner, Sabine 1981: Negativität und Erkenntnis im Werk F. K.s: Eine Untersuchung zu seinem Denken anhand einiger später Texte. Tübingen: Niemeyer.
Lubkoll, Christine 1992: Dies ist kein Pfeifen. Musik und Negation in F. K.s Erzählung »Josefine […]«. In: Dt. Vierteljahrsschrift 66, S. 748–764.
Müller, Michael 1994: F. K. Ein Hungerkünstler. In: F. K. Romane und Erzählungen, S. 284–312.
Neumann, Gerhard 1992: Hungerkünstler und singende Maus. F. K.s Konzept der »kleinen Literaturen«. In: Metamorphosen des Dichters. Hg. Günter Grimm. Frankfurt a. M.: Fischer, S. 228–247.
Robertson, Ritchie 1994: Der Künstler und das Volk. K.s »Ein Hungerkünstler. Vier Geschichten«. In: Text+Kritik. Sonderbd.: F. K., S. 180–191.
Schillemeit, Jost 1979: Erzählungen. Die Spätzeit (1922–24). In: K.-Handbuch. Bd. 2, S. 396–402.
Sheppard, Richard 1973: K.'s »Ein Hungerkünstler«. In: German Quarterly (Philadelphia, Penns.) 46, S. 219–233.

Bildnachweise

Wir danken allen Personen und Institutionen, die uns Bildmaterial zur Verfügung gestellt bzw. die Erlaubnis zur Reproduktion erteilt haben. Leider ist es uns bis Druckbeginn nicht gelungen, mit allen Rechteinhabern direkt in Verbindung zu treten. Wir bitten darum, Ansprüche gegebenenfalls nachträglich beim Verlag anzuzeigen.

Bildquellen

Archiv Volk und Wissen Verlag GmbH, Berlin S. 178. – Belser, Chr., AG f. Verlagsgeschäfte & Co. KG, Stuttgart [Wolfgang Rothe: Kafka in der Kunst. Stuttgart/Zürich: Belser 1979] S. 26, 55, 73, 109, 116, 144, 148, 161, 162, 164, 182, 202. – Deutsche Schillergesellschaft Marbach (Sammlungen d. Schiller-Nationalmuseums u. d. Deutschen Literaturarchivs) S. 104, 118, 119, 121–123, 126, 184. – Fingerhut, Karlheinz, Marbach S. 161 (Vallazza). – Nuove edizioni Gabriele Mazzotta, Milano [Willibald Kramm: Kafka und die 50er Jahre. Hg. Riccardo Dottori. Milano: Mazzotta 1991] S. 16, 124. – Verlag Klaus Wagenbach, Berlin [K. W.: Franz Kafka. Bilder aus seinem Leben. Berlin: Wagenbach 1994] S. 31, 36, 42, 84, 153. – Tuschi, Cyril, Berlin S. 146.

Reproduktionserlaubnis

Bartning, Constantin, Berlin S. 116, 164. – Camaro, Renata, Berlin S. 73. – Dt. Schillergesellschaft Marbach a. N. (↗ oben). – Heiliger-Kramm, Brigitte, Heidelberg/Speer, Wave, Mannheim S. 16, 124. – Hrdlicka, Alfred, Wien S. 161. – Jahr, Christa, Leipzig S. 209. – Ludwigsburger Filmproduktion & Lala Films Ltd., Ludwigsburg S. 146 – Museum Osteutsche Galerie, Regensburg S. 26. – S. Fischer Verlag GmbH, Frankfurt a. M. S. 37, 109. – Verwertungsgesellschaft Bild-Kunst, Bonn S. 73 (Escher). – Wagenbach, Klaus, Berlin (↗ oben).